Main Idea로 푸는 예레미야·예레미야애가

HOLMAN Old Testament Commentary

Jeremiah · Lamentations

General Editor Max Anders | Authors Fred M. Wood & Ross McLaren

Main Idea로 푸는

예레미야·예레미야애가

맥스 앤더스(Max Anders) 책임 편집
프레드 M. 우드(Fred M. Wood) & 로스 맥클라렌(Ross McLaren) | 김진선 옮김

디모데
Timothy Publishing House

31년 동안 목회자로 섬기는 특권을 누리게 해주었을 뿐 아니라,
은퇴하자 원로 목사로 지명해주신
테네시 주의 멤피스에 위치한 유도라(Eudora) 침례교회,
살아계신 분들이나 돌아가신 분들을 막론하고
저의 가족과 저에게 늘 축복이었고 지금도 축복인
수천 명의 성도들을 포함한 사랑하는 교회에 이 책을 바칩니다.
하나님의 축복이 함께하시기를!
- 프레드 M. 우드(Fred M. Wood)

후 샤오루(Hsu Shaolu)에게 이 책을 바칩니다.
당나라 시인 이백의 양해를 구하며 그의 시를 인용합니다.
"복사꽃 호수가 아무리 깊다 해도
오, 샤오루! 나를 향한
그대의 사랑만큼이나 하겠는가."
- 로스 맥클라렌(Ross McLaren)

추천의 글

요즘 여러 사람들에게 읽히며 회자되는 목사님들의 설교나 글을 읽어보며 많은 생각을 하게 됩니다. 그 글들의 대부분은 성경보다는 성경 이후의 얘기나 성경보다 더 멋지게 말하려는 흔적들로 가득 차 있습니다. 그러한 글들이 처음에 쓰여질 때는 물론 성경에 근거를 두었겠지만 그 글에 영향을 입은 사람들은 성경은 없고 텍스트가 된, 성경과는 전혀 다른 모습의 인간상들을 만들어낼 가능성이 높아집니다.

변하지 않는 것이 있습니다. 사람은 변하지 않습니다. 그리고 하나님은 변하지 않습니다. 그러나 주위를 보면 변화되는 것들을 센스 있게 기록해놓은 것들로만 가득해서 변하지 않는 인간의 영혼, 그 깊숙한 곳의 문제들이 전혀 해결되지 않은 채 남아 있습니다.

영혼을 찔러 쪼개는 유일한 도구는 하나님의 말씀입니다. 그러므로 교회가 다시 성경의 근거를 마련하고 그 토대 위에 말씀을 세우는 작업을 놓쳐서는 안 됩니다. 이것은 이미 했다고 해서 무관심할 것이 아닌, 중단없이 계속되어져야 하는 것입니다. 제 이야기를 하자면, 제 속에서 변하지 않는 모습을 봅니다. 하나님 말씀에 불순종하는데 익숙한 제 모습입니다. 신앙 생활을 시작할 때 말씀 공부를 충분히 하면 어느 날엔가는 하나님의 말씀으로 풍성한 삶을 살 것이라 기대하며 오늘까지 달려왔습니다. 그러나 요즘 하나님 말씀에 불순종하는 변하지 않는 제 모습을 보며 경악합니다. 이런 제게 오직 주의 말씀이 은혜로 임할 때, 제가 그 말씀 앞에 순종하는 모습을 봅니다.

우리는 다시 성경을 보아야 합니다. 그 말씀이 무엇을 말하고 있는지 깊이 추적해야 합니다. 이 책, 「Main Idea 시리즈」는 하나님의 말씀에 순종하고자 하는 사람들에게 바른 길잡이이자, 말씀을 깊이 사랑하는 사람들에게 좋은 영향을 줄 책이라고 생각합니다. 또한 성경을 자신의 생각과 형편에 맞추어 해석하려는 것이 아니라 성경이 말하는 진정한 뜻을 찾는 사람들에게 큰 도움이 될 것입니다.

홍정길(남서울은혜교회)

우리 시대는 정보의 홍수 시대라고 할 만합니다.
문제는 이 홍수 속에서 우리가 향방 없이 떠밀려 내려가고 있다는 것입니다.
정보의 부재가 문제가 아니라 정보의 향방이 문제입니다.
우리 시대의 설교와 성경 공부가 동일한 위기에 직면해 있습니다.
이 책은 이런 위기를 돌파하는 예지를 제공합니다.
성경 텍스트의 메인 아이디어는 바로 메시지의 향방이어야 합니다.
저는 그래서 이 책이 모든 진지한 성경학도들과 설교자들을 위한
다윗의 물맷돌이기를 기도하며 추천하는 바입니다.

추천의 글

이 책은 명료한 요약, 명료한 주석, 명료한 적용, 명료한 결론이 명료하게 나타나 있습니다.
거기에 명료한 예문은 설교자의 구미를 돋구기에 가히 매력적입니다.
이 책의 매력에 중독되는 것이 오히려 한국교회 강단의 축복일 것을 예언하고 싶습니다.

감사와 기대를 담아
***이동원**(지구촌교회)*

이동원

Contents
차 례

Main Idea로 푸는 예레미야·예레미야애가

하나님의 말씀과 하나님의 백성들과의 관계는 물과 물고기의 관계만큼이나 절실하고 심각한 관계다. 하나님을 사랑하는 사람들은 성경을 통해 말씀하시는 하나님의 음성을 듣기를 갈망한다. 그 이름이 목사든, 전도사든, 선교사든, 교사든 하나님의 말씀을 가르치는 모든 일꾼들 또한 영적으로 굶주린 사람들에게 하나님의 말씀으로 풍성한 양식을 공급함으로 그들이 영적인 활력을 갖게 되기를 갈망한다. 그래서 하나님의 말씀을 보다 쉽게, 보다 재미있게, 보다 분명하게 가르칠 수 있도록 인도해줄 자료를 구하지만 쉽게 찾아볼 수 없는 것이 현실이다. 성경을 가르치는 사람에게는 책임이 있다. 누구를 가르치든, 어느 본문을 가르치든 성경

본문 구성

들어가는 글_ 대표적인 크리스천 저술가들이 쓴 주옥 같은 글을 인용함으로 각 개인과 그룹 모임을 하나님의 말씀으로 끌어들이는 토론으로 유도한다.

본문 이해_ 한 절 한 절을 쉽고 명쾌하게 해설한다.

Main Idea

메인 아이디어_ 각 장의 내용과 가르침을 요약하여 한눈에 파악하도록 돕는다.

결론_ 성경의 원리를 요약하고 그것이 삶과 연결되도록 다리를 놓는다.

에 대한 흥미를 자극하고, 성경에 대한 지식을 확대하며, 구체적으로 순종할 수 있는 성경의 원리를 발견하고, 발견한 진리를 삶에 적용함으로 그들의 삶에 변화가 일어나도록 해야 한다.

본서는 구약 성경을 공부해가는 동안 이러한 역동적인 결과를 얻어낼 목적을 가지고 특별한 틀로 구성하였다.

이 작은 도구가 성경을 보다 더 쉽게, 더 분명하게, 더 정확하게 배우고 가르치기를 원하는 모든 하나님의 종들의 손에 들려짐으로 성경에서 막 튀어나온 듯한 건강한 하나님의 백성들을 세우는 성령의 도구로 쓰여지길 기도한다.

발행인 고종율

삶의 적용_ 현재의 삶과 성경의 진리를 연결하도록 돕는다.

기도_ 각 장에서 발견한 원리와 적용의 실행을 위해 기도할 수 있도록 돕는다.

티칭 가이드

티칭 가이드_ 성경 교사들을 돕기 위한 성경 교수 계획을 제시한다.

심층 연구_ 더 깊은 지식을 원하는 사람들을 위해 낱말과 어구와 주제에 대한 보다 깊은 연구로 인도한다.

예레미야 서문

영국의 역사가 맥컬리(Macaulay) 경은 아래와 같이 기술했다.

> 국운이 다해 계속적으로 고통당하는 조국의 모습을 지켜보아야 할 운명을 지닌 사람보다 더 괴로운 사람은 찾기 힘들다. 나라가 멸망하기 전, 망연 자실한 상태에서 헛소리를 반복하며 괴로워하는 동안 나라를 돌보면서 살아 있다는 징후가 하나씩 하나씩 사라지는 과정에서 냉랭함과 어둠 그리고 부패만 남을 때까지 그 모든 모습을 고스란히 보고 있어야 하는 저주의 운명을 지닌 위인의 처지보다 더 고통스러운 상황을 상상하기란 어렵다.

아나돗의 예레미야는 자신이 바로 이 운명을 떠맡았다는 것을 알았다. 구약의 선지자들은 모두 역사적으로 조국이 위기에 빠져 있을 때 사역을 감당했다. 그러나 예레미야는 개인적인 반대에 시달리고 정신적인 상처를 받았을 뿐 아니라 육체적인 괴로움과 고통도 겪었다. 우리의 구세주처럼 예레미야는 동족들의 죄악으로 슬퍼했다. 예레미야 선지자는 이러한 상처 자국들을 용기의 훈장, 거룩함의 자격증 그리고 승리의 증거처럼 지니고 다녔다. 예레미야는 삶과 사역으로 우리 구세주와 그분의 가장 위대한 해석자이신 성령, 두 분의 두드러진 특징들을 고루 보여준 사람이었다.

생각과 마음을 다해 이 책을 가르칠 준비를 하다보면 하나님께서 옛 유다에 말씀만 선포하신 것이 아님을 알게 될 것이다. 그는 한 사람을 보내셨던 것이다! 이 쉰두 장을 통해 독자는 단순히 입술로만이 아니라 가슴과 자신의 삶을 통해 하나님의 말씀을 전달한 한 선지자를 만나게 될 것이다. 성도들과 그의 메시지를 나누기 위해 연구하며 준비할 때 하나님의 축복이 함께하기를 바란다.

예레미야가 살았던 세계

이스라엘 선지자들은 '두 가지 역할' 을 했다. 그들은 예언을 했다. 하나님의 사람들인 이들은 또한 하나님의 말씀을 대신 전하는 '대언자' 로 섬겼다. 하나님의 성결의 영(성령에 대한 히브리적 개념)의 감동을 받은 그들은 매우 정확하게 수세기 앞서 미래의 사건들을 예언했다. 하지만 이 하나님의 사람들은 그 이상의 일을 한 사람들이었다. 그들은 사회의 악에 대해 당시의 사람들에게 경고했다.

예레미야의 설교를 해석하기 위해서는 그 당시 세계의 정치, 경제적 주된 흐름과 성향을 알아야 한다. 40년이 넘는 예레미야의 사역 기간 동안 유다에서는 다섯 명의 왕이 보위에 올랐다.

> 요시야(주전 639-608년). 여호와를 경외하고 그분의 뜻을 행하고자 애쓴 선한 왕. 요시야는 개혁을 단행하여 유다를 부흥시키고 예레미야의 도움을 받아 백성들로 하여금 다시 모세 율법을 지키도록 하고자 애썼다. 그러나 인생 후반기에 그는 국제 정치에 개입하게 되었다. 그는 갈그미스 전투에서 바벨론에 맞서 앗수르를 돕기 위해 가는 애굽을 저지하고자 시도했고, 주전 608년에 사망했다

(왕하 22:1-23:30 상, 대하 34:1-35:27).

여호아하스(3개월간 통치). 요시야의 아들. 여호아하스는 악한 왕으로, 요시야 왕 사후에 백성들에 의해 왕으로 추대되었다. 애굽 왕, 느고는 그를 폐위시켜 투옥하고 요시야의 둘째 아들 여호야김을 왕으로 삼았다(왕하 23:30 하-33, 대하 36:1-3).

여호야김(주전 608-597년). 요시야의 아들로 악한 왕. 여호야김은 거의 모든 면에서 그의 부친과 정반대의 길을 걸었다. 요시야의 모든 경건 정책들을 뒤엎었고 예레미야의 삶을 비참하게 만들었다. 선왕 므낫세가 자행한 이교도적 관습들을 되살린 여호야김으로 인해 결국 예루살렘 파괴와 포로 생활로 이어진 멸망의 과정이 시작되었다. 주전 597년 바벨론 왕 느부갓네살은 그를 폐위시키고 감옥에 가두었으며, 아마 그를 처형했을 것이다(왕하 23:34-24:5, 대하 36:4-8).

여호야긴(3개월간 통치). 여호야김의 아들. 여호야긴은 예레미야의 충고를 수용해 바벨론에 항복했다. 느부갓네살은 여호야긴을 바벨론의 감옥에 감금했지만 호의적으로 대해주었다. 37년 후 당시 바벨론 왕이던 에월므로닥은 그를 풀어주었다. 그 역시 여호야긴의 여생에 일정한 돈과 지위를 보장해주었다(왕하 24:6-16, 25:27-30, 대하 36:9-10).

시드기야(주전 597-586년). 요시야의 셋째 아들로 유다를 통치함. 시드기야는 나약하고 주체적이지 못했다. 그는 예레미야에게서 하나님의 뜻을 듣고 그 뜻대로 이행하다가 그를 좌지우지하는 사람들의 요구를 따르는 등 우왕좌왕했다. 시드기야 재위 기간 중 느부갓네살은 유다와 예루살렘을 세 차례 침입했다(주전 605, 597, 586년). 세 번째 마지막 침공 때 그는 성전을 파괴하고 예루살렘 성을 불태우고 일부 사람을 제외한 거의 모든 사람들을 포로로 끌고 갔다(왕하 24:17-25:21, 대하 36:11-21).

연대와 사건

예레미야서를 효과적으로 연구하기 위해서 예레미야의 사역 기간 동안 발생한 몇 가지 중대한 사건들을 염두에 두어야 한다.

주전 639년. 요시야가 유다 왕으로 즉위하다.

주전 621년. 성전 정화와 율법책의 발견, 아마 신명기서나 그 일부를 발견했던 것 같다. 위대한 개혁 작업의 시작.

주전 608년. 므깃도 전투. 요시야의 사망.

주전 608년. 여호아하스가 짧게 통치한 후 여호야김이 즉위하다.

주전 605년. 갈그미스 전투. 바벨론이 앗수르에 승리. 앗수르는 애굽군의 도움을 받았을 것이다. 앗수르 제국이 바벨론 제국에 흡수된다.

주전 605년. 느부갓네살의 제1차 유다와 예루살렘 침공.

주전 597년. 제2차 유다와 예루살렘 침공. 여호야김의 죽음. 느부갓네살이 대부분 숙련된 일꾼들인 포로 일만 명을 바벨론으로 끌고 가다.

주전 597년. 여호야긴이 유다 왕으로 즉위하다. 3개월 후 그는 느부갓네살에게 항복하고 바벨론으로 끌려간다.

주전 597년. 시드기야가 유다 왕으로 즉위하다.

주전 586년. 바벨론의 제3차 유다와 예루살렘 침공. 성전은 불타고 성은 파괴되다. 남아 있던 거의 모든 주민들이 바벨론으로 끌려갔다. 예레미야는 바벨론으로 가느냐, 혹은 소수의 사람들과 남느냐는 선택에 직면하고 후자를 선택한다. 후에 느부갓네살은 유다 땅에 남은 사람들의 총독으로 그다랴를 임명한다. 이스마엘이 그다랴를 살해한다. 남은 사람들은 애굽으로 도망하면서 예레미야를 강제로 데리고 간다. 예레미야서의 기록된 마지막 이야기들은 애굽에서 일어난 것이다.

예레미야의 생애와 예언에 대한 연대기

예레미야서를 접하는 사람은 예레미야서가 연대기적 순서를 따르지 않는다는 것을 바로 알게 될 것이다. 독자들에게 예레미야서는 세밀한 주의를 기울여야 하는 '어지러운 퍼즐' 과 같다. 본서는 예언(prophetic discourse), 전기(biographical material), 역사적 이야기(historical narratives)가 연대기적 순서에 상관없이 배열되어 있다. 52장으로 이루어진 이 책은 40년이 넘는 기간에 일어난 일들을 다룬다. 그런데 배열의 원칙이 무엇인지 찾아내기가 불가능해 보인다. 이러한 이유로 예레미야서를 한 번에 독파하고자 시도한 사람은 혼란에 빠질 수도 있다.

본문은 선지자가 소명을 받는 이야기와 초기 예언으로 시작한다. 그러나 이어지는 장들은 길고 험난한 예레미야의 분주한 인생 행로를 두서없이 소개하고 있다. 아무런 예고도 없이 장면이 바뀐다. 동일한 장에 예레미야 선지자의 완전히 다른 사역 기간들에 속하는 단락들이 수록된 경우도 있다. 어떤 단락에서 독자는 읽고 있는 본문에 반영된 상황이나 선지자의 인생의 시기와 관련해 구체적인 어떤 암시도 발견하지 못할 경우도 있다.

연대기적 무질서의 한 예로서, 본문에 시기가 명확하게 표기된 장들을 일부 살펴보자. 21장과 24장은 시드기야 통치기에 일어난 것으로 명기되어 있다. 반면에 25장은 본문에서 앞의 장들보다 뒤에 위치하지만 '유다 왕… 여호야김 사년' 이라고 표기되어 있다. 27장과 28장은 시드기야 통치기에 해당하지만, 35장과 36장은 여호야김 시대로 되돌아가고 있다. 36장은 무려 여호야김 왕 4년으로 되돌아간다. 느부갓네살에 의해 바벨론으로 끌려간 유대 포로들을 향해 예레미야는 여호야김에게 그 사건이 일어날 것이라고 예언하기 몇 장 전에 위로의 말을 하고 있다. 이방 민족들과 관련된 예언들은 이 책의 후반부의 상당 부분을 차지한다. 그 예언들은 대부분 예루살렘과 유다가 최종 멸망하기 오래전에 전달되었다.

26-45장은 대체로 전기적 자료들을 다루고 있다. 일반적으로 어떤 기록이 연대기적일 것이라고 기대한다면 그것은 전기적 자료일 것이다. 하지만 '예레미야 전기'의 마지막 장은 바로 앞장의 사건들보다 적어도 21년 전에 일어난 사건의 서술을 담

고 있다.

이 주석의 저자가 졸업 논문을 쓰기 시작했을 때 지도 교수가 그를 찾아와서 이렇게 제안했다. "예레미야서의 연대기를 연구한 박사 학위 논문이 필요하네. 이런 유형의 모든 논문들이 지닌 문제는 결국 그 자료들의 일부가 예레미야에 의해 저술된 것이 아니라는 결론에 도달한다는 것이네. 예레미야서 전체에 대한 저작권의 진정성을 지지하는 사람이 필요하다네. 그 저자가 이 책의 모든 구절과 관련된 배경을 객관적이고 철저하게 연구하기를 바라네. 그 과제를 자네가 맡아보겠는가?"

이 저자가 3년간에 걸쳐 진행한 연구의 성과물은 '예레미야의 생애와 예언에 대한 연대기적 재구성' 이라는 제목의 논문이었다. 그 논문은 일부 지면을 할애해 예레미야서의 예언들과 다른 자료를 연대기적 순서로 정리했다. 또 다른 성과물은 이 책의 자료가 연대기적 순서로 되어 있지 않은 이유를 조사한 것이었다. 결론은 예레미야서가 예레미야의 사역을 다룬 여러 문서들의 모음이라는 것이다. 자료들은 예레미야 본인이나 서기인 바룩(36장과 45장을 참고하라), 혹은 다른 제삼자에 의해 수집되었다. 그 자료들은 나란히 배열되어 현재의 정경 형태를 취하게 되었지만, 그것들을 연대기적 순서로 정리하는 노력은 전혀 이루어지지 않았다.

예레미야의 사역에 대한 요약

대부분의 구약 학도들은 예레미야가 주전 626년에 선지자로 소명을 받았다는 데 동의한다. 그가 선지자로 소명받을 당시의 나이는 알지 못한다. 그는 자신을 '아이' (렘 1:6)라고 부르고 있다. '아이' 로 번역된 이 단어의 일반적인 구약의 의미는 어린 소년이며, 또 다른 의미는 청년이다. 이 단어가 45세의 여호수아에게도 사용되기는 하지만(출 33:11) 예레미야의 이후 사역을 보면 예레미야가 매우 젊은 사람이었음이 확실해진다.

하나님께서 예레미야를 '열방' 의 선지자로 부르셨을 때 유다의 불빛은 명멸해가고 있었고, 유다가 속해 있는 근방의 지역 전체가 혼란에 빠져 있었다. 이사야의 예언 사역 기간(주전 740-700년)에 유다는 거의 멸망하기 직전이었다. 하지만 선한 왕 히스기야가 자신의 어려움을 여호와의 전에 가져가서 여호와 앞에 아뢰었고, 그 기도를 들으신 하나님께서는 자기 백성들을 구원해주셨다.

그러나 그것은 완전히 과거의 일이 되고 말았다. 히스기야의 선한 통치에 뒤이어 유다의 가장 악한 왕 므낫세의 55년 통치가 시작되었다. 므낫세는 통치기 동안 히스기야가 종교 개혁을 통해 이룬 모든 선한 일을 해체시키는 시도를 했다. 그는 여호수아가 이스라엘 백성들을 가나안 땅으로 인도했을 때보다 그 땅이 더 악화되도록 만들었다.

요시야는 통치 18년, 성전 정화 작업을 하던중 발견된 율법 책에 근거하여 개혁 작업을 시작했다. 그 책은 신명기서 전체나 일부였을 가능성이 있다. 젊은 선지자는 왕을 열정적으로 지지했다. 그러나 후에 요시야의 개혁 운동이 영적 운동보다는 국가주의적 십자군 운동으로 변질되자 예레미야는 환멸을 갖게 되었다.

주전 608년, 바로 느고의 통치 아래 있던 애굽은 갈그미스 전투에서 바벨론에 맞서 앗수르를 돕기 위해 북쪽으로 진격했다. 요시야와 그의 군대는 므깃도에서 애굽을 저지시키고자 시도했고, 요시야는 사망했다. 유다 백성들은 요시야의 아들인 여호아하스를 왕으로 선택했다. 그러나 느고는 그를 폐위시키고 요시야의 또 다른 아들인 여호야김을 왕으로 삼았다. 예레미야에게 심각한 시련이 닥치기 시작한 때가 바로 그때였다.

여호야김은 역대 유다 왕의 매우 악한 왕들 가운데 한 명이었다. 그는 자신의 사적인 이득을 위해 백성들을 무자비하게 착취했다. 또한 그는 백성들이 므낫세 시대의 이교적 종교 관습들을 다시 자행하도록 이끌었다. 예레미야는 여호야김에 맞섰다. 예레미야가 유명한 성전 설교(7장과 26장)를 마치자 여호야김은 그를 성전에서 추방했다.

하나님의 명령에 따라 예레미야는 사역을 시작한 이후로 자신이 전했던 메시지들을 한 책에 기록했다(36:1-32). 그 책의 존재를 알게 된 여호야김은 그것을 갈갈이 찢어 불태워버렸다. 예레미야는 그 책을 다시 썼고, 다른 내용들을 추가했다. 이것이 후세들을 위해 수집된 예레미야의 예언들 가운데 현재 우리가 가진 첫 번째 기록이다. 그의 메시지는 유다의 미래와 관련해 점점 더 비관적이 되었다.

주전 605년, 여호야김 통치 3년째에 바벨론은 갈그미스에서 앗수르와 애굽의 연합 군대를 패배시켰다. 그 지역의 맹주가 된 느부갓네살은 즉각 유다와 예루살렘을 침공했다. 그는 수많은 포로들을 바벨론으로 끌고 갔다. 또한 여호야김과 유다에 매년 공물이나 세금을 징수했다. 이 시기에 예레미야는 계속 하나님의 말씀을 선포했지만 성전 지역으로 들어올 수 없었다.

주전 597년, 느부갓네살은 예루살렘을 두 번째 침공했다. 이번에는 공물을 바치지 않은 여호야김을 심판하기 위해서였다. 그는 바벨론으로 일만 명의 포로들을 끌고 갔다. 끌려간 사람들은 대부분 유다의 지도자들과 숙련된 기술자들이었다. 여호야김은 이 혼란기에 죽음을 맞았고, 그의 아들 여호야긴이 왕이 되었다. 젊은 군주는 바벨론에 항복하고 바벨론으로 끌려갔지만 느부갓네살에 협조한 이유로 우호적인 대우를 받았다. 요시야의 세 번째 아들인 시드기야가 왕이 되었다. 그는 주전 586년, 예루살렘이 최종 멸망할 때까지 통치했다.

시드기야의 주된 문제는 우유부단함이었다. 외관상 드러난 모든 것들을 종합할 때 이 왕은 옳은 일을 하기 원했다. 그의 성격적인 결함은 조국의 정치적이고 영적인 유익을 위해 선한 자아가 일러주는 것을 실행하지 못하는 무능력이었다. 시드기야는 먼저 이쪽 집단으로 달려갔다가 다시 다른 집단으로 달려갔다. 그는 결정을 내린 후 그것을 고수하는 일에 무능력했다. 통치 초기에 그는 바벨론에 충성하겠다고 서약했으나 친애굽파들이 친바벨론 쪽으로 기울도록 가만히 두고 보지 않았다. 그러자 자신의 맹세대로 바벨론에 대한 충성을 고수하지 않고 시드기야는 다른 길을 선택했다. 그는 정치적으로 유리한 쪽을 좇아 입장을 바꾸었다. 이러한 정책은 결국 국가적 자살로 이어졌다.

시드기야의 통치 초기에 예레미야의 사명은 이중적이었다. 그는 우선 유다에 남은 백성들에게 유대 민족의 장래가 바벨론으로 끌려간 사람들의 손에 달려 있음을 설득시키려고 애썼다. 둘째, 그는 긴 포로 생활이 될 것이므로 바벨론에 있는 동족들이 정착해야 할 것이라고 주장했지만 결국 민족이 그들의 땅으로 되돌아올 것이라고 약속했다.

처음에 시드기야는 예레미야에게 자유를 허락했고, 심지어 조언을 구하기 위해 그를 찾기도 했다. 선지자는 바벨론에 항복할 것을 조언했다. 하지만 시드기야는 적에 맞서라고 주장하는 강력한 민족주의자들의 말을 따르는 편을 택했다. 시드기야 통치 후기에 느부갓네살은 예루살렘 포위 공격을 감행했고, 이 공격은 단 한 번 잠시 중단된 것을 제외하면 18개월 이상 지속되었다.

예레미야의 생애와 사역의 중대한 위기는 예루살렘 포위 공격이었다. 포위 공격 동안 하나님의 선지자는 백성들과 마음을 같이했다. 그는 백성들의 위험과 짐, 그들의 아픔과 굶주림을 함께했다. 그가 요동하지 않는 믿음과 성숙한 판단력을 유지했다면 섬길 기회는 많았을 것이다.

시간이 흐르면서 예레미야의 위기는 점점 더 심각해졌다. 애굽 군대의 진격으로 포위 공격이 일시적으로 중단되었다. 예레미야는 개인적 용무를 처리하기 위해 예루살렘을 떠나 수마일 떨어진 그의 고향 아나돗으로 출발했다. 하지만 바벨론으로 탈주했다는 죄목으로 고발되어 체포되었다. 처음에 그는 '시위대의 뜰' 에서 일종의 가택 연금을 당했다(37:21).

후에 예레미야는 지하 토굴에 갇혔다. 그곳은 실제로 지하 우물이었다. 한 에디오피아 출신 내시가 그를 구해주었다. 그러자 예레미야는 시드기야에게 '시위대의 뜰' (38:13)에 다시 있게 해달라고 설득했다. 그는 예루살렘이 바벨론 군대에 함락될 때까지 그곳에 머물렀다.

운명이 다한 황폐한 예루살렘에 마침내 파멸의 날이 찾아왔다. 바벨론 군대는 성벽을 뚫고 침투했다. 시드기야 왕은 도망을 쳤다. 바벨론 군대는 여리고 평지에서 그를 붙잡았다. 그들은 그를 느부갓네살 왕에게 보냈다. 바벨론 군사들은 시드기야 왕의 아들들을 죽이고 지도자들을 처형한 후 시드기야의 눈을 뽑아 그를 사슬에 묶어 바벨론으로 끌고 갔다.

백성들은 어떻게 되었는가? 바벨론 시위대장 느부사라단이 그들을 바벨론으로 끌고 갔다. 그는 가난한 사람들만을 그곳에 남기고 그들에게 포도원과 밭을 주어 바벨론의 노예처럼 그것들을 돌보도록 했다. 이 사건들과 다른 상세한 내용들은 39장 1-10절과 52장 1-34절에서 볼 수 있다. 후자는 예루살렘 함락 기사를 다룬 책에 첨부된 역사 기록으로서의 부록이다. 52장 1-34절의 동일한 자료는 열왕기하 24장 18절-25장 30절에서도 발견된다.

예레미야의 미래는 어떻게 되었는가? 그의 사역의 마지막 한 장이 아직 남아 있었다. 40-44장은 예레미야의 생애와 관련한 나머지 기록들을 담고 있다. 이 자료는 예레미야를 지하 감옥에서 건져내준 에디오피아 내시 에벳멜렉에게 한 약속을 담은 39장 15-18절을 제외하면 연대기적 순서를 따르고 있다.

이 시기는 예레미야에게 힘든 시기였다. 성전이 화염에 불타는 것을 지켜보았을 때 그는 심각한 정신적 고통을 겪었다. 예레미야는 성전을 사랑했다. 그가 성전을 정죄한 이유는 단지 성전에서 자행되던 왜곡된 예배 때문이었다.

느부갓네살은 예루살렘을 빼앗은 후 휘하 장군 느부사라단에게 예레미야를 석방하도록 명령했다. 예레미야는 유다의 바벨론 총독인 그다랴에게 위탁되었고, 자기 동족들과 함께 생활하게 되었다. 예레미야에게는 후에 선택권이 주어졌다. 그는 바벨론으로 가서 우호적인 대우를 받거나, 혹은 유다에 남은 백성들과 함께 잔류할 수 있었다. 그는 백성들과 잔류하는 쪽을 선택했다.

후반부는 예레미야 선지자의 더 힘든 어려움들에 대해 말하고 있다. 음모가 그 땅을 덮쳤다. 그다랴가 이스마엘에게 살해당했다. 그러고나서 요나단이 백성들의 지도자가 되었다. 42장은 백성들이 어떻게 해서 애굽으로 가기로 결정했는지 알려준다. 조언을 구한다는 구실로 그들은 예레미야를 찾았다. 실제로 그들이 원한 것은 자신들의 결정이 옳다는 확인이었다.

예레미야는 백성들에게 바벨론 사람들을 두려워할 필요가 전혀 없다고 말하고 유다에 그대로 남으라고 조언했다. 그들은 그의 조언을 무시하고 애굽으로 갔다. 예레미야에 대해 우리가 가진 마지막 정보는 백성들에 대한 짧은 애굽 사역이다. 그는 하나님의 뜻을 거부했으므로 하나님의 심판이 임박했다고 백성들에게 계속 경고했다.

인간 예레미야

예레미야의 가장 위대한 교훈은 그의 가슴에서 흘러나왔다. 사역 초기, 그는 심판이 곧 임박했다고 확신했기 때문에 두려움에 떨었다. 고통스러움을 토로했다. "슬프고 아프다 내 마음속이 아프고 내 마음이 답답하여 잠잠할 수 없으니" (4:19). 개혁의 바람이 그 땅을 휩쓸고 있을 때 그는 그것의 열광적인 분위기에 함께 휩쓸렸다. 그러나 요시야의 죽음으로 갑자기 차가운 현실로 되돌아왔을 때 그는 천박한 종교적 프로그램에 기만당한 한 민족의 비극을 목격했다.

여호야김의 불의한 통치라는 고통스러운 시기를 겪으면서 선지자는 빠르게 성숙했다. 그러한 나날을 거치면서 그는 기도의 참된 의미를 배웠다. 선지자는 기도 생활을 통해 세상의 주된 문제는 '만물보다 거짓되고 심히 부패한' (17:9) 마음이라는 것을 깨달았다. 그는 뼛속 깊은 곳에 타오르는 불을 가슴에 소유하게 되었고, 하나님 말씀을 전하지 않고는 견딜 수 없게 되었다.

시드기야 시대의 예레미야는 바벨론에 잡혀가 있는 유대 포로들을 향해 그들을 잡아간 사람들에게 복종하고 지지하라고 권면했다. 유다에 남은 사람들에게는 바벨론 침략군에게 항복하라고 호소했다. 유다의 미래는 부패한 지도자들이 이끄는 자국 방어 노력에 있지 않다고 선지자는 확신했다. 유다의 미래는 온전한 마음으로 여호와를 구하고 만나는 데 있었다(29:13).

예루살렘이 파괴되고 성전이 불타자 예레미야는 사역을 하면서 부분적으로 이해했던 진리를 깨닫는 기회를 갖게 되었다. 그것은 하나님과의 교제가 가장 중요한 선이라는 진리였다. 이 진리를 자신의 사역 속에 받아들이자 그는 하나님의 이상에 대해 권위를 갖고 말할 수 있었다. 그것은 마음 판에 하나님의 뜻을 새긴 사람들의 공동체였다(31:33).

예레미야의 생각과 말씀 선포의 바탕에는 미래에 대한 믿음이 있었다. 예루살렘이 바벨론 군대에 포위당해 있을 때에도 그는 근방의 아나돗에서 밭을 한 필지 구입했다. 이러한 행위를 통해 그는 "사람이 이 땅에서 집과 밭과 포도원을 다시 사게 되리라" (32:15)고 공언했다.

예레미야서에 대한 주석

이 주석은 평신도들에게 하나님의 말씀을 가르치는 사람들을 위해 기획된 것이다. 그러한 이유로 우리는 학자들이 예레미야서에 접근할 때 다루는 문제들 가운데 일부를 다루지 않을 것이다.

연대기적 입장에서 예레미야서를 접근하는 저자들은 거의 없다. 이러한 연대기적 접근 방식은 하나님을 섬기며 말씀을 선포한 예레미야의 생애에 대한 영적인 발전을 추적하는 방식으로 본문을 설명해야 한다. 이 주석은 바로 이런 작업에 집중적인 노력을 기울일 것이다. 각 성경 구절을 그 구절이 전달되던 시기와 이유라는 배경에 비추어 소개할 것이다. 이것은 열정에 넘치고 거의 열광적이었던 젊은 선지자에서 성숙하고 경건한 원로로 성장한 선지자의 모습을 보여주기 위해서다. 그러나 그는 자신의 신념을 결코 굽히지 않았고 자신의 메시지를 타협하길 거부했다. 이러한 접근 방식은 몇 가지 주관적인 결정들을 필요로 할 것이다. 어떤 경우라도 그 결정이 절대적으로 확실하다고 주장할 수는 없다.

본 연구는 신약과 구약에 대해 로버트 G. 리(Robert G. Lee)가 자주 사용한 진술의 무조건적 수용에 기초할 것이다. 그는 성경을 "기원에 있어서는 초자연적이고, 권위에 있어서는 신적이며, 내용 기록에 있어서는 인간적이고, 범위에 있어서는 무한하며, 총체적으로는 영감된 것" 으로 묘사했다. 하나님의 뜻과 목적에 대한 예레미야의 이해가 점진적으로 발전했다는 사실이 예언자로서의 경력 가운데 그의 권위를 인정하기 힘든 시기들이 있음을 의미하는 것은 결코 아니다.

이 책의 말미에는 참고 문헌이 소개되어 있다. 이 문헌은 독자들이 연구할 가치가 있는 수많은 저술들을 소개하고 있다. 이 책들은 많은 사람들이 구약에서 가장 위대한 선지자로 간주하는 인물에 대한 독자들의 이해를 높여줄 것이다.

예레미야 1:1-19

이중적 사명으로 소명받은 예레미야

"무명의 사람처럼 위대하신 왕에게 존재를 들키지 않고 세상을 활보하는 것은 너무나 편안하다. … 때가 되어 하나님께 알려지면 그 때부터 인생은 엄청난 긴장을 요하게 된다. 그분이 어디 계시든 매시간이 극히 중요해진다. 하지만 60년간 그렇게 산다는 것은 견디기 힘든 일이다."

- 쇠렌 키에르케고르(Soren Kierkegaard)

하나님께서는 예레미야를 선지자로 부르셨을 때 그가 모친의 자궁에서 형성되기 전부터 그를 아셨다고 말씀하셨다. 선지자가 출생하기 전에 하나님께서는 그를 위한 계획과 사역을 갖고 계셨다. 예레미야는 섬김에 대한 하나님의 소명을 회피하고자 애썼지만 하나님께서는 그의 부족함을 거론하시고 그의 두려움을 직접적으로 다루셨다. 그러고나서 하나님께서는 삼중적 약속을 주시고, 선지자에게 삼중적 도전을 제기하셨다.

들어가는 글

이곳에는 아무 일도 없소

유명한 삽화가인 존 매큐첸(John McCutchen)은 에이브러햄 링컨(Abraham Lincoln)의 탄생 100주년 기념식을 맞아 만화를 그렸다. 그 삽화는 1809년 어느 추운 2월의 아침에 두 사람이 눈 덮인 숲 가장자리에 서 있는 장면을 보여준다. 잡화상의 한 남자는 "이 마을에 새로운 소식은 없소?"라고 묻는다. 나머지 한 사람은 "별 다른 일은 없소. 아, 톰 링컨 씨 댁에 아기가 태어났소. 그것뿐이오. 여기는 아무 일도 없소"라고 대답한다(Grant[그랜트], The Way of the Cross[십자가의 길], 137-138).

역사상 중요한 많은 사건들은 한 아기의 출생으로 시작했다. 이삭, 사무엘, 삼손, 세례 요한, 예수님과 같은 이름들이 바로 떠오른다. 그러나 예레미야의 소명 이야기는 그의 출생 이전으로, 그가 모친의 자궁에서 형체를 갖추어가던 때로 우리를 데려간다. 실제로 이야기는 그보다 훨씬 더 과거로, 하나님의 생각으로 거슬러 올라간다.

본문 이해

이중적 사명으로 소명받은 예레미야

Main Idea	시대는 하나님의 백성들에게 임박한 위험을 경고할 하나님의 강력한 메신저를 요구했다. 효과적인 사역을 하기 위해 그는 두 가지 자질을 갖춘 사람이어야 했다. 그것은 파괴하고 재건하는 사명에 필요한 확고한 신념과 따뜻한 연민이었다.

A. 예레미야가 소명을 받은 때(1:1-8)

Supporting Idea	모든 일에 시간이 절대적인 역할을 한다. 예레미야는 그를 위해 준비된 시대에 등장한 사람이었다.

1:1. 예레미야는 아나돗의 제사장 중 힐기야라는 제사장 가문의 출신이다. 소년을 어엿한 대장부가 되도록 훈련시키길 원하는 사람은 소년의 할아버지부터 확인해보아야 한다는 오래된 말이 있다. 그러나 예레미야의 영적인 뿌리는 적어도 그의 조부보다 3세기 이상으로 거슬러 올라간다. 이 제사장 가문의 역사는 다윗과 솔로몬 시대로 올라간다.

아나돗은 베냐민 지파 사람들이 소유한 작은 지역에 위치한 마을이었다. 이 사실은 예레미야가 이스라엘 초대 왕 사울과 동일한 지역의 가문임을 말해준다. 또한 박해자로서 위대한 기독교 사도가 된 다소의 사울과 혈통적으로 한 가문임을 알 수 있다. 이 지파의 영토는 길이 약 42킬로미터, 폭 약 19킬로미터에 불과한 작은 땅이었다. 남쪽으로는 유다 지파와 경계를 이루었고, 북쪽으로는 에브라임 지파와 경계를 접하고 있었다. 예레미야의 집은 예루살렘 북동쪽 약 5-6킬로미터 지점에 위치했다.

1:2-3. 하나님께서는 39년간의 요시야 재임 기간 중 13년에 예레미야를 선지자로 부르셨다. 이것은 예레미야 선지자가 주전 626년에 소명을 받았다는 의미다. 성경에 따르면 그는 시드기야 통치 11년까지 예언자로 활동했다.

그러므로 예레미야의 예언 사역은 적어도 40년 동안 지속되었다. 그는 성전과 예루살렘 성이 모두 파괴될 때까지 관리로서 그리고 여호와의 진정한 메신저로서 섬겼다. 하지만 그는 예루살렘 성이 멸망했을 때도 선지자로서의 사역을 중단하지 않았다. 생존자들 일부가 애굽으로 이주하자 예레미야는 그들과 함께 갔다. 그가 백성들의 영적 조언자와 자문관으로서 얼마 동안 섬겼는지에 대해서는 전혀 기록이 남아 있지 않다. 심지어 그가 애굽에 계속 머물렀는지의 여부에 대한 기록도 없다.

1:4-5. 이 구절에서 본문은 삼인칭으로 서술된 기록, 즉 표제적 기능(title introduction)의 서론으로 분류될 수도 있는 기록에서 자서전적 형식으로 바뀐다. 선지자는 자기 자신의 말로 소명에 대해 말하고 있다. 갑작스러운 인칭 변화는 본서에 자주 등장한다. 이러한 변화는 예레미야의 예언 신탁에서 가장 빈번하게 나타나고 있다. 독

자들은 선지자가 말하고 있는 때와 여호와께서 직접 말씀하시는 때를 구분하는 데 어려움을 겪는다. 선지자는 여호와와 철저히 동일시되기 때문에 실제로 그분의 말씀이 예레미야의 말이 되는 것이다.

예레미야서 1장 5절에 따르면 하나님께서는 예레미야가 태어나기 전, 즉 실제로 그가 잉태되기 전에 그의 삶 가운데 역사해오셨다. 연속해 등장하는 네 개의 동사는 예레미야의 출생 이전의 하나님의 사역을 보여준다. 하나님께서는 그를 **지으셨고 아셨고 구별하셨으며 세우셨다**. 성경의 교훈은 일관되며 불변하다. 하나님께서 자궁에서 태아를 빚으시고 형체를 갖추시는 일에 개입하신다는 것이다. 욥도 이 진리를 증거했다(욥 10:8-12). 하지만 시편 139편 14-16절보다 이 진리가 웅변적으로 진술되는 곳은 없다. 하나님께서는 자궁의 은밀한 곳에서 태아를 직접 조직하고 만드신다. 그분은 몸의 형체가 발달하도록 하신다.

그러나 하나님께서는 단순히 태아를 만드셨다는 사실 이상의 내용을 예레미야에게 말씀하신다. **내가 너를… 알았고**. 5절을 주의해서 읽어보면 하나님께서 그를 아신 것이 실제로 그를 지으신 것보다 먼저임을 알 수 있다. **내가 너를 복중에 짓기 전에 너를 알았고**. 하나님께서는 첫 세포들과 힘줄이 형성되기 전에 이미 예레미야에게 관심을 가지셨고 그에 대해 깊이 아셨다. 이것뿐만이 아니다. 예레미야가 태어나기 전에 하나님께서는 그를 성별하셨다. 하나님께서는 예레미야를 특별한 자로 여기셨다. 하나님을 섬기도록 구별 혹은 성별하셨다. 그러고나서 여전히 그가 출생하기 전에 하나님께서는 특별한 사명을 위해 예레미야를 세우셨다. 즉 그분을 위해 선지자가 되고, 열방들의 선지자가 되도록 세우신 것이다.

5절에서 '짓다' 로 번역된 히브리어는 창세기 2장 7절에 사용된 것과 동일한 단어다. 기본적인 의미는 '쪼들리다(be straitened)', 혹은 '괴로워하다(distressed)' 이다. 여기서 '형성하다, 맞추다, 만들다' 의 의미가 생긴다. 여기서 파생된 또 다른 의미는 '고안하다, 묵상하다' 이다. 조성자, 창조자, 토기장이라는 명사들은 이 동사의 분사형에서 파생한 것이다. 음악을 연주할 악기를 만드는 장인이신 하나님께서는 예레미야를 그분의 대변인이 되도록 창조하셨다.

'알다' 로 번역된 단어는 포괄적인 용례를 갖고 있다. 이 단어는 성적인 친밀감뿐 아니라 경험적 지식을 의미하며, 사실적 지식 이상의 의미를 갖는다. 이 단어는 육체적 관계에 사용되고 있다. 이러한 현재의 맥락에서 이 동사는 관계를 의미한다. 하나님께서는 예레미야가 태어나기 전 창조주와 특별한 관계를 나누도록 그를 선택하시고 구별하셨다.

'열방의' 라는 말은 그 당시의 정치 풍토를 아는 사람들이 이해하는 데 아무런 어려움 없는 표현이다. 예레미야가 소명을 받은 것은 앗수르 왕 앗수르바니팔의 죽음과 중동의 패권 국가로서 앗수르의 쇠락이 시작된 때와 같은 시기였다. 나보폴라살이 다스리던 바벨론은 세계 패권을 위한 싸움에 뛰어들고 있었다. 애굽은 앗수르 제국의 쇠락을 희망적인 눈으로 주시하고 있었다. 예레미야가 선지자로 소명을 받은 때가 그해였다. 폭넓은 통찰력을 갖게 될 사람이 '열방' 의 선지자가 안 될 이유가 어디 있겠는가?

1:6-8. 예레미야와 여호와 사이에 이루어지는 대화는 여러 면에서 모세와 여호와의 대화와 평행을 이룬다. 위대한 율법 수여자처럼 예레미야도 자신은 말을 할 줄 모른다고 항의한다. 게다가 그는 자신의 나이가 어리다는 것을 강조한다. 모세는 그러한 과업을 감당하기에 자신의 나이가 너무 많다고 느꼈을 가능성이 있다면, 반면 예레미야는 자신이 그 일을 하기에 너무 어리다고 생각했다.

아이로 번역된 히브리어는 여러 가지 의미로 사용된다. 이 단어는 아기 모세에게 사용되고 있고(출 2:6), 마흔 중반의 노련한 군인이었던 여호수아에게도 사용되고 있다(출 33:11). 그러나 일반적인 용례는 '젊은이', '매우 어린 사람' 이라는 뜻으로 사용된다.

여호와께서는 자신의 부적격성을 호소하는 예레미야의 말을 받아들이지 않으셨다. 그분은 그의 사명과 명령을 반복하신다. 그 젊은이가 소명을 받아들일 수 없는 다른 이유들을 제시할 기회를 전혀 주지 않으신다. 하나님께서는 명령을 주시는 것으로 끝나지 않고 예레미야에게 확신을 줄 말씀을 들려주신다. 너는 그들을 인하여 두려워 말라 내가 너와 함께하여.

B. 여호와께서 예레미야를 만지시다(1:9)

Supporting Idea	하나님의 만지심으로 평범한 사람이 탁월한 사람으로 변화된다.

1:9. 네 명의 대선지자들 모두 하나님의 만지심을 경험했지만 그 가운데 두 사람이

그로 인한 변화를 경험했다. 이사야와 예레미야의 경우는 소명을 받는 경험 가운데 하나님의 만지심의 효과에서 뚜렷한 대조를 보인다. 예레미야는 이사야처럼 열정적으로 반응하지 않았다. 많은 학자들은 그 차이에 대해 설명해왔다. 예레미야는 자원해서 부르심에 응한 것이 아니라 강제로 징발되었다. 평생 동안 그는 마지못해 나서는 대변자의 모습을 벗어나지 못했다. 소년은 시작하기를 원치 않았고, 그만두기를 원할 때도 자주 있었다. 하지만 그는 참된 선지자의 특징을 지닌 사람이었다. 절망으로 주저앉던 한 순간에는 "내가 다시는 여호와를 선포하지 아니하며 그 이름으로 말하지 아니하리라 하면 나의 중심이 불붙는 것 같아서 골수에 사무치니 답답하여 견딜 수 없나이다"(렘 20:9)라고 고백했다.

예레미야의 어려움은 이사야의 어려움과 달랐다. 두 선지자 모두 하나님의 만지심을 경험했다. 하지만 두 사람에 대한 하나님의 만지심의 목적은 각기 달랐다. 여호와께서는 정결케 하시기 위해 이사야의 입술을 만지셨다. 그는 자신의 입술이 부정하다고 의식한 젊은이였다. 하나님께서 예레미야의 입술을 만지신 것은 능력을 주시기 위함이었다. 그는 자신의 입술이 무능하다고 생각한 아이였다.

에스겔 선지자와 다니엘 선지자도 유사한 경험을 했다. 에스겔은 백성들을 위한 하나님의 메시지가 적힌 두루마리를 받았다. 그는 "네 입을 벌리고 내가 네게 주는 것을 먹으라"는 명령을 받았다(겔 2:8). 그는 그대로 순종했고 "그것이 내 입에서 달기가 꿀 같더라"(겔 3:3)고 고백했다. 다니엘의 경험은 사역 후기에 생긴 것이지만 그 경험의 생생함과 중요성은 전혀 뒤지지 않았다. 인자에 대한 환상을 보면서(단 10장) 다니엘은 인자와 같은 이가 있어 입술을 만지자(단 10:16) 땅에 얼굴을 대고 엎드렸다. 이처럼 네 명의 대선지자 모두 하나님의 만지심을 경험했다. 이사야는 정결함을 위해, 예레미야는 능력을 받기 위해, 에스겔은 먹기 위해, 다니엘은 힘을 얻기 위한 것이었다.

C. 예레미야에게 맡기신 사역(1:10)

Supporting Idea	하나님을 위한 모든 효과적인 사역은 이중적 취지, 즉 긍정적인 면과 부정적인 면으로 구성된다.

1:10. 다음으로 하나님께서는 예레미야의 사역을 알려주신다. 그의 사역은 두 가지

핵심적 요소로 이루어진다. 그는 파괴해야 한다. 또한 그는 건설해야 한다. 올바른 말씀 선포는 항상 그렇게 양분된다. 오늘날의 세속적인 세상은 '긍정적인 접근 방식'을 큰 목소리로 줄기차게 부르짖는다. 다원주의와 다양성의 가치를 인정하지 않으려고 하는 사람들의 비판을 불쾌하게 생각한다. 하지만 하나님께서는 예레미야에게 먼저 뽑으며 파괴하며 파멸하고 넘어뜨리라고 요구하셨다. 그러고나서야 당연하겠지만 건설하고 심도록 부르셨다.

D. 예레미야에게 주신 살구나무의 메시지(1:11-12)

Supporting Idea	하나님께서는 '온 세상을 자기 손에 쥐고' 계시며 결코 너무 빠르지도 혹은 너무 늦지도 않으신다.

1:11-12. 이 구절들은 예레미야에 대한 하나님의 첫 번째 구체적인 말씀을 은유적인 용어로 아름답게 해석해주고 있다. 예레마야는 시골에 있었다. 길을 따라 걷던 그는 살구나무 가지의 싹을 보았다. 이것은 봄이 다가오고 있다는 첫 징후 가운데 하나였다. 하나님께서는 "예레미야야, 네가 무엇을 보고 있느냐?"라고 물으셨다. 소년은 '샤카드'(shaqad)라고 대답했다. '샤카드'라는 히브리어는 '깨어 있다', '주시하다'라는 의미를 지닌다. 이 단어의 어근에서 또한 '아몬드 나무'에 해당하는 단어가 파생되었다. 하나님께서는 이렇게 대답하신다. 네가 잘 보았도다 이는 내가 내 말을 지켜 그대로 이루려 함이니라.

이 메시지는 예레미야에게 큰 확신을 심어주었다. 그는 하나님께서 역사 속에 적극적으로 개입하심을 깨달았다. 그분은 자기 백성들을 돕기 위해 기꺼이 개입하신다. 하나님께서는 깨어 있으시며(샤케드, shaqed) 유다의 운명을 주시하고 계신다(쇼케드, shoqed).

하나님께서는 반드시 자기의 말씀이 헛되이 돌아오지 않도록 하실 것이다. 그분의 말씀은 이루어질 것이다. 영적인 긴 동절기가 지나고 유다의 봄이 오고 있었다. 하나님의 역사가 시작되려 하고 있었다. 그것은 심판의 역사가 아니면 자비의 역사일 것이다. 백성들의 반응에 따라 결정될 것이다. 유다의 구원을 위해서든, 혹은 심판을 위해서든 하나님께서는 행동할 준비를 마치셨다.

E. 유다를 향한 끓는 가마의 경고(1:13-16)

Supporting Idea	여호와와 그분의 도덕적 요구에 대한 백성들의 반역으로 유다에 심판이 기다리고 있다.

1:13-16. 예레미야는 오두막집을 지나가고 있었다. 하나님께서는 거의 모든 가정에서 흔하게 쓰이는 물건인 펄펄 끓는 가마를 보도록 하셨다. 가마의 삼면에는 돌이 받치고 있다. 한 면은 땔감을 넣을 수 있도록 뚫려 있었다. 가마의 윗면이 **북쪽**에서부터 기울여져 있었다. 다시 말해 남쪽으로 기울여져 있었다. 끓고 있는 액체가 막 넘치려고 했다. 이것은 하나님께서 유다에 맹렬한 심판을 보내실 의도가 있음을 보여준다.

이 환상에서 '북쪽' 의 의미는 무엇인가? 지형상 유다에 대한 외부의 침입은 반드시 북쪽에서부터 오게 되어 있었다. 동쪽과 남쪽의 인접한 땅은 황무한 사막이었다. 서쪽에는 지중해가 자리하고 있었다. 거의 항상 침략은 북쪽에서 시작되었다.

J. A. 톰슨(Thompson)은 "수세기 동안 이스라엘의 많은 문제들은 북쪽에서부터, 즉 블레셋 족속과 앗수르인들, 아람족들로 인해 찾아왔다. 북쪽은 종종 기원이 불확실한 어둠의 세력들의 상징이었다"(p.479). 로버트 데이빗슨(Robert Davidson)도 이에 동의하고 이렇게 덧붙인다. "이 환상과 '북방 모든 나라의 족속' 이라는 15절의 자세한 언급은 북쪽의 위험의 실체를 명확하게 밝혀주지 않는다. 그러나 예레미야의 사역이 진행되면서 북방의 적이 신바벨론 제국이 될 것임이 훨씬 명확하게 드러난다." 이 주제에 대해서는 이후 장들의 주석을 통해 더 철저하게 논의할 것이다.

15절과 16절은 선지자 하박국을 통해 주신 여호와의 말씀과 유사한 사상이 담긴 내용을 소개하고 있다. 예레미야와 동시대인인 그는 이렇게 말했다. "여호와께서 가라사대 너희는 열국을 보고 또 보고 놀라고 또 놀랄지어다 너희 생전에 내가 한 일을 행할 것이라 혹이 너희에게 고할지라도 너희가 믿지 아니하리라 보라 내가 사납고 성급한 백성 곧 땅의 넓은 곳으로 다니며 자기의 소유 아닌 거할 곳들을 점령하는 갈대아 사람을 일으켰나니 그들은 두렵고 무서우며 심판과 위령이 자기로 말미암으며"(합 1:5-7).

예레미야에게 주신 하나님의 말씀에서 한 가지 부인할 수 없는 진리를 알 수 있다. 유다의 하나님께서는 율법을 어기는 자들을 엄중하게 심판하신다는 것이다. 이전의 선지자들은 회복의 희망이 아직 있을 때에 하나님의 말씀을 전했다. 하지만 하나님께서는 인내심이 거의 다하신 한 민족에 보내기 위해 예레미야를 부르셨다. 그는 선지자로 사역하면서 철저히 패역하여 완전한 재앙에 직면하고 있는 사람들에게 말씀을 전했을 것이다. 당시 시대는 그들을 각성시켜서 죄악을 깨닫고, 그러한 행실의 마땅한 결과인 확실한 심판을 돌이킬 수 있게 할 조치와 노력을 요구했다. 도덕적 타락의 이러한 심각한 상황은 가혹한 심판의 메시지와 극단적 행동을 요구했다.

끓는 가마의 교훈을 통해 여호와 하나님께서는 자기 선지자에게 그가 이 땅에 살고 있는 한 기억해야 할 진리를 알려주셨다. 심판은 죄악의 불가피한 결과다. 그는 민족의 임박한 재앙을 하나님의 심판으로 인식했다. 그러나 여호와를 백성들의 불행을 통해 자신의 위엄을 증명하기를 기뻐하시는, 복수심에 불타는 신이시라고 생각하지는 않았다. 예레미야는 심판을 하나님의 도덕적 속성의 필수 부분으로 이해했다.

여호와와 예레미야는 임박한 재앙의 이 메시지를 그 당시의 사람들이 폭넓게 받아들이지 않을 것을 알았다. 예레미야는 대중적 인기에 영합해서는 안 되며 민족의 정치적 장래에 연연해서는 안 된다는 사실을 받아들여야 했다. 그는 하나님의 선지자였고, 어떤 대가를 치르더라도 하나님의 메시지를 전해야 했다.

F. 궁극적 승리에 대한 여호와의 약속(1:17-19)

Supporting Idea	예레미야의 가장 위대한 유산은 개인적인 명성이 아니라 헌신적인 신실성이었다.

1:17-19. 이 두 환상이 어린 소년에게는 '단단한 식물' 이었다. 그가 뒷걸음치며 자신은 그 일을 감당하기에 합당하지 않다고 주장한 이유를 쉽게 이해할 수 있다. 그러나 여호와 하나님의 결론적인 말씀은 그 싸움에 하나님께서 함께하실 것을 그에게 확신시켜 주었다. 하나님께서는 이렇게 선언하셨다. 너는 네 허리를 동이고 일어나 내가 네게 명한 바를 다 그들에게 고하라 그들을 인하여 두려워 말라 두렵건대 내가 너로 그들 앞에서 두려움을 당하게 할까 하노라… 그들이 너를 치나 너를 이기지 못하리니 이는 내가 너와 함께하여 너를 구원할 것임이니라.

또다시 이사야의 소명이 대조적인 장면으로 연상된다. 예레미야가 비관론에 빠지지 않도록 위로를 받은 반면, 이사야는 낙관론을 주의하도록 경계를 받았다. 이사야는 넘어질 것이라는 말을 들었다. 그러나 예루살렘이 많은 부분에서 그의 사역으로 인해 앗수르의 군대에서 구원받았기 때문에 어떤 의미에서 그는 성공했다. 예레미야는 성공할 것이라는 말씀을 들었다. 하지만 그의 사역과 경고에도 불구하고 예루살렘이 바벨론 군대에 함락되었기 때문에 어떤 의미에서 그의 사역은 실패했다. 하지만 인생 말년에 예레미야는 백성들의 영웅이었고, 아마 애굽에서 평화로운 죽음을 맞았을 것이다.

하나님께서는 예레미야에 대한 말씀의 서두를 명령으로 시작하시고 이어서 경고의 말씀을 주신다. "행동할 채비를 하라. 그리고 그들 앞에서 두려움 때문에 얼어붙지 말라. 그러면 내가 그들 앞에서 너를 공포로 얼어붙게 할 것이다." 이것은 대적이 예레미야에게 맞설 때 그가 어떤 태도를 취하든 간에 하나님께서는 그것을 더 강화시키고 훨씬 그 강도를 높이실 것임을 의미했다. "마음을 강하게 하라. 그러면 너를 더욱 강하게 해줄 것이다. 그들 앞에 비굴한 모습을 보인다면 너로 훨씬 더 비굴해지도록 할 것이다." 이것은 가혹한 경고 같지만 현실적인 것이었다. 예레미야가 반대가 일어날 때 공포에 빠진다면 그는 완전히 신뢰를 잃게 될 것이다. 여호수아에게 말씀하신 것처럼 하나님께서는 예레미야에게도 "마음을 강하게 하라 담대히 하라" (수 1:6)고 말씀하셨다.

18절과 19절에서 하나님께서는 예레미야에게 삼중적인 약속을 주신다. 첫째, 하나님께서는 선지자를 강하게 해주겠다고 약속하신다. 이 약속에서 하나님께서는 세 가지 비유를 사용하신다. 그는 예레미야 선지자로 하여금 견고한 성읍, 쇠기둥, 놋 성벽처럼 되게 하겠다고 약속하신다. 세 심상 가운데 첫 번째 심상은 높은 성벽과 견고한 망루를 갖춘 난공 불락의 성에 대해 말하고 있다. 그것에 맞서 거대한 무리가 대적한다 해도 그들의 싸움은 헛될 것이다. 두 번째 용어는 예레미야를 강철과 같은 사람으로 암시하고 있다. 그는 요동하지 않는 견고하고 강한 요새가 될 것이다. 세 번째 단어인 '놋 성벽'은 당시 고대인들에게 가장 견고한 금속으로 알려진 물질과 관련이 있다. 놋은 현대의 놋쇠처럼 구리와 아연의 합금이 아니라 구리와 주석의 합금이었다. 예레미야는 불에 탈 수 있는 나무로 된 성벽이나 공성퇴로 무너질 수 있는 성벽이 아닐 것이다. 그는 어떤 무기로도 무너뜨릴 수 없는 단단한 놋과 같을 것이다.

둘째, 하나님께서는 예레미야에게 그들이 너를 치나 이기지 못하리니라고 약속하신다. 예레미야 선지자는 전장에서 선두에 서야 할 것이다. 위압적인 군대에 의해 끊임없이 공격을 받을 것이다. 하지만 하나님께서는 예레미야에게 그의 편이 이길 것이라는 확신을 심어주신다.

셋째, 하나님께서는 그에게 내가 너와 함께하여 너를 구원할 것임이니라고 약속하신다. 하나님께서는 예레미야가 어려움을 겪지 않도록 지켜주겠다고 약속하신 것이 아니었다. 주님께서는 유다 왕들과 그 족장들과 그 제사장들과 그 땅 백성들로부터 어려움에 부딪힐 때 예레미야와 함께하겠다고 약속하신다. 사용된 대명사들을 주의하여 보라. 하나님께서는 '그들이' '너'를 대적할 것이지만 '내'가 '너'와 함께할 것이라고 말씀하신다. 그들은 많고 강할 것이다. '너' 예레미야는 본성적으로 유약하고 약하며 외톨이였다. 하지만 여호와께서는 무적의 내가 너와 함께하며 너를 건져줄 것이라고 말씀하신다.

여호와의 부르심에 순종한다는 것은 예레미야가 유다 사회의 거의 모든 계층의 대적을 받는 가운데 묵묵히 혼자 사명을 감당해야 한다는 뜻이다. 그는 동반자와 위로자가 되어줄 아내도 가질 수 없다는 것을 나중에 알게 될 것이다.

19절에서 여호와께서는 자기 선지자의 필요에 대한 개입의 정도를 암시하기 위해 구하다로 번역된 강한 동사를 사용하셨다. 그것은 모세를 파멸시키고자 노릴 강력한 대적의 손아귀에서 건져내시겠다는 하나님의 약속을 설명할 때 사용된 것과 같은 단어다(출 3:8, 18:4, 8-10).

여호와의 소명으로 예레미야는 형통함과 인기, 혹은 명성에 대한 모든 생각을 철저히 부인해야 함이 분명해졌다. 모든 세대의 모든 선지자는 자신이 속한 시대의 백성들에게 하나님의 뜻을 신실하게 선포할 경우에만 성공한다.

여호와의 예레미야에 대한 소명은 실제 세상에 대한 실제적인 소명이었다. 이 소명 기사는 단순히 대화의 나열이 아니다. 그것은 역동적이고 참된 하나님과의 만남에 대한 기록이다. 이 기사는 하나님을 대변하는 예레미야의 권리에 대한 증명서로서 도덕적 권위를 갖고 있다. 이 기사는 오늘날 우리에게도 의미를 지닌다. 하나님께서는 살아계시며 우리 세대의 세계 속에서 역사하고 계신다. 그분은 살구나무 환상에서 보듯이 자연 속에서 역사하시며, 끓는 가마 환상에서 보듯이 역사 속에서 역사하고 계신다. 젊은 선지자의 삶에서 증명되듯이 인간의 마음속에서도 역사하고 계신다.

Main Idea 복습	시대는 하나님의 백성들에게 임박한 위험을 경고할 하나님의 강력한 메신저를 요구했다. 효과적인 사역을 하기 위해 그는 두 가지 자질을 갖춘 사람이어야 했다. 그것은 파괴하고 재건하는 사명에 필요한 확고한 신념과 따뜻한 연민이었다.

결론

죽어가는 민족을 향한 하나님의 마지막 음성

위기마다 하나님께서는 사람들에게 회개를 촉구하며 무리들과 분명하게 구별되는 대변자들을 보내신다. 그분은 결코 증인 없이 혼자 사역하지 않으셨다. 세대마다 사람들에게 죄악 된 생활을 버릴 것과 그렇게 함으로써 임박한 심판을 늦추라고 요청하신다.

이스라엘 백성이 애굽에서 노예 생활을 할 때 하나님께서는 모세를 세우셔서 확신의 말씀을 주시고, 초자연적 역사를 일으키셔서 구원으로 인도하셨다. 블레셋 족속으로 인한 위기 때는 사무엘을 택해서 여호와의 대변인으로 섬기게 하셨다. 사무엘은 이스라엘의 마지막 사사였다. 그리고 선지자로 부르심을 받은 최초의 사람은 아니었지만, 이스라엘에서 예언적 운동의 효시가 되었다.

그러나 예루살렘 함락 전의 마지막 세대는 여러 면에서 가장 위대한 예언자였던 한 사람을 배출했다. 40년 동안 예레미야는 동족들에게 영적인 음란에서 돌아서도록 권면하고 경고하며 간절하게 호소했다. 그들이 그의 말을 거부하자 그는 징계의 도구로 하나님께서 선택하신 나라인 바벨론에 피를 흘리지 않고 항복할 것을 호소했다. 그의 조언은 거부되었고, 그 결과 유다는 큰 대가를 치렀다. 그것은 이방 땅에서 70년간 포로 생활을 하는 것이었다.

예레미야는 동료 선지자들의 공통된 특징들을 많은 부분에서 공유했다. 또한 그만의 고유한 특징도 있었다. 사역 중반에 그는 중년의 위기를 겪었다. 이 위기는 그의 복합적인 성격으로 인해 생긴 것이었다. 강인하지만 인정이 많은 예레미야는 모든 선지자들 가운데 가장 내성적인 선지자였다. 그는 하나님과 대화하고 심지어 논쟁하기까지 했다. 이 위대한 선지자는 말씀 선포하기를 절대 바라지 않았다. 오직 뼛속 깊은 데서 타오르는 열정 때문에 그만둘 수가 없었을 뿐이었다.

▣ 진리 알기

- 하나님의 언약의 백성들은 종종 이교도적인 환경 속에 살고 있다.
- 남은 백성들은 항상 소수다.
- 우리는 하나님께서 우리를 어디에 사용하실지 전혀 모른다.
- 하나님께서는 자기 백성들의 순종을 귀히 여기신다.
- 신자들은 불순종의 유혹을 받을 때에도 순종해야 한다.

▣ 적용하기

- 그리스도인 부모들은 어떤 상황에서도 자녀들이 하나님을 섬길 수 있도록 준비시켜야 한다.
- 그리스도인들은 무고해 보이고 심각한 결과를 초래하지 않는 것처럼 보이는 악이라도 철저히 저항하는 법을 배워야 한다.
- 그리스도인들은 그들의 실패를 바라는 세상에서 영적인 성취를 이루겠다는 결의와 인내가 필요하다.

삶의 적용

하나님의 소명에 대한 응답

감리교를 세운 존 웨슬리(John Wesley)는 1703년 잉글랜드의 엡워스에서 성공회 목사 가정에 태어났다.

존이 6세가 되었을 때 엡워스의 목사관에 불이 나서 전소되었다. 존은 화염 속에서 2층 창문으로 내려다보았고 이웃들에게 구조되었다. 이 사건을 계기로 웨슬리는 아주 어린 시절부터 하나님께서 자신을 부르신다는 것을 느꼈다. 그는 자신을 '불에 타다 남은 막대기' 라고 불렀다.

열일곱 살에 웨슬리는 옥스퍼드 대학에 입학했다. 1726년에는 그 대학의 링컨 칼리지의 특별 연구원으로 선발되었다. 2년 후, 그는 영국 국교회 목사로 안수를 받았다. 하지만 그의 회심의 경험(올데스게이트 가의 경험)은 1738년 5월 24일에서야 이루어졌다.

웨슬리 당시의 잉글랜드에서는 의회법에 따라 소모임의 집회가 금지되어 있었다. 영국 성공회 목사들은 오직 교회에서만 말씀을 전했고, 감정적인 '열정' 을 드러내는 것을 금했으며 사역을 지정된 교구에 한정했다. 1739년 조지 휫필드(George Whitefield)가 브리스톨 근방의 옥외에서 교회에 한 번도 발을 들여놓은 적이 없는 완고한 광부들에게 복음을 전하기 시작하자 하나님께서는 그의 전도를 축복하셨고, 많은 이들이 신자가 되었다. 휫필드는 웨슬리에게 브리스톨로 와서 야외 집회 설교를 도와달라고 요청했다.

웨슬리는 1739년 3월 10일 일기에 이렇게 썼다. "런던을 떠날 것이라고 한번도 생각해본 적이 없는데 휫필드로부터 지체치 말고 브리스톨로 와달라는 매우 절박하게 간청하는 편지를 받았다. 이것은 내가 전혀 예상해보지 않은 것이었고, 그럴 마음도 거의 없었다."

한번도 그런 야외 설교를 하는 데 대해 생각해보지 않았던 웨슬리는 하나님의 소명을 받아들이는 문제로 계속 씨름했다. 3월 29일 그는 이렇게 기록했다. "평생 예의와 질서와 관련해 모든 면에 철저하고 까다롭게 지켜왔고 교회가 아닌 다른 곳에서 이루어지는 영혼 구원 사역을 거의 죄악으로 생각했던 나로서는 야외에서 말씀을 전하는 이 이상한 방식을 처음에는 도무지 용납할 수가 없었다."

6월경에 이르자 웨슬리는 마침내 결심이 섰다. 그는 하나님의 소명을 받아들였다. 일기에 이렇게 쓰고 있다. "나는 온 세상을 내 교구로 인식했다. …나는 듣고자 하는 모든 사람들에게 구원의 기쁜 소식을 선포하는 것을 나의 본분으로 생각한다. 이것은 하나님께서 나에게 주신 소명이라고 생각한다. 그리고 그 일에 하나님의 축복이 함께할 것이라고 확신한다."

그 이후로 웨슬리는 감옥의 죄수들과 여관의 여행자들과 배의 승객들과 들판과 언덕에서 만나는 사람들에게 말씀을 전했다. 그는 주의 말씀을 소그룹들과 수천 명이 모인 집회에서 선포했다. 평생 동안 그는 하나님의 말씀을 선포하면서 잉글랜드, 아일랜드, 스코틀랜드로 약 40만 킬로미터의 여행을 했다(대부분 말을 타고). 사실상 세상이 그의 교구였다!

요한 웨슬리처럼 예레미야는 어린 시절부터 그의 인생에 대한 하나님의 소명을 의식했다(6-7절). 두 사람 다 처음에는 하나님의 부르심에 저항했다. 하나님의 부르심에 저항한 예레미야의 이유가 요한 웨슬리의 이유와 비슷하다는 것이 밝혀졌다. 그것은 두려움이었다. 오늘날 너무나 많은 신자들이 하나님의 부르심에 저항하는 이유도 이와 비슷하다는 것이 밝혀지고 있다. 그것은 두려움이다. 그러나 우리 주님께서는 우리와 함께하겠다고 약속하셨다(마 28:20). 우리는 그분의 부르심과 우리를 위한 사명을 받아들이기를 두려워해서는 안 된다. 그분은 우리를 부르신 사명을 이루는 데 필요한 모든 것을 공급해주신다.

기도

우리가 당신을 알기 전에 우리를 알고 계시는 영원하신 하나님이시며 아버지여, 우리가 섬김에 대한 당신의 부르심에 변명이 아니라 자발적인 마음과 생각으로 반응할 수 있도록 도와주소서. 우리의 모든 두려움을 제거해주소서. 당신의 말씀을 우리 입술에 넣어주시고 파괴할 때와 지을 때를 알고 당신을 담대히 대변할 수 있게 해주소서. 모든 나라에서 당신의 이름이 찬양받으시길 원하나이다. 아멘.

심층 연구

A. 아몬의 아들 요시야(1:2)

많은 구약 학도들은 유다의 15대 왕 요시야를 유다 민족의 가장 위대한 왕이라고 생각한다. 열성적인 선왕 웃시야와 히스기야처럼 그는 다윗의 영광스러운 시대가 유다 가운데 회복될 수 있도록 노력했다. 요시야는 겨우 2년간 왕위에 있었던 부친 아몬이 암살당한 후 여덟 살의 나이에 왕이 되었다(왕하 21:19-23, 대하 33:21-24).

요시야가 보위에 오른 지 18년째 되던 해인 주전 621년, 성전에서 율법 책이 발견되었다. 대부분의 학자들은 그것이 신명기서나 혹은 적어도 신명기서 일부라는 데 동의한다. 그는 자신의 종교 자문가들에게 자문을 구했고, 유다가 그 율법 책에 계시된 하나님의 뜻을 어떻게 어겨왔는지 알게 되었다. 요시야는 이 책을 참고하여 광범위한 개혁 운동을 시작했다. 젊은 선지자인 예레미야가 왕의 개혁 작업에 동참하여 그 계획을 열성적으로 실행했다.

성경은 이 시기의 대부분에 대해 침묵하고 있다. 하지만 주전 608년, 애굽의 바로 느고에 대한 요시야 왕의 군사 작전을 언급하면서 침묵을 깨고 있다. 요시야는 바벨론에 맞서 앗수르를 돕기 위해 서둘러 가는 느고 왕과 싸우기 시작했다. 요시야는 전사했고 예레미야는 친구이자 영적인 지원자를 잃었다.

요시야는 훌륭한 유산을 남겼다. 거룩한 역사가는 이렇게 저술했다. "요시야와 같이 마음을 다하며 성품을 다하며 힘을 다하여 여호와를 향하여 모세의 모든 율법을 온전히 준행한 임금은 요시야 전에도 없었고 후에도 그와 같은 자가 없었더라" (왕하 23:25).

B. 선지자(1:5)

구약 저자들은 수세기 동안 이스라엘을 지도하고 격려하며 위로하고 경고한 하나님의 사람들을 지칭하기 위해 세 가지 히브리어를 사용했다. 첫 번째 두 단어인 '로에(roeh)' 와 '호제(hozeh)' 는 '선견자(seer)' 로 번역된다. 이 단어들은 히브리어 '나비'(navi)로 지칭되는 주류 선지자들에 앞서 활동한 무아지경 상태의 집단과 관련이 있다.

'나비(navi)' 의 의미에 대해 학자들의 의견은 일치하지 않는다. 어떤 이들은 '흥분하다' 라는 뜻이라고 주장한다. 어떤 이들은 '부르심을 받은 사람' 을 가리킨다고 주장한다. 하지만 대부분의 학자들은 그것이 '말하다' 라는 의미라고 믿는다. 수많은 사람들은 '권세를 갖고 말하다' 라는 개념을 추가한다. 물론 이것은 여호와의 부르심을 받았다는 개념에 영향을 받을 것이다.

선지자의 계보는 사무엘로부터 공식적으로 시작된 것으로 보이지만 아브라함과 모세와 같은 사람들 역시 '선지자(prophet)' 로 불렸다. 그들은 엘리야, 엘리사, 호세아, 아모스, 미가, 이사야, 예레미야와 같은 인물들 그리고 나머지 성경의 하나님의 대변자들과 동등한 위치에 서 있었다.

선지자들은 율법을 해석하고 백성들에게 율법에 순종하도록 촉구했다. 회개와 삶의 변화를 요구하는 이러한 메시지들은 미래에 일어날 사건들에 대한 예언들과 뒤섞여 있었다. 하나님께서는 선지자들에게 자신의 구속의 목적들에 대한 놀라운 통찰력과 일부 세세한 부분에 대한 지식을 선사하셨다. 이러한 것들은 여호와와 특별한 교제를 누리는 사람만이 얻을 수 있는 것이었다. 이러한 세세한 사실에 대한 계시 가운데 메시아의 탄생 장소와 그분의 동정녀 탄생이 포함되었다.

선지자들의 메시지는 항상 이스라엘의 영적 필요라는 맥락 속에서 제시되었다. 그들은 죄를 정죄하고 확실한 심판을 경고했지만, 항상 심판 너머 있는 하나님의 백성들의 궁극적 승리를 바라보았다.

C. "네가 태에서 나오기 전에 너를 구별하였고"(1:5)

예레미야는 하나님께서 특별한 목적을 위해 자신을 세상에 보내셨다는 강한 확신이 있었다. 그는 이러한 확신을 갖고 지치지 않고 수고했다. 성경은 하나님께서 당사자들에게 미리 알리지 않고 특별한 사명을 위해 사람들을 성별하신다는 진리를 지지한다.

신학자들은 예정론과 개인의 선택 능력에 대한 예지의 관계를 논의한다. 수세기 동안의 논쟁과 대화로도 이 문제는 모든 사람에게 만족스러울 정도로 해결되지 않았고,

또한 완전히 해결되지도 않을 것이다. 우리의 제한된 생각으로는 그 방법을 알 수 없지만 두 주장 모두 옳다. 그러나 이 구절의 강조점은 하나님의 미리 아심과 예정론에 있지 않다. 하나님께서는 예레미야를 선택하시고 부르셨으며, 그는 순종했다.

교안

A. 개요

1. "이곳에는 아무 일도 없소"를 읽으라.
2. 배경 설명: 예레미야가 소명을 받은 해는 주전 626년이다. 유다는 40년이 지나면 왕국으로서 수명이 끝날 상황에 직면하고 있었다. 세계 패권은 앗수르가 쥐고 있었지만 상황은 곧 달라질 것이다. 바벨론이 그 지위를 강탈할 것이다. 하나님께서는 유다 왕국에 마지막으로 예언자를 보내시기로 계획하고 계셨다. 하나님께서는 그 민족에게 회개의 마지막 기회를 주시기 위해 예레미야를 태어나기 전에 선택하셨다.
3. 적용: 예레미야가 어렸을 때 하나님께서는 자신을 섬기도록 그를 부르셨다. 위대한 성경 인물들 가운데 많은 사람들처럼 선지자는 하나님의 부르심을 적극적으로 받아들이지 않았다. 예레미야는 자신이 준비되지 않았고 하나님께서 원하시는 일을 감당하기에 적절하지 않다는 이유를 제시했다. 하나님께서는 선지자의 두려움을 이해하시고, 그와 함께하시고 그를 보호하시며 구원하시겠다고 약속하셨다. 그러고나서 주님께서는 예레미야에게 일어서서 하나님을 대변하라고 도전하셨다.

B. 본문 이해

1. 예레미야가 소명을 받은 때(1:1-8)
2. 여호와께서 예레미야를 만지시다(1:9)
3. 예레미야에게 맡기신 사역(1:10)

4. 예레미야에게 주신 살구나무의 메시지(1:11-12)
5. 유다를 향한 끓는 가마의 경고(1:13-16)
6. 궁극적 승리에 대한 여호와의 약속(1:17-19)

C. 결론

'죽어가는 민족을 향한 하나님의 마지막 음성' 을 읽으라.

토의 질문

1. 태아가 한 인격체가 되기 시작하는 시점은 언제인가? 태아의 발달과 형성에 하나님께서 어느 정도까지 관여하시는가? 한 개인의 신학이 낙태에 대한 입장에 어떤 영향을 미치는가?

2. 신자들은 주님의 소명을 회피하기 위해 하나님께 어떤 구실을 대는가? 하나님께서는 이러한 변명들에 대해 어떻게 반응하시는가?

3. 기독교적 시각에서 그리스도인들은 기독교 후기, 포스트모던한 우리 사회에서 파괴하고 뿌리 뽑고 넘어뜨리는 일에 관여하기 위해 어떤 유형의 사고와 가치와 주장이 필요한가?

4. 끝없는 의견과 주장과 제안이 난무하는 세계에서 신자들이 하나님의 말씀을 대변하는 것은 얼마나 중요한 일인가?

5. 사람들이 하나님의 말씀을 전하는 이들을 조롱하고 거부하며 박해하는 이유는 무엇인가?

예레미야 2:1-4:4

어찌 신부가 잊을 수 있다는 말인가?

"이스라엘 족속아 마치 아내가 그 남편을 속이고 떠남 같이 너희가 정녕히 나를 속였느니라 여호와의 말이니라."

- 예레미야 3:20

모든 지식과 유다의 간음함을 고발하기 위해 결혼 비유를 사용한다. 하나님께서는 자신을 유다의 남편에, 유다를 자신의 신부에 비유하신다. 이스라엘이 남편에게 헌신했던 초기의 결혼 생활을 시작으로, 예레미야는 신부에서 음탕한 아내로 그리고 창녀로 내리막길을 걸은 유다를 추적한다. 법정에서 하나님께서는 자신의 음탕한 신부에 대한 죄과를 진술하고 다른 민족들이나 바알들과 벌인 그녀의 음란을 상세히 나열한다. 주님께서는 범죄한 자신의 아내에게 잘못을 인정하고 방탕한 길에서 돌아서서 자기에게로 돌아오라고 호소하신다. 그분은 그녀의 패역함을 용서해주겠다고 약속하신다.

들어가는 글

엠마와 찰스

엠마 루오(Emma Rouault)는 아름답고 매혹적인 젊은 여성이었다. 존경받는 젊은 의사 찰스(Charles)가 그녀와 사랑에 빠진 것은 그다지 놀라운 일이 아니었다. 두 사람은 곧 결혼하기로 결정했다. 결혼 후 찰스는 엠마를 기쁘게 해주는 데 모든 노력을 집중했다. 그는 그녀를 숭배했다.

그러나 엠마는 찰스와 같은 마음이 아니었다. 그녀는 연애 소설에서 읽었던 기쁨과 열정과 환희를 결혼 생활에서 찾지 못했다. 더 짜릿하고 흥분되는 생활을 갈구하기 시작했다.

곧 바람둥이며 여자의 심리를 잘 아는 로돌프(Rodolphe)라는 사람을 통해 엠마에게 기회가 찾아왔다. 엠마는 찰스를 속이고 로돌프와 말을 타고 시골로 가 연회를 즐기게 되었다. 그는 사랑의 맹세를 하며 그녀에게 구애했다.

하지만 얼마 지나지 않아서 엠마에 대한 로돌프의 관심이 시들해지기 시작했다. 엠마는 그의 관심을 계속 붙들어두기 위해 무절제하게 돈을 써대기 시작했다. 곧 그녀는 엄청난 빚을 지게 되었다. 엠마는 로돌프와 멀리 도망갈 계획을 세운다. 그러나 루돌프는 그녀를 사랑하지만 개인적인 사정으로 떠난다는 편지만 남긴 채 사라졌다.

엠마는 깊은 실의에 빠졌다. 찰스는 쌓여만 가는 청구서에도 아랑곳하지 않고 진료를 미룬 채 엠마 곁을 지켰다.

어느 날 엠마는 이전에 알았던 젊은 남자 레온(Leon)에게로 도망갔다. 그의 예의 바른 태도와 복장이 그녀에게 깊은 인상을 주었다. 곧 엠마는 레온에게 빠졌다. 레온이 사치스러운 생활로 엠마를 즐겁게 해줄 여력이 없어지자, 그녀는 종종 그에게 돈을 대주거나 스스로 돈을 조달했다. 엠마는 사치스러운 생활을 유지하기 위해 소유한 것 가운데 일부를 저당 잡히기까지 했다. 그녀는 로맨스에 대한 갈망에 완전히 사로잡혀 있었다. 오직 관능적 쾌락을 좇아 살던 엠마는 점점 더 타락으로 빠져들었다.

마침내 그 모든 것이 그녀를 무너뜨렸다. 은행은 더 이상 돈을 빌려주길 거부했고 자신의 무기력한 상황에 대해 절망한 그녀는 비소를 먹고 자살했다. 엠마가 죽은 지 얼마 후 찰스는 엠마의 서랍에서 로돌프와 레온의 연애 편지들을 발견한다. 그는 망연자실했고 환멸을 느꼈다. 그는 완전히 상심한 채 얼마 안 가 죽음을 맞는다.

1857년 출간된 구스타프 플로베르(Gustave Flaubert)의 소설인 「보바리 부인(Madame Bovary)」의 엠마와 찰스 보바리의 이야기처럼 예레미야는 자신의 책의 2장에서 갓 결혼한 부부와 그들의 달콤한 신혼 생활에 대한 이야기로 설교를 시작한다. 이스라엘을 자신의 신부에 비유하신 주님께서는 "네 소년 때의 우의와 네 결혼 때의 사랑 곧 씨 뿌리지 못하는 땅, 광야에서 어떻게 나를 좇았음을 내가 너를 위하여 기억하노라"(2절)고 말씀하신다.

성실한 신랑처럼 하나님께서는 사랑하는 신부를 돌보아주셨다. 결혼 생활 초기에 이스라엘은 사랑스러운 아내였고, 하나님께서는 성실한 남편이셨다. 불행하게도 엠마와 찰스의 경우처럼 그 달콤한 신혼은 오래 가지못했다.

본문 이해

어찌 신부가 잊을 수 있다는 말인가?

Main Idea	예레미야는 유다가 하나님에 대해 변절한 것을 묘사하고, 신부는 항상 사랑해서 결혼했던 초기 시절을 기억해야 한다고 지적한다. 유다도 그러한 자세를 가지고 남편이신 여호와께로 돌아와야 한다.

A. 백성들의 타락에 대한 묘사(2:1-37)

Supporting Idea	백성들은 초기 시절의 하나님을 떠나 다른 신들, 실제로는 전혀 신이 아닌 존재들에게 빠져들었다.

2:1-3. 하나님의 명령으로 예레미야는 유다 민족이 한 국가로서 태동할 초기에 가졌던 순결함을 상기시키는 내용으로 메시지를 전하기 시작한다. 그들은 순종적이고 헌신적이었다. 이것은 실제로 허니문의 경험이었다.

두 번째 비유에서 선지자는 유다 민족을 "첫 열매"라고 묘사한다. 첫 열매는 가장 먼저 추수되어 하나님께 드려졌던 최고 좋은 작물이었다. 또한 다른 열매들(아마 다른 민족들을 가리키는 것 같다)이 따를 것이라고 암시하고 있다. 하나님의 보호하심과 돌보심을 통해 유다 민족은 자신들을 대적하거나 해하고자 하는 자는 누구든지 엄중한 처벌을 받을 것이라는 확신을 갖게 되었다.

2:4-9. "들으라"는 명령으로 새로운 단락을 시작하며 선지자는 백성들에게 한 가지 질문으로 도전한다. 무엇 때문에 백성들이 하나님을 그렇게 멀리하고 떠나게 되었는가? 그는 자기 자신의 질문에, 정죄하는 내용으로 된 한 가지 설명으로 대답한다. 그 백성이 지은 첫 번째 죄는 하나님의 축복을 무시한 것이었다. 여호와께서는 노예 생활을 하는 그들을 구속하셔서 아름다운 땅으로 데려오셨다. 그들은 그 땅을 더럽히는 것으로 그분의 은혜에 보답했다. 종교 지도자들인 제사장들과 선지자들 모두 역겨운 행위에 가담했다. 그러한 이유로 그분은 그들을 처벌하실 것이다.

2:10-12. 하나님께서는 자기 백성들에게 서쪽으로는 먼 깃딤(Kittim, 키프러스)과 동쪽으로는 게달(Kedar)로 가보라고 도전하신다. 유다는 이방 민족들도 하지 않는 일을 행했다. 그들은 하나님을 떠났다. 설상가상으로 유다는 참되신 하나님을 모신 유일한 나라였다. 나머지 모든 나라들은 아무 생명이 없는 거짓되고 허무한 신들을 섬기고 있었다. 하지만 실제로 '전혀 신이 아닌' 신들을 섬기는 나라들은 오히려 그들의 신들을 변함없이 신실하게 섬겼다.

2:13. 사람들은 절대 진공 상태로 살지 않는다. 하나의 생활 방식을 포기하면 항상 또 다른 생활 방식을 선택할 것이다. 하나님께서는 자기 백성들에게 그들이 무엇을 포기하고 그 자리에 대체한 것이 무엇인지 깨닫도록 돕기 위해 잊을 수 없는 그림을 제시하신다. 생수의 근원되는 나를 버린 것과 스스로 웅덩이를 판 것인데 그것은 물을 저축지 못할 터진 웅덩이니라.

웅덩이는 지붕이나 관 혹은 마당에 흘러드는 빗물이 모이도록 한 저수조였다. 저수조의 물은 사용하기에 좋은 물이 아니었다. 예레미야는 이 웅덩이들을 깨끗하고 맑은

물을 내는 샘과 대조한다. 중동에 사는 사람이라면 누구든지 샘을 웅덩이와 바꾼 이 거래가 잘못된 것임을 인정할 것이다.

2:14-19. 백성들의 행실에 당혹한 예레미야는 왜 그들이 노예처럼 행동하고 있는지 묻는다. 이스라엘 백성들을 포함해 고대 세계의 사람들은 보통 세 가지 이유로 노예가 되었다. 노예의 신분으로 태어나거나, 재정적 어려움으로 자신이나 자녀들을 노예로 팔거나, 혹은 외국 군대에 사로잡혀 정복자들에게 노예가 되었다. 예레미야의 수사적 질문은 부정적인 대답을 예상하고 있다. 물론 그들은 태어날 때부터 노예가 아니었다. 그렇다면 왜 그들은 포로가 되었는가?

15절의 사자는 앗수르를 가리키는 반면, 16절의 놉과 다바네스는 애굽 북동부의 두 도시를 말한다. 18절의 시홀은 애굽 나일 강의 지류를 가리키며, 그 강물은 앗수르의 유프라테스를 가리킨다. 이 마지막 지역은 후에 바벨론의 수중에 들어간다.

하나님의 백성들은 하나님을 버림으로써 이 사자들에게 공격당했다. 그들은 하나님에 대해 더 이상 경외심을 갖지 않았다. 19절에서 예레미야는 백성들에게 죄 그 자체가 집행자임을 상기시킨다. 하나님께서는 죄의 책임을 용서하실 수 있고, 또한 용서하시려고 하지만 그 결과를 없애버릴 수는 없다.

2:20-28. 여호와께서는 유다가 그분을 떠나 악에 심취한 것을 요약적으로 말씀하신다. 유다는 멍에를 끊어버린 소와 비슷하다. 그들은 시내 산에서 선택했던 언약(출 24:3-8)이 너무 엄격하다고 생각하게 되었다. 백성들은 모압에서 바알 숭배를 알게 되었다. 20절에서 예레미야는 백성들의 죄악이 바알과 '결혼' 하기를 선택하고, 여호와의 주 되심에 반역한 것이라고 말한다. '바알' 로 번역된 히브리어는 '주' 라는 의미를 가지며 종종 '남편' 으로 번역된다. 모든 높은 산 위와 모든 푸른 나무 아래서 몸을 굽혀 행음하도다(20절)라는 표현은 가나안의 예배 행태들을 묘사한 것이다. 가나안 종교는 종교 의식에 참여한 자들의 저급한 본성에 호소했다.

예레미야는 21절에서 또 다른 익숙한 비유적 표현으로 자신의 논점을 강조한다. 포도원은 이스라엘에서 흔히 볼 수 있었다. 1세기 전 이사야(사 5:1-7)는 이스라엘을 농부가 풍성한 소출을 기대하는 포도원으로 묘사했다. 그러나 추수 때가 되자 그가 발견한 것은 '역겨운' 포도뿐이었다. 하나님께서는 이스라엘에 안정된 삶을 주셨지만 그들은 자신들의 유산을 허랑방탕하게 낭비했다.

유다의 죄악이 너무나 깊숙이 배어 있어서 인간의 비누로는 도무지 지울 수 없다(22절). 잿물로 번역된 히브리어와 비누로 번역된 히브리어는 둘 다 얼룩을 지우고 깨끗하게 하기 위한 물질에서 발견되는 알칼리성 화학 물질이나 짠 화학 물질을 가리킨다. 유다 민족은 여호와 하나님의 용서가 필요했다!

백성들의 변명을 예상하고(23절 상), 아마 심지어 그 변명을 이미 들었을 예레미야는 추가적인 언급으로 그들의 말을 반박한다. 직접적인 대답은 23절 후반부에서 시작되어 25절까지 계속된다. 골짜기 속에서 이루어진 그들의 행위를 상기시킨 부분에서 골짜기는 힌놈 골짜기를 가리킨다. 예루살렘 남쪽에 위치한 이 골짜기는 바알 숭배자들과 몰렉 숭배자들이 종교 의식의 일환으로 어린이 인신 제사를 행하던 곳이었다. 유다의 많은 사람들이 이 악한 행위에 동참했고, 특별히 므낫세 통치기에 이 일이 횡행했다.

비유적 표현을 바꾸어 예레미야는 유다를 발정기의 짐승들에 비유한다. 이 어투는 지나치게 솔직하고 특별히 공개된 곳에서 읽을 때 일부 현대인들에게는 불쾌감을 줄 수도 있다. 구약의 선지자들과 다른 저자들은 성적 관계에 대한 문제들을 다룰 때 생생하고 세속적인 표현을 사용했다.

26절에서 예레미야는 백성들에게 건전한 생각을 가진 온전한 상태를 다시 회복하라고 호소한다. 올바른 생각을 가진 사람이라면 그런 행동을 한 자신에 대해 수치스러워하고 자조할 것이다. 본문은 종교 지도자들뿐 아니라 많은 왕들이 죄악 되고 방탕한 그 행동에 가담했음을 암시한다.

27절의 그들은 이방 종교에 탐닉했던 선지자들과 제사장들인 종교 지도자들을 포함한다. 이 묘사는 매우 현대적이다. 방탕한 생활에 빠져 있는 오늘날의 자칭 그리스도인들의 모습을 묘사하고 있다. 그들은 주일에 교회에 나와서 주님을 예배하는 것처럼 행동한다. 이런 유형의 종교적 위선은 시간 그 자체만큼이나 오래된 것이다.

28절에서 예레미야는 백성들에게 도전한다. 본질적으로 그는 이렇게 말하고 있다. "너희들이 여호와의 자리에 모신 그 신들이 힘이 있다면 왜 지금 나타나서 너희들의 필요를 채워주지 않느냐? 무엇보다 너희들이 섬기는 신들의 수가 많다! 보통 한 성에 한 신이 있을 것이다!" 유다에는 수많은 작은 촌락들이 있었기 때문에 그 수들을 모두 세어보면 매우 많았을 것이다.

2:29-30. 선지자는 한 가지 질문에 이어 한 가지 선언으로 답변을 마무리한다. 그의

질문은 "너희가 어떻게 감히 너희를 학대하거나 저버렸다고 나를 비난하느냐? 사실 너희들이 나를 대적하고 너희의 인생에 대한 내 뜻을 거스르므로 죄악의 첫 걸음을 먼저 내디뎠도다"라는 내용이었다.

하나님께서 백성들이 돌아오도록 하기 위해 징계하셨지만 그들은 아모스 시대의 백성들처럼 돌아오기를 거부했다. 완악한 백성들에게는 어떤 책망도 전혀 소용이 없어 보였다. 백성들은 여호와의 선지자들의 말을 듣기를 거부하고 단순히 그들을 무례하게 대하는 것만으로 그치지 않았다. 게걸스러운 사자처럼(아마 앗수르의 포악함에 대한 언급일 것) 백성들은 그들에게 물리적 폭력을 가했다. 하나님의 말씀을 듣지 않는 것도 매우 악한 일이었다. 그러나 하나님의 소식을 전하는 사자들을 죽이는 것은 '통의 바닥을 긁는 것', 즉 막장까지 갔다는 뜻이었다. 그러한 백성들에게 희망은 거의 없었다.

2:31-37. 이 구절들에서 나오는 선지자의 나머지 말들은 유다의 도덕적 부패에 대한 하나님의 최종적 묘사를 담고 있다.

31절과 32절의 세 가지 질문은 수사적인 질문으로 이해해야 한다. 이 질문들은 놀람과 경악스러움을 함께 드러낸다. 예레미야는 그러한 사랑을 받은 사람들이 그토록 풍성하게 축복해주신 하나님께 맞서는 이유가 무엇인지 이해할 수가 없었다.

첫 번째 질문에서 예레미야는 이스라엘이 **광야**에서 보낸 40년의 세월을 언급하고 있는 것 같다. 하나님께서는 백성들이 가나안으로 직접 입성할 믿음이 결여되었기 때문에 그들로 하여금 방랑 생활을 하게 하셨다. 하나님께서는 어쩔 수 없이 그들을 엄격하게 훈련하셔야 했지만 그들을 버리시지는 않았다. 온갖 역경을 당했음에도 불구하고 그들은 애굽의 노예 생활을 할 때보다 여전히 훨씬 더 부유했다. 그들의 인내에 대한 보상은 비옥한 작물을 얻을 수 있는 땅과 축복들이었다. 그들은 하나님께서 그들을 학대하셨다고 주장해서는 안 되었다.

두 번째 질문에는 백성들의 어리석음이 함축적으로 표현되어 있다. 올바른 생각을 가진 사람이라면 자신들을 아낌없이 사랑해주시는 하나님을 섬기는 관계 대신 거짓된 자율을 채택하려 하겠는가? 세상에서 가장 자유로운 사람들은 그들의 유익을 목적으로 만들어진 법에 순종하기로 선택한 사람들이다.

이 소단락의 모든 심상 가운데 가장 아름다운 것은 **신부**와 **패물**이다. 32절에서 선지자는 젊은 처녀들에 대해 반박할 수 없는 사실을 언급한다. 그들은 연인이나 신랑, 혹은 남편이 준 사랑의 증표를 사랑한다는 것이다. 상징적인 면에서 여호와 하나님께서는 이스라엘의 신랑이었지만, 그녀는 사랑의 증표로 보내셨던 모든 축복을 잊었다. 셀 수 없는 날이란 표현은 하나님께서 그녀에게 사랑의 증표를 주셨던 이후에 그녀가 감사한 적이 거의 없었음을 의미한다. 어떻게 그렇게 이기적이고 뻔뻔스러울 수가 있는가!

33절에 따르면 범죄한 백성들은 여기서 그치지 않고 더욱 악한 짓을 저질렀다. 창녀가 되어버린 부정한 아내처럼, 유다 민족은 음란한 관계들을 맺기 위해 구애를 했다. 선지자는 심지어 그들이 모든 여자들 가운데 가장 악한 여자들에게 부정을 저지르는 법을 가르칠 수 있을 정도가 되었다고 지적한다. 그들이 얼마나 더 타락할 수 있다는 것인가?

예레미야는 강조점을 바꾸어 34절에서는 백성의 탐욕에 대해 말한다. 가난한 백성들을 무자비하게 착취함으로 가난한 자를 죽인 피가 그 착취자들의 옷단에 묻을 정도였다. 그들이 담 구멍을 뚫었기 때문이 아니라는 진술을 바로 덧붙이는 것으로 볼 때 선지자는 이것을 문자 그대로의 의미로 말하고자 했을 것이다. 이 구절은 모세의 율법을 인용한 것이다. 집 안으로 들어오려고 하는 도둑을 현장에서 붙잡을 경우에만 그 도둑을 죽인 행위가 정당함을 인정받을 수 있었다(출 22:2).

34절은 새로운 혐의를 제시하는 것으로 마무리되며, 이 혐의에 대한 내용은 35절까지 이어진다. 예레미야는 백성들이 자신들의 잘못된 행위에 대해 책임지기를 거부했다고 지적한다. 그들은 하나님께서 자신들을 기뻐하신다고 주장한다. 하지만 35절은 선지자의 예리한 대답으로 마감한다. 그는 죄를 범치 아니하였기 때문에 심판을 받지 않는다는 그들의 주장을 반박한다. 그들이 인정하든 하지 않든 하나님의 심판이 임할 것이다.

선지자는 마지막 비판과 경고를 보낸다. 36절과 37절은 수사적 질문을 담고 있고, 그것은 신적 선언으로 연결된다. 예레미야는 탐문을 위한 자신의 질문에 실제로 대답을 기대하지는 않는다. 그는 백성들이 전날 앗수르를 자신들의 진정한 우군으로 삼고자 했던 시도가 실패한 일에서 교훈을 배우지 못했다는 데 충격을 금치 못한다. 그들은 도움을 줄 수 없는 애굽의 무능과 무관심 때문에 착각에서 깨어날 것이며 좌절할 것이라고 경고한다. 다른 국가들은 오직 '그들을 이용할' 뿐 결코 자유를 허락할 의사가 없음을 그들은 도대체 언제 깨달을 것인가?

예레미야는 백성들에게 앗수르가 이전 세기에 그랬던 것처럼 애굽도 그들을 실망시킬 것이라고 경고한다. 네가 두 손으로 네 머리를 싸고라는 구절의 의미에 대해 학자들의 의견은 일치하지 않는다. 어떤 이들은 그것이 바벨론 포로로 끌려갈 때 백성들이 취할 모습이라고 주장한다. 어떤 이들은 어리석은 일을 저지른 데.대한 애통과 수치심을 암시하는 것이라고 주장한다.

바벨론인들은 앗수르인들과 같은 일을 저질렀다. 포로들을 가혹하게 대했던 것이다. 하지만 예레미야는 이 구절에서 육체적 고통보다는 충격과 낙심을 표현하고자 한 것 같다. 그가 강조하고자 한 핵심은 다른 민족들과 연합한 행위가 어리석다는 사실이었다. 이러한 행위는 여호와를 신뢰하지 않았다는 의미였고, 그분의 도덕적 요구들에 대한 헌신이 결여되었음을 의미했다.

하나님께서 제공하시는 자원을 무시하고 다른 곳에서 도움을 구하는 자들은 빈손으로 떠나게 될 것이다. 아마 예레미야는 "발이 빠른 젊은 암약대가 그 길에서 어지러이 달리는"(2:23) 모습을 여전히 염두에 두고 있는 것 같다. 각 세대의 하나님의 백성들은 하나님께서 "자기를 찾는 자들에게 상 주시는 이심"(히 11:6)을 배워야 한다.

B. 백성들을 향한 회개의 호소(3:1-4:4)

Supporting Idea	유다가 구원받을 수 있는 유일한 희망은 죄악 된 생활을 버리고 하나님께로 돌아오는 것이다.

3:1. 이 단락에서 유다를 향한 예레미야의 '취임 설교'의 두 번째 단락이 시작된다. 첫 단락(2:1-37)에서 선지자는 유다의 도덕적 부패를 묘사했다. 여호와께로 돌아오라는 말은 거의 하지 않았다. 이 장과 다음 장의 4절까지 이어지는 단락에서 그는 백성들에게 회개하고 여호와께로 돌아오라고 호소한다. 이 구절은 학자들에 따라 약간 다르게 해석될 수 있지만, 자신의 주장을 분명하게 알리기 위한 예화를 제공하고 있다. 유다 백성들이 돌아온다면 하나님께서는 그들을 받아들일 준비가 되어 있으시고 심지어 그들을 받아들이길 간절히 원하고 계신다.

신명기 24장 1-4절에 의하면 어떤 사람이 아내와 이혼한 후 그 아내가 다른 남자와 결혼한다면 그녀와 재결합할 수 없다. 이것은 그녀가 후에 두 번째 남편과 사별하거나 이혼함으로써 다시 결혼할 수 있는 상황이 된다 해도 마찬가지였다. 예레미야는 이 신명기 율법을 인용한 후 한 가지 진술, 혹은 질문을 하고 있다. 이것은 히브리어 본문을 해석하는 방식에 따라 결정된다.

예레미야의 말을 읽고나면 처음에는 비유의 유사성 때문에 유다가 여호와께 돌아올 수 없다는 의미라고 결론짓기 쉬울 것이다. 하지만 이것은 예레미야가 의도한 뜻이 아니다. 유다가 여호와께 돌아올 수 없다고 해석한다면 그가 제안할 앞으로의 모든 권면이 부적절한 권면이 될 것이다. 사실 예레미야는 이스라엘에 바로 이 일을 하라고, 즉 너희 주께로 돌아오라고 호소했다.

이스라엘의 율법은 여자에게 이혼을 청구할 어떤 권리도 부여하지 않았다. 그것은 오직 남성의 권한이었고 조건은 단순했다. 모든 부적절한 행위에 대해 아내를 쫓아낼 수 있었다. 그리고 많은 랍비들은 '부적절한' 이라는 이 단어를 매우 자유롭게 해석할 수 있었다. 자기 백성들이 범죄함으로 결혼 관계에 대한 권리를 박탈당했다 하더라도 하나님께서는 그들과의 '이혼' 을 먼저 주도하시지는 않았다. 하나님께서는 은총과 자비를 베푸실 권리가 있었고, 또한 그것을 이행하셨다.

이 시각에서 이해하면 우리는 이 구절을 유다 백성들을 향한 자비 어린 호소로 이해할 수 있다. 그들은 죄를 지었지만 여호와께서는 자비로우시다. 그분은 회개의 첫 징조를 보기 위해 기다리고 계신다. 그들이 그분을 향해 한 발자국을 내디디면 그분은 그들을 향해 열 발자국을 내디디실 것이다.

3:2-5. 이 구절들에서 예레미야는 유다 백성들에게 회개하고 하나님을 구해야 할 필요를 알려주기 위해 그들 앞에 세 가지 사실을 제시한다. 각 사실은 개별적으로도 설득력이 있어야 했다. 전체적으로 볼 때 백성들은 변명의 여지가 없었다.

2절에서 예레미야는 백성들에게 그 땅을 살펴보라고 촉구한다. 황무하고 아무 열매도 찾을 수 없는 모든 언덕들은 백성들이 범한 음행들을 증거하고 있었다. 그 증거는 도처에서 찾을 수 있었다. 유다 백성들이 바알 숭배 종교가 행한 음란한 의식에 참여했음을 보여주는 사당들이 도처에 즐비했다. 생활 방식은 매복하여 무역상들을 공격할 기회를 노리는 아랍인들과 유사했다. 차이점이 있다면 이스라엘 백성들은 바알 종교의 창녀와 음란한 관계를 맺기 위해 기다리고 있다는 것이었다.

물론 창녀들은 자발적으로 성행위를 갖기 때문에 서로의 유사성은 정확히 동일하지 않다. 그것은 그들 직업의 주된 일이었다. 예레미야는 이와 같은 행위가 그 땅을 더럽힌다고 주장한다.

선지자의 두 번째 주장(3절)은 여호와께서 징계의 수단으로 보내신 가뭄과 관련이 있다. 수많은 구약 구절들은, 하나님께서 그분의 백성들의 행위를 기뻐하지 않으심을 알리기 위해 종종 비를 내리지 않으신다고 강조한다.

그 땅은 주로 두 번의 우기를 통해 물을 공급받았다. 첫 번째 우기는 가을이었고, 또 다른 우기는 늦은 **봄**이었다. 이 비들은 보통 '이른 비' 와 '늦은 비' 로 불린다. 이른 비는 땅의 첫 작물을 내었고, 유월절 이후 50일 되는 오순절 절기를 통해 이 작물의 추수를 기념했다. 늦은 비로는 풍성한 가을의 수확을 거두었고, 장막절의 절기로 이것을 기념했다. 3절에서 **단비**는 아마 봄철의 비보다 보통 더 가벼운 이른 비나 가을비를 가리킨다.

이 비들 가운데 어느 비라도 내리지 않으면 위기가 발생했다. 한 해에 두 비가 모두 제대로 내리지 않으면 그 땅은 심각한 어려움에 처했다. 그러한 경우 종교 지도자들은 보통 죄악을 회개한다는 상징적 행동으로 기도하고 금식하는 특별한 날을 선포했다.

예레미야 시대에 바로 그러한 상황이 아마 한 번 이상 일어났던 것 같다. 하지만 백성들은 자신들의 죄악을 애통하게 여기는 어떤 모습도 보이지 않았고 여전히 무신경했다. 아이러니한 것은 다산 종교 의식에 참여한 것이 풍성한 추수를 보장하는 비를 내리게 하기 위한 것이었다는 점이다. 예레미야가 그들을 **창녀의 낯**을 가졌다고 묘사함으로써 그들의 무관심을 표현한 이유가 이 때문이었다. 그들은 얼굴을 붉히는 기본적인 수치심도 보이지 않았다. 그들은 죄에 대해 아무런 의식이 없었다.

이러한 태도로 인해 선지자는 4-5절에서 회개를 요구하는 세 번째 사실을 제시하게 된다. 하나님과의 관계에서 그들은 그분의 무조건적 사랑을 과대 강조하는 경향이 있었다. 그들은 그분이 자신들의 있는 그대로의 모습을 용납하시고, 그럼으로써 삶에서 어떤 변화도 요구하시지 않는다고 자신들에게 확인시키며 그분을 찬양하는 말을 쏟아내었다. 그분은 곧 태도를 바꾸시고 고난보다는 축복을 베푸실 것이다.

3:6-18. 어떤 이유에선지 선지자는 북이스라엘 왕국에 대해 언급하느라 하던 설교를 잠시 중단한 것으로 보인다. 성경의 이전 기록에 의하면 이 열 지파는 사실상 멸망했고 포로로 끌려갔다(왕하 17:1-40). 그러나 예레미야는 그들이 여전히 생존하고 있는 것처럼 말하는 것 같다.

6-10절에서 예레미야는 이스라엘의 악행과 그들이 회개하고 하나님께 돌아오기를 거

부한 사실을 거론함으로써 남유다 왕국에 도전한다. 선지자의 메시지는 본질적으로 "유다는 이스라엘의 죄악과 그로 인해 이스라엘 왕국이 자초한 운명을 목격하고 교훈을 얻었어야 했다"는 것이다.

불행하게도 유다는 범죄하여 하나님의 심판을 자초한 자들의 예를 통해 전혀 깨달은 교훈이 없었다. 예레미야는 유다가 겉으로는 회개하는 모습을 보였음을 인정하지만 그것이 진실하지 않았고 하나님의 호의를 전혀 끌어내지 못했음을 솔직히 지적한다. 예레미야가 히스기야 시대의 부흥에 대해 말할 수 있겠는가? 그는 백성들이 실제로 한번도 그러한 개혁들을 진지하게 생각하지 않았다고 주장하고 있지 않는가? 그렇지 않다면 므낫세 때에 그토록 신속하게 이방 종교로 되돌아가려고 했겠는가?

11절은 예레미야가 이스라엘의 도덕적 실패에서 아무것도 배우지 않았다고 유다를 책망하는 내용의 전환점 역할을 한다. 그는 참고할 수 있는 이스라엘의 예가 있으므로 유다의 죄가 북왕국보다 더 무겁다고 주장한다. 이러한 진술은 유다에 '충격 요법'을 쓰기 위한 목적일 수도 있다. 백성들을 회개로 인도하기 위한 수단으로 쓰였을 수도 있다. 동시에 그것은 그 땅에 남아 있는 이스라엘의 남은 자들과 포로로 잡혀 있는 이들에게 다시 한 번 권면하기 위한 기초로 기능한다. 그들이 자원해서 하나님께로 돌아온다면 하나님께서는 여전히 그들을 위한 미래를 준비해주실 것이다. 12-18절은 북왕국을 향한 말이지만 한때 통일 왕국을 이루었던 두 왕국에 주는 약속을 담고 있다. 그들은 용서를 경험할 수 있고, 재통일을 누릴 수 있다.

12절에서 돌아오라는 말은 강력한 명령형의 어조로 볼 수 있다. 패역한 이스라엘이라는 표현은 이 해석을 강력히 지지한다. 하지만 이어지는 두 가지 약속은 그 명령이 오히려 부드러운 권면의 의미임을 알게 해준다. 첫째, 주님께서는 자기 선지자를 통해 유다에 더 이상 노한 모습을 보여주지 않겠다고 약속하신다. 둘째, 그들을 향해 영원히 노를 품지 않으실 것이라고 약속하신다. 그 이유는 무엇인가? 하나님께서는 자비로우신 분이기 때문이다. 그분은 자기 백성을 용서하길 기뻐하신다.

한편 13절은 하나님께서 베푸시는 은혜를 받기 위한 조건을 기록하고 있다. 값싼 은혜는 없다! 단순한 해결책은 없다! 하나님께서는 아버지시지만 자녀를 훈계하여 회개로 인도하지 않으려 하는 맹목적인 할아버지는 아니시다. 그 백성들은 무슨 죄로 회개해야 하는가? 예레미야는 세 가지 죄악을 열거하지만 첫 번째 죄는 실제로 원인이고, 나머지 두 가지 죄는 결과다.

첫 번째, 백성들은 불순종했다. 대부분의 번역들은 이 히브리어를 배반하다로 번역한다. 다른 두 가지 탁월한 번역은 '범죄하다'와 '반역하다'이다. 여기서 사용된 히브리어 동사는 아마 하나님에 대한 잘못이나 죄악을 의미하는 히브리어 가운데 가장 뜻이 강한 단어일 것이다.

두 번째로, 그러한 행위의 결과로 우선 순위에 혼란이 생겼다. 이것은 다시 하나님께서 명령하신 모든 것과 반대되는 것들에 충성을 하게 만들었다. 예레미야의 책망은 네 길로 달려 이방인들에게로 나아가라는 표현을 통해 가나안의 성적인 난교 파티를 암시하고 있다. 그리고 이어서 모든 푸른 나무 아래서라는 노골적인 표현으로 그것을 더 자세하게 설명하고 있다. 그는 실제로 성적인 표현에 가까운 내용을 언급하고 있다. 육체적 음란함이 가나안 종교의 핵심이었기 때문에 이것이 부적절한 표현은 아니었을 것이다.

세 번째로, 이러한 행위는 백성들이 자신들에게 주어진 지침을 지키지 않고 하나님께서 주신 계명을 지키지 않는 결과를 초래했다. 선지자는 그것을 내 목소리를 듣지 아니하였음이니라는 단순한 표현으로 간결하게 설명한다.

예레미야가 실제로 북왕국으로 가서, 앗수르인들에게 끌려가지 않고 그 땅에 남아 있는 사람들에게 선포한 것인가? 먼 이국으로 끌려간 일부 사람들과 실제로 접촉을 한 것인가? 어느 경우든 가능하다. 하지만 대부분의 학자들은 그가 유다에 대한 책망을 하면서 그들에게 수사학적인 말을 전하고 있다고 생각한다.

우리가 어떤 해석을 받아들이든 한 가지는 가능성이 있다. 14절부터 시작해 18절까지 예레미야는 두 집단, 이스라엘과 유다 모두에 하나님의 메시지를 전하고 있다는 것이다. 상황이 이 이상 더 암울할 수 없어보였지만, 예레미야는 두 왕국의 장래에 대한 믿음을 버리지 않는다. 그는 배역한 이스라엘아 돌아오라에서 배역한 자식들아 돌아오라는 말로 권면의 대상을 바꾸고 있다. 두 집단에 하나님의 모든 백성들을 포함시키고자 했다.

히브리어 본문에서 배역한 자식들로 번역된 표현들은 문자적으로 '타락한(backsliding) 아들' 혹은 '믿음이 없는 자녀들'로 읽을 수 있다. '돌아오다(turn)'라는 동사와 '타락한(backsliding)'이라는 형용사는 동일한 어근을 갖고 있다. 그 어근은 '돌아오다'라는 뜻을 지닌다. 이것은 영어로는 표현하기 어려운 히브리어 언어 유희다.

히브리어 본문은 또한 문자적으로 "나, 나는 너희를 다스리는 주다"라고 읽을 수 있다. 인칭 대명사가 한 문장에 반복되어 사용될 경우에는 그 대명사를 강조한다. 적합한 번역은 "나, 나 자신이 너희를 다스리는 주다"가 될 것이다.

남편으로 번역된 단어 역시 히브리어에서는 언어 유희다. 이 단어는 남편이라는 뜻도 있지만 또한 주인, 혹은 주님이라는 뜻도 있다. 바알(Baal)이라는 단어를 동사로 사용해 하나님께서는 자기의 선지자를 통해 "나는 너의 남편이며 너의 주다"라고 말씀하시고 있다. 이스라엘을 자기의 신부로 부르신 분이 그들의 주시다. 이스라엘은 여호와의 종이지만 헌신적인 남편이 아내를 사랑하듯이 하나님께서 사랑하시는 종이다.

성읍에서 하나와 족속 중에서 둘(14절)은 의회에 대표로 보낼 자들을 선택하는 것처럼 수학적으로 이해해서는 안 된다. 이 표현은 포로 생활을 암시한다. 소수가 남아 있기는 하지만 북왕국은 이미 포로 생활을 하고 있었다. 예레미야는 심지어 사역의 이 초기 시절에 이미 남왕국의 포로 생활을 예상하고 있었다.

각 성읍과 가문에서 소수의 사람들을 데려올 것이라는 예레미야의 말은 "남은 자들이 돌아올 것이라"는 교리를 강조한다. 이사야는 1세기 전에 이 약속을 선포했다. 심지어 그는 자신의 아들 가운데 한 명에게 그러한 이름을 지어주기도 했다(사 7:3). 이 위대한 선지자들 둘 다 조국에 심판이 임할 것을 확신했다. 그러나 두 사람 모두 다른 중요한 진리를 그에 못지않게 힘을 다해 선포했다. 하나님께서 선택하신 통로인 아브라함과 다윗의 자손들을 통해 구속 사역을 성취하신다는 것이었다.

15절에서 예레미야는 회복된 백성들의 장래 지도자들에 대해 한 가지 용어를 사용하고 있다. **목자들**이라는 단어는 주로 '먹이다'라는 의미의 동사에서 파생한 것이며 양 떼에게 풀을 먹이는 자들을 가리켜 사용되었다. 이 동사는 또한 '인도하다, 통치하다, 다스리다'라는 의미도 가졌다. 이 단어는 영적 인도의 의미로만 사용된 것이 아니라 정치 지도자들에게도 해당되었다. 이런 의미에서 이 사람들은 자신들이 통치하는 사람들을 격려할 책임이 있었다. 오랫동안 이스라엘이 안고 있던 문제들 가운데 하나는 진심으로 백성들의 최선의 유익을 생각해줄 신실한 지도자들이 없다는 것이었다.

16-18절은 하나의 소단락을 이룬다. 대부분의 구약 학도들은 이 구절들이 예레미야 시대 이후의 시기를 가리킨다는 데 동의한다. 그러나 그 의미에 대해서는 의견 차이가 확연하다. 이 구절들을 해석하고자 시도하기 앞서 예레미야가 자신의 청중들에게 말한

내용을 살펴보아야 한다.

16절에서 예레미야는 그 시기를 너희가 이 땅에서 번성하여 많아질 때라고 언급한다. 너희는 유대인들을 가리킬 것이며, 명백히 바벨론 포로 생활에서 돌아온 후일 것이다. 선지자는 그들이 번성하여 많아진 수가 어느 정도인지 말하지 않는다. 또한 귀환한 후 그 시점이 언제일지도 말하지 않는다. 하지만 그는 언약궤가 백성들에게 중요한 의미를 더 이상 지니지 않게 될 것이라고 말한다. 주전 586년 바벨론 사람들에 의해 성전이 불탈 때 언약궤가 어떻게 되었는지 아는 사람은 아무도 없다.

17절에서 예레미야는 예루살렘이 여호와의 보좌라 일컬음이 되며라고 말한다. '그들'은 유대인들을 가리킬 가능성이 가장 높다. 적어도 예레미야의 말을 들은 사람들은 그러한 그의 말에 분명히 흥미를 가졌을 것이다. 그러나 예레미야는 두 가지 다른 주장을 바로 제시한다. 첫째, 열방이 그리로 모이리니 곧 여호와의 이름으로 인하여 예루살렘에 모일 것이다. 둘째, 더 이상 그들의 악한 마음의 완악한 대로 그들이 행하지 아니할 것이다. 이 '그들'은 아마 유대인들도 포함되겠지만 열방을 가리킬 것이다.

18절에서 예레미야는 그 당시에 존재하는 유대인들의 두 집단, 즉 남왕국과 북왕국이 통일될 것을 보았다. 그는 그들이 모두 북에서부터 나와서 하나님께서 그들의 조상들에게 기업으로 준 땅에 이를 것이라고 묘사한다.

예레미야는 16-18절의 이 모든 내용의 서두를 새로운 확언으로 시작하고 있다. 이 내용들은 하나님의 입에서 나온 것이다. 번역자들은 선지자의 선포를 하나님의 말씀이라고 번역한다. 이것은 구약에서 가장 강력한 예언 형식으로 인식되는 히브리어 표현에서 나온 것이다. 어떤 학자들은 그것을 '하나님의 신탁'이라고 생각한다.

예레미야 시대에 살았던 사람들이 그의 메시지를 진지하게 받아들였다면 그것이 국가로서의 이스라엘에 적용된다고 보았을 것이다. 하나님께서는 다윗 시대에 누린 영광을 회복시켜주시려 할 것이다. 그분은 아브라함을 부르시고 그의 씨를 축복하고, 아브라함의 씨를 통해 모든 열방을 축복하겠다고 약속하셨다. 어떤 것도 그 계획을 무너뜨리지 못할 것이다.

이 구절이 장기적으로 갖는 의미에 대해서 선지서의 진지한 학도들의 의견은 일치하지 않는다. 어떤 이들은 예레미야 시대의 이스라엘 민족의 의견과 아주 흡사한 시각을 갖고 있다. 유일한 차이점은 그것을 기독교적 메시지로 바꾼다는 것이다. 이 시각에 따르면, 예수님께서 재림하실 때 기독교 공동체나 교회는 세상에서 데려감을 당할 것이다. 땅에는 메시아적 왕국이 세워질 것이다.

다른 한 학파는 이와 같은 구절을 보고 이스라엘 국가에 주신 약속들이 예수 그리스도를 통해 성취되었다고 주장한다. 오늘날 그리스도인들은 영적인 이스라엘이다. 예수 외의 다른 어떤 이름으로 구원을 얻을 수 있는 이름을 주시지 않았다.

예레미야는 하나님의 백성들의 영광스러운 미래를 믿었다. 여호와께서는 그들의 부족함에도 불구하고 세상을 구속하실 계획을 버리지 않으실 것이다. 동일한 진리가 여전히 오늘날 우리에게도 적용된다. 하나님께서는 우리가 받아들이면 우리와 함께 그분의 계획을 이루실 것이고, 우리가 고집을 부리면 우리 없이 그분의 계획을 계속 이루어 가실 것이다.

3:19-4:4. 이 부분에서 예레미야는 3장 3절의 시각으로 다시 돌아간다. 19절에서 화자는 하나님이시다. 하나님께서는 백성들에게 그들이 원하는 모든 축복을 기쁘게 주려 했다고 주장하신다. 그러나 그들은 한 가지 요건을 무시했다. 하나님께 성실해야 한다는 것이었다. 이것은 물론 그들이 죄를 회개하고 변절하지 않는다는 조건이 포함되었다.

그러나 20절에서 선지자는 앞에서 주장하며 책망했던 내용을 다시 거론하고 있다. 또다시 백성들의 행실을 음행한 아내의 행실에 비유하고 있다. 21절에서 예레미야는 갑자기 그 생각을 중단하는 것처럼 보인다. 그는 먼 언덕에서 들리는 소리를 언급한다. 사람들이 울면서 목소리를 높여 애원하고 있었다. 갑작스러운 이 부르짖음의 이유는 무엇인가? 예레미야는 그들이 그 길을 굽게 하며 자기 하나님 여호와를 잊어버렸기 때문이라고 말한다. 처음에 읽으면 이것이 순수한 회개의 장면이라고 생각하게 된다. 하지만 다음 구절들을 더 깊이 연구하면 예레미야가 의미한 것이 정확히 무엇인지 의문이 생긴다.

선지자는 자신이 실제로 듣고 있는 소리를 묘사하고 있는 것인가? 백성들에게 수용하도록 촉구한 이상적인 상황을 언급하고 있는 것인가? 백성들이 거짓 신들에게 자기들을 구원해 달라고 울부짖는 소리를 들은 것인가? 세 가지 주장이 모두 제기되어 왔다.

구약 학도들은 22절의 신랄한 책망을 읽을 때 예레미야가 의도한 내용이 무엇인지에 대해 의견이 분분해진다. 선지자는 백성들을 배역한 자들이라고 불렀고, 여호와께 돌아오라고 요구했다. 그러자 그들은 같은 구절에서 그의 요구에 반응하며 하나님께 돌아가겠다고 확실하게 말한다.

23절의 화자는 누구인가? 백성들은 그들의 바알 숭배가 참된 종교에 대한 거짓된 접근이었음을 인정하고 있는가? 24절과 25절이 백성들의 죄 회개와 고백을 계속 기록하고 있기 때문에 그러한 경우라고 볼 수 있다. 그러나 이 단락이 마무리되는 4장의 첫 네 구절은 선지자의 의구심을 표현하는 내용을 담고 있다. 그는 유의미한 결실을 맺기 위해서는 진실한 회개가 이루어져야 함을 깨달아야 한다고 지적한다.

이 부분을 어떻게 해석하든, 그들의 해석을 지지해줄 명망 있고 신뢰할 수 있는 학자들이 있다. 이 구절들에 대한 여러 해석들 가운데 최고의 설명 가운데 하나는 F. B. 휴이(Huey)가 「New American Commentary」의 '예레미야, 예레미야애가'에서 제시한 내용이다. 이 구절들을 바라보는 다섯 가지 가능한 방식들을 소개한 후 그는 탁월한 요약으로 결론을 내린다.

이스라엘 백성들은 하나님께서 듣고 싶어하시는 모든 것을 다 자백하는 것 같았다. 즉 그들의 우상 숭배가 헛된 것이었고 구원은 오직 주님 안에서만 얻을 수 있다고 고백하는 것 같았다(3:23). "청년의 때"부터(시내 산에서 언약을 체결하던 때), 그들은 가축과 곡식, 심지어 그들의 자녀들까지 "수치스러운 신들"(부끄러운 그것)에게 바치는 희생 제물로 허비했다. 백성들은 자신들의 어리석음과 불순종에 대해 전적으로 책임을 인정하는 것처럼 보였다. "우리는 수치 중에 눕겠고"는 그들이 죄책감에 눌림 당한다는 것을 암시한다. 이 고백이 진지한 회개의 표현이며 하나님께 돌아오겠다는 표현이었다면 예레미야의 남은 사역이 불필요했을 것이다. 참된 회개는 죄의 인정을 필요로 하지만 그것으로 끝나는 것이 아니다. 죄에 대한 애통함(시 51:17)과 죄에서 순수하게 돌이키는 모습(약 2:4)이 있어야 한다.

4장 1-2절에서 우리는 하나님의 통찰력을 본다. 그분은 백성들의 거짓된 회개를 간파하셨다. 1절에서 하나님께서는 역겨운 우상 숭배에서 돌이키기만 한다면 그들의 행동의 진정성을 인정하겠다고 주장하신다. 하나님께서는 우상 숭배와 관련된 이러한 성적 탐닉을 역겨워하셨다. 부정함, 특별히 성적인 부분의 불결함은 하나님의 거룩하심과는 너무나 거리가 멀다.

선지자는 경건한 삶의 다른 요건들을 강조한다(2절). 그 요건들은 여호와의 요구들이 지닌 윤리적 성격과 더 관련이 있다. 진실과 정의와 공의라는 세 개의 단어(형용사)는 구약에서 자주 등장하는 단어다. 이 단어들은 여호와 하나님과의 언약 관계에 요구되는 특성을 규정한다.

성적으로 깨끗한 생활을 한다는 사실은 그가 삶의 다른 영역에서 탐욕스럽고 남을 속이며 거만하지 않다는 것을 포함한다. 순전한 종교는 성적인 더러움의 오물에서만 자신을 지키는 것이 아니다. 그것은 또한 약자에게 연민을 가지며 모든 사람에게 동등한 정의를 베푼다는 것을 의미한다(약 1:27). 우리는 이 두 가지 덕목을 분리할 수 없다. 회개는 온전한 인격과 관련이 있다.

예레미야는 참된 회개를 묘사하는 이중적 비유(4:3-4)로 이 긴 메시지를 마무리한다. 그는 그것을 유다와 예루살렘 사람에게 이야기하고 있다. 그것은 열성적인 젊은 선지자의 긴급한 요청이며 최종적인 요청이다. 그러나 그 진리는 모든 시대의 모든 상황에 처한 모든 청중들에게 적용된다.

첫째, 예레미야는 백성들의 관심을 농사로 향하게 한다. 묵은 땅으로 번역된 히브리어는 처음으로 개간한 땅, 즉 미개척지를 가리킨다. 이전에 갈아 경작했던 땅은 가시와 엉겅퀴로 덮여 있다. 풍습대로 하면 추수가 끝난 후 가시들은 모아 불태워야 했다. 그 다음 해, 새 작물을 심을 때 씨를 뿌리기 전에 먼저 쟁기로 땅을 갈았다.

유다의 이전의 '신앙의 밭'은 악한 행실이라는 가시 씨앗이 창궐해서 유일한 희망은 새로운 땅을 개척하는 것이었다. 유다 민족의 장래는 과거의 유산 때문에 위협당하고 있었다. 근본적으로 새롭게 출발하는 것만이 유다를 구할 것이다. 불행하게도, 국가적 붕괴와 바벨론 포로 생활도 적절한 출발이 아니었다. 예레미야는 오직 새 언약만이 진공 상태를 채우고 필요를 충족시키는 데 필요한 동력을 공급한다는 것을 나중에서야 알게 되었다(31:31-34).

둘째, 예레미야는 백성들이 익숙한 의식을 이용한다. 그것은 남자들이 받는 할례였다. 선지자는 이 관습에 새로운 의미를 주입한다. 하나님께서는 아브람에게 단순히 하나의 외적인 표징으로 이 고대의 상징을 주신 것이 아니었다. 그것은 내적인 실체의 증거였다(마음의 완악함이 제거된 것). 보통 '마음'으로 번역된 히브리어는 정서나 지성, 혹은 의지만을 가리키는 것이 아니었다. 그것은 한 개인의 총체적 내면 세계를 상징했다.

4절의 마무리 부분에서 예레미야는 불순종이 계속된다면 그 민족에게 닥칠 결과들에 대해 엄중하게 경고한다. 구약과 신약 전반에서 하나님의 선지자들은 종종 불이라는 측면에서 하나님의 심판을 묘사한다. 물론 때로 그것은 정화시켜주는 성질이 있고, 이로 인해 깨끗하게 하여 순수한 섬김이 이루어지기도 했다. 이것은 항상 이스라엘을 향한 하나님의 목적이고 바람이었다. 그럼에도 불구하고 개인들은 멸망했다. 이 일은 예레미야 시대의 많은 사람들에게 일어날 것이다.

Main Idea 복습	예레미야는 유다가 하나님에 대해 변절한 것을 묘사하고, 신부는 항상 사랑해서 결혼했던 초기 시절을 기억해야 한다고 지적한다. 유다도 그러한 자세를 가지고 남편이신 여호와께로 돌아와야 한다.

결론

그럼에도 불구하고 하나님께서는 여전히 사랑하신다

예레미야는 호세아 선지자를 직접 만난 적이 없다. 하지만 그는 이 8세기 선지자에게 큰 영향을 받았다. 호세아 선지자의 가정의 비극은 그의 사역에 중요한 동기로 작용했다. 한 학자가 주장한 대로 호세아의 사역이 '통곡의 연속' 이었다면 예레미야의 사역은 '눈물의 터널' 이 되었다.

예레미야의 취임 설교와 고대 이스라엘을 향한 호세아의 외침의 비슷한 부분들은 놀라움을 준다. 그 유사성은 종교적 개념뿐 아니라 문학 형식과 구조도 포함한다.

이 두 하나님의 사람이 가장 두드러지게 공유한 한 가지는 무엇이었을까? 수세기 후에 사도 바울이 말한 대로 하나님의 사랑에 대한 확신이었다. "우리가 아직 죄인 되었을 때에 그리스도께서 우리를 위하여 죽으심으로 하나님께서 우리에게 대한 자기의 사랑을 확증하셨느니라" (롬 5:8).

2장 1절에서부터 4장 4절 사이에 기록된 설교를 전한 젊은 설교자는 성장하며 사역의 성숙을 이루어가면서도 두 가지는 결코 잃어버리지 않았다. 그것은 죄에 대한 증오심과 죄인에 대한 사랑이었다. 사역 시작부터 끝날 때까지 40년이 넘는 세월 동안 예레미야는 결코 변함이 없었다. 그는 동족들에게 회개하고 소싯적 섬기던 하나님께로 돌아오라고 간청하고 호소하며 권면했다. "하나님께서 이전보다 당신에게 가까이 계신다는 느낌이 들지 않는다면 어느 쪽이 마음을 멀리한 것인가?"라고 말한 현대의 한 설교자에게 그는 전적으로 공감했을 것이다.

▣ 진리 알기

- 새로운 회심자들과 어린 신자들은 종종 주님에 대한 사랑과 헌신과 순종에 뜨겁다.
- 무가치한 것을 따르면 무가치한 존재가 된다.
- 주님께서는 백성들을 인도할 책임이 있는 사람들, 즉 제사장들과 교사들과 선지자들에게 책임을 물으신다.
- 주님을 버리고 그분의 대체물을 찾는 것은 죄악이다.
- 아무리 발버둥친다 해도 하나님 앞에서 자기 자신의 죄를 해결할 수 있는 사람은 한 사람도 없다.
- 죄는 사람들이 하나님의 축복을 경험하지 못하도록 만든다.
- 종교적인 대화가 악한 행동을 합리화시켜 주지는 않는다.
- 죄인들이 주님께 돌아오기 위해서는 자신들의 죄와 반역을 인정해야 한다.

▣ 적용하기

- 주님에 대한 사랑과 헌신과 순종에 대해 현재와 새롭게 회심했을 때를 비교해보라.
- 당신이 현재 추구하는 것들을 생각해보고 그것들이 가치가 있는 것인지, 무가치한 것인지에 대해 평가해보라.
- 동료 신자에게 하나님께서 당신에게 책임을 물으실 것이라고 생각되는 일들에 대해 이야기해보라.
- 도움이 필요할 때 당신이 의지할 수 있는 사람들을 말해보라.
- 당신이 교제하고 있는 사람들은 당신으로 하여금 하나님께 더 가까이 가도록 하는 사람인지, 혹은 하나님과 타협하도록 하는 사람인지 평가해보라.

- 하나님의 축복을 막는다고 생각되는 하나님과 당신 사이의 장애물이 있다면 무엇인지 설명해보라.
- 잘못된 행동이나 동기를 은폐하기 위해 종교적인 언어를 사용했던 때를 떠올려보라. 그것을 하나님께 고백하라.
- 하나님께 당신이 지은 죄에 대해 말씀 드릴 때 당신을 향한 자비와 용서의 말씀을 진심으로 듣고 신뢰하라.

삶의 적용

신혼 부부가 이혼 법정에 서기까지

케이트 쇼팽(Kate Chopin)의 1899년 소설 「이브가 깨어날 때(The Awakening)」의 첫 장면은 새장에 갇힌 앵무새가 "나가세요, 나가요! 제발!"이라고 반복해서 소리치는 장면으로 시작된다. 우리는 곧 그 새장의 앵무새가 성공한 사업가이자 자상한 남편과 결혼한 매혹적인 젊은 여성 에드나 폰텔리에(Edna Pontellier)를 상징한다는 것을 알게 된다.

에드나는 엄마로서 져야 하는 책임들과 결혼 생활 그리고 남편이 제공하는 화려한 생활에 곧 싫증이 났고, 성적인 욕망에 눈뜨게 된다. 그녀는 자유와 성취감을 좇아 점점 더 불행한 길로 접어들었다. 종교적 행위들은 그녀를 억압하고 구속하며 숨 막히게 만들었다. 그녀는 삶이 허망하게 흘러가는 것을 보자 점점 더 불안해졌다.

결국 그녀가 좋아하던 남자에게 거부당하고 사회적 한계라는 폭압에 맞서 계속 항거하던 에드나는 자신에 대한 모든 희망을 잃고 바다 속으로 뛰어들어 자살함으로 생을 마감했다. 그녀의 머릿속을 스쳐가던 마지막 생각들은 그 누구도 '그녀의 몸과 영혼을 소유할 수 없다'는 것과 자신은 '도전하고 반항하는 용감한 영혼'을 소유했다는 것이었다.

에드나 폰텔리에가 특별한 사람은 아니다. 그녀는 보디발의 아내로부터 호세아의 아내 고멜 그리고 그 외의 수많은 아내들에 이르는, 고집 세고 방황하며 남편을 배신하고 성적으로 타락한 여인들의 긴 대열에 포함된다. 이 여자들은 사랑스러운 신부였다가 사랑하는 남편을 버리고 떠난 여자 같은 예레미야 2-3장의 유다와 비슷하다.

육체적인 간음이든 영적인 간음이든 그런 상황에 필요한 것은 영적 회복이다. 영적 회복은 돌아가겠다는 간절함으로 시작한다. 그것은 자신의 죄와 패역을 인정하는 것을 포함한다(3:13). 그러나 단순히 말로만 하는 것이 아니다. 행동이 필요하다. "네가 돌아오려거든 내게로 돌아오라"(4:1). 예레미야서 문장의 조건절의 성격은 관계를 저버린 사람과 관계를 회복하기 위해서는 돌아오는 행동이 필수적임을 보여준다. 그것은 회개하고 돌아와서 더 이상 다른 길로 가지 않겠다고 결심하는 것을 포함한다.

깨진 관계가 이전의 상태, 혹은 이전보다 더 나은 상태로 회복될 것이라는 보장은 전혀 없다. 진심을 다해 하나님께 돌아와서 그만을 붙드는 사람들이 정결하게 되고 용서함을 받을 것이라는 보장만 있다. 회개하고 돌아가든지 회개하고 돌아가지 않을 것인지는 전적으로 유다 백성들의 선택이었다. 그리고 그것은 우리의 선택이기도 하다.

기도

오, 거룩하신 연인이시며 우리의 하늘의 배우자이신 주님, 당신을 떠나려는 우리의 마음과 발을 용서하여주소서. 우리의 고집과 패역함과 방황을 용서해주소서. 방탕함으로 인한 더러움과 부정함에서 우리를 깨끗하게 해주소서. 당신을 향한 우리의 사랑을 불러일으켜주시고 회복시켜주시며 당신의 따스한 품에 우리를 안아주셔서 더 이상 방황하지 않게 해주소서. 우리 영혼의 영원한 연인이신 주님, 우리의 타락을 치유하시고 당신께 신실함으로 얻는 평강과 안식을 허락해주소서. 아멘.

심층 연구

A. "여호와의 성물"(2:3)

'거룩' 혹은 '거룩함' 이라는 단어의 기본적 의미는 원래 '잘라내다, 분리하다, 헌신하다, 신성하다' 라는 의미를 가진 동사에서 파생했다. 동사든 명사든 너무나 많은 단어들과 마찬가지로 이 단어는 쓰이는 상황과 문맥에 따라 다양한 의미를 지닌다.

성경에서 '거룩' 은 네 가지 의미로 사용되고 있다. 첫째, '구분되다' 라는 뜻으로 사용된다. 이것은 성전과 성막과 같이 하나님께서 거주하시는 모든 곳을 가리킨다. 또한 이 장소들이나 하나님 자신과 관련된 사물과 사람들에게도 적용되었다.

둘째, '거룩' 은 오염되지 않았거나 불결하지 않은 사람들이나 물건들을 가리킨다. 이것은 영적인 우월함으로 찬양이나 경외심, 혹은 외경심을 불러일으킨다는 개념으로 이어진다. 이 개념은 주로 하나님께 해당하는 것이지만, 또한 경건한 사람들에게도 해당된다. 오늘날 우리가 특별히 경건한 사람을 성자라고 부르는 이유가 여기에 있다.

이 단어가 함축하는 세 번째 의미는 깊은 경외심, 심지어 거의 믿을 수 없을 정도의 공포감을 불러일으키는 사물이나 사람을 암시한다. 이것은 주로 사람들이 하나님을, 위엄이 참으로 크시기 때문에 두려움으로 엎드릴 수밖에 없는 분으로 생각할 때 일부 적용되는 뜻이다.

이 의미는 마지막 거룩의 의미와 연관된다. 그것은 한 인간이나 사물에게 전적으로 행사할 수 있는 초자연적이고 잠재적인 능력으로 충만하다는 의미다. 불은 하나님의 거룩함을 상징한다. 그것은 질투, 분노, 성결, 정결함, 위엄, 영광과 밀접하게 관련되어 있다.

특별한 의미에서 예레미야는 이스라엘을 하나님께 바쳐진 존재로 보았다. 여호와는 '구별' 되시기 때문에 이스라엘 역시 스스로를 그 범주로 보아야 했다. 이것은 백성들이 여호와의 개인적인 보호를 받는다는 것과 그들을 대적하는 자들은 위험에, 심지어 파멸에 처한다는 뜻이었다.

B. "선지자들은 바알의 이름으로 예언하고"(2:8)

여호수아의 인도 아래 가나안을 공격하던 이스라엘 백성들은 새로운 현상을 접하게 되었다. 히브리인들은 시내 광야에서 방랑하며 하나님 여호와를 섬기면서 40년을 보냈다. 행동 규범은 엄격했다. 그들의 성적인 생활은 결혼 서약과 가정 생활에 대한 성실함에 뿌리를 두고 있었다.

가나안 종교는 여호와를 섬기는 종교와 정반대였다. 농경 사회를 기반으로 하는 가나안 사람들에게는 풍성한 수확이 매우 중요한 문제였다. 그들은 충분한 비를 비롯해 적합한 기후가 중요했다. 봄철과 가을철에 풍성한 수확을 거두기 위해 그들은 생명과 다산을 상징하는 의식을 행했다. 그들의 예배 의식의 주된 부분은 바알이나 다산의 신들의 축복을 비는 데 집중되었다.

남자들은 이 이교도적 예배 의식을 위해 헌신한 여자들과 성적으로 관계를 맺었다. 그러고나서 그들은 그 여자들에게 대가를 지불했고, 그 돈은 바알 종교의 사제들이나 제사장들의 수중으로 들어갔다. 이러한 관계는 그들로 풍작을 확신할 수 있게 하기 위해서였다.

이스라엘 백성들은 이 종교에 어떻게 반응했는가? 이 종교는 빠르게 그들을 사로잡았다. 그들의 천박한 본성과 음란한 본능에 호소한 이러한 의식들은 그 종교의 힘을 더해주고 강화해주었다. 무엇보다도 그들은 아무 때나 원하는 모든 곳에서 '예배' 할 수 있었다. 수세기 동안 야훼 종교는 바알 숭배 의식들과 경쟁했지만 바알의 인기는 더욱 높아졌다. 때로 바알이 여호와에 대한 충성심을 거의 다 몰아내는 경우도 있었다.

여호와의 참된 선지자들은 그러한 행위에 경악을 금치 못했다. 악한 왕들은 왕의 명령을 동원해 선지자들의 입을 막았지만 어떤 이들에게는 이런 조치를 취할 필요가 없었다. 선지자들과 제사장들이 자발적으로 여호와를 배반하는 일에 가담했다. 그들은 참된 야훼 종교의 요소들과 결탁함으로 생기는 물질적 이익에 취해 흥청거렸다. 이러한 종교적 환락이 북왕국을 철저히 오염시켰고 하나님께서는 결국 앗수르에 그 땅을 파멸시키도록 위임하셨다.

유다는 앗수르의 손에 동일한 운명을 겪을 뻔했지만 하나님께서는 그들에게 한 번 더 기회를 주셨다. 예레미야는 하나님의 백성들에게 말씀을 선포한 마지막 예언자적 음성이었다. 그는 바알 숭배의 죄악을 책망하며 이 도덕적 암을 버리고 여호와께로 돌아오라고 백성들에게 호소했다.

C. 웅덩이(2:13)

팔레스타인은 강우량이 부족했기 때문에 이 귀한 자원의 저장이 필수적이었다. 오늘날 팔레스타인에 남아 있는 수많은 웅덩이들이 표층수를 저장하고자 했던 노력을 증거해준다.

웅덩이에 해당하는 히브리 단어는 '구멍' 이나 '구덩이' 혹은 더 자주는 '우물' 이라는 뜻의 단어를 포함하고 있다. 우리는 '웅덩이(cistern)' 와 '우물(well)' 의 차이를 구분하기가 어렵다. 팔레스타인의 웅덩이는 보통 병 모양이나 배 모양으로 된 저장소였다. 지붕이나 터널 혹은 마당에서 웅덩이로 물이 흘러들게 되어 있었다. 한 가지 문제점은 웅덩이를 판 곳의 지반이 무르거나 물을 흡수하는 석회암이었다는 것이다. 그렇게 되면 많은 양의 물이 샐 수 있었다.

고고학적 기록은 주전 1000년 직전에 사람들이 웅덩이 벽면에 석회를 발라 물을 저장하는 더 효과적인 방법을 개발했음을 암시한다. 때로 그들은 웅덩이의 입구를 돌로 막았고, 종종 이 돌들은 찌꺼기들을 걸러주는 천연 필터 역할을 해주기도 했다.

예레미야의 청중들은 2장 13절에서 그가 쓴 상징을 쉽게 이해했다. 모든 사람들은 흐르는 샘을 자신의 재산으로 소유하기를 원했다. 이것이 있으면 석회암 지대의 언덕에 우물을 파고 석회를 발라야 하는 수고를 하지 않아도 될 것이다. 게다가 우물을 판다 해도 균열이 생겨 물이 새어나가면 생명을 살리는 이 자원이 사라져버릴 수도 있었다.

여호와께서는 생명수를 주는 거룩한 샘이셨다. 그러나 백성들은 그분을 거부하고 무가치한 대체물을 의지하여 결국 충족되지 않은 육체적인 욕구와 영적인 욕구를 갖게 되었다.

고안

A. 들어가는 글

1. '엠마와 찰스'를 읽으라.
2. 배경 설명: 사역 초기, 아마 요시야 왕의 통치 기간에 예레미야는 유다의 죄를 책망했다. 1-6장은 원래 별개의 두루마리로 현재 우리가 보는 예레미야서에 포함되기 전 독립적으로 회람되었을 것이다. 이 단원은 백성들에게 악한 길을 버리고 하나님께로 돌아오라고 부르는 젊은 선지자의 격정적인 호소가 담겨 있다.
3. 적용: 주님께서는 자신을 아내를 사랑하는 성실한 남편으로 비유하고, 유다를 신부로 비유하시며 그 민족의 간음을 정죄하신다. 유다는 구애자로서 다른 민족들을 의지하고 음란한 바알 숭배로 창녀 놀음을 했다. 유다를 정죄하신 후 주님께서는 자신의 주장을 증명하기 위해 증거를 제시하신다. 마지막으로 주님께서는 방탕한 자기 아내에게 호소하시며, 회개하고 죄악 된 길에서 돌아서서 자기에게로 돌아오라고 간청하신다. 그렇게 하면 그분은 그녀를 용서하시고 정결하게 하시며 회복시켜주실 것이다.

B. 본문 이해

1. 백성들의 타락에 대한 묘사(2:1-37)
2. 백성들을 향한 회개의 호소(3:1-4:4)

C. 결론

'그럼에도 불구하고 하나님께서는 여전히 사랑하신다'를 읽으라.

토의 질문

1. 신혼 부부들의 사랑의 관계를 그려보라. 배우자들이 처음에 가졌던 첫사랑을 어떻게 보존하고 발전시킬 수 있는가?

2. 결혼은 어떤 단계를 거치는가? 결혼 생활에서 성실함이 얼마나 중요한가? 육체적 간음과 영적 간음의 유사한 점은 무엇인가?

3. 하나님께서 당신을 법적으로 고발하신다면 죄목의 내용은 어떤 것이겠는가? 하나님께서 오늘날의 교회를 법정에 세우신다면 죄목은 무엇이겠는가?

4. 우리가 하나님의 심판을 경험한 사람들의 수많은 예를 통해 교훈을 배우지 못하는 이유는 무엇인가?

5. 타락의 치유책은 무엇인가? 어떤 회개 단계들이 필요한가? 죄의 고백과 인정이 회개에 어떤 역할을 하는가?

예레미야 4:5-6:30

하나님의 징계의 심판

"금이 녹슬면 쇠는 어떻게 되겠는가? 신뢰할 수 있는 성직자가 부패한다면 범죄한 인간이 녹슬듯 부패하는 건 놀랄 일이 아니다."

- 초서(Chaucer)

예레미야 2-3장에서 남편으로서 간음한 아내에게 말씀하셨던 하나님께서는 이제 유다에 대한 전쟁을 선포하신다. 4-6장에서 그분은 침략자들이 다가오고 있음을 경고하시고 백성들에게 임박한 재앙을 피하라고 부르신다. 이 장들에서는 하나님과 예레미야가 모두 화자다. 선지자는 사회에 만연한 악과 도덕적이고 종교적인 타락을 보며 슬퍼하고, 하나님께서 내리실 심판을 생각하며 고통 속에 괴로움을 이기지 못하신다(4:19). 그러나 백성들은 돌이켜 하나님의 길을 따라 행하고 선지자의 경고에 귀 기울이기를 거부한다(6:16-17). 결국 하나님께서는 그들을 버리신다(6:30).

들어가는 글

사자가 오고 있다! 사자가 오고 있다!

〈고스트 앤 다크니스(Ghost and the Darkness)〉라는 영화를 통해 미국의 관객들은 아프리카 횡단 철도를 놓은 종족의 이야기와 두 마리의 식인 사자가 동아프리카 차보에서 인도 노동자들 135명을 죽였던 1898년의 사건을 알게 되었다.

사자의 처참한 습격을 받은 후의 한 장면에서는 노동자들로 발 디딜 틈이 없는 철도역을 보여준다. 기차가 역으로 들어오지만 그것이 기차인지 구별하기가 어렵다. 눈에 보이는 것은 기차에 올라타고 있는 사람들뿐이다. 기차가 역에서 떠나려 하자 점점 더 많은 사람들이 기차를 타려고 뒤쫓아 달린다. 기차에 이미 몸을 실은 사람들의 도움으로 많은 사람들이 기차에 겨우 올라탄다. 화물 열차의 지붕에도 사람들이 가득하다. 사람들이 모두 떠나가고 있는 것이다!

4장 6절에서부터 6장 30절까지의 예레미야의 메시지를 들은 후 나타나야 했던 반응이 바로 그러한 반응이었다. 예레미야는 백성들에게 "사자가 그 수풀에서 올라왔으며 열방을 멸하는 자가 나아왔으되 네 땅을 황폐케 하려고 이미 그 처소를 떠나 나왔은즉 네 성읍들이 황폐하여 거민이 없게 되리니"(4:7)라고 경고했다. 또 예레미야는 "수풀에서 나오는 사자가 그들을 죽이며"(5:6)라고 경고했다. 그러한 이유로 그는 "너희는 모이라 우리가 견고한 성으로 들어가자"(4:5)라고 외쳤다. 그러나 예레미야 시대 사람들은 차보의 노동자들처럼 현명하지 않았다. 그들은 여전히 현재 하는 일들을 계속 하겠다고 고집하고 예레미야의 경고에 유의하지 않았다.

하나님께서는 전쟁을 선언하셨다(4-6장). 침략자들이 오고 있었다! 악과 도덕적 부패가 모든 사회 집단과 계층으로 번져 있었다. 왕과 왕의 관리들과 제사장들과 선지자들, 귀족이나 가난한 자들, 누구 하나 예외가 없었다. 그래서 하나님께서는 아이들과 젊은이들, 남편들과 아내들, 심지어 노인들에게까지 진노를 쏟아붓겠다고 선언하셨다(6:11).

어느 문화나 사회 혹은 국가에 도덕적 악이 횡행하면 사람들은 하나님의 경고의 말씀을 받을 준비를 해야 한다. 사자들이 다가오고 있는 것이다! 사자들이 오고 있다!

본문 이해

하나님의 징계의 심판

Main Idea	이스라엘과 유다 백성들은 원수가 그들의 땅을 유린하기 위해 오고 있다는 경고의 소리를 울려야 했다. 하나님께서는 당신의 백성들이 그분을 버리고 그분의 뜻과 상충하는 생활을 선택했기 때문에 파멸의 군대를 보내실 것이다.

A. 파멸이 다가오고 있다(4:5-31)

Supporting Idea	하나님께서는 그분의 선지자를 통해, 범죄한 백성들을 처벌할 집행자로 선택된 보수자의 칼날을 피하라고 백성들에게 경고하신다.

4:5-9. 이 구절들은 유다 백성들과 이스라엘의 남은 자들에 대한 예레미야의 간절한 경고와 호소가 담긴 아흔두 절로 된 단락의 시작 부분이다. 이 예언은 거의 대부분 시로 이루어져 있다. 생생한 심상과 전통적인 히브리 평행법이 발견된다. 예레미야는 침입자가 실제로 거의 문가에 당도해 문을 부수고 들어올 것처럼 말한다. 우리는 조국의 파멸이 임박했음을 인지한 한 젊은이의 공포감을 느낄 수 있다.

대부분의 구약 주석가들은 소명의 체험을 한 지 얼마 되지 않은 예레미야가 여전히 '끓는 가마' 의 환상(1:13-15)을 생생하게 기억하고 있음을 확실하게 느낀다. 예레미야는 앞의 여호와와의 대면에서 가마가 '북에서부터 기울어져 있음' 을 보았다. 그는 또한 "재앙이 북방에서 일어나 이 땅의 모든 거민에게 임하리라 나 여호와가 말하노라 내가 북방 모든 나라의 족속을 부를 것인즉" 이라는 하나님의 말씀을 들었다. 하나님께서는 나아가 그들의 왕들이 예루살렘 성문 입구에서 다스리고 통치할 것이라고 말씀하셨다.

예루살렘의 성벽을 친 후 그들은 주변 지역의 모든 작은 성읍들을 파괴할 것이다.

5절에서 예레미야는 백성들에게 경고할 책임이 있는 사람들에게 이 땅에서 나팔을 불라고 호소한다. 그리고 이어서 시온을 향하여 기호를 세우라고 명령한다. 나팔 소리는 백성들에게 예배를 하거나 안전한 곳으로 피하도록 호출하는 데 사용되었다. 문맥은 이 명령이 주어진 것은 백성들이 위험에 처해 있기 때문이라는 것을 암시한다. 적이 나타난 것이다. 나팔 소리가 울리면 백성들은 비상 사태가 발생했음을 즉각적으로 알았다. 그들은 견고한 성 안으로 안전을 위해 재빨리 피하게 될 것이다.

6절에서 기호로 번역된 히브리어는 또한 '기준'으로 번역될 수 있다. 우리는 선지자가 어떤 의미로 이 단어를 사용했는지 확실히 알 수는 없다. 먼 지역까지 위급하다는 소식을 전달하기 위해 산 위에 피운 봉화를 가리켰을 수도 있다. 이런 유형의 전달 방식은 더 효과적인 의사 전달 수단이 생기기 전에 사용되었다. 고고학자들은 유다 남부의 성, 라기스의 폐허 속에서 "왕께서 지시한 대로 우리는 라기스의 기호를 지켜보고 있나이다. 아즈카를 볼 수 없기 때문입니다"라는 내용의 편지를 발견했다. 이것은 아직 이 두 성이 건재하던 느부갓네살의 3차 침략 시기의 것으로 보인다(톰슨, 220).

예레미야의 문체는 그가 그 위기를 얼마나 심각하게 여기는지를 보여준다. 그는 스타카토 방식으로 아홉 개의 동사를 명령형으로 사용하고 있다. 이것은 단순히 혈기 왕성한 젊은 설교자의 과잉 반응이 아니었다. 위기가 다가오고 있고, 하나님께서는 자기 선지자를 보내어 백성들에게 경고하도록 하셨다.

적에 대해서는 7-8절에 더 자세히 기록되어 있다. 예레미야는 침략자가 얼마나 잔인할지 알리기 위해 맹수들의 그림을 사용한다. 사자는 종종 앗수르와 연관되었다. 그러나 사자라는 언급이, 예레미야가 염두에 둔 적이 앗수르였음을 확인해주지는 않는다. 그런 일을 마음껏 저지를 수 있을 만한 다른 세력들이 암시되고 있다. 8절에서 백성들에 대한 예레미야의 충고는 회개하라는 것뿐 아니라 마음의 변화를 나타내는 옷을 입으라는 내용을 포함하고 있다. 애곡하는 자들이 입었던 베옷은 보통 허리에 두르거나 겉옷 아래 입었다.

4:10-12. 이 구절들은 선지자와 하나님 사이의 대화를 담고 있다. 학도들은 하나님과 대면하여 항의하는 예레미야의 대담함을 어떻게 해석할지에 대해 의견이 서로 다르다. 그러나 우리의 직접적인 경험들에 비추어보면, 그가 우리와 전혀 다르지 않았다는

확신을 갖게 된다. 그는 단지 하나님께서 우주를 경영하시는 방법에 대해 지녔던 의문을 말로 표현할 정도로 담대하고 정직했을 뿐이다.

하나님께서 백성들을 속이셨다고 예레미야가 항의할 때(10절) 그는 자기 자신의 감정을 표현한 것인가? 아니면 백성들이 하는 말을 듣고 그것을 전달한 것인가? 어떤 학자들은 그가 거짓 선지자들의 말을 인용하고 있는 것이라고 주장하기도 한다. 악에게 자신을 팔아버린 이 영적 조언자들은 백성들에게 모든 것이 형통하다는 확신을 주입시켜왔다. 예레미야가 보기에 위험이 사방에 도사리고 있는 때에 그들은 평강이 있을 것이라고 계속 큰 소리를 쳐왔다.

11-12절은 앞 구절 내용의 연장이다. 대부분의 학도들은 이 시점에 하나님께서 백성들이 예상할 수 있는 일기 예보를 이용해 말씀하고 계시다는 데 동의한다. 백성들에게 불어닥칠 바람은 추수 때에 밀과 겨를 추슬러주는 바람이 아닐 것이다. 공기를 맑게 하거나 사람들을 정결하게 하기 위한 바람도 아닐 것이다. 치명적인 열풍이 불어닥칠 것이다. 그 바람은 종종 일주일이나 이주일 정도 지속되어 모든 것을 초토화시킬 것이다. 다시 말해서 상황이 좋아지는 것이 아니라 악화되기만 할 것이다.

4:13-18. 13절에서 선지자는 급속한 허리케인처럼 적이 빠르게 다가오고 있는 것을 백성들에게 보라고 호소한다. 침략자들은 하늘의 새들보다 더 빨리 이동하는 말을 타고 있었다. 비관적인 경종의 소리를 외친 그는 백성들에게 확실한 파멸을 피하기 위해 최후의 회개를 하라고 요구한다. 악을 씻다라는 표현은 새로운 생활의 변화로 나타나는 순수한 마음의 변화를 가리키는 비유적 표현이다.

예레미야는 하나님의 심판의 대리자가 올 방향을 알리면서 극적인 독백을 내뱉는다. 단 지파는 원래 여호수아의 영토 할당에 따라 블레셋과 인접한 팔레스타인 남부에 자리를 잡았다. 이 포악한 민족과 맞서 싸울 수 없어서 단 지파는 후에 다른 곳으로 재이주했다. 예레미야가 예언할 당시 단은 팔레스타인 북쪽 끝에 자리하고 있었다. 극적인 환상 속에서 선지자는 누군가가 남쪽으로 달려가서 적이 다가오고 있음을 알려주라고 요청한다. 약간의 창조적 상상력을 발휘해서 적이 먼저 단을 치고 골란 고원에서 내려가 계속 그대로 에브라임 산으로 진격하는 장면을 상상해볼 수 있다. 이것은 세겜에서 벧엘에 이르는 지역이었다. 곧 적이 유다 지방에 당도해서 예루살렘으로 내려갈 것이다.

이 끔찍한 재앙이 그 땅에 임한 원인이 무엇인가? 대답은 너무나 자명하기 때문에 우리는 그 단순성에 당혹스러울 지경이다. 백성들이 하나님을 저버리고 자기 자신들의 죄악 된 욕망을 좇았기 때문이다.

4:19-22. 예레미야서에는 학자들이 '예레미야의 고백(Confessions of Jeremiah)' 이라고 명명한 수많은 구절들이 나온다. 그 구절들은 예레미야의 내면 세계를 다루고 있다. 예레미야가 마음이 짓눌리고 고통스러운 순간에 하나님께 토로한 내용을 담고 있다. 따라서 일부 학자들은 이 구절들을 그의 '고백' 의 하나로 여긴다. 11장 18절-12장 6절의 내용을 살피면서 그 '고백들' 에 대해 더 알아볼 것이다.

첫 몇 구절은 히브리 본문을 '세련된 표현으로 번역한' 것이다. 문자적인 해석은 "내 창자여, 내 창자여" 로 번역된다. 슬프다로 번역된 히브리어는 '내장, 창자, 배, 자궁' 을 의미했다. 그 당시의 수많은 문화권에서는 감정과 애정을 느끼는 중심부가 가슴보다는 창자와 신장이라고 믿었다. 히브리적 사고에서 가슴은 개인의 본성의 정서를 담당하기보다는 지성과 의지의 좌소였다.

전쟁의 경보와 침략군이 가까이 오고 있음을 알리는 소란한 소리를 들은 예레미야는 자기 백성들에게 닥칠 재앙밖에 보이지 않았다. 누군가 혹은 무엇인가가 개입하지 않으면 눈에 보이는 모든 것이 곧 무너져내릴 것임을 알았다. 그는 그러한 일이 일어나지 않을 것이라고 생각했다. 그래서 여호와께 질문을 한다. 이런 때일수록 주님께서 주시는 확신이 필요했다. 하나님께서는 응답하셨지만 그분의 선지자가 바란 방식은 아니었다. 그분의 음성이 다가오는 재앙의 소리보다 더 크게 들렸다.

문법적 구조는 강조점이 어디에 있는지를 보여준다. 문자 그대로 히브리 본문을 읽으면 "나를, 그들은 모른다" 라고 읽을 수 있다. 한 개인이 하나님을 '알면' 그 사람의 전체적인 인성과 생활 방식에 영향이 미친다. 그것은 그의 전 부분, 지성, 감성, 의지에 영향을 주고 침투한다. 그 당시의 백성들은 하나님의 거룩함에 대해 피상적인 이해만 갖고 있었다. 하지만 악을 행하는 데는 능숙했다. 도덕적이고 윤리적인 행위를 행하는 일에 대해서는 무지했다. 임박한 심판의 이면에는 무지와 어리석음이 자리하고 있었다. 그들이 당할 모든 고통은 적절하고 받아 마땅한 것이었다.

4:23-26. 이 네 구절은 성경에서 하나님의 심판하시는 손을 가장 생생하고 강렬하게 묘사한 부분 가운데 하나다. 이 구절들은 하나님의 거룩한 성품을 비방하고 대적하는 것은 무엇이든 하나님의 진노를 받을 것을 보여준다. 그 백성들의 도덕적이고 영적인

타락을 묘사한 예레미야는 물리적 세계로 눈길을 돌린다. 환상 속에서 그는 전 우주가 혼돈 상태로 되돌아간 것을 본다. 그것은 악행으로 인한 필연적인 결과였다. 그는 이 현상을 네 가지로 묘사한다.

첫째, 창세기 저자와 동일한 언어를 사용해 땅을 보니 "혼돈하고 공허하다" 라고 말한다. 하나님께서 첫 명령을 내리시기 전 창세기에 묘사되어 있는 내용처럼 빛이 조금도 보이지 않는다.

둘째, 산들이 "요동한다" (moved lightly, KJV). 여기에 사용된 히브리어 동사는 '가벼움' 을 암시하고 있다. 육중한 무게에도 불구하고 산들은 마치 전혀 무겁지 않은 것처럼 흔들린다. 이 심상의 핵심은 항상 안정감의 상징이었던 산들이 무너지고 있음을 강조하는 것으로 보인다. 사람들은 더 이상 안전감을 가질 수 없다.

셋째, 땅에 사람이 살고 있다는 모든 흔적이 다 사라지고 없다. 심지어 새들도 사라지고 보이지 않는다. 그러한 상태에서는 살아남을 자가 한 명도 없으며, 하늘을 생활 터전으로 삼는 생물들도 그러한 텅 빈 공간에 있기를 거부한다.

넷째, 풀 한 포기 살지 않고, 조직적인 공동체 생활은 전혀 존재하지 않는다. 모든 것이 폐허로 변했고 황무지가 되었다. 이전에 좋은 땅이 있던 자리에는 쓸쓸함과 황폐함만이 차지하고 있다. 모든 것이 하나님께서 보시고 "좋았더라" 고 말씀하셨던 창조 기사와 극명한 대조를 이루고 있다.

4:27-31. 4장의 마지막 네 구절은 예레미야의 해석이 하나님께서 그에게 계시해주신 것임을 알게 해준다. 이스라엘이 살았던 땅을 황폐화시키겠다는 결심을 재확인하신 후 하나님께서는 위로의 약속을 주신다(27절). 이스라엘과 파기할 수 없는 언약을 맺었기 때문에 완전히 파멸시키지는 않으실 것이다. 여호와께서는 남은 자들을 통해 구속의 목적들을 계속 이루어가실 것이다.

28절에서 예레미야는 여호와의 말씀을 인용하며 기본 주제로 되돌아간다. 땅은 대파멸과 황폐의 운명에 직면해 있다. 이 점에 대해 하나님께서는 입장을 바꾸거나 타협하지 않으실 것이다. 돌이키다라고 번역된 동사는 많은 문맥에서 '회개하다' 로 번역되고 있다. 이것은 마음의 변화가 생기고, 그로 인해 행동 과정에 변화가 일어난다는 의미를 담고 있다. 하나님께서는 자기의 결정을 바꾸지 않으실 것이다. 그것은 절대 타협할 수 없는 것이었다.

가까이 온 적이 빠른 말을 타고 파멸의 도구를 들고 있다는 것을 듣자 공포에 질린 백성들은 사방으로 도망간다(29절). 이로 인해 촌락들과 큰 성읍들이 버려지고 텅 비게 된다. 30절과 31절에서 예레미야는 두 가지 예로 논증적 메시지를 마무리하고 있다. 그것은 여자에 관한 그림과 관련이 있다. 첫 번째 그림은 유다를 매춘부처럼 요란스럽게 꾸민 여자로 의인화시킨다. 두 번째 그림은 유다 민족을 해산 중인 여인으로 상징화하고 있다.

가나안 종교는 성적인 요소들이 강했기 때문에 첫 번째 상징은 적절하다. 이 비유는 거의 실제적인 비유라고 할 수 있다. 예레미야가 강조하는 핵심은 창녀는 고객에 대한 사랑이 전혀 없다는 것이다. 실제로 창녀는 그를 경멸했다. 그녀에게 그는 수입원에 불과했다. 바알 숭배자들의 여사제로 섬기는 여자들도 그것은 마찬가지였다.

두 번째 상징은 아마 유다의 임박한 고통을 묘사하기 위해 예레미야가 사용한 모든 심상들 가운데 가장 사실적인 것 같다. 아이를 해산하는 여자는 무기력하며 큰 고통을 당한다. 이것은 예레미야가 메시지를 전하면서 이 단락을 마감하는 매우 생생한 방식이다.

B. 심판의 이유(5:1-31)

Supporting Idea	하나님께서는 선지자를 통해 임박한 심판의 근본적인 이유들을 제시하시고, 심판을 내리실 것이라는 하나님의 결정에 대한 새로운 진술이 이어진다.

구약 학자들은 5장 1절이 4장 5절에서 시작된 긴 담화의 연속인지 혹은 새로운 신탁인지를 두고 서로 의견이 일치하지 않는다. 이 문제를 어떻게 해석하느냐에 상관없이 한 가지는 확실하다. 선지자는 5장의 본문에서 새로운 조망을 내놓는다. 살펴본 앞 내용에서(4:5-31) 선지자는 임박한 심판을 강조했다. 지금 살펴볼 이 내용(5:1-31)에서 강조점은 임박한 심판의 원인에 있다.

5:1-6. 하나님의 명령은 소돔의 운명에 대해 하나님과 아브라함 사이에 있었던 협상 내용(창 18:16-33)과 유사하다. 그러나 소돔의 경우, 하나님의 최종적 제안은 열 사람의 의인만 있다면 그 성을 멸하시지 않겠다는 것이었다. 그러나 예레미야에게 밝히신 하

나님의 제안은 예레미야가 "정의를 행하며 진리를 구하는 자"를 한 사람이라도 찾으면 예루살렘을 심판하시지 않겠다는 것이었다. 이것은 예레미야 시대의 예루살렘이 아브라함 시대의 소돔보다 더 악하다는 것을 암시한다.

1절과 2절은 예레미야가 전하고자 하는 핵심을 설명하기 위해 예레미야가 이용한 수많은 상징 행동 가운데 첫 번째 행동을 담고 있다. 그와 에스겔 두 사람은 모두 '행동으로 상연된 비유들'을 통해 메시지를 전달했다. 두 사람의 경우 형식은 기본적으로 동일하다. 하나님께서 선지자에게 명령하시면, 그는 그 명령을 즉각 실행한다. 그러면 하나님께서는 선지자에게 그것을 해석해주시고, 그는 백성들에게 다시 그것을 전달한다. 이러한 행동들은 백성들의 즉각적인 관심을 끌었다.

3-5절에서 예레미야는 소중한 교훈을 배운다. 그가 가난한 백성들을 먼저 찾은 이유는 무엇인가? 아마 그는 그들이 하나님께 겸손하고 순종할 가능성이 더 많다고 생각했을 것이다. 하지만 그는 낙심했다. 그의 생각은 달라졌고, 그들의 이해가 제한적이라고 판단했다. 다음으로 그는 지도자들은 하나님의 길을 확실히 알 것이라고 생각하고 그들을 찾아갔다. 하지만 역시 실망할 수밖에 없었다. 5절의 마무리에서는 멍에를 벗어던진 소의 비유를 소개하고 있다. 지도자들이 바로 이런 행동을 했다. 그들 역시 그 멍에를 끊어버리고 결박을 끊어버렸다.

5:7-9. 예레미야는 구약에서 가장 강한 언어로 음탕한 백성들을 언급한다. 굶주린 수말 떼처럼 그들은 창기의 집에 몰려들었다. 욕정을 주체하지 못했고, 심지어 다른 남자들의 아내들을 탐할 정도로 타락했다. 그러한 자들에게 심판의 형벌을 내리시는 하나님을 누가 비난할 수 있겠는가?

5:10-13. 처벌의 수단들이 정당하다는 사실을 확인하신 후 하나님께서는 유다의 초목을 거의 모두 파괴시키라고 명령하신다(10절). 그들은 불성실하고 기만적인 행위들로 두 가지 통탄할 죄악을 저지르게 되었다(12-13절). 첫째, 그들은 하나님께서 아무 행동도 하시지 않을 뿐 아니라 심지어 무능하신 분이라고 비난했다. 둘째, 그들을 책망하는 선지자들을 바람에 불과하다고 비난했다. 이 두 가지 죄악은 패역한 백성들이 하나님께 반항할 때 얼마나 교만해질 수 있는지를 압축적으로 드러낸다.

5:14-19. 백성들의 비난에 대해 하나님께서는 먼저 배도한 무리들의 공격을 받은 자기 선지자들을 옹호하신다(14절). 공허하고 무의미한 말이 되지 않고 그들을 신원하시

며 그들이 선포한 말이 타오르는 불길이 되게 하겠다고 약속하신다. 그들의 선포의 열기는 여호와의 사자들을 감히 경멸한 자들을 완전히 불사를 것이다.

내가 네 입에 있는 나의 말로 불이 되게 하겠다는 하나님의 약속은 흥미롭게도 예레미야가 앞으로 할 말과 유사한 표현을 담고 있다. 여호야김이 통치하는 암울한 시대에 깊은 낙심에 젖은 그는 이 말씀을 기억했음이 분명하다. 현실을 깨달은 선지자는 "내가 다시는 여호와를 선포하지 아니하며 그 이름으로 말하지 아니하리라 하면 나의 중심이 불붙는 것 같아서 골수에 사무치니 답답하여 견딜 수 없나이다"(20:9)라고 고백했다.

자기 선지자들이 받는 공격을 언급하신 하나님께서는 이어서 그분을 조롱하고, 그분의 도덕적 요구들을 비웃는 이들을 처리하시는 신적 목적에 대해 상술하신다. 15절에서 그분은 응징자에 대해 짧게 설명하신다. 많은 구약 학자들은 이 설명이 바벨론을 언급한 것이라고 믿는다. 어떤 이들은 그 내용이 스키타이를 비롯해 일곱 민족 모두에 적용될 수 있다고 주장한다.

침략자들은 강하고 전쟁의 기술에 능하다. 그 전통은 열린 묘실이요, 파멸의 길을 열고 견고한 성들을 무너뜨릴 것이다. 경제는 몰락할 것이고, 사람들은 목숨을 잃을 것이다. 하나님께서는 어둠과 절망 속에서도 백성들을 완전히 멸망하게 하지는 않겠다고 말씀하신다(18-19절). 실패자들에게도 미래는 있다! 하나님의 무서운 심판의 말씀 속에 위로와 은혜의 말씀이 발견된다. 후에 그는 하나님의 구속 계획 그리고 이스라엘과 유다의 역할에 대해 더 자세히 이야기할 것이다.

5:20-25. 하나님께서 자기 선지자를 통해 백성들에게 주신 명령은 구약 학자들이 '예언 형식' 이라 부르는 것으로 시작한다. 이것은 그 명령의 중요성과 심지어 긴급성을 강조한다. 어떤 이들은 21절의 "눈이 있어도 보지 못하고" "귀가 있어도 듣지 못하는" 내용이 최근의 가뭄으로 흉년이 든 것을 가리킨다고 주장한다. 24절과 25절이 그들의 주장을 뒷받침해주고 있다고 말한다. 유다 백성들은 하나님께서 그들 가운데 행하고 계신 일을 깨닫지 못했다.

하나님의 전능하심을 생각하면 백성들은 그분을 경외하며 두려워해야 마땅했다. 22절에서 사용된 두려워하다로 번역된 히브리어는 '경외' 로 번역될 때가 매우 많다. 떨다로 번역된 단어는 '회전하다, 휘감다, 소용돌이치다, 춤추다, 몸부림치다, 고통스러워하다' 라는 뜻의 히브리어 동사에서 나온 것이다. 이 동사는 '흔들리다, 폭로되다' 라는 뜻도 가질 수 있다. 이 두 동사가 함께 사용됨으로써 하나님의 백성들이 하나님을 조심스럽고 경외하는 태도로 대했어야 마땅하다고 선지자가 생각했음을 알려준다. 22절은 바다 비유로 마무리하고 있다. 이 거대한 수역도 하나님께서 정해주신 한계를 넘지 않고 순종한다. 하지만 예레미야 시대의 유다 백성들은 하나님께서 그들에게 정해주신 경계를 완전히 무시할 정도로 자고했다. 얼마나 교만하고 어리석은가!

25절에서 예레미야는 수세기 동안 하나님의 선지자들이 당시 세대에 했던 말을 동일하게 백성들에게 하고 있다. 죄는 어떤 선한 결실도 맺지 않는다. 인생에 대한 하나님의 목적에 반항하는 자들에게는 오직 불행한 결과만이 기다리고 있다. 하나님께서는 단순히 중립자적 입장에서 방관하시는 분이 아니다. 하나님께서는 축복을 베풀기 원하시지만 하나님을 무시하고 그분의 기준에 맞서 반역하는 자들을 축복하시는 것은 그분의 도덕적 속성을 거스르는 행동이다. 하나님께서는 거룩하시다. 그리고 이것은 결코 변할 수 없다.

5:26-29. 이 부분에서 선지자는 성전 설교(7:1-8:3)에서 서술한 것과 유사한 죄악으로 백성들을 책망하고 있다. 26절에서 그는 "악하고 불의하며 불경건한 행동을 하다"라는 뜻을 지닌 동사에서 파생된 히브리어 형용사로 그 사람들을 묘사한다. 이 악한 자들은 한 가지 목표, 즉 그들의 동족들을 함정에 빠뜨리고 착취하는 데 혈안이 되어 있다. 새 사냥꾼의 비유는 27절까지 계속된다. 배신과 속임수로 그들은 큰 권세와 영향력을 지닌 부자가 되었다. 28절 전반부는 그들의 외적인 모습을 살지고 윤택하다고 표현한다. "살지다"라는 첫 번째 단어는 풍부함과 형통함을 나타낸다. 두 번째 단어는 매끄럽고 환하며 윤이 나므로 번쩍거린다는 뜻으로 사용되었다. 이것은 천박하고 피상적이며 심지어 가짜라는 개념을 포함하고 있다. 오늘날의 표현대로 하면 이 사람들은 '교활하다(slick)' 라고 말할 수 있을 것이다. 백성들은 하나님께서 한 가지 선택을 할 수밖에 없게 만들었다. 내가 이 일들을 인하여 벌하지 아니하겠으며 내 마음이 이 같은 나라에 보수하지 않겠느냐.

5:30-31. 이 장의 마지막 두 구절은 당시의 타락상을 요약해 보여준다. 예레미야는 그 상황의 특징을 표현하기 위해 두 단어를 사용한다. 첫 번째, 기괴하고(horrible)로 번역된 단어인데 이것은 명사로서 '황폐하다, 황폐하게 되다, 충격을 받다, 멸망해가다' 라는 의미를 가진 동사에서 파생한 것이다.

놀라운(shocking)으로 번역된 단어는 구약에서 사용되지 않는 동사에서 파생한 것이다. 아마 '떨다' 라는 의미를 지닐 것이다. '공포스러운' (horrid)이나 '나쁜' (bad)의 영어 형용사는 이 동사의 어근에서 파생한 것이다. 이 단어는 29장 17절에서 예레미야의 환상중 '몹쓸 무화과' 에 관해 묘사할 때 사용되고 있다. 어떤 이들은 이것을 '말라비틀어진' (blighted)으로 번역한다. 유사한 아랍어는 '감염으로 오염되다' 라는 의미를 지닌다. 여기서 사용된 이 형용사의 여성형은 '끔찍하게 무서운' (horrible)으로 번역되었다. 이 두 단어는 서로 바꾸어 쓸 수 있는 것은 아니지만 여러 부분에서 서로 관련성이 있다.

백성들의 생활 방식이 정상적인 것처럼 굳어졌다. 하나님께서 보시기에 그것은 혐오스럽고 충격적이었다. 하나님의 거룩하심과 공의는 심판을 요구했다. 31절은 비난받아야 할 자를 정확하게 지적하고 있다. 그들은 종교 지도자들, 즉 선지자들과 제사장들이었다. 그들은 야합과 공모를 통해 그 땅에 악을 부채질했다.

패역 행위에 일조한 마지막 이들은 백성들이었다. 그들은 현재 그대로의 상태가 지속되는 데 만족했다. 실제로 그들은 그 생각을 즐겼다. 예레미야는 그들에게 결국에는 너희가 어찌 하려느냐는 탐색의 질문을 던진다. 이스라엘에 대한 예레미야의 질문은 그가 이스라엘과 유다를 향해 그 질문을 던질 때와 마찬가지로 오늘날에도 관련성이 있다. 파국이 오면 너희들이 어떻게 되겠는가?

C. 예루살렘 포위 공격의 그림(6:1-30)

Supporting Idea	하나님의 선지자는 백성들에게 임박한 하나님의 심판을 경고하면서 회개하고 구원을 받으라고 호소한다.

4장과 5장에서 예레미야는 임박한 재앙을 경고한 후 견고한 성으로 피하라고 경고했다. 그러고나서 그는 침략자들이 쳐들어와 여러 지역들을 점령하고 예루살렘을 에워쌀 준비가 된 장면을 상상한다. 6장은 예루살렘 함락의 확실성에 대한 내용으로 시작하고 있다.

6:1-8. 1절의 전쟁이 일어났음을 알리는 나팔 소리가 세 집단의 백성들에게 전해진다. 성전이 있는 예루살렘의 사람들, 선지자 아모스의 고향 드고아 그리고 위치가 불분

명한 한 성의 백성들이다. 어떤 해석가들은 예레미야가 베냐민 지파 출신이기 때문에 성에서 도망하라고 재촉한 대상이 구체적으로 자신의 부족 사람들이라고 생각한다. 그러나 어떤 이들은 예루살렘이 베냐민 지파에 할당된 땅에 포함되었기 때문에 그가 그 성의 모든 주민들에게 말한 것이라고 주장한다.

학자들은 **벧학게렘**이라는 성읍이 어디인지 확실하게 밝혀낼 수 없었다. 어떤 이들은 예루살렘 서쪽 지역이나 예루살렘에서 베들레헴으로 가는 도중에 위치한 곳이라고 본다. 많은 이들은 베들레헴과 드고아 사이의 프랭크 마운틴(Frank Mountain)이라는 원뿔 모양의 언덕이라고 본다. 그곳은 십자군 전쟁 때 군사적 용도로 사용되었다. 포로기 후기 문학에 한 번 언급되고 있다(느 3:14).

피난하라는 외침에서 예레미야는 일부 학자들이 '은신처에 숨으라' 고 번역해온 단어를 사용했다. 이 동사는 격리된 장소에 숨는다는 개념과 또한 도망중에 자신의 재물을 가지고 간다는 개념을 표현한다. 선지자는 임박한 파멸을 '북방의 적' 과 동일시한다. 그는 아름답고 우아한 숙녀처럼 차린 예루살렘에 호소한다(2절). 가까이 다가오는 적은 그 **양떼를 몰고 오는 목자들**로 묘사된다. '목자' 라는 단어는 종종 정치적이고 군사적인 지도자들을 가리킨다.

4절과 5절은 두 가지로 해석될 수 있다. 한 가지 해석은 하나님께서 적에게 자기 백성들을 공격하라고 명하신다는 것이다. 또 다른 해석은 산헤립이 유다 백성들에게 항복하라고 위협할 때 했던 것처럼(사 36:10) 적이 유다의 하나님께서 하신 말씀을 성취하고 있다고 스스로 주장하고 있다는 시각이다. 일반적으로 전쟁이 시작되는 시각은 이른 아침이었다. 하지만 침략자는 그때까지 기다릴 수 없었다. 낮이 지나자 야간 공격을 하기로 결정했다. **만군의 여호와가 이같이 말하노라**는 표현은 하나님께서 적이 일찍 이동하도록 이끄셨다는 선지자의 말일 수도 있다. 하지만 이 말을 한 것은 적이며, 유대인들의 하나님 여호와께서 자신에게 이런 작전을 이행하도록 말씀하셨다고 주장함으로써 자기 행동을 정당화시킬 가능성도 있다.

칠 준비를 하라는 말은 문자적으로 '전쟁에 대비해 거룩하게 하라' 로 읽을 수 있다. 이것은 당시의 전쟁이 엄숙한 종교 행위로 인식되었음을 보여준다. 심지어 오늘날도 그 지역의 사람들은 '성전(거룩한 전쟁)' 에 대해 이야기한다. 제사장들은 출정하기 전 군대를 축복했고, 희생 제사를 드렸다. 점성술사들이 부름을 받고 전략에 대한 조언을 제공했다. 점술이 이용되었고, 군인들은 성관계를 갖는 것을 금해야 했다. 이스라엘 백성들조차 국가의 면모를 갖추기 시작한 초기 시절에 이런 방법들을 이용했다.

6절은 포위 공격을 준비하는 모습을 보여준다. 성벽의 약한 부분의 윗면을 공성퇴로 공격하기 위해 침략자는 경사로를 만든다. 오늘날 팔레스타인에 무너진 채 버려져 있는 일부 언덕들은 아마 이러한 전쟁의 자취들로 보인다. 흉벽을 쌓는 데 나무가 사용되었고, 아마 연료를 위해서도 나무가 사용되었을 것이다.

6절과 7절의 후반부는 그러한 침략을 허락하신 이유를 설명하는 하나님의 말씀을 담고 있다. 그분은 자기 백성들을 징계하시고, 심지어 심판하시기 위해 이방인들을 대리자로 삼으셨다. 그러한 조치는 부분적으로는 형벌을 위한 것이지만 징계하고 구속하기 위한 목적일 것이다. 그 땅의 타락은 마치 지하의 샘에서 끊임없이 물이 공급되는 것처럼 끊어지지 않았다. 하나님의 백성들의 이 악은 하나님을 분노하시게 했다. 그분은 반응하시지 않을 수 없었다.

6:9-30. 이 소단락은 예레미야의 별개의 세 자료를 앞의 권면과 연결되도록 차례로 배열한 것일 수 있다. 대부분의 학자들은 9-15절이 하나님과 예레미야 사이의 대화를 기록한 것이라는 데 동의한다. 9절에서 하나님께서는 예레미야에게 침략자들로 그 일을 하게 하라고 말씀하신다. 이 말씀은 그들이 마음대로 침략해서 백성들을 유린하는 일을 마칠 때까지 기다려야 한다는 의미다. 그 이후에 선지자는 뒤따라와서 남은 자들이 있는지 살펴야 한다. 남은 자들이 있다면 그들은 하나님께서 목숨을 살려주실 가치가 있는 자로 인정하신 자들일 것이다.

예레미야는 비관적으로 하나님께 대답한다(10-11절 상). 유다 민족을 구원하고자 하는 노력은 불가능할 것이다. 그의 말에 귀 기울일 자들이 아무도 없을 것이다. 그들은 이미 마음의 결심을 굳혔다. 그가 하는 어떤 말도 받아들이지 않기로 한 것이다. 그의 말은 그들의 반감을 샀다. 그를 무례하고 모욕을 주는 자로 생각했고, 그의 말에 귀 기울이는 데서 아무 기쁨도 얻지 못했다. 그러나 선지자는 원망 속에서도 백성들에게 임박한 심판에 대해 경고하고 싶다고 주장했다.

모든 연령의 사람들이 영향을 받을 것이다. 집은 빼앗길 것이고 모든 생존 수단이 사라질 것이다. 하나님께서는 이 모든 것에 책임이 있는 자들을 밝히신다. 그들은 탐욕스러운 백성들과 종교 지도자들이었다. 후자의 사람들은 백성들의 영적 필요를 무시하고 시대가 당면한 문제들을 지적하길 거부했다. 백성들은 마비된 양심을 방치하고 무감각해졌다. 그 어떤 것도 그들의 무감각한 양심을 흔들지 못했다. 그들은 잘못을 뉘우치거나 죄책감을 느낄 수 있는 능력을 상실했다. 그러한 백성들은 황폐함과 파멸 외에는 어떤 것도 기대할 수 없을 것이다.

이러한 대화(9-15절)에 이어 하나님께서는 백성들에게 자신들의 우선 순위를 되돌아보고 '기본' 으로 돌아오라고 간절하게 호소하신다(16절). 선택의 시간이 왔음을 깨달으라고 그들에게 도전하신다. 그들은 사실들을 조사하고 지혜로운 행동이 무엇인지 질문해야 했다. 그들이 이러한 길을 따른다면 평온함과 고요함과 마음의 평화를 찾을 수 있을 것이다. 불행하게도 그들은 그의 간절한 호소를 무시하는 쪽을 선택했다.

백성들에게 외면당하신 하나님께서는 그들에게 엄중하게 경고하신다. 예언자의 경고들을 상기시켜주신다(17절). 하나님께서는 이제 한 가지 선택밖에 남지 않으셨다. 그분은 이방 세계와 심지어 자연 세계에 귀 기울여 들어보라고 요청하신다(18-19절). 그분의 백성들이 선택한 길의 마지막 결과를 보여주실 것이다.

그들이 방어할 것을 예상하시면서 하나님께서는 그들이 그 말을 채 꺼내기도 전에 그들의 주장을 반박하신다(20절). 그들의 형식적인 종교 의식에 대해서는 아무 관심이 없으셨다. 서남 아라비아나 그보다 더 먼 곳에서 향기로운 냄새가 나는 제물을 가져온다 해도 의로움이 결여된 의식은 그분에게 아무 의미가 없었다.

예레미야는 마지막으로 마무리하면서 요약하고 있다(21-26절). 그는 하나님의 마지막 경고와 호소를 전달하지만(21-23절), 24절에서 백성들의 갑작스러운 감정 표출로 중단된다. 위급한 비상 상황임을 감지한 그들은 공포감으로 소리 지른다. 하지만 선지자는 즉각 다시 경고와 안전을 위한 조언을 한 후(25절) 회개하라고 간절하게 호소한다(26절).

27-30절은 구체적으로 예레미야에게 주어진 하나님의 말씀을 기록하고 있다. 하나님께서 이 메시지를 유다 백성들에게 전하기를 원하셨는지는 확신할 수 없다. 존 스키너(John Skinner)의 표현을 빌리자면, 하나님께서는 그를 백성들의 도덕성 분석가로 만드셨다고 말하고 있다(27절). 그들은 죄악 때문에 심판을 받게 되었다(28절). 하나님께서 가혹한 징계로 그들을 정화시키고자 하셨지만(29절) 그 일은 성공하지 못했다. 그들은 부패한 모습을 전혀 돌이키지 않았다. 이 단락의 마지막 언급(30절)은 최후의 판결을

알려준다. 하나님께서는 그들을 버리셨기 때문에 그들을 내어버린 은이라고 부르신다.

Main Idea 복습	이스라엘과 유다 백성들은 원수가 그들의 땅을 유린하기 위해 오고 있다는 경고의 소리를 울려야 했다. 하나님께서는 자기 백성들이 그분을 버리고 그분의 뜻과 상충하는 생활을 선택했기 때문에 파멸의 군대를 보내실 것이다.

결론

타락으로 이끄는 죄의 위력

유다와 예루살렘에 대한 예레미야의 예언적 고발을 통해 우리는 죄와 도덕적 타락의 확산을 보게 된다. 죄는 결코 개별적으로 저지르는 단일 행동이 아니다. 죄는 역동적이고 점진적이다. 강한 증식력을 지닌다. 죄는 점점 더 많은 죄를 낳는다. 그것은 전염성을 지닌 병이다. 결국 그 사회의 신념, 관습, 성향, 가치, 전통 등 사회 전체가 부패하게 된다.

온갖 부패와 악이 내재된 죄는 심판과 파멸과 죽음으로 이끈다. 예레미야는 네 가지 간결한 진술로 하나님께서 그분의 백성들에게 보내시는 파멸을 묘사한다. 4장 23-26절의 각 구절은 "내가 본즉"이라는 말로 시작되고 있다. 예레미야는 무엇을 보았는가? 그는 창세기 1장 2절에 나오는 형체도 없고 공허한 원시 상태의 세계로 되돌리는, 황폐와 파멸과 죽음이 임박했음을 보았다. 임박한 파멸은 우주적이고 전 지구적으로 일어나는 것으로 묘사되어 있다. 그것은 온 세상에 영향을 미칠 것이다.

이 백성들의 완악함은 6장 16-17절의 그들의 이중적 거부에서 드러난다. 첫째, 도덕적으로 심각하게 타락한 백성들과 사회는 하나님의 말씀 듣기를 거부했다. 하나님의 길로 돌아오라는 책망을 듣지만 그들은 거부하며 "우리는 그리로 행치 않겠노라"고 선언한다(6:16). 둘째, 예언자의 경고를 심각하게 받아들이라는 책망을 받지만 그들은 "우리는 듣지 않겠노라"(6:17)고 말하며 경고의 말에 귀 기울이는 것조차 거부한다.

■ 진리 알기

- 하나님께서는 우주(물리적 세계뿐 아니라 도덕적 세계에도)에 "뿌린 대로 거둔다"라는 놀라운 보상의 법칙이 작동되도록 하셨다.
- 선지자들과 제사장 등 하나님의 대변자들이라 자처하는 사람들이 타락하면 위에서 아래까지 전 사회가 철저하게 부패할 것을 예상할 수 있다.
- 역겨운 행위에 대해 전혀 수치감을 느끼지 못하고 얼굴을 붉히지 않는 사람들은 하나님께서 얼마나 멀리 계신지를 스스로 드러낸다.
- 하나님의 길만이 유일하게 선한 길이다. 사람들이 필사적으로 찾아 헤매는 평화와 안식을 준다.

■ 적용하기

- 심은 대로 거둔다는 것을 마음 깊이 공감하던 때가 있었다면 이야기해보라.
- 하나님의 은혜를 악용한다는 것이 무슨 의미인지 설명해보고 이런 모습을 본 적이 있다면 그 사례들을 이야기해보라.
- 하나님의 능력과 거룩하심을 자각하는 능력이 자라게 해달라고 기도하라.
- 당신의 심기를 괴롭혔거나 괴롭게 할 수도 있는 성경 구절들을 몇 가지 이야기해보라.
- 그 구절들을 하나님께 가져가서 그 말씀 때문에 마음이 불편하다는 것을 의식하게 하신 데 대해 감사를 드리라. 성령께서 이 불편한 구절들을 사용하셔서 당신 가운데 하나님께서 원하시는 일을 하시도록 기도하라.
- 당신을 향한 하나님의 길이 최선의 길이라고 믿는 경우는 어느 정도인가? "전혀 없다, 때로 있다, 대부분 그러하다, 항상 그러하다." 이 점검 결과를 이용해 하나님께 그분의 길이 항상 최선임을 더 잘 알 수 있게 해달라고 기도하라.

삶의 적용

제가 여기 서 있나이다

디오게네스와 그의 등불에 관한 이야기는 고대 철학자들의 가장 유명한 기행 가운데 하나다. 그는 고대 아테네에 살았던 철학자로 견유학파의 한 사람이었다. 고대 문학은 "그가 대낮에 등불을 켜고 돌아다니며 '사람을 찾고 있습니다' 라는 말을 했다"는 이야기를 들려준다.

17세기의 이탈리아 화가인 살바토르 로사(Salvator Rosa)가 자신의 그림에서 묘사한 장면이 바로 이 장면이다. 등불을 밝혀든 고령의 그 견유학파 철학자는 비웃고 조롱하는 무리들에게 에워싸여 있다. 그러나 애석하게도 그들은 하잘것없는 어리석은 인간들이다! 그들은 덕과 참된 분별력이 없다. 정직하지 않다. 그들은 디오게네스가 찾고 있던 진정한 인간들이 아니다.

예레미야도 마찬가지였다. 하나님께서는 선지자에게 이렇게 말씀하셨다. "너희는 예루살렘 거리로 빨리 왕래하며 그 넓은 거리에서 찾아보고 알라 너희가 만일 공의를 행하며 진리를 구하는 자를 한 사람이라도 찾으면 내가 이 성을 사하리라"(5:1).

오늘날 하나님께서는 우리 사회 속에서 의를 대변하는 자들과 하나님의 말씀과 그분의 길을 증거할 자들을 찾고 계신다. 그분의 말씀이 우리를 비출 때 우리 각자가 직면하는 도전은 내가 정직하고 진정한 인간이 될 것인가, 아니면 불한당과 깡패 같은 인간이 될 것인가 하는 것이다.

기도

하늘에 계신 아버지여, 빛의 길이 아니라 어둠의 길인 우리 사회의 용인된 습관들과 기준들에 맞서도록 우리를 도와주소서. 모든 수준의 부패를 거부하고 모든 악을 피하도록 도와주소서. 예레미야처럼 당신을 대변한 이들을 알게 해주셔서 감사합니다. 오늘날 당신을 대변할 힘과 용기를 주소서. 의롭고 정직하며 진실한 사람이 되게 하소서. 아멘.

심층 연구

A. 북방에서 찾아올 재난(4:6)

구약 학도들은 '북방에서 올 대적' 이라는 표현을 사용한다. 이 단락에서 예레미야가 거론하는 침략자를 그들은 이렇게 명명한다. '북방의 적' 이라는 언급은 예레미야 선지자의 사역 기록의 다른 메시지들에서도 나타난다.

궁극적인 적은 느부갓네살이 통치하는 바벨론이었다. 주전 605년을 시작으로 느부갓네살은 세 번에 걸쳐 유다를 침략하고 괴롭혔다. 첫 두 번의 침략(주전 605년과 597년)으로 그는 수많은 포로들을 본국으로 끌고 갔다. 주전 586년 마지막 공격 때 그는 예루살렘 성을 약탈하고 성전을 불태우고 남아 있는 거의 모든 백성들을 바벨론으로 끌고 갔다.

그러나 예레미야가 이 예언을 하던 시기인 주전 약 626년경에 바벨론은 위세를 떨치기 시작했지만 강대국은 아니었다. 다른 민족들이 훨씬 더 심각한 위협을 가했고, 예레미야는 자신의 경고가 후일이 아니라 곧 성취될 것처럼 흥분한 어조로 이야기했다. 선지자가 말하고 있는 북방의 대적이 누구인가? 학자들은 이 딜레마를 풀기 위해 많은 논의를 해왔다. 어떤 이들은 예레미야가 처음부터 그 적이 바벨론이라는 것을 알았다고 믿는다. 어떤 이들은 여러 강대국들을 거론하며 주요 강대국으로 앗수르와 스키타이를 꼽는다.

예레미야는 유다를 멸망시킬 대적을 밝히지 않으므로 놀라운 지혜를 발휘한다. 그는 백성들이 회개하고 건짐 받을 가능성이 있음을 알았다. 실제로 요시야 왕 아래서 이루어진 부흥은 일시적인 유예 기간을 허락했을 수도 있다. 하지만 여호야김 시대의 백성들은 선한 왕 요시야의 정책들을 뒤엎었다. 바벨론은 결국 진정한 '북방의 대적' 으로 등장한다.

이 구절에 대해 다른 해석도 가능하다. 거의 항상 북쪽 방향에서 파멸이 찾아왔기 때문에 아마 '북방에서 재난이 찾아온다' 는 개념은 자주 사용된 관용적 표현이었을 수 있다. 팔레스타인의 지도를 보면 이방 군대들이 쳐들어올 유일한 길이 이 북쪽이라는 것을 알게 될 것이다. 블레셋 나라를 통해 적이 서쪽에서 다가온다 하더라도 예루살렘을 공격하기 위해서는 북쪽 방향에서 접근할 수밖에 없었다. 예레미야는 심판이 임박했다는 것만 알았다. 하나님께서는 그에게 더 이상의 세부적인 내용을 알려주시지 않았기 때문에 그는 '대적의 정체' 와 '정확한 시기' 는 건드리지 않았다. 오늘날의 선지자들도 유념해야 할 훌륭한 방책이다.

B. 선지자와 제사장들(5:31)

구약에서 가장 중요한 두 직책인 선지자와 제사장은 모세 시대로 거슬러 올라간다. 하나님의 지시대로 모세는 레위 가문을 영원한 제사장 가문으로 삼고 그의 형 아론을 대제사장으로 임명했다.

하나님께서 모세를 선지자로 부르셨기 때문에 선지자의 직임은 실제로 레위인의 제사장직보다 앞선다(신 34:10). 사실상 두 직위는 아브라함 시대로 거슬러 올라간다. 창세기는 멜기세덱을 "지극히 높으신 하나님의 제사장"(창 14:18)으로 부르고, 아비멜렉은 아브라함을 선지자라고 인정한다(창 20:7).

이스라엘의 종교 체제가 발달함에 따라 두 직위는 각기 개별적이고 고유한 기능을 맡게 되었다. 제사장들은 하나님께 백성들을 대변했고, 선지자들은 백성들에게 하나님을 대변했다. 이 정의는 많은 진실을 담고 있지만 정확한 정의라고 보기에는 단순화된 면이 있다. 실상 제사장들과 선지자들은 종종 상대 집단의 권위와 영역을 빼앗고 침범할 기회를 엿보았다.

예레미야 시대에 두 집단은 협정을 맺었다. 물질적인 이득을 위해 자신들의 영적 신념을 타협하는 일에 서로 협력했다. 두 역할이 동시에 요구되는 종교적 소명을 감당한 예레미야는 두 집단에 대해 신랄한 비판을 가했다. "선지자들은 거짓을 예언하며 제사장들은 자기 권력으로 다스리며"(렘 5:31)라고 책망했다. 그리고 이어서 악의 공모에 제3의 집단을 추가한다. 그는 아마 "내 백성은 그것을 좋게 여기니"라고 소리 높여 책망했을 것이다. 이어지는 폐부를 찌르는 그의 질문은 세 집단을 모두 겨냥한다. "그 결국에는 너희가 어찌 하려느냐?"

C. "내가 너희를 진멸치는 아니하리라"(5:18)

때로 선지자들은 일관성이 없고 자기 모순적인 것처럼 보인다. 죄를 정죄하고 그 민족에 확실한 심판이 기다리고 있다는 그들의 경고는 구원을 받을 가능성이 전혀 남지 않았다는 의미를 함축하고 있는 것 같다. 그러나 거의 항상, 선지자는 그 선언을 마무리하기 전에 희망의 말로 메시지를 장식하곤 한다. 구약 학도들은 이 현상을 지칭하는 명칭을 갖고 있다. 그들은 그것을 '남은 자' 사상이라 부른다.

구약의 구속 신학은 두 가지 사실에 기초를 두고 있다. 첫째, 하나님께서는 아브라함을 선택하셔서 세상이 축복을 받을 수 있는 통로로서 한 가정이 시작되도록 하셨다. 그분은 그와 언약을 맺으시고 그것을 존중하시겠다고 여러 번 재확인해주셨으며, 아브라함의 후손들과 그 언약을 갱신하셨다. 둘째, 하나님께서는 시내 산에서 야곱의 후손들과 언약을 맺으셨다. 이것은 '국가로서의 이스라엘' 에 대한 약속이었다. 그분은 그들을 '제사장의 나라' 로 만들겠다고 약속하셨다(19:6). 그러나 이스라엘의 열두 지파인 야곱의 가족들에게 주신 약속은 한 가지 조건을 포함했다. 하나님께서는 모세를 통해 "너희가 내 말을 잘 듣고 내 언약을 지키면"(출 19:5)이라고 말씀하셨다.

하나님께서 이스라엘을 멸망시키고 완전히 새로운 시작 직전까지 몰고 가신 경우가 여러 차례였던 것 같다. 하지만 그 위협을 실제로 끝까지 실행하신 적은 없었다. 예수님께서 사역하신 시대까지도 그분은 세례 요한을 통해 강력한 말씀을 하셨다. "속으로 아브라함이 우리 조상이라고 생각지 말라 내가 너희에게 이르노니 하나님이 능히 이 돌들로도 아브라함의 자손이 되게 하시리라"(마 3:9). 많은 주석가들은 "이 돌들"이 '이방인들' 을 의미한다고 주장한다. 한 민족으로서 이스라엘과 맺은 언약은 항상 조건적이었다. 선지자들은 이 사실을 그들에게 자주 경고했다. 하나님께서 아브라함에게 주신 약속을 완전히 무효화시키겠다고 위협하신 적은 결코 없었다.

남은 자 사상이란 무엇인가? 정경의 거의 모든 선지자들은 이스라엘 민족이 다시 꽃피울 수 있는 씨를 남겨 놓겠다는 약속으로 심판 선언의 수위를 조절했다. 70년간의 바벨론 포로 생활에서도 이스라엘 민족의 희망의 불꽃은 꺼지지 않았다. 에스겔은 백성들에게 죽은 뼈들이 다시 살아날 것이라는 확신을 주었다(겔 37:1-14 참고). 그 예언은 영광스럽게 성취되었다!

남은 자 사상이 등장한 것은 선지자들이 활동하기 이전이다. 노아와 그의 가족들은 홍수에서 살아남은 남은 자들이었다(창 7:1-23). 롯과 그의 딸들은 소돔의 멸망에서 살아남은 남은 자들이었다(창 19:29-30). 하나님께서는 엘리야에게 이스라엘에 신실한 남은 자들이 여전히 남아 있다고 말씀하셨다(왕상 19:18). 정경의 18세기 선지자들은 이스라엘의 장래 희망을 위해 이 개념을 명확하게 다듬고 발전시켰을 뿐이다.

예레미야 이전의 남은 자들은 두 가지 의미가 가능했다. 첫째, 그것은 하나님의 은혜로 심판에서 살아남은 자들을 포함했다(사 1:9). 둘째 적극적으로 올바른 선택을 함으로써 하나님과 올바른 관계를 맺은 사람들이 남은 자들의 일부였다(미 2:12). 예레미야는 새로운 차원을 추가했다. 그의 새 언약 신학은 하나님과 새로운 관계를 형성한 남은 자들의 환상을 제공했다. 그러나 그들은 메시아께서 오실 때까지 이 약속의 완전한 실현을 기다려야 한다.

교안

A. 들어가는 글

1. '사자들이 오고 있다! 사자들이 오고 있다!' 를 읽으라.
2. 2-3장에서 하나님께서는 남편과 아내 관계의 관점에서 유다와 자신과의 악화된 관계에 대해 말씀하셨다. 이제 4-6장에서 하나님께서는 북방의 침략군이라는 관점에서 유다에 임박한 심판을 선언하신다. 하나님께서는 전쟁을 선언하시고, 백성들이 하나님을 버리고 그분의 뜻과 상충하는 생활 방식을 채택했기 때문에 그들을 칠 침략군을 보내신다. 각계 각층의 사람들, 즉 왕과 관리들과 선지자들과 제사장들, 큰 자와 작은 자들이 모두 죄를 지었다. 그들 가운데 의인이 한 명도 없었다. 그들은 그러한 생활을 즐겼다.
3. 적용: 하나님께서는 유다 백성들에게 옛날의 올바른 길로 돌아오라고 부르셨으며,

그 길로 행하라고 말씀하셨다. 그러나 유다 백성들은 하나님의 길을 따르기를 거부했고 그분의 말씀을 들으려고 하지 않았다. 불순종의 길을 버리지 않았고 유다 사회의 타락한 습성들을 지지했다. 그러므로 하나님께서는 그들의 적이 되셨다. 그들을 제하시기 위해 그들과 그들의 사회와 맞서 싸우실 것이다. 왜곡되고 패역한 문화 속에서 하나님께서는 악이 아닌 의를 선택할 사람을 찾으셨다. 하지만 한 사람도 없었다. 그러므로 백성들은 하나님께서 용서의 하나님이실 뿐 아니라 심판의 하나님이심을 알게 될 것이다.

B. 본문 이해

1. 파멸이 다가오고 있다(4:5-31)
2. 심판의 이유(5:1-31)
3. 예루살렘 포위 공격의 그림(6:1-30)

C. 결론

'타락으로 이끄는 죄의 위력' 을 읽으라.

토의 질문

1. 오늘날 우리 사회에서 부패와 도덕적 악이 두드러지게 나타나는 영역은 어디인가? 하나님께서는 이러한 상황에 대해 무엇이라고 말씀하시겠는가?

2. 사람들이 준엄한 진실보다는 매끄러운 거짓에 귀 기울이기를 좋아하는 이유는 무엇인가?

3. 하나님을 섬겨야 할 사람들이 의인의 삶을 살지 않고 세상 문화와 더 닮은 모습으로 살 때 교회와 사회에 각각 어떤 일이 일어나겠는가? 예수 그리스도를 믿는 모든 신자들이 기독교 문화 속에서 의롭고 정직하며 진실한 삶을 보여준다면 어떤 일이 일어나겠는가? 그들은 어떤 영향을 미치겠는가?

4. 하나님께서 그분의 백성들의 적이 될 수 있는가? 이런 일이 일어난다면 어떤 상황이겠는가?

예레미야 7:1-10:25

예배의 타락

"아들아, 지혜롭고 덕을 갖추어라, 온 인류가 가치롭게 여기는 것을.
이것을 원칙으로 삼아라, 현자들이 요구하는 것을.
신중함, 강력한 신중함이 너에게 모든 것을 제공한다.
풍채를 갖추어라. 사람들은 판단한다.
그러면 세상은 너에게 나머지 자질들도 있다고 생각할 것이다.
겉으로는 공정하라, 속은 악할지라도.
마음이 원하는 대로 죄를 지어라. 하지만 은밀하게.
모든 사람들이 좋아하는 최고의 수준에 이르도록.
악이 드러나지 않는다면 그것은 더 이상 악이 아니다.
덕은 노골적으로 싸우려 들지 모른다.
악은 잘 감춘다면 덕이 될 수 있다.
맹렬한 정욕이 너를 창기에게로 몰고 간다 하더라도
신중함은 너를 뒷문으로 인도할 것이다. 밤새 즐기라.
하지만 신중함을 잃지 말고 꼭 새벽 기도를 드려야 함을 기억하라.
경계하고 대충 잘 연구해보면
주정꾼처럼 뒹굴다가 성자처럼 행세할 것이다."

- 찰스 처칠(charles Churchill)

예레미야는 하나님의 명령을 받고 성전에 가서 하나님의 말씀을 선포한다. 그는 유다 백성들에게 악한 길을 회개하지 않고도 무슨 짓을 하든 어떻게 살든 하나님께서 보호하신다는 착각에 대해, 그리고 성전에 임재하시는 하나님이 아니라 성전 자체를 의지하는 모습을 회개하라고 요청한다. 거짓된 확신과 거짓된 희망, 성전에 대한 충성심에 근거한 거짓된 안전감에 대해 백성들을 책망한다. 이 성전 설교는 일련의 유사한 선언, 선포, 포기에 대한 내용들과 하나의 단락으로 묶여 있다. 이 가운데 이스라엘처럼 유다 백성이 하나님의 율법을 무시하고 참되고 살아계신 하나님을 떠나 거짓된 우상 숭배에 몰두했다는 예레미야의 시적 선포가 포함되어 있다.

들어가는 글

요새가 맥없이 무너질 때

난공 불락. 무적의 요새. 파괴되거나 공격받지 않는 진지. 이 모든 수식어들은 벨기에의 에방에말 요새를 표현하는 데 사용된 단어다. 이 요새는 1930년대 독일군의 침공에 대비한 방어 시설로 알버트 운하와 뮤즈 강을 연결하는 지점에 설치되었다.

촘촘히 설치된 철조망, 탱크를 막아낼 수 있는 강철 구조물, 지뢰밭이 요새 바깥을 둘렀고, 서쪽에는 콘크리트로 연결되어 물이 채워진 해자도 설치되어 요새의 접근을 막았다. 60밀리 대전차포와 기관총은 요새의 총 안에 설치되어 요새를 오르는 어떠한 적들도 막아낼 수 있도록 되어 있었다. 벨기에는 이 요새를 건설하면서 모든 가능한 적들의 공격을 예상했다. 그들은 적들이 어떤 공격을 해오더라도 이 요새는 반드시 막아낼 수 있을 것이라 생각하였다.

그러나 아돌프 히틀러(Adolf Hitler)는 독특한 아이디어를 떠올렸다. 새로운 작전으로 가공할 만한 글라이더 공격을 떠올렸다. 그것은 새롭고 아직까지 시도해본 적이 없는, 호라동(hohlladung)이라고 불리는 폭발적인 무기를 사용하여 공격을 시도한다는 아이디어였다. 이 공격은 요새의 상부와 총좌 구멍에 접근하여 치명적인 살상과 파괴를 가져오도록 콘크리트 구멍을 폭파하는 것이었다.

그리하여 1940년 5월 11일 정오, 에방에말 요새는 예상치 못했던 세계 최초의 독일군 글라이드 공격을 받았다. 28시간이 지나 78명의 글라이드 공격수들은 비용이 별로 들지 않은 열 대의 글라이더를 타고 조용히 요새에 안착했다. 열 배가 넘는 병력과 싸워 승리했고, 벨기에 병사들은 전쟁 포로가 되어 요새 밖으로 약 1.6킬로미터나 되는 종대를 이루어 끌려나갔다.

예레미야 시대의 유다 백성들 역시 모든 침입자들에 맞서 그들의 생존과 존속을 보장해줄 구조물, 감히 침범할 수 없는 신성한 요새를 갖고 있다고 믿었다. 그것은 그들의 성전이었다.

예레미야 시대의 성전은 솔로몬이 예루살렘에 지은 성전이었다. 하나님께서는 시온을 자신의 영원한 거처로 선택하셨다(시 132:13-14). 유다 백성들은 자신들이 하나님의 선택된 백성들이며 예루살렘은 선택된 성이고, 그들의 위대한 성전은 그분의 지상 거처라는 것을 알았다. 하나님의 명령으로 예레미야는 성전으로 가서 하나님의 메시지를 선포했다. 이 성전 설교는 예레미야서에서 첫 산문 단락으로, 7장에 요약 기술되어 있다. 8-10장에는 내용상 관련성이 있는 다른 자료가 이 장에 연결되어 있다.

예레미야는 예배자들이 거짓말을 믿게 되었다고 책망한다. 그 거짓말은 그들의 '성전 신학'이었다. 이 신학은 "이것이 여호와의 전이라, 여호와의 전이라, 여호와의 전이라"(7:4)는 그들의 말에 요약되어 있다. 그들은 종교의 외적인 치장에 신뢰를 두었다. 예레미야는 그 예배자들에게 그대로 있다가는 큰 충격을 당하게 될 것이라고 말한다. 회개하고 하나님께 돌아오지 않으면 그들은 곧 그들의 성과 성전을 잃게 될 것이다.

본문 이해

예배의 타락

Main Idea	완악함과 패역이 뒤섞인 위선적 예배는 개인과 국가 모두를 피할 수 없는 파멸에 이르게 하는 치유 불능 상태를 낳는다.

6장이 마무리되면서 예레미야의 예언의 연대기적 배열이 중단된다. 예레미야에 대한 더 의미 있는 검토는 구절들의 역사적 배경을 고려해야만 가능하다.

구약 학자들은 7-10장이 하나의 단락을 이룬다는 데 거의 만장 일치로 동의한다. 이 장들은 예레미야의 예언들에 대한 자료 수집과 예레미야서의 형성 과정의 한 단계를 차지한다. 이 책에 포함되었다고 주장되는 모든 두루마리들을 다 명확하게 확인할 수는 없다. 그러나 이 단락의 두루마리는 예레미야나 그의 비서 바룩, 혹은 예레미야의 기록에 익숙한 누군가가 어느 시점에 수집했음이 분명하다. 이 장들의 자료를 보면 연대기적 배열이 아니라 주제에 따라 배열되었을 가능성이 매우 높다. 전체적으로 사용된 모티브는 위선적인 예배의 치명적인 결과라는 주제다.

이 단락의 첫 소단락은 '성전 설교'로 불려왔다. 어디까지가 성전 설교에 해당하는가? 해석하는 사람들마다 다르지만 가장 일반적으로 받아들여지는 입장은 8장 3절까지다. 이 연구와 주석의 목적을 위해 우리는 이 입장을 수용할 것이다. 이것에 대해서는 26장에서 더 자세히 살펴볼 것이다.

A. 개인의 예배는 삶과 일치해야 한다(7:1-8:3)

Supporting Idea	하나님께서는 외적인 의식 규정들을 중시하면서 윤리적 요구들을 무시하는 민족의 예배를 받지 않으신다.

7:1-2. 이 두 구절은 백성들을 향한 예레미야의 메시지의 배경을 소개하고, 나아가 선지자의 말이 하나님의 권위를 지닌 것임을 확인하고 있다. 26장의 평행 구절은 그 때가 '여호야김이 다스리기 시작한 때'라는 것을 알려준다. 여호야김이 주전 608년에 통치하기 시작했고, 바벨론의 1차 침입이 주전 605년이므로 이 설교는 주전 605년 이전의 어느 때에 이루어졌을 것이다.

예레미야가 이 설교를 한 장소는 예루살렘 성전이었다. 하나님께서는 선지자에게 여호와의 집 문에 서라고 명하셨다. 그곳에서 그는 예배하러 들어가고 있는 사람들에게 외칠 것이다. 예배에 해당하는 단어는 '자신보다 서열이 높은 존재 앞에 엎드리다, 절하다'라는 뜻의 동사에서 파생한 것이다. 이 강력한 단어의 이미지는 여호와 앞에 나아가는 이스라엘 백성에게 요구되는 올바른 태도를 규정하기에 적절하다.

7:3-8. 예레미야는 백성들에 대한 선포를 자신의 권위에 대한 확고한 선언으로 시작한다. 지금 그가 하고자 하는 말은 여호와께서 그에게 주신 것이다. 그리고 이어서 더 상세히 전달하고자 하는 내용을 요약해 말한다. 너희 길과 행위를 바르게 하라 그리하면 내가 너희로 이곳에 거하게 하리라(3절).

위선적인 입술로 주문이나 성구를 외운다고 해서 유다 민족을 위협하는 위험에서 면제될 수는 없었다. 한 목소리로 장단에 맞추어 외우는 주문이 하나님의 임재의 확실성을 보장하지는 않을 것이다. 행동의 변화가 동반되어야 하나님의 인정을 받을 것이다. 약자들과 무력한 자들과 마음을 함께할 때만 하나님께서는 성전에서 자기 백성들과 교제하실 수 있다. 성전에 대한 헌신적인 열정을 아무리 아름답고 감성적으로 표현한다 해도 사회적 약자들과 무력한 자들에 대한 관심이 결여되었다면 하나님의 어떤 인정도 받지 못할 것이다. 하나님께서는 약자들이 당하고 있는 학대를 시정하는 적극적인 행동을 요구하셨다(심지어 명령하셨다).

예레미야가 백성들이 무시한다고 책망한 구체적인 행동 영역들은 무엇인가? 그들은 성적 음행이 동반된 예배를 드렸던 이전처럼, 완벽하게 종교에서 도덕성을 제거했다. 예레미야서의 학도들은 그들의 예배가 얼마나 미신에 물들었는지 그리고 얼마나 위선적으로 변했는지 확인하는 데 어려움을 겪는다.

선지자는 여호와께서 유다 백성들이 그 땅에 계속 존속할 수 있는 조건들을 제시한다. 전체적인 요구 사항은 그들의 생활 방식과 우선 순위를 수정하는 것이었다. 구체적인 조건들은 다음과 같다. (1) 공정하고 공평하게 행할 것, (2) 그들 가운데 거하는 이방인들을 비롯해 약자들에 대한 착취를 중지할 것, (3) 폭력의 중단, (4) 여호와의 도덕적 기준과 상반되는 도덕적 기준을 가진 신들을 섬기지 말 것.

이러한 것들이 하나님의 조건들이었고, 하나님께서는 이 기준에 미치지 못하면 그들을 인정하지 않으실 것이다. 하나님께서는 부패한 민족을 그 땅에 계속 존재하게 하실 의무가 전혀 없으셨다. 이 사실은 시내 산에서 맺은 언약의 일부였고, 40년 후 백성들이 가나안에 들어가기 전에 재확증되었다. 하나님께서는 그들에게 그들 자신과 하나님께 정직하기를 거부한 문제를 실제로 해결하라고 요구하셨다.

7:9-11. 예레미야는 이러한 사실들에 대한 엄중한 언급에 이어 두 가지 질문을 제시한다. 각 질문에 대한 대답은 너무나 자명하기 때문에 실제적인 수사학적 질문의 성격을 지닌다. 선지자의 질문은 너희들이 계속 이런 일들을 저지르면서 여호와를 따른다고 주장할 수 있느냐는 것이었다. 그러한 행동은 철저히 위선이었다.

백성들을 책망하는 예레미야의 긴 연설은 그가 사용할 수 있는 가장 대담한 비유 가운데 하나에서 절정에 이르고 있다. 백성들이 숭배하는 이 성전은 강도들과 도둑들의 은신처가 되었다는 것이다. 이러한 비유적 표현을 쓰게 된 근거는 무엇인가? 이방 신전은 범죄자들이 법 집행관들이나 심지어 그들의 불법적인 재산을 약탈하고자 노리는 적을 피해 숨을 수 있는 곳이었다. 그 나라의 범법자들이 외부와 고립된 이방인들의 요새로 피난하듯이 예레미야 당시의 유다 백성들은 여호와의 성전에서 구원을 얻었다고 여겼다.

7:12-15. 자신의 주장을 확증한 후 선지자는 역사적으로 일어났던 사건으로 실물 교육을 시킨다. 그는 청중들에게 이스라엘의 과거에 일어난 유사한 사건, 또 다른 예배 장소인 실로의 성소가 파괴된 사건을 살펴보라고 도전한다. 실로는 이스라엘 백성들이 가나안에 입성한 여호수아 시대부터 주전 약 1050년 블레셋 군대에 파괴되기까지 이스라엘 예배의 중심지였던 곳이다.

실로가 어떻게 파괴되었는지에 대해 세세한 사실들을 모두 알 수는 없지만 한 가지는 확실히 알 수 있다. 하나님의 거룩한 이름을 남용한 자들은 확실한 심판을 받는다는 것이다. 선지자가 이러한 선포를 하기에 이르는 방식은 주의 깊게 연구해볼 가치가 있다. 엘리 시대 백성들과 그의 당대의 백성들의 유사성은 현저하게 드러난다. 종교 지도자들은 물리력을 통해 선지자를 위협하는 것 외에 그에게 어떤 반응도 하지 않았다. 후에 살펴볼 26장은 백성들이 특별히 재산상의 이득이 방해받을 때 얼마나 강렬하게 종교적 증오심을 갖고 행동하는지 보여준다.

7:16-20. 어떤 구약 학도들은 예레미야의 성전 설교가 15절에서 끝난다고 주장한다. 그들은 7-10장의 나머지 부분은 예레미야의 사역에 대한 많은 자료들에서 나온 단편으로 구성되어 있다고 본다. 필자의 판단으로는 이것은 심각한 실수다. 여기서 우리는 유다 백성들에게 앞으로 전할 메시지에 대한 하나님과의 대화를 기록한 예레미야의 기사를 볼 수 있다. 나는 이 네 개의 구절이 예레미야가 성전 설교를 다시 시작하기 전 삽입된 단락이라고 믿는다.

하나님께서는 예레미야에게 이 백성을 위하여 기도하지 말라고 말씀하신다. 그분은 백성들의 행실을 지적하신다. 하나님께서는 이스라엘이 반복적인 반역으로 심히 타락한 나머지 자신들의 잘못을 깨달을 능력을 상실했음을 인식하셨다. 그분은 항상 용서하실 준비가 되어 있으시지만 그분의 용납하심은 우리의 회개를 조건으로 한다. 유다 백성들의 상황을 바라보신 하나님께서는 백성들에게 하나님을 모욕하는 생활에서 돌아설 능력이 더 이상 없다고 판단하셨다.

백성들은 하늘의 여왕이라 불리는 우상에게 몰두해왔다(17-18절). 그 여신을 섬기는데 남편들과 자녀들의 도움을 받기도 하지만 그 여신은 주로 여자들이 섬기는 신이었다. 다산과 안정적인 결혼 생활을 보장받기 위해 그들은 그 여신을 숭배했다. 학자들은 그것이 정확히 어느 여신인지 확신하지 못한다. 하늘의 여왕이라는 이 구절은 '하늘의 별들' 혹은 '하늘의 군대'라는 의미로 해석될 수 있다. 그러나 더 선호되는 뜻은 '하늘의 여왕'이다.

이 여신은 다산과 전쟁의 메소포타미아 여신인 이슈타르로 생각된다. 때로는 금성과 동일시되기도 한다. 이 여신을 섬기는 의식의 정확한 성격은 알 수 없지만 성적인 의식이 포함되었다. 예배 형식의 일부는 이슈타르의 형상으로 된 과자를 만들고 전제를 바치며 향을 피우는 것으로 이루어졌다. 많은 학자들은 므낫세 왕에 의해 이 우상 숭배가 이스라엘에 도입되었다고 믿는다.

이 우상 숭배에 중독된 유다 백성들은 그들의 생활 방식을 여호와께서 세운 기준으로 회복시킬 수 있는 능력을 점점 상실하게 되었다. 그래서 예레미야는 "그들을 위해 기도도 하지 말라. 그들은 희망이 없다!"라는 하나님의 말씀을 이해했다. 고고학자들은 이스라엘 백성들이 살았던 유적에서 발가벗은 여신들의 수많은 형상들을 발견했다. 여호와와 그분의 선지자가 그러한 우상 숭배를 그토록 격렬하게 책망하신 이유를 이해할 수 있다.

여호와께서는 예레미야에게 수사학적인 질문을 제기하신다. 우리는 그분의 질문을 다음과 같이 풀어쓸 수 있다. "그들이 누구에게 상처를 입히고 있다고 생각하느냐? 나라고 생각하는가? 절대 아니다! 그들은 자기 스스로에게 수치와 손해와 상처와 부끄러움을 가하고 있을 뿐이다." 그들의 불경건한 행위의 대가는 좌절과 분노일 것이다. 유다의 악행은 그들로 하여금 돌이킬 수 없는 시점을 지나게 만들었다. 그들을 기다리는 유일한 운명은 백성들과 그 땅에 아낌없이 쏟아질 여호와의 진노였다.

7:21-26. 하나님께서는 사실상 "그대로 살아라. 마음대로 하라"고 말씀하신다. 예수님께서 우리에게 예수님 자신을 따르기 위해 부모를 미워해야 한다고 말씀하실 때와 마찬가지로, 하나님께서도 이스라엘이 자신의 말씀을 문자 그대로 받아들이라는 뜻으로 이 말씀을 하신 것은 아니었다. 그분은 시내 산에서 번제와 희생 제사에 대해 계명을 주셨지만 그것이 주된 메시지는 아니었다. 그분이 원하신 것은 요구한 모든 것에 대해 전심을 다한 헌신과 신뢰할 수 있는 성실성이었다.

하나님께서는 또한 그들이 희생 제물의 고기를 전부 먹어도 된다고 말씀하신다. 그러나 그 제물은 비윤리적 행실에 오염된 손으로 바친 것이므로 하나님께서는 그것을 전혀 원하지 않으신다. 이스라엘은 돌아오라는 하나님의 명령과 부르심에 유의하지 않고 더 악한 반역의 길로 나아갔다. 출애굽 초기 시절부터 하나님께서는 그들에게 대변자들을 보내셨지만 그들은 하나님의 사자들을 무시했다. 세대가 흐를수록 그들의 반역은 더욱 심해졌고 더욱 공격적이 되었다.

7:27-29. 이 구절들은 하나님께서 예레미야에게 사적으로 주신 또 다른 말씀을 기록하고 있다. 상황은 더 악화될 것이다. 유다는 그 메시지에 귀를 기울이지 않을 것이며, 하나님의 사자인 선지자를 소중하게 여기지 않을 것이다. 예레미야는 그들이 정확히 어떤 상태인지 그들에게 알려주어야 할 것이다. 너희는 너희 하나님 여호와의 목소리를 청종치 아니하며 교훈을 받지 아니하는 국민이라.

29절에서 하나님께서는 예레미야가 아니라 백성들에게 명령하신다. 머리털을 깎는 행위는 슬픔을 상징한다. 히브리어 본문에 문자 그대로는 "너희의 왕관을 베어버리라"고 기록되어 있다. 머리 위의 관은 단순한 머리 장식 이상의 것으로 간주되었다. 그것은 왕관이었다. 머리를 깎는 것은 자신의 교만을 버리는 행위다. 그러나 이 행위에는 그 이상의 의미가 포함될 수 있다. 나실인의 긴 머리는 여호와에 대한 헌신을 상징했다. 머리를 자른다는 것은 그의 서약을 포기한다는 뜻이었다.

예레미야에게 유다 민족은 여호와에 대한 헌신을 이미 저버렸고, 더 이상 긴 머리가 상징하는 왕관을 쓸 자격이 없는 자들이었다. 또 다른 비유는 하나님의 명령에서 나타난다. 그분은 백성들에게 자산 위에서 호곡할지어다라고 명령하신다. 그곳은 수많은 악행이 저질러졌던 장소였다.

이 단락의 예레미야의 마무리 진술은 앞의 긴 단락(4:5-6:30)의 결론과 유사하다. 이 이유 때문에 일부 구약 학자들은 성전 설교가 여기서 마무리되고 있다고 본다. 하지만 필자가 생각하기에 성전 설교는 앞으로 조금 더 계속된다. 예레미야는 이스라엘의 사악한 죄악과 그들이 치를 대가에 대해 마지막으로 할 말이 있어보인다.

7:30-34. 이 마지막 진술의 처음 두 구절에서 예레미야는 이스라엘의 모든 죄악 가운데 가장 역겨운 죄를 묘사하고 있다. 유다 백성들은 우상을 숭배했을 뿐 아니라 뻔뻔스럽게 예루살렘 성전에 우상들을 세웠다. 한 저자는 그것을 "가장 악한 도전적 행위이며 총체적인 신성모독 행위"(톰슨, 293)라고 말한다.

유다 백성들은 예레미야와 하나님 보시기에 혐오스러운 또 다른 악행을 저질렀다.

그들은 예루살렘 동쪽 계곡에 '난로(fireplaces)' 를 만들었다. 벤 힌놈이라는 표현은 '힌놈의 아들' 이라는 뜻으로, 아마 그 계곡의 이전 주인일 것이다. 도벳이라는 표현은 '수치' 라는 단어의 히브리 언어 유희로 보인다. 이것은 여호와를 섬긴다는 명목으로 그렇게 가증한 일을 행한 데 대한 치욕이나 낭패감을 나타낸다.

이 '높은 곳' 에서 이방 종교 의식이 거행되었다. 의식들 가운데는 무엇보다 특히 므낫세 왕 통치 기간에 자행된 인신 제사, 특별히 어린이 인신 제사가 있었다. 이러한 이방 종교 의식이 요시야의 개혁 시기에 일시적으로 중단되었을 수 있지만 그의 후계자들이 왕위에 오르자 재등장했다.

31절의 마지막 몇 마디는 백성들이 그러한 행위들을 하나님께 인정 받은 것이라고 스스로 확신했음을 암시하는 것일 수 있다. 어린이 인신 제사에 대한 미가의 말(6:7)을 유의해보라. 물론 하나님께서는 일찍이 장자를 성별해 드리라고 명령하신 적이 있다. 하지만 장자를 인신 제사로 바치라고 주장하시거나 인정하신 적은 결코 없다. 사실상 그분은 내가 명하지 아니하였고 내 마음에 생각지도 아니한 일이니라고 주장하신다.

날이 이르면이란 말은 미래를 암시하지만 구체적인 날짜를 알려주지는 않는다. 그 '시기' 는 종종 백성들이 어떤 행동과 생활 방식을 선택하느냐에 따라 결정되었다. 하나님께서는 그곳의 이름이 바뀔 것이라고 말씀하신다(32절). 힌놈의 아들의 골짜기가 아니라 살륙의 골짜기라 불릴 것이다. 산당은 시체들로 넘쳐 많은 시체들이 매장당하지 못하고 방치되었을 것이다. 33절은 시체를 먹는 짐승들이 마음껏 배불리 먹을 것을 묘사한다. 게걸스럽게 시체를 뜯어먹는 짐승들을 쫓을 자가 아무도 없을 것이다.

백성들의 삶에 또 다른 변화가 생길 것이다. 예레미야는 결혼 잔치를 비롯해 모든 형태의 즐거움과 기쁨이 예루살렘과 성읍에서 사라질 것이라고 경고한다. 그 땅에는 황폐함과 황무함만 있을 것이다. 예레미야는 백성들이 낙관적인 희망을 가질 어떤 내용도 제시하지 않는다.

8:1-3. 이 세 구절은 여호와의 명령을 저버린 악행에 대해 백성들이 당할 마지막 치욕을 소개한다. 유대인들에게 무덤을 파헤쳐 뼈를 드러내는 것은 고인이 된 자에게 가할 수 있는 최악의 모독에 속했다. 하지만 하나님께서는 바로 이런 일이 일어날 것이라고 선언하고 계신다. 죽은 자들의 시체를 쓰레기처럼 땅 바닥에 흩어버리는 일이 일어날 것이다.

침략군들이 한 나라를 정복하면 그 민족에 대한 경멸감을 표현하기 위해 무덤과 시체를 훼손하여 모독하곤 했다. 자신들의 승리를 자축하는 방식이었다. 유다 백성들은 그렇게 잔인한 모독과 처참한 일을 당하면 그러한 굴욕을 감내하기보다 차라리 죽음을 택할 경우가 종종 있었다.

유다 백성들에 대한 이 경고로 성전 설교는 마무리된다. 예레미야는 백성들이 여호와께 돌아올 것이라는 한 줄기 희망의 빛을 선사하지만, 그다지 낙관적으로 보이지는 않는다. 26장은 유다 민족의 종교 지도자들이 그에게 보여준 반응을 기록하고 있다.

B. 율법의 조문으로는 충분치 않다(8:4-13)

Supporting Idea	하나님에 대한 참된 예배는 율법에 대한 순종, 교리의 반복 혹은 의식의 참여 이상을 요구한다. 올바른 정신을 요구하는 것이다.

대부분의 구약 학도들은 7-10장이 예레미야의 신탁들을 별도로 수집한 내용을 담은 것이라는 데 동의한다. 앞에서 우리는 7-10장 가운데 가장 긴 첫 단락을 살펴보았다. 이 단락은 나머지 설교, 혹은 각 단락들의 서문과 기초 역할을 하고 있다. 이 단락들을 연구하면서 우리는 "편집자가 자료를 배열하는 방식을 선택할 때 사용한 방법은 무엇인가?"라고 질문한다. 그러나 이 단락은 여호야김 통치 초기나 요시야 통치 말기에 전달된 설교들을 함께 엮은 모음집으로 보인다. 두 가지 주제가 두드러지게 드러난다. 그것은 이스라엘의 완악하고 패역함과 그들의 피할 수 없는 운명이다.

현재 살펴보는 소단락은 요시야의 개혁으로 유다 백성들이 자신들의 영적 우월성을 과신했던 사실을 반영한다. 예레미야는 요시야 왕의 개혁을 지지했는가? 혹은 그의 개혁을 반대했는가? 일부 구절들은 전자를 암시하고, 일부 구절들은 후자를 암시한다.

이 질문에 대한 대답은 이중적인 것 같다. 처음에 젊은 설교자는 왕이 주장하는 모든 것을 지지하고 장려했다. 그는 전국을 돌아다니며 왕의 개혁안을 전달하고 모든 사람들에게 왕을 지지해줄 것을 촉구했다. 그러나 후에 그는 개혁 운동이 강력한 민족주의 운동으로 전락하고 있음을 깨달았다. 영적인 요소는 최소한이거나 아예 존재하지 않았다.

예레미야가 전체적인 실상을 알게 된 극적인 사건은 므깃도 전투였다. 애굽의 바로 느고는 앗수르와 바벨론 간의 전쟁이 발발하려고 하는 북방으로 이동하기 시작했다.

요시야는 그를 저지하고자 시도했고, 그들은 므깃도에서 격돌했다. 요시야는 전사했고, 유다 민족주의의 거품은 꺼졌다.

예레미야 선지자는 이제 요시야 통치기 말년에 유다에 벌어졌던 일이 무엇인지 분명히 알게 되었다. 훌륭한 개혁 운동으로 출발했지만 정치적 권력 게임의 '최전선'이 되었던 것이다. 백성들은 여호아하스를 왕으로 삼았다. 아마 그의 부친의 시각을 공유했다고 생각했기 때문으로 보인다. 애굽은 예루살렘에 군대를 보내어 새 왕을 폐위시키고 사슬에 묶어 애굽으로 끌고 갔다. 느고는 요시야의 다른 아들인 여호야김을 형 대신 왕으로 삼았다. 필자의 생각으로는 이 사건들이 다음 두 단락(8:4-13, 8:14-9:1)의 배경을 이루고 있는 것 같다.

8:4-7. 4절에서 하나님께서는 예레미야를 통해 두 가지 수사적 질문을 제기하신다. 그러나 대답을 요구하고 있지는 않다. 이 질문들은 오히려 하나님의 진노를 표현하고 있다. 선지자는 그 대답이 "그렇습니다. 사람들은 본성적으로 자신의 실수를 통해 배우고 자신들의 잘못을 고치고자 노력합니다"임을 알고 있다. 하나님께서는 5절에서 또다시 두 개의 수사적 질문을 제기하신다. "예루살렘의 이 거민들은 어찌해서 일반 사람들과 동일한 반응을 보이지 않느냐?"

두 질문은 그들의 비합리적인 행동을 밝히고 있다. 첫째, 백성들이 거짓을 고집한다는 것은 하나님께 불순종한다는 의미일 수도 있고, 혹은 그들의 중독된 우상 숭배를 묘사한 것일 수도 있다. 거짓 신들에게 집착하는 것은 하나님에 대한 불성실의 한 형태이기 때문에 당연히 두 생각은 중복될 것이다. 둘째, 회개하지 않는 것은 위선적 예배의 한 형태로서 실제 생활은 정반대의 모습을 보여주면서 그러한 삶을 사는 것처럼 위장하는 것이다.

앞의 소단락(2:6-10)에서 예레미야는 유다의 행실을 나머지 나라들과 대조했다. 이 단락에서 그는 그들의 행실을 두 짐승에 비교한다. 첫째, 말의 저돌적인 돌진은 단순히 온건하게 외면하는 이상의 모습이다. 그것은 강력하고 의도적이며 정력적인 행동이다. 이것은 유다의 반역이 의도적임을 묘사한다. 둘째, 예레미야는 예화로 학과 비둘기를 거론한다. 하나님께서는 이 날짐승들에게 활동해야 할 적절한 시기를 알 수 있는 직관력을 부여하셨다. 그들은 이 맞춤형 레이더 시스템에 자동적으로 반응한다.

8:8-9. 우리는 지혜가 있고 우리에게는 여호와의 율법이 있다라고 백성들이 자랑할 때

그들은 아마 요시야의 개혁 운동을 거론하고 있었을 것이다. 요시야의 개혁 운동은 대체로 성전에서 발견된 율법 책에 근거한 것이었다. 대부분의 학자들은 그 율법 책이 전부는 아니더라도 현재의 신명기서를 일부 포함한 책이라는 데 동의한다.

불행하게도, 예레미야의 대답의 의미에 대해서는 의견이 일치하지 않는다. 그는 서기관들이 거짓의 붓을 가지고 있다고 비판한다. 이것은 특별한 계급으로서 서기관들을 거론한 구약 최초의 기록이다. 세부적인 내용들을 모두 알 만한 충분한 사실들이 부족하지만 한 가지 사실은 분명하다. 종교적 진리를 전달하는 데 제사장들과 선지자들 간에 경쟁 의식이 있었다는 것이다. 예레미야는 제사장 가문 출신이었기 때문에 처음에는 예배에 대한 제사장들의 접근 방식에 동조하는 경향이 있었다. 하지만 요시야의 개혁 운동의 최종적 결과에 환멸을 느낀 그는 선지자들의 예배에 대한 태도를 채택하게 되었다. 그는 남은 생애 동안 제사장이 아니라 선지자로 살았다.

9절에서 예레미야는 자칭 **지혜롭다**는 사람들의 운명을 기술한다. 그들은 참된 야훼 예배를 거부했기 때문에 그들 자신이 착각의 제물이 될 것이다. 오직 두렵고 황량한 미래만이 그들을 기다릴 것이다.

8:10-12. 대충 살펴보기만 해도 이 구절들과 6장 12-15절 사이에 수많은 평행 구절들이 있음을 알 수 있다. 예레미야는 아마 이전에 다른 연설에서 사용한 자료를 인용하고 있을 것이다. 하나님을 모욕하는 행동에 개입한 모든 자들에게 임할 두 가지 구체적인 형벌을 살펴보라. 다른 남자들이 그들의 아내를 차지할 것이며, 남은 재산들을 몰수당할 것이다. 10절의 **가장 작은 자로부터 큰 자까지**라는 표현으로 시작해 12절까지 예레미야는 6장 12-15절에서 책망했던 내용을 거의 글자 하나 틀리지 않고 반복한다. 그는 부패한 백성들의 죄악, 특별히 지도자들의 죄악을 심각하게 생각했다. 그들은 그들의 탐욕과 음란함에 대해 철저한 보복을 당할 것이다.

8:13. 이 마지막 구절은 식량 공급의 문제를 다루고 있다. **수확물**을 빼앗길 것이다. 하나님께서는 자기 백성들에게 젖과 꿀이 흐르는 땅, 곧 그들이 심지 않은 포도원이 있는 땅을 선물하셨다. 어떤 일인지, 그들은 그들이 누리는 모든 축복의 근원을 망각해버렸다. 먹을 것이 사라지면 그들이 저버린 하나님 생각이 고통스럽게 떠오를 것이다.

C. 재앙에 철저히 무너진 백성들에 대한 연민(8:14-9:1)

Supporting Idea	그리스도의 영을 아는 자들은 항상 고통스러운 시기를 겪고 있는 이들과 마음을 함께해야 한다.

이 단락은 자연스럽게 두 부분으로 나뉜다. 14-17절에서는 매우 비극적인 사건이 일어나서 백성들을 충격으로 몰아넣는다. 8장 18절에서 9장 1절까지의 내용은 하나님과 예레미야 사이의 대화로 이루어져 있다. 그러나 어떤 부분들에서는 화자가 누구인지 구분하기가 쉽지 않다.

이 위기는 어떤 것인가? 가장 논리적인 결론은 존 스키너가 제안하고 지지하는 것이다. 그는 그들의 사기를 완전히 박살 낸 이 사건은 주전 608년에 일어난 므깃도 전투라고 주장한다. 이 전투를 통해 요시야는 북쪽으로 진격하는 바로 느고를 저지하고자 시도했다. 그는 바벨론과 앗수르가 교전 태세로 대치하고 있는 갈그미스 전투에 참전할 계획을 세웠다. 이 전쟁의 승자가 그 지역의 막후 세력자가 될 것이다. 열왕기하 23장 29절을 앗수르 왕을 '돕는'으로 번역하기보다 그를 '치기 위해'로 번역하는 경우들도 있지만, 애굽이 앗수르를 도울 계획을 가지고 있었을 가능성이 매우 높다. 느고는 요시야를 죽임으로써 유다를 충격의 도가니에 빠뜨렸다.

8:14-15. 예레미야는 충격에 빠진 백성들의 마음을 함께 나누었던 것 같다. 그는 모든 사람들에게 튼튼하게 축조된 성 안으로 들어가라고 촉구한다. 선지자는 처음에는 자신이 안전할 것을 예상했음을 인정한다. 하지만 당면한 상황들을 보자 이러한 예상이 현실적인 것인지 의심하게 되었다.

8:16-17. 모든 상황이 파멸을 가리키고 있었다. 강력한 기병을 거느린 애굽이 공격 태세를 갖추었다. 느고는 오른테스 강변에 사령부를 세운 상태였고, 단과 골란 고원을 통해 유다로 손쉽게 접근할 수 있었다. 예레미야는 심지어 파충류와 뱀과 그 외 유사한 짐승들이 백성들을 괴롭히듯이 재앙이 그 땅을 삼킬 것을 하나님께서 말씀하고 계신다고 생각했다. 이 구절들은 비참하고 비관적인 어조로 마무리된다.

8:18-19. 18-19상반절의 화자는 예레미야 자신으로 자신과 백성들의 말을 그대로 반복한다. 그는 여호와께 그들의 부르짖는 소리에 귀 기울이시고 슬픔에 짓눌린 백성들을 건져주실 것을 간청한다. 19절 하반절에서 하나님께서는 두 가지 수사적 질문으로 먼

저 대답하신다. 예상된 대답은 "세상의 왕이 죽었다 해도 물론 참된 왕이신 하나님께서는 여전히 예루살렘에 계시다" 이다.

마지막 질문은 그 대답이 너무나 분명하기 때문에 수사적 질문이며, 그 탓을 당연히 받아야 할 대상, 곧 백성들의 발밑에 돌리고 있다. 그들의 타락한 생활과 완악한 고집이 그들의 부도덕한 선택들을 설명해준다. 성별된 삶을 살라는 하나님의 명령을 몹시 싫어했기 때문에 그들은 그들 자신의 형상대로 신들을 만들어 숭배했다.

8:20-9:1. 예레미야는 백성들의 고난을 항상 자신의 고난처럼 생각했다. 20절의 내용은 백성들의 고통스러운 부르짖음을 말로 표현했거나 기록한 것이다. 밀 추수가 아무 수확 없이 끝났다. 여름 과일을 추수할 때가 되었다. 첫 절기는 4월부터 6월까지였다. 두 번째 절기는 늦은 9월과 10월이었다. 두 절기에 제대로 수확을 거두지 못하면 백성들은 위기를 맞았다. 예레미야의 말은 기근에 대한 좌절감을 표현하기 위해 일상 생활 속에 대중적으로 사용되던 속담이었을 것이다. 그럴 경우, 그는 훨씬 더 강도 높은 의미로 그 말을 사용한 것이 분명하다.

예레미야는 그 상황에서 이중적 비극을 감지한다. 유다 백성들은 남은 여름철 동안 심각한 식량 부족에 시달렸다. 이것은 절망이라는 이차적인 감정으로 이어졌다. 그들의 하나님께서 그들을 버리신 것이다. 백성들이 심각한 고통을 당하고 있었기 때문에 그들의 선지자도 그러했다. 그는 그들에 대한 물리적 치료 방법을 찾았고, 치료용 향유가 생산되는 요단 강 동편의 길르앗보다 더 나은 장소를 생각해낼 수 없었다. 분명히 그곳에는 그 필요를 채워줄 자원들이 있었다.

그러나 길르앗의 이 치료법은 백성들의 영적 필요를 전혀 치유해줄 수 없다. 그들이 계속 반역을 저지르고 회개하지 않는 한 거룩한 하나님의 징벌과 고난이 계속될 것이다. 이 생각에 미치자 예레미야는 흐르는 눈물을 주체할 수 없었다. 그가 그 자원들을 얻는다 해도 그의 고통은 무한할 것이며 끝나지 않을 것이다. 9장 1절의 이 표현은 그가 '눈물의 선지자' 로 불리는 주된 이유를 알려준다.

이 단락과 관련이 있고 앞으로 살펴볼 단락과도 관련 있는 한 가지 본문상의 문제를 여기서 지적해야 한다. 대부분의 영어 번역본에서 9장 1절로 표기된 부분은 히브리어 본문으로는 8장 마지막 절이다. 이것은 연구할 다음 단락이 대부분의 영어 번역본에서는 9장 2절로 시작한다는 뜻이다. 그러나 어떤 이들은 본문을 조정해 히브리 본문과 같이 장을 구분한다.

D. 타락한 백성들은 심판을 받는다(9:2-26)

Supporting Idea	사람들은 회개하고 악한 길에서 돌이킬 수 있게 하는 시각을 상실할 정도로 깊이 타락할 수 있다.

9장과 10장은 세 개의 독자적인 단락으로 구성된다. 이 단락들은 7-10장의 긴 두루마리로 통합되기 전에 독립적으로 존재했을 것이다. 또한 세 단락 모두 36장에서 예레미야가 바룩에게 구술한 원래의 예언 두루마리의 일부였을 가능성도 있다. 또 다른 가능성은 한 단락이나 세 단락 모두가 여호야김이 불태운 원 두루마리에 추가된 "그 같은 말"(36:32)의 일부였을 수도 있다는 것이다.

이 메시지(9:2-26)가 유다 백성들에게 전해진 때는 언제인가? 학자들마다 선지자의 사역 시기를 서로 다르게 주장해왔다. 필자의 판단으로는 이 메시지가 처음 전달된 가장 논리적인 때는 앞의 두 단락(8:4-13, 8:14-9:1)과 유사한 시기로 보인다. 그러나 앞의 두 단락은 아마 여호야김 통치 초기에 전달되었을 것이다. 또 다른 시각은 바벨론이 북방의 새 대적으로 부상한 후에 예레미야가 이 말씀들을 선포했다는 것이다. 이 상황은 후에 바벨론이 강한 군대를 이끌고 유다를 침략하고자 위협하던 때와 동일하다. 나머지 자료가 이 메시지와 함께 있다는 것은 이 설교가 처음 선포되던 때와 역사적 맥락이 유사하다는 것을 강력히 지지한다.

선지자의 말을 분석하면 내용상 다섯 개의 소단락(9:2-9, 10-16, 17-22, 23-26, 10:1-16, 17-25)이 있음을 엿볼 수 있다. 본문 설명은 이러한 구분에 근거해 이루어질 것이다.

9:2-9. 이 소단락의 첫 구절은 앞 단락의 마지막 절(9:1)과 동일하게 시작한다. 그러나 이것이 두 단락 사이의 유기적 관련성이 있음을 암시하는 것은 아니다. 앞 단락에서 예레미야는 백성들에 대한 연민을 표현했지만, 이 부분에서는 그들에 대한 역겨움을 드러낸다. 그가 바라던 여관은 오늘날 호텔이 제공하는 쾌적한 환경을 전혀 갖추지 못한 불편하고 외진 곳에 있었을 것이다. 예레미야는 타락하고 패역한 백성들로부터 떠나기를 원했다. 그들을 다시는 보고 싶지 않았다. 그들은 하나님께 반항하고 심지어 모욕함으로 그를 낙심하게 만들었다.

3-6절에서 선지자는 그 땅에 만연한 죄악을 생생하게 묘사한다. 그는 혀를 거짓을 말하기 위해 당겨진 활이라고 말한다. 그들의 성공과 성취에 진실성, 성실성, 정직은 아무런 역할을 하지 못했다. 그들은 한 가지 부패한 거래를 끝내고 또 다른 부패한 거래에 신속히 착수하면서 하나님께 성공에 대해 어떤 감사도 드리지 않았다. 그들은 열심히 일했고, 거짓과 기만으로 스스로를 소진했다.

7-9절은 백성들의 끔찍한 행위와 관련해 하나님의 반응을 기록하고 있다. 하나님께서는 그들의 악행에 대한 주된 원인을 요약하시면서 평행법으로 표현된 수사적 질문을 제기하신다. 자기 백성들을 벌하는 것 외에 어떤 선택을 하실 수 있겠는가? 그러한 악한 행동들을 처벌하시지 않고 두신다면 어떻게 자신의 온전성을 유지하실 수 있는가?

9:10-16. 10절은 예레미야의 말을 담고 있다. 그는 조국에 곧 닥칠 파멸 때문에 큰 소리로 슬퍼할 것이다. 11절에서는 하나님의 말씀을 직접 인용하고 있다. 12절에서는 다시 백성들을 향한 질문의 형식으로 자신이 다시 말한다. 이 단락의 나머지 부분(13-16절)은 예레미야가 백성들에게 전달한 하나님의 말씀을 담고 있다. 필자가 판단하기에 이 해석은 구약 학자들이 보편적으로 받아들이지는 않지만, 이 구절을 이해하는 데 도움을 준다.

이와 같은 메시지가 백성들에게 무슨 의미가 있었는가? 그것은 백성들이 자신들이 당하는 재난의 이유를 이해하는 데 도움이 되었을 것이다. 나중에 보다 더 냉정하게 판단해보고 회개할 수 있는 동기로 작용할지도 모를 일이다.

하나님의 뜻을 집행하는 자로 선지자가 염두에 둔 이는 누구인가? 이 점에 관해 학자들의 의견은 매우 다르다. 앗수르인들, 스키타이인들, 바벨론인들, 애굽인들의 네 민족이 거론될 수 있다. 연구가 진행될수록 이 당시 유대 민족이 애굽인들로 인해 큰 위험에 처하게 되었다고 예레미야가 생각했으리라는 필자의 확신은 더욱 강해진다. 스키타이족의 위협은 과거의 일이고, 앗수르는 전쟁을 벌일 입장이 전혀 아니었으며, 바벨론은 유다를 치기 위해서는 먼저 앗수르에 이겨야 했다.

애굽은 앗수르와 바벨론 사이의 전쟁에 가담하기 위해 북방으로 진격 중인 자신들의 군대를 저지하고자 시도하는 유다에 대해 뒤돌아서서 무자비하게 응징할 힘이 충분히 있었다. 젊은 선지자인 예레미야는 유다에 대한 하나님의 심판이 즉각 이행될 것이라고 생각했다. 다소 미숙하지만 열정적이고 젊은 이 설교자가 애굽이 신속하고 결정적인 공격을 가할 것이라고 생각하지 않을 어떤 이유도 존재하지 않는다.

9:17-22. 예레미야 시대의 유다, 심지어 오늘날 중동의 일부 지역에서까지 사람들은 장례식의 격식을 높이기 위해 전문 호곡꾼을 고용했다. 고고학자들은 애굽 고분에서 한 무리의 여자들이 머리를 흩뜨리고 조복을 입은 채 시체를 따라가는 장례식 모습을 발견했다(톰슨, 316). 하나님을 대변하는 예레미야는 그 '전문가들' 을 불러 맡은 일을 하라고 재촉한다. 이것은 그가 상황이 위급하며 죽음이 임박했다고 생각했음을 시사한다.

그러나 이때 예레미야는 직업 애도꾼들의 일반적인 행위만으로는 충분하지 않다고 생각한다. 그 상황이 극히 비극적이기 때문에 전문 애도가들조차 자식들을 잃고 슬퍼할 것이다. 사망자 수가 너무나 엄청나서 시체들이 매장되지 못한 채 방치될 것이다. 예레미야의 비유는 그림으로 그린 듯 생생하다. 그는 시체들을, 수확할 정도로 익어 이미 땅에 떨어졌지만 그것을 자루에 담아줄 일꾼이 한 명도 없는 곡식에 비유한다.

9:23-24. 일부 학자들은 이 구절들이 문맥상 앞뒤 구절과 독립된 내용이라고 생각한다. 필자의 생각으로 이것은 근거가 없는 결론이다. 예레미야가 이 신탁을 자신의 능력과 성취를 신뢰하지 말라고 백성들에게 경고하는 것으로 마무리한다고 보는 것이 가장 자연스러운 해석이 아니겠는가?

예레미야가 백성들에게 경고한 세 가지는 여전히 인생에서 중요한 가치가 있기 때문에 우리의 가장 큰 걸림돌이 되고 있다. 선지자는 이러한 자질들의 가치를 결코 부정하지 않았다. 하지만 그것들은 우리가 추구해야 할 궁극적 목표는 아니다. **지혜**? 그렇다. 하지만 인간적인 지혜는 아니다. **용맹**? 확실히 추구해야 할 자질이다. 하지만 자기 뜻을 이루고 타인의 약점을 무시하기 위해서는 아니다. **부귀**? 물어볼 필요가 없다. 하지만 가난한 자들과 어려운 이들을 외면하기 위해서는 아니다.

인간은 무엇으로 기뻐해야 하는가? 무엇보다도 하나님과의 친밀한 관계에서 기쁨을 찾아야 한다. 여기서부터 인격, 안전함, 행복에 기여하는 모든 덕목이 흘러나온다. 24절에 나열된 세 단어, **사랑**, **정의**, **공의**는 하나님께서 지상의 우리 구세주의 삶을 통해 완벽히 계시하신 것으로 행복과 성취를 얻게 하는 가치들이다.

9:25-26. 이 두 구절은 일부 학자들이 주장하는 것처럼 잘못 배치된 단편이 아니다. 이 두 구절은 계속 반역하면 결국 심판을 면치 못할 것이라는 유다에 대한 경고 메시지

의 논리적 결론이다. 그러나 이 심판은 유다 외의 다른 대상들을 포함할 것이다.

할례받은 자와 할례받지 못한 자에 대한 언급은 일부 주석가들을 혼란에 빠뜨린다. 이는 그들이 이스라엘 백성들 외에 이 의식을 실시한 나라들이 어디인지 확인하고자 시도하는 데서 비롯된 것이다. 어떤 주석가들은 선지자가 애굽과 에돔 사이에 유다를 배열한 것은 이 두 나라가 할례를 시행했음을 보여주는 기록이 있기 때문이라고 주장한다.

이 메시지에서 예레미야가 강조하고자 하는 핵심은 무엇인가? 나는 그가 중요한 한 진리를 선포하고 있다고 생각한다. 육신의 할례는 한 개인의 영적 생활에 거의 기여하는 바가 없다. 이것은 예레미야 설교에서 처음 등장하는 사상이 아니다. 사역 초기에 그는 이미 백성들에게 "너희는 스스로 할례를 행하여 너희 마음 가죽을 베고 나 여호와께 속하라"(4:4)고 명령했다.

심지어 예레미야가 사역을 시작하기 전에 이미 백성들은 "그러므로 너희는 마음에 할례를 행하고 다시는 목을 곧게 하지 말라"(신 10:16)는 명령을 받았다. 바울은 나중에 이와 동일한 비유법을 사용했다. 그는 참된 할례는 "마음에 할지니 신령에 있고 의문에 있지 아니한 것이라 그 칭찬이 사람에게서가 아니요 다만 하나님에게서니라"(롬 2:29)고 말했다.

할례에 대한 예레미야의 이러한 언급은 성전 설교에서 강조한 모든 내용의 핵심을 상기시킨다. 종교적 '의식'으로는 하나님을 기쁘시게 할 수 없고 오직 우리 마음의 '의로움'으로만 하나님을 기쁘시게 할 수 있다. 이것은 바울이 또 다른 서신에서 그토록 열렬히 가르친 진리다. 그는 "할례나 무할례가 아무것도 아니로되 오직 새로 지으심을 받은 자뿐이니라"(갈 6:15)라고 썼다. 예수님께서는 이 경험을 "중생하는 것"(요 3:3) 혹은 "성령으로 태어나는 것"(요 3:8)이라고 부르셨다. 그리스도의 복음이 '구약에서 은밀히 감추어져 있고 신약에서 드러난 것'이 얼마나 경이로운가.

E. 우상 숭배는 무익하다(10:1-16)

Supporting Idea	우상을 숭배하는 자들은 허망한 일을 행하고 있다. 아무런 생명이 없기 때문에 인간의 손으로 만든 이 우상들은 우상 숭배자들을 허망함과 파멸로 이끌 것이다.

예레미야는 외부의 침략이 임박하다고 보았기 때문에 백성들에게 경고를 보낸다. 포로로 잡혀가면 끌려간 나라의 백성들과 타협해서 적응해야 한다는 수많은 유혹에 직면할 것이다. 선지자는 그들에게 그러한 유혹에 굴복하지 말라고 경계한다.

10:1-5. "너희들을 끌고 간 이방 민족의 종교적 생활 방식이 너희들의 목표가 되지 않도록 하라." 이것이 앞으로 유대 땅이 침략당할 때 포로로 끌려갈 것이라고 여기는 백성들에 대한 예레미야의 메시지였다. 열여섯 구절 전체가 동족 이스라엘 백성들을 위한 예방 점검으로 의도된 통렬한 풍자다.

2절과 3절에서 선지자는 나무 한 조각이 어떻게 우상이 되는지를 묘사한다. 또 다른 선지자(사 44:9-20)는 그 과정에 대한 유사한 내용을 기술하고 있다. 5절에서 선지자는 몇 가지 인상적인 진술로 이 단락을 절정에 이르게 한다. 그 진술 내용은 우상에 대한 진실들을 알려준다. 그는 백성들로 우상을 섬기는 행위의 어리석음을 깨닫게 하기 위해 진실을 각인시켜주고 싶어한다.

첫째, 그는 우상을 대화를 주고받을 능력이 없는 둥근 기둥, 곧 참외 밭의 허수아비라고 언급한다. 둘째, 그는 우상이 기동성이 전혀 없다고 비웃는다. 우상을 섬기는 자들에게 도움이 되기보다(신의 고유한 역할) 오히려 메고 가야 할 짐이 된다. 셋째, 우상은 생명이 없기 때문에 화를 미칠 능력이나 도움을 줄 능력이 없다. '신이 아닌' 이 우상들은 누군가를 변화시킬 능력을 전혀 소유하지 못한다.

10:6-10. 이 구절들은 하나님을 향한 예레미야의 고백을 담고 있다. 선지자는 백성들의 교화와 유익을 위해 이 말들을 한다. 그는 백성들이 살아계신 하나님께로 돌아오도록 자극을 줄 것이라고 생각하는 두 가지 중요한 속성을 강조한다. 첫째, 하나님께서는 권능을 가지신 분이시다. 둘째, 하나님께서는 지혜의 하나님이시다. 그분은 지존자시며 유일하시고 필적할 자가 없는 분이시다.

하나님의 우월성을 생각할 때 예레미야는 모든 사람이 이스라엘의 하나님을 경외할 의무를 인식해야 한다고 생각한다. 그는 하나님의 지혜를 열방의 지혜로운 자들의 것과 대조하고 있다. 그들이 자랑하는 모든 지식은 근본이 없는 것이다. 그들의 지식의 원천은 오직 물질로 만든 우상들을 섬기는 것이다. 은이 생산된 다시스는 아마 스페인에 위치했을 것이며 고대 세계의 서쪽 끝이라고 생각되던 곳이었다. 우바스의 경우 위치가 어디인지 모르기 때문에 일부 학자들은 그 당시 동쪽 끝이라고 생각되는 곳의 어느 지점이라고 주장한다. 그럴 경우 이것은 "여호와를 경배하는 자들을 제외한 온 세계의 모든 자들은 어리석다"라는 예레미야 선지자의 표현 방식일 것이다.

선지자가 묘사한 옷은 생명 없는 신들의 이미지 격상에 아무 도움이 되지 않는다. 가장 비싼 의복에만 사용되고 보통 왕족들을 위한 옷에 사용되는 **청색**과 **자색**으로 장식해도, 생명이 없는 형상들은 아무 변화가 없었다. 우상들은 여전히 무능하고 무가치했다. 여호와만이 유일한 하나님이셨다. 그분을 진노하고 분노하게 하는 사람은 위험한 상태를 자초하는 것이었다. 땅이 그분의 **진노하심**으로 인한 진동을 느꼈다.

10:11-16. 11절은 전환 역할을 한다. 이 구절은 운문이 아닌 산문체이며 히브리어와 유사한 언어인 아람어로 기록되어 있다. 이 표현은 기록된 내용과 앞으로 기록될 모든 내용에 대한 하나님의 권위를 재확증하기 위해 예레미야가 진술한 것이라고 생각된다.

예레미야는 세상을 창조하신 하나님의 사역의 세 가지 기초를 서술한다. 그는 그것을 백성들이 손으로 만든 우상들의 특징들과 대조시킨다. **지혜**와 **명철**로 번역된 단어들은 의미상 몇 가지 유사성이 있지만 한 가지 핵심적인 부분에서 구분될 수 있다. 전자에 함축된 의미는 도덕적이고 영적인 반면 후자는 기술, 능력, 확신을 암시한다.

13절은 오늘날 세속 세계가 '자연 현상(natural forces)' 이라고 부르는 하나님의 임재의 효력을 서술하며 그분이 그것들을 다스리신다고 선포한다. 선지자는 모든 만물을 지으시고 그 만물에 대한 궁극적 권위를 유지하시는 분이 누구신지 알았다.

하나님의 대변자는 두 구절을 할애해 우상을 섬기는 자들에 대해 최후의 통렬한 비판을 가한다. **징벌하실 때에**라는 표현은 모든 사람이 하나님 앞에 서게 될 최후의 심판을 포함하지만 또한 바로 여기의 현 세계를 가리키고 있다. 시험의 때가 오면 하나님께서는 모든 사람들이 보는 가운데 입증하실 것이다. 히브리어 본문은 백성들에게 돌연히 임할 심판의 개념을 포함하고 있다. 예레미야는 항상 하나님께서 권능을 드러내시고 거룩함을 나타내시며 자기 이름을 입증하기 위해 역사 속에서 행동하시고자 한다고 선포했다. 그 일이 일어나면 그분을 대적한 자들은 파멸과 패망을 당할 것이다.

16절의 히브리어 본문은 문자적으로 '이들과 같지 않은, 야곱의 분깃' 으로 되어 있다. 단어 순서는 예레미야가 무엇을 강조하는지를 알려준다. 그는 특별한 방법으로 하나님께 속한 사람들과 하나님과의 관계를 누리지 않는 자들을 극명하게 대조시키기를 원했다. 하나님께서는 모든 민족들을 사랑하셨지만 그분의 구속적 목적의 대리자로 이스라엘을 선택하셨다. 이 백성들을 통해 그분은 우리 구세주 메시아를 보내시겠다고 약속하셨다.

선지자의 마지막 말은 여호와의 이름을 선포하는 것이었다. 그는 그들을 너무나 사랑하시지만 그들에게 그만큼 많은 것을 요구하신다. 만군의 여호와는 문자적으로 '만군의 주'라는 뜻이다. 이것은 하늘의 군대와 별들의 사령관을 가리킬 수도 있고, 혹은 땅의 군대를 가리킬 수도 있다. 결국 하나님의 권능을 강조하는 칭호가 되었다. 우상 숭배에 대한 이 풍자적 주석은 이 단락의 메시지에서 예레미야의 마지막 말을 강조하기 위한 예비 작업이었다.

F. 심판이 즉시 올 것이다(10:17-25)

Supporting Idea	나중이든 바로 지금이든, 밤이든 낮이든 하나님께서는 최종 결정권자시다. 이스라엘은 지금까지 뿌려온 씨의 결실을 앞두고 있다.

이 마지막 아홉 구절은 이 단락의 완벽한 절정을 보여주고 있다. 이 단락에서 예레미야는 하나님의 말씀을 전하고 간청하고 경고하고 애원하며 심지어 울부짖기도 했다. 이제 그는 적이 문을 두드리며 심지어 쿵쾅거리며 두들겨대는 것을 본다. 그러한 짧은 시간에 그토록 많은 것을 본 젊은 설교자의 말이 실제로 증명되는 순간이었다!

10:17-18. 대공황기에 사람들은 다음과 같은 가사의 짧은 노래를 불렀다. "문제가 생기면 한쪽에 치워놓고 무조건 웃어라. 웃고 또 웃어라." 그 노래가 예레미야 시대에 있었다면 그는 마지막 세 마디를 "무조건 달려라, 달리고 또 달려라"고 바꾸었을 것이다. 그는 암울함과 파멸 외에는 아무것도 보이지 않았고 그 일이 바로 일어날 것처럼 생각했다.

히브리어 본문은 예레미야가 말하는 대로 백성들이 당할 봉쇄나 갇힘이 어떤 종류의 것인지 정확히 밝히지 않는다. 백성들을 괴롭히고 위협하는 적이 누구인지 밝히지도 않는다. 적어도 네 가지 후보를 제시할 수 있다. 결국 백성들을 정복하고 노예로 삼을 강대국은 바벨론이었다. 하지만 므깃도 전투 직후 유다의 안전을 위협할 가장 가능성이 큰 적은 애굽이었다.

10:19-22. 이 부분에서 화자는 누구인가? 이것을 확인할 가장 좋은 방법은 예레미야

가 자기 백성들과 철저히 일체감을 갖기 때문에 그들의 고통을 자기 자신의 고통과 동일시하고 있음을 인정하는 것이다. 유다 민족이 고통스러워하듯이 선지자도 고통스러워한다. 우리의 죄와 심지어 우리가 당해 마땅한 형벌까지 스스로 지신 예수님과 너무나 비슷하다. 여러 부분에서 예레미야는 어떤 선지자들보다 예수님을 닮았다. 그들이 고통당하자 그도 고통스러웠다.

19절에서 예레미야 선지자는 자신의 심적인 상처에 대해 직접적으로 이야기한다. 슬픔의 그림자와 고통이 닥치자 그는 그 괴로움을 표현한다. 하지만 한 가지 회피할 수 없는 사실을 인정한다. 자신이 가슴이 찢어지는 슬픔을 당하고 있으며 그것을 견뎌야만 한다는 것이다. 예레미야 역시 자신의 말이 성취되자 허탈감 속에 고통스러워하지만 20절은 백성들의 심정을 더 구체적으로 표현하고 있다. 장막이라는 단어는 예루살렘을 가리키는 것으로 이해되어야 하는 반면, **자녀**는 영광스러운 성의 성민들을 상징한다.

21절에서 선지자는 통치자들을 **목자**라는 용어로 지칭한다. 예레미야와 에스겔 두 선지자 모두 왕들을 여호와의 특별한 대표자들이라고 생각했다. 그분은 통치자인 그들에게 언약을 지킬 책임을 부여하셨다. 하나님께서는 그들이 모세와 여호수아 그리고 사사들(모두 하나님의 은혜를 입어 백성들을 통치한 사람들)이 맡았던 그 일을 계속하기를 기대하셨다. 지도자들이 맡은 사명을 충실히 이행하지 않았기 때문에 그 민족은 고통을 당했다.

예레미야는 22절에서 백성들에게 자신이 들은 시끄러운 소리를 듣고 조심하라고 하면서 손으로 귀를 막아야 했을 것이다. 마침내 주전 597년과 586년 두 번의 대 침략이 발생했고, 광범위한 파괴와 약탈이 자행되었다. 예레미야가 즐겨 사용하는 **시랑의 거처**(9:11, 49:33, 51:37 참고)라는 이 표현은 여러 곳에서 문자 그대로 성취되었음을 알 수 있다. 고고학자들은 이 지역의 많은 성읍들이 파괴되었음을 보여주면서 성경 기록을 확인해주었다. 파괴된 일부 지역들은 결코 재건되지 못했다. 어떤 곳들은 다시 사람들이 살게 되었지만 오랜 기간 버려진 후였다. 바벨론 포로기 동안 유다의 성읍들에 사람들이 계속 거주했다는 암시는 전혀 없다.

10:23-25. 이 단락의 마지막 세 구절은 예레미야의 두 가지 면을 보여준다. 먼저, 23-24절에서는 그의 인품과 성격의 온화하고 영적인 부분을 엿볼 수 있다. 그는 모든 일이 하나님의 손안에 있음을 인정했다. 우리는 그분의 의사를 확정적으로 단정하는 시도를

해서는 안 된다. 하나님의 뜻 안에서 우리는 평화를 얻을 수 있다. 그 외에는 어디에도 평화는 없다. 예레미야는 유다에 징계가 필요함을 알았다. 하지만 그는 하나님께 진노가 아니라 너그러움으로 백성들을 징계해주실 것을 간청한다. 선지자는 하나님께서 그들 모두에게 진노를 내리시면 그들이 완전히 진멸되고 말 것임을 인정한다.

25절은 선지자의 또 다른 면을 보여주는 부르짖음과 함께 마무리되고 있으며, 이것으로 네 장에 걸친 연구 단락이 마무리되고 있다. 영적인 힘과 능력에도 불구하고 그는 여전히 한 인간이었다. 구약의 다른 부분, 특히 일부 시편에서 유사한 표현과 기도가 등장한다. 그러한 기도를 드리는 사람은 하나님의 강력한 보복을 구하고 있다.

그리스도인은 그러한 태도를 어떻게 해석해야 하는가? 신약의 가르침에 비추어볼 때 보복을 구하는 것은 잘못된 것이다. 하나님께서 갚으시게 하라! 이것이 예수님과 바울이 가르치는 기독교적 시각이다.

Main Idea 복습	완악함과 패역이 뒤섞인 위선적 예배는 개인과 국가 모두를 피할 수 없는 파멸에 이르게 하는 치유 불능 상태를 낳는다.

결론

자넨 변하지 않을 거네

영화 〈대부〉에는 말미에 고전적인 장면이 등장한다. 이전의 전쟁 영웅이자 콜레오네 패밀리의 새 두목인 마이클 콜레오네는 아버지의 장례식을 치른 후 적들과 자기 패밀리 간에 얽힌 모든 관계를 정리하고자 결심한다.

마이클은 누이 코니 부부에게 조카의 대부가 되어달라는 부탁을 받는다. 세례식은 한 성당에서 한 신부와 추기경의 주재로 거행된다. 카메라는 마이클과, 기관총과 산탄총을 준비하는 여러 마피아 부하들을 번갈아 비추어준다. 세례식이 진행되는 동안 사제는 마이클에게 하나님과 성령, 예수 그리스도를 믿는지 그리고 악마의 모든 유혹을 멀리할 것인지 묻는다. 대부는 각 질문에 "예, 그렇습니다"라고 대답하고, 그 장면에서 카메라는 또 다른 암살 장면을 삽입한다.

신부는 그 모든 것을 '성부와 성자와 성령의 이름으로' 축복하고 세례 의식을 마무리하고, 세 개의 살인 장면이 화면에 등장한다. 카메라가 마이클에게로 다시 향하자 신부는 "평안히 가시오. 주님이 함께하시기를, 아멘"이라고 말하며 의식을 끝마친다. 마이클 콜레오네는 가족들에게 에워싸인 채 신부와 추기경의 배웅을 받으며 성당을 떠난다.

마이클 콜레오네처럼 오늘날 많은 사람들의 실수는 여전히 계속된다. 그들은 자신들이 잘못하고 있음을 알면서도 불순종을 고집한다. 유다 백성들에 대해 하나님께서는 "악에서 악으로 진행하며"(9:3)라고 말씀하셨다. 예레미야는 그의 청중들에 대해 "그들이 거짓을 고집하고 돌아오기를 거절하도다"(8:5)라고 말했다. 그는 "그들이 가증한 일을 행할 때에 부끄러워하였느냐"라고 반문한 후 그 질문에 이렇게 대답한다. "아니라 조금도 부끄러워 아니할 뿐 아니라 얼굴도 붉어지지 아니하였느니라"(8:12).

〈대부〉 3부에서 긴 시간이 흐른 후 마이클 콜레오네는 교황 요한 바오로 1세가 될 추기경 라베르토와 대화를 한다. 추기경은 마이클에게 그가 마지막으로 고해한 후 30년이 지났다고 말한다. 그는 마이클에게 죄를 고백하라고 격려한다. 마이클은 추기경에게 "내가 회개하지 않으면 고해가 무슨 의미가 있소?"라고 묻는다. 마침내 배경에 벨이 울리고 마이클은 자신이 아내와 자신을 배신하고, 사람들을 죽이고, 사람들에게 살인을 지시하고, 심지어 자기 형을 죽였음을 인정한다. 추기경은 마이클의 죄가 실제로 끔찍하다고 말한다. 그러나 그의 삶은 여전히 구속받을 수 있다고 말한다. 하지만 그는 그에게 "자네는 변하지 않을 걸세"라고 대놓고 말한다.

오늘날의 많은 사람들도 마찬가지다.

■ 진리 알기

- 사람들이 예배에 참석한다고 해서 그들이 마땅히 살아야 할 삶을 살고 있다는 의미는 아니다.
- 하나님에 대한 믿음은 사회 관계 속에서 의로운 행동과 실천을 요구한다.
- 하나님께서는 사람들의 행동, 특별히 그분의 백성이라고 자처하는 사람들의 행동을 알고 계신다.

- 사람들은 하나님의 심판에 대해 선택적으로 기억하고 그것이 자신에게는 절대 해당되지 않는다고 생각한다.
- 회개는 하나님의 축복을 경험할 수 있는 길이다.
- 하나님께서는 자기 백성들의 성실함을 귀히 여기신다.
- 우상 숭배의 경향은 모든 인간의 마음속에 도사리고 있다.
- 여호와 하나님께서는 창조주시며 모든 만물의 주권자시다.
- 삶은 우리 자신의 것이 아니며 우리의 길의 주인은 우리가 아니다. 그 모든 것은 하나님의 것이다.
- 하나님의 심판은 징계를 목적으로 하거나 파멸을 목적으로 한다. 징계를 위한 심판은 그분의 자비에 기초한다. 파멸을 위한 심판은 그분의 분노와 진노에 기초한다.

■ 적용하기

- 시간을 투자해 교회를 다니는 자신의 동기를 살펴보라.
- 하나님에 대한 믿음이 사회적 관계 속에서 표현되는 정도가 어느 정도인지 평가해보라.
- 당신의 평가 결과가 원하는 수준에 미치지 못한다면, 믿음을 말과 행동으로 실천하기 위해 어떤 단계를 밟아야 하는지 보여달라고 하나님께 간구하라.
- 하나님과 경건의 시간을 가질 때 민족들과 개인들에 대한 그분의 심판에 대해 생각해보라. 심판 때 하나님과 당신이 마주할 장면을 상상해보고 다음 날 당신이 어떤 태도와 행동을 해야 할지 생각해보라.
- 하나님과의 행복한 관계를 막는 태도와 행동 한두 개 이상을 하나님과의 대화 속에 이야기해보라.
- 이러한 태도들과 행동들을 구체적으로 거론해보라.
- 당신을 향한 하나님의 자비의 깊이, 당신을 하나님으로부터 분리시키는 모든 것을 깨뜨리고자 그리스도 안에서 행하신 일에 초점을 맞추라.
- 하나님을 붙들지 않고 우상에게 매달릴 때 무엇을 잃을 수 있는지 살펴보고, 당신의 삶 속에서 가장 강한 힘을 행사하는 우상을 살펴보라.
- 하루 동안, 매시간마다 하던 일을 잠시 멈추고 지난 60분 동안 당신의 삶을 통치한 이가 누구인지 점검해보라. 당신이 관찰한 것에 대해 하나님과 대화해보라.

삶의 적용

뇌가 전혀 없다

도로시와 강아지 토토가 강풍에 휩쓸려 난장이들의 나라에 떨어진 후 도로시는 위대한 오즈 마법사를 만나기 위해서 에메랄드 성으로 가야 하고, 그래야 그 마법사에게 캔자스로 돌아가도록 도와달라고 부탁할 수 있다는 것을 알게 된다. 도로시는 노란 벽돌길을 따라가던 중 허수아비를 만난다. 그녀는 에메랄드 성으로 가는 중이라고 말하고 오즈 마법사에게 캔자스로 되돌아가게 해달라고 부탁할 계획을 짠다. 허수아비가 도로시에게 에메랄드 성이 어디 있으며, 오즈가 누구인지 묻자 도로시는 그가 아무것도 모르고 있다는 것에 놀란다. 그는 침울한 어조로 "난 아무것도 몰라요. 나는 보다시피 짚으로 만들어져 뇌가 없어요"라고 대답한다.

허수아비가 자신에 대해 알았던 사실, 즉 자신에게 뇌가 전혀 없다는 것을 깨달았건만 유다 백성들은 우상에 대해서 전혀 깨닫지 못하고 있었다. 사실 예레미야는 우상 숭배에 대해 백성들을 책망하면서 이와 동일한 비유를 사용했다. "그것이 갈린 기둥 같아서(멜론 밭의 허수아비처럼) 말도 못하며" (10:5).

10장 1-16절에서 예레미야는 우상 숭배의 어리석음을 폭로한다. 운문체의 이 단락에서는 우상과 우상 숭배자들이 정죄를 당하는 내용의 구절들(2-5, 8-9, 11, 14-15절)과 하나님께서 찬양을 받으시는 구절들(6-7, 10, 12-13, 16절)이 번갈아 나타난다. 이 단락의 효과는 두 그룹이 이 단락을 교창처럼 화답하며 낭송할 때 극적으로 전달될 수 있다. 예레미야가 "여호와여 주와 같은 자 없나이다" (6절)와 "주와 같은 자 없음이니이다" (7절)라고 말할 때 단순히 하나님께서 다른 신들과 비교해 가장 위대하심을 단언하고 있는 것은 아니다. 예레미야는 주의 유일무이하심을 강조한 것이다. 주 하나님께서는 모든 다른 신들과 완전히 다르신 분이다. 그분과 비길 존재는 아무도 없다.

현대의 우리는 이 사람들이 땅에 엎드려 자기들의 손으로 만든 물건을 숭배한다는 것이 기이하게 느껴질 수도 있다. 우리는 그들의 우상 숭배가 어리석고 그들의 우상은 아무것도 아니라는 것을 쉽게 인정하며, 그들의 우상이 그들에게 어떤 도움도 희망도 주지 않는다는 것을 인정한다. 하지만 인간 마음 깊은 곳에서는 우상 숭배의 성향이 자리하고 있다. 현대 우리 시대의 우상들은 반드시 조각해서 금을 입힌 형상이나 조각이 아닐 수 있다. 우리 삶에 가장 중요한 자리를 차지하는 모든 것이 우상이다. 현대적인 우상은 돈이나 권력일 수도 있고 활동이나 쾌락, 혹은 영웅적 인물이나 제도일 수도 있다. 하나님을 대체하는 모든 것이 우상이다.

기도

만군의 주 하나님, 모든 만물의 창조주시며 모든 열방의 왕이시고 유일하게 참되시고 살아계신 하나님, 당신보다 우리 종교의 외적인 장식물이나 종교 의식, 예배 행위를 신뢰한 우리를 용서해주소서. 당신을 우리 맘대로 길들이고 우리의 죄악과 역겨운 행위에도 안전하다고 느끼고자 한 우리를 용서해주소서. 우리 마음에서 그 우상들을 몰아내주소서. 마음으로 당신께 순종하고 우리의 전심을 다해 당신께 복종하게 해주소서. 아멘.

심층 연구

A. "내가 실로에 행함같이"(7:14)

실로의 중요성은 이스라엘이 약속의 땅에 들어갔을 때 하나님께서 이곳을 이스라엘의 예배 중심지, 혹은 종교 본부를 두시기로 선택하셨다는 사실에서 비롯되었다. 광야를 방랑하던 시절에 하나님께서 자기 백성들을 만나시던 임시 성소의 역할을 한 것은 장막이었다.

가나안에 도착하시자 하나님께서는 실로가 예배와 관련된 모든 기구들과 다른 물건들을 두실 장소가 될 것이라고 선포하셨다. 이 기구들을 보관한 구조물은 아마 정교하거나 장식적이지 않았지만 광야의 장막보다 더 고정적이고 견고했을 것이므로 오랫동안 하나님의 성소로 사용되었을 것이다. 실로는 이스라엘 지파들이 연례 절기를 지키기 위해 순례 여행을 하던 장소가 된 '초기 예루살렘' 이었다.

성경은 실로가 파괴된 때에 대해 분명한 정보를 전혀 제공하지 않는다. 하지만 고고학적 증거들은 이곳이 약 주전 1050년에 파괴되었음을 암시한다. 이것을 뒷받침하는 것은 블레셋 지파가 이스라엘에 언약궤를 돌려주었을 때 그들이 그것을 실로가 아닌 기랴여아림에 보관했다는 사실이다. 실로의 파괴 원인이 무엇이든, 블레셋 군대나 혹은 다른 현상이든 실로의 성소는 완전히 파괴되었던 것으로 보인다.

B. 서기관

서기관이란 단어는 왕을 위해 '기록 업무를 맡았거나' 혹은 그 일을 감당할 수 있는 사람들을 가리킨다. 유감스럽게도 우리에게는 이 직책의 발전 과정에 대한 기록이 전혀 없다. 그러나 이스라엘 왕국이 분열되었을 당시 서기관은 거의 지식인으로 하나의 계급을 이루고 있었다. 이스라엘은 불순종했음에도 불구하고 모세 율법을 진지하게 생각했기 때문에 서기관들을 통해 모세 율법의 본문들을 보호하고 복사했다. 그 결과 종교 의식들과 그 외 다른 문제들과 관련해 누가 권한을 가졌는지를 두고 제사장들과 서기관들 간에 경쟁 의식이 생겼다.

많은 이들은 요시야 때 '성전을 청소하던 사람들' 이 성전에서 발견한 율법서가 서기관들에 의해 편집되었고, 그것도 아마 상당히 편집되었을 것이라고 생각한다. 제사장들과 서기관들 사이의 경쟁이 심해졌다면 서기관들과 선지자들 간의 경쟁력은 더욱 심해졌을 것이다. 서기관들의 긍정적 역할은 바벨론 포로 기간에 율법을 보전했다는 것이다. 부정적인 면은 그들이 포로기 전이나 후 모두 율법을 가르치고 해석하는 권한이 자신들에게 있다고 자처한 것이다.

예수님 시대에 이르러 서기관들은 자신들의 의견이 거의 무오류에 가깝다고 주장할 정도로 교만해졌다. 대부분의 서기관들은 바리새인들과 깊은 교분을 나누는 편이었다. 바리새인들은 강한 구전 해석과 그들 스스로 율법에 첨가한 전통을 받아들이는 경향이 강했다. 완전한 권위자로 자처함으로써 두 집단 모두 율법의 본래적 정신을 되살리고자 시도하신 예수님과 충돌했다.

예레미야는 종교적 개념에 대해 예수님과 접근 방식이 아주 유사했기 때문에 마찬가지로 서기관들의 반대에 부딪혔다. 이것은 "너희가 어찌 우리는 지혜가 있고 우리에게는 여호와의 율법이 있다 말하겠느뇨 참으로 서기관의 거짓 붓이 거짓되게 하였나니" (8:8)라는 선지자의 말 속에 반영되어 있다.

C. "도벳 사당" (7:31)

이스라엘 백성들은 우상 숭배에 집착했던 세계에 살았다. 예레미야는 시행되는 장소가 어디든 불문하고 그러한 모든 행위를 혐오스러워했지만, 한 장소만은 특별히 그의 분노와 비판을 불러일으켰다. 힌놈의 골짜기는 예루살렘 근방에 위치했다. 그곳은 구약 역사에서 다소 흥미로운 위치를 차지한다. 이방 숭배자들, 특별히 바알과 몰렉을 섬기는 자들은 특히 이 지역에 위치한 도벳이라는 곳에서 어린이 인신 제사를 바쳤다. 도벳이라는 단어는 아람어로든 히브리어로든 '난로(fireplace)' 라는 의미를 지녔다. 그러나 유대 서기관들은 그곳에서 시행된 숭배 의식 때문에 그 의미를 '가증스러운, 끔찍한, 수치스러운 것' 으로 바꾸었다.

이 지역은 그 성의 쓰레기장이 되었다. 신약 시대의 사람들은 힌놈 골짜기, 혹은 '벤 힌놈(힌놈의 아들)'을 헬라어 게엔나(Geenah)로 불렀다. 예수님께서는 영원히 끝나지 않고 꺼지지 않는 그 쓰레기장의 불에 대한 그림을 죄로 인한 영원한 형벌에 대한 상징적 그림으로 사용하셨다(마 5:22).

고안

A. 들어가는 글

1. '뇌가 전혀 없다'를 읽으라.
2. 배경 설명: 유다 민족이 멸망하기 전에 유다 백성들은 자신들이 하나님의 선민이고, 예루살렘은 하나님의 택한 성이며, 그들의 성전은 하나님의 지상의 거처이기 때문에 그들에게 어떤 해도 미칠 수 없다고 믿었다. 그들은 안전하다고 철석같이 믿었고, 성전 의식을 지속시키면서 참여하기 때문에 어떻게 살더라도 하나님께서 그들을 보호하실 것이라고 확신했다. 예레미야는 이 뻔뻔한 생각을 비판하면서 백성들에게 회개하고 하나님께 순종할 것을 요청하며 임박한 심판을 경고했다.
3. 적용: 예레미야는 성전 뜰로 가서 백성들의 하나님 길들이기 행태와 성전에 대한 그들의 확신을 책망하는 설교를 했다. 그는 청중들에게 그들이 착각 속에 있으며, 곧 성전과 성과 그들의 나라를 잃게 될 것이라고 말했다. 그는 그들의 양심과 합리적 판단과 그들의 역사에 호소하고자 했다. 하지만 그 모든 것은 아무 소용이 없었다.

B. 본문 이해

1. 개인의 예배는 삶과 일치해야 한다(7:1-8:3)
2. 율법의 조문으로는 충분치 않다(8:4-13)
3. 재앙에 철저히 무너진 백성들에 대한 연민(8:14-9:1)

4. 타락한 백성들은 심판을 받는다(9:2-26)
5. 우상 숭배는 무익하다(10:1-16)
6. 심판이 즉시 올 것이다(10:17-25)

C. 결론

'자네는 변하지 않을 걸세' 를 읽으라.

토의 질문

1. 매일의 생활에 아무 변화도 일어나지 않음에도 사람들이 교회에 가거나 예배를 드리는 이유는 무엇인가?

2. 많은 사람들에게 종교 의식에 동참하는 것이 하나님의 말씀에 순종하고 그 길대로 사는 것보다 더 매력적인 이유는 무엇인가?

3. 인간의 마음이 우상 숭배에 그토록 끌리는 이유는 무엇인가? 오늘날 수많은 사람들의 마음을 사로잡고 있는 현대적 우상 숭배는 무엇인가?

4. 10장 1-16절에서 "주, 열방의 왕, 참되신 하나님, 살아계신 하나님, 영원하신 왕, 야곱의 분깃, 만물의 창조주, 만군의 하나님" 등의 하나님의 이름과 명칭을 참고해서 하나님의 본성과 사역 그리고 그가 사람들의 생활에 미치는 영향에 대해 이야기해 보라.

5. 성경에서 하나님의 분노와 진노가 의미하는 뜻은 무엇인가? 하나님의 진노와 분노는 인간의 분노와 어떤 차이가 있는가? 하나님의 징계와 자비에 대한 개념들이 우리가 이해하고 있는 그분의 진노하심에 어떤 영향을 주는가?

예레미야 11:1-12:17

언약: 하나님과 우리의 관계

"분노하지 않는 것, 특별히 우리가 의분이라고 하는 종류의 분노가 없다는 것은 내가 보기에 너무나 충격적인 증상이다. 분노한다는 것은 긍정적일 수 있다. 분노가 개인의 쓰라린 복수심으로 진행된다 해도 그것은 여전히 좋은 징후일 것이다."

- C. S. 루이스(C. S. Lewis)

예레미야 11-12장은 주전 621년, 언약의 책인 율법 책이 성전에서 발견되어 백성들에게 낭독된 후 진행된 요시야 왕의 개혁을 배경으로 하고 있다. 이때에 요시야 왕은 백성들로 하여금 언약을 갱신하고 언약대로 살겠다고 맹세하도록 했다(대하 34:8-33). 하나님께서는 요시야 왕의 개혁을 지원하시기 위해 예레미야에게 지시를 내리셨다. 유다 전역과 예루살렘을 다니면서 모세 시대에 이스라엘 민족이 시내 산에서 하나님과 맺은 언약의 조건들을 백성들에게 상기시켜주라는 것이었다. 예레미야의 메시지는 11장 1-17절에 요약되어 있다. 예레미야는 백성들이 언약을 어긴 것을 책망하고 유다 민족을 멸망시키실 것이라는 하나님의 계획을 선언했다. 예레미야의 고향 사람들은 그 선언을 듣고 그를 살해할 모의를 한다. 하나님께서는 암살 음모를 예레미야에게 알려주셨다. 이 소식을 들은 그는 하나님을 원망한다. 하나님께서는 그의 질문에 대답하신다(12:1-17).

들어가는 글

언약을 받아들이도록 설득하다

1918년 세계 1차 대전이 끝나자 많은 유럽인들은 우드로우 윌슨(Woodrow Wilson)을 서방 세계의 구세주로 환영했다. 1919년 파리 평화 회의에서 윌슨은 이탈리아, 영국, 프랑스, 미국의 네 강대국을 주축으로 한 회의를 이끌었다. 윌슨은 또한 유럽의 전승국들이 정복한 땅을 차지하는 모든 제국주의적 행동을 반대했다.

국제 연맹의 개념을 수용했던 윌슨은 연맹 헌장 초안과 규약 관련 협정을 작성하는 위원회 회장으로 선출되었다. 이 연맹은 평화적 해결을 모색하고 조절할 것이며, 미래의 전쟁을 금하고 해방된 식민지에 위임 통치를 제공하며 사회 정의를 추구할 것이다. 1919년 2월 중순경에 윌슨은 파리 회의를 설득해 연맹 설립을 마지막 베르사이유 조약의 필수 조항으로 삼고자 했다.

1919년 7월, 유럽에서 돌아오자 윌슨 대통령은 즉시 상원에 그 조약을 제출했다. 하지만 국제 연맹에 대한 그의 계획은 상원의 심한 반발에 부딪혔다. 그는 국제 연맹 창설에 대한 지지를 끌어내기 위해 휘몰아치듯 쉬지 않고 유세에 나섰다. 하지만 윌슨은 그 일로 결국 심장마비를 일으켰고, 미국인들로 하여금 그의 관점에 동의하도록 만드는 데 실패했다.

윌슨이 투병 생활을 하는 동안 상원은 그 조약에 14개 단서 조항을 달았다. 윌슨은 자신의 규약을 타협할 수 없었다. 그러한 단서 조항이 부가되자 그는 상원 의원들에게 그 조약을 부결시켜줄 것을 촉구했다. 1919년 11월 19일, 그 조약과 국제 연맹 건은 무효화되었고 1920년 3월에 다시 무효화되었다. 윌슨은 이 규약을 전부 받아들이든지, 아니면 아예 거부하든지 해달라고 요청했다. 그가 보기에 그것은 전부 아니면 무의 문제였고, 결국 그것은 무로 끝났다.

공을 들인 국제 연맹안이 무효화되었지만 윌슨은 포기하지 않고 민주당을 압박해 1920년도에 치러진 선거를 '엄숙한 국민 투표' 와 국제 연맹의 창설에 대한 요청과 결부시켰다. 윌슨과 그의 정당과 정당 후보는 압도적인 패배를 당했다. 공화당 후보인 워렌

G. 하딩(Warren G. Harding)은 나라를 '정상 상태'로 되돌리겠다고 약속했고, 엄청난 지지를 받으며 단숨에 대통령이 되었다. 국제 연맹 창설이라는 윌슨의 조약은 미국에서 사장되었다.

우드로우 윌슨처럼 선지자 예레미야는 백성들에게 언약을 청종하고 지지할 것을 촉구하며 백성들을 찾아다녔다. 하나님께서는 예레미야에게 "너희는 이 언약의 말을 듣고 유다인과 예루살렘 거민에게 고하라"(11:2)라고 말씀하셨다. 그리고 다시 "너는 이 모든 말로 유다 성읍들과 예루살렘 거리에서 선포하"라(11:6)고 말씀하셨다.

예레미야가 그분의 백성들에게 일깨워줄 언약과 조항들은 모세 시대에 시내 산에서 하나님과 이스라엘 민족이 맺은 언약(4절, 출 19-24장)이었다. 이 언약의 핵심은 순종이었다.

11장 2-11절에서 '듣다'와 '순종하다'로 번역된 히브리어가 8회에 걸쳐 사용되고 있다. 언약 조건에 순종하는 자들에게는 영적으로든 물질적으로든(11:4-5) 축복이 있었다. 불순종을 고집하는 자들에게는 1차 청중들과 마찬가지로 저주가 있었다(11:3, 8, 신 27:15-26).

그러나 예레미야의 청중들은 마음에 어떤 변화도 보이지 않았다. 우드로우 윌슨의 경우처럼 언약의 조항들을 받아들이길 거부하는 백성들과 자신에 대한 고향 사람들의 태도는 예레미야와 그의 영혼을 심각한 충격에 빠뜨렸다.

본문 이해

언약: 하나님과 우리의 관계

Main Idea	하나님께서는 그분과 언약을 맺는 자들이 언약을 진심으로 받아들이고 명령에 충실하기를 기대하신다.

A. 언약을 선포하라는 하나님의 명령(11:1-8)

Supporting Idea	하나님께 헌신하기로 서약한 사람들은 서약을 존중하기로 한 것을 지속적으로 상기시킬 필요가 있다.

11:1-8. 예레미야서의 학도들은 어떤 장들이 그 순서로 배열된 이유를 이해하고자 할 때 어려움에 부딪힌다. 그러나 11장과 12장은 한 단락으로 '연결되어' 있기 때문에 아무 어려움이 없다. 두 장은 모두 요시야 때 시행된 위대한 종교 개혁과 관련이 있다. 이 두 장은 아마 한때 현재의 예레미야서 형태에 포함되기 전 독립된 두루마리나 두루마리 모음으로 존재했을 것이다.

대부분의 구약 학도들은 이 중대한 개혁 운동이 주전 621년, 성전을 청소하던 중 한 고대 율법 책이 발견된 후 시작되었다고 본다. 이 율법책의 발견으로 이 책의 계명에 기초에 유대 민족의 종교 생활을 개혁한다는 왕의 조서가 선포되었다.

예레미야는 왕의 종교 개혁 계획에 동참하고 그것을 지원했다. 그로 인해 다방면에서 반대를 만났고, 심지어 아나돗의 자기 고향 사람들에게서도 반대에 부딪혔다. 이러한 사건들로 인해 심리적인 면과 영적 면에서 예레미야가 안게 된 어려움들이 두 장에 집중적으로 등장한다. 성경 자료의 단락들에 대한 선명한 윤곽을 보기를 원하는 사람들은 이 두 장에서 만족감을 느낄 수 있다. 첫 눈에 보더라도 단순하지만 포괄적인 구조가 그대로 드러난다.

본문의 이 첫 단락(1-8절)은 두 개의 소단락으로 구분된다. 처음 다섯 절은 예레미야의 책무에 대해 하나님께서 그에게 말씀하신 내용을 기록하고 있다. 하나님께서는 젊은 선지자에게 시내 산에서 조상들과 맺으셨던 언약의 엄중성을 백성들에게 전하라고 명령하신다.

하나님께서 말씀하시는 언약은 어떤 언약인가? 성전에서 발견한 이 자료가 모세의 글이라는 것을 부인할 어떤 이유도 없다. 그것은 현재 우리가 갖고 있는 완성된 신명기서의 일부에 지나지 않았을 것이다. 그것이 신명기 12-26장이라고 주장하는 학자들의 주장은 옳을 것이다. 이 신명기 자료는 출애굽기 21장 1절-23장 33절의 자료를 보완하고 확대한 것이다. 시내 산에서 이스라엘 백성들은 출애굽기 24장 1-8절에 기록된 엄숙한 의식을 통해 주어진 이 명령들을 수용했다. 하나님께서 예레미야에게 언급하시는 언약은 모세 언약이 분명하다.

하나님께서 광야에서 그들의 조상들이 모두 죽은 후 새 세대에 약속하신 언약은 무엇인가? 그는 "젖과 꿀이 흐르는"(렘 11:5) 새 땅을 그들에게 주실 것이다. 땅에 대한 이 선물은 조건이 있었다. 이스라엘이 하나님께 충실해야 하는 것이다. 하나님께서는 이스라엘 역사에서 이 약속과 경고를 여러 차례 반복하셨다. 그분은 백성들에게 마지막 경고를 전할 인물로 예레미야를 선택하셨다.

이 언약이 조건적인 것이었는가? 그렇다! 그 조건의 일부는 무엇인가? 땅과 국가로서의 이스라엘과 관련된 부분이었다. 아브라함에게 주신 하나님의 원래 약속은 아니었다. 그분은 아브라함의 씨를 통해 세상을 축복하실 것이다. 그것은 여전히 변경할 수 없는 것이다. 그것은 예수 그리스도 안에서 영광스럽게 성취되었다.

이 두 개의 소단락(1-5절, 6-9절)은 본질적으로 동일한 메시지를 담고 있지만 표현 방식이 다르다. 첫 다섯 절은 하나님의 말씀에 대한 선지자의 대답을 기록한 마지막 네 단어를 제외하면 3인칭으로 기록되어 있다. 마지막 네 절은 예레미야가 하나님의 명령을 전달하는 내용으로서 1인칭으로 기록되어 있다.

하나님께서 새롭게 부르신 젊은 선지자에게 말씀하신 때는 개혁 운동의 어느 시기인가? 몇 가지 연도를 살펴보도록 하자. 하나님께서 예레미야를 부르신 때는 요시야 재위 13년이었고(1:2), 성전에서 율법 책이 발견되었을 때는 요시야 재위 18년이었다(왕하 22:3-10). 구약 학도들은 일반적으로 이 연도가 각기 주전 626년과 621년이라는 데 동의한다.

예레미야는 5년 동안 과연 무엇을 했는가? 남아 있는 기록이 없지만 아마 가족들이 사역하던 아나돗과 그 주변에서 당시의 예배 의식에 수종을 들며보냈을 것이다. 종교 의식들은 대부분 아나돗의 지역 신당에서 거행되었다. 많은 이들은 2장 1절-4장 4절, 4장 5절-6장 30절의 예언이 그 기간에 작성되어 전달되었다고 생각한다. 제사장에서 선지자가 된 젊은이는 아마 사람들의 주목을 받는 종교 인사가 되었을 것이다.

요시야 왕의 개혁 운동과 관련해 어떤 일들이 진행되었는가? 열왕기하 22장 11절-23장 25절의 기사에 의하면 요시야는 신속하게 종교 개혁을 단행했다.

중요한 사건들 가운데 하나는 유월절 절기였다. 존 스키너는 이렇게 기록하고 있다. "이스라엘을 이끈 사사들 시대 이후로 유월절은 지켜지지 않았고, 이스라엘 왕들과 유다 왕들의 시대에도 유월절이 지켜진 적이 없었다." 스키너는 종교 개혁과 관련해 일련의 상황들을 아래와 같이 상상하고 있다.

> 그해 봄, 성전에서 오래 된 율법 책이 발견되었다는 소문이 퍼진다. 일설에 의하면 모세의 율법 책이 발견되었고, 율법 책의 내용과 종교적, 도덕적 문제들과 관련된 현재의 상태가 심각하게 불일치함으로 왕이 심각한 근심에 빠졌다는 소문이 그 마을에까지 퍼진다. 이 일이 일어난 직후의 유월절 기간에 대규모 전국 총회로 지역 장로들에게 참석하라는 소환 명령이 발표된다.
>
> 지역 대표들이 예루살렘에서 돌아오자 흥분되고 흥미진진한 이야기를 전해준다. 이스라엘에서 이전에 그와 같은 유월절을 치른 적이 한번도 없었다는 것과 왕과 백성들의 지도자들이 새롭게 발견한 율법을 공적 종교의 근간으로 삼기 위해 신성 동맹을 맺었다는 것, 그리고 언약에 위배되는 모든 것을 뿌리 뽑고 성전에서 우상 숭배와 관련된 기장을 치우며 신전 창녀들을 쫓아내고 점쟁이들과 점성술사들과 마법사들을 성전 경내에서 내쫓겠다는 내용, 그 외 많은 개혁 작업들과 우상을 파괴하는 열심에 관한 놀랍고 흥분된 수많은 이야기들이었다(스키너, 89-90).

이와 유사한 일이 유다 땅 전역의 모든 마을에서 일어났을 것이다. 신성한 신당들이 짓밟히는 것을 보고 분개하는 유다 백성들의 모습을 상상할 수 있다. 잠시 '구세대' 들이 그들의 거룩한 신당이 폐허가 된 모습을 바라보면서 느낀 감정을 생각해보라. 제사장들은 이러한 치욕만으로 끝나지 않고 앞으로 제물을 받기가 매우 어려워질 것임을 알았다.

이 개혁 작업에 예레미야는 무슨 역할을 했는가? 11장 6절에 따르면 하나님께서는 예레미야에게 유다 성읍들과 예루살렘 거리를 돌아다니며 백성들에게 이 언약의 말을 듣고 준행할 것을 촉구하라고 명령하셨다. 이것은 중앙 집중화된 성전 예배를 실행하고, 지역 신당 예배를 폐기하는 내용을 포함했을 것이다. 그 문제를 제대로 이해하기 위해서는 위에서 언급된 출애굽기와 신명기의 긴 두 구절을 읽어야 한다(신 12-26장, 출 21:1-23:33).

6-8절에서 하나님께서 경고하시는 방식을 조심스럽게 살펴보라. 그분은 백성들을 위

협하시기보다 불순종한 백성들에게 어떻게 해서 언약의 모든 말을 주셨는지에 대해 말씀하신다. 이것은 오늘날에 이르는 모든 이후 세대들을 포함했다.

B. 예레미야와 그의 선포에 대한 반발(11:9-17)

Supporting Idea	자신만의 주장을 고집하는 사람들은 그것을 방해하는 모든 사람에게 분노한다. 특별히 수입과 생활이 영향을 받을 때 그러하다.

11:9-17. 하나님께서 언약에 대해 예레미야에게 처음 말씀하신 후 다시 이 말씀을 하실 때까지 일정한 시간이 경과했다. 대부분의 학도들은 예레미야가 그 지역을 구석구석 다니며 하나님께서 명령하신 것을 그대로 이행했다고 믿는다. 그 작은 촌락들에 대한 선지자의 사역과 관련해 성공이나 실패 여부를 알 수 있는 기록은 전혀 존재하지 않는다. 한 가지 예외는 그의 고향, 아나돗이다.

11장 9-17절과 11장 1-8절의 관계는 무엇인가? 두 번째 단락은 첫 번째 단락과 역사적인 관련성이 있는가? 있다면 후자가 연대기적으로 전자의 뒤에 발생한 것인가? 그렇다면 두 단락 사이에 얼마나 많은 시간이 경과한 것인가? 이 세 질문이 모두 고려되어야 한다.

대부분의 구약 학자들은 이 두 단락이 역사적으로 밀접한 관련이 있다고 믿는다. 마찬가지로 대다수의 학자들은 후자가 연대기적으로 전자 뒤에 일어난 것이라고 믿지만, 얼마나 시간이 경과한 후 일어난 일인가라는 질문은 여전히 남는다.

이 두 구절을 연결할 한 가지 방법이 있다. 하나님의 소명을 자각한 젊은 설교자는 왕의 열정적인 지원 아래 유다와 유다 주변 성들과 마을들을 순례했다. 그는 주민들에게 마을 예배 장소를 폐쇄하고 희생 제물을 마련해 성전으로 올라오라고 권면했다. 아마 마지막으로 들른 곳은 그의 고향 아나돗이었을 것이다. 아나돗 외의 지역에서 그에 대한 반응은 복합적이었지만 아나돗에서는 대체로 별다른 반응을 일으키지 못했고 심지어 부정적이었을 것이다. 백성들, 특히 제사장들은 변화를 원하지 않았다. 전자는 현 상태의 편안함을 원했고, 후자는 수입이 줄어들기를 원치 않았다.

9절의 반역은 무엇인가? 이것은 아나돗을 비롯해 예레미야가 방문한 모든 성들과 관련이 있을 것이다. 그들이 너무나 완강하고 철저하게 그를 거부하자 젊은 선지자는 그에 대해 음모가 진행되고 있었음을 감지했다. 다음 단락(11:18-12:6)에서 예레미야는 아나돗에서 자신에 대한 모종의 악한 음모가 진행되고 있다는 사실과 하나님께서 그것을 알려주신 내용을 전하고 있다. 이것은 전체 음모의 일부였을 수 있지만 그곳이 그의 고향이었기 때문에 아마 더욱 치밀하게 진행된 음모였을 것이다.

성읍과 촌락의 백성들은 어떤 방식으로 예배를 드렸을까? 우리가 가진 제한된 증거로는 확실하게 말할 수 없다. 10-12절은 우상 숭배가 만연했음을 암시한다. 예레미야는 13절에서 신들이 성읍 수만큼 많다고 말한다. 이것은 확실히 그들이 수많은 이방 신들에게 완전히 마음이 팔려 있었다는 뜻이다. 예루살렘의 성전은 어떠했는가? 여러 기사들을 참고로 할 때 그곳 역시 부패가 만연했다. 우리는 유다의 어느 곳에서도 순수한 야훼 예배는 거의 존재하지 않았다고 결론 지을 수밖에 없다.

14절에서 하나님께서는 선지자에게 이상한 말씀을 하신다. 우리는 하나님께서 그로 하여금 백성들에게 그 말을 전달하도록 하실 의도가 있었다고 본다. "이 백성들을 위해 더 이상 중보할 필요가 없다! 돌이키기에는 너무 늦었다. 나는 그들의 간구나 기도를 듣지 않을 것이다!"

이러한 말씀을 어느 정도까지 액면 그대로 해석해야 하는가? 누군가가 너무나 심각한 죄를 저지른 결과 하나님께서 귀 기울이고 용서하기를 거부하시는 일이 일어날 수 있는가? 예레미야 이전의 한 선지자가 이 점과 관련해 우리에게 도움을 준다. 이사야는 당시의 백성들에 대해 "악을 선하다 하며 선을 악하다 하며 흑암으로 광명을 삼으며 광명으로 흑암을 삼으며 쓴 것으로 단 것을 삼으며 단 것으로 쓴 것을 삼는 그들"(사 5:20)이라고 혹평했다. 그들은 옳고 그름을 분별하는 영적 능력을 상실했다. 이로 인해 그들은 회개할 능력도 상실하기에 이르렀다. 어떤 이는 이것을 '도덕적 색맹'이라고 표현한다. 그런 일이 생기면 그들이 회개할 수 없기 때문에 하나님께서는 듣지 않으실 것이다!

결론은 분명해보인다. 예루살렘의 '대형 교회'든 외진 촌락들의 '적은 회중들'이든 예배자들과 지도자들까지 다 여호와께 드리는 예배를 가짜로 만든 것이다. 그 결과는 무엇이었는가? 하나님께 어떤 제물도 바칠 필요가 없다는 것이었다. 그분은 우리의 위선을 꿰뚫어보고 계신다.

16-17절에서 예레미야는 이 단락에 대해 확실한 결론을 내린다. 호세아처럼 그는 그 민족을 감람나무(올리브나무)에 비유한다. 두 가지 때문에 이것은 흥미로운 문학적 심

상이 되고 있다. 첫째 감람나무의 자연미다. 둘째 올리브 기름이 귀중한 일용품이었기 때문에 그것은 풍요의 상징이었다. 예레미야는 유다 민족의 젊은 시절의 헌신과 신부로서의 사랑을 바쳤던 시절에 다시 한 번 초점을 맞춘다(2절).

예레미야가 이 두 구절에서 실제로 앞의 설교에서 선포하지 않은 내용을 새롭게 말한 것은 별로 없다. 하지만 이 부분에서 한 가지 내용은 앞의 내용과 확연히 구분된다. 우리는 종말이 가까웠다는 인상을 받는다. 이것을 알 수 있는 한 가지 표시는 선지자가 16절의 마지막 두 동사를 예언적 완료형으로 표현했다는 것이다. 예레미야는 그의 예언이 분명히 이루어질 것을 확신했기 때문에 그 사건이 이미 일어난 것처럼 표현한다.

17절은 보완적 평행법이다. 그것은 16절에서 말한 것을 강조하면서 다른 내용을 추가한다. 이것은 새로운 생각을 추가한 것이기 때문에 보완적 평행법이라고 불러야 할 것이다. 배심원단은 이제 더 이상 의논을 하지 않고 있다. 이미 평결이 나온 것이다. 유다의 죄악은 이미 밝혀졌을 뿐 아니라 유다의 종말에 대한 판결도 결론이 나왔다. 결산일이 가까웠다. 그날은 아마 젊고 열정적인 설교자가 생각하는 것보다 약간 늦어지겠지만, 매우 임박해 있을 것이다.

C. 하나님의 종들은 반대에 부딪힐 수 있다(11:18-12:6)

Supporting Idea	종종 가장 가까운 친구가, 심지어 가족이 우리를 가장 맹렬하게 반대한다.

11:18-12:6. 장면이 바뀐다. 이 단락은 선지자와 하나님 사이의 대화를 담고 있다. 우리는 현대에서 사용하는 문체를 이 예언적 문학을 이해하기 위한 지침으로 강요해서는 안 된다. 18-20절에서 예레미야는 자신이 알게 된 내용과 그 방법을 설명한다. 첫째, 그것은 하나님께서 직접 계시해주신 내용이었다. 하나님께서 직접 육성으로 말씀하셨는지, 혹은 그것을 스스로 알아낼 수 있는 통찰력을 예레미야에게 주셨는지는 중요하지 않다. 선지자가 그 음모를 알게 된 것은 하나님께서 알게 해주셨기 때문이었다.

앞 단락을 통해 우리는 예레미야의 선포 내용을 반대하는 연합 세력이 형성된 것을 알고 있다. 이것은 예루살렘이라는 대도시뿐 아니라 모든 작은 촌락들도 마찬가지였다. 18절의 히브리어 본문에서 '음모'라는 단어는 나타나지 않지만, 어떤 이유에서인지 많은 해석가들은 번역본에 이 단어 넣기를 고집한다. 원문은 문자적으로 읽으면 "그리고 야훼께서 나로 알게 하셨고 나는 계속 알고 있었다"로 표현할 수 있다.

이 부분의 히브리어 본문이 해석하기 쉽지 않지만 요점은 분명하다. 처음에 예레미야는 자신에 대한 음모를 순진하게 생각했다. 이 부분에서 "부처 눈에는 부처만 보인다"라는 옛 말이 그에게 맞는 것 같다. 종종 이상주의적인 사람들은 사람이 얼마나 악해질 수 있는지 알지 못한다. 아마 젊은 시절의 예레미야는 인간이 다른 인간에게 얼마나 가혹할 수 있는지에 대해 무지했던 것 같다.

18절의 전반부는 선지자가 방문한 모든 성읍들을 가리키는 것 같다. 분명히 그는 어디를 가든지 냉대를 받았다. 더욱이 그의 고향 사람들의 반응은 훨씬 더 가혹했음이 분명하다. 우리가 우리 구세주의 생애를 알고 있다면 이것은 전혀 놀라운 일이 아니다. 그분의 목숨에 대해 가장 심각한 위협을 가한 사람들은 사역 초기 그분의 고향 사람들이었다(눅 4:16-30).

예레미야 본인의 말을 통해 우리는 사람들이 그를 속였음을 알 수 있다. 아마 처음에는 그의 메시지를 받아들이는 것처럼 위장했을 것이다. 예수님께서 나사렛 회당에서 말씀을 선포하실 때도 이런 일이 일어났다(눅 4:22). 예레미야가 굽히지 않고 개혁을 선포할수록 그에 대한 반발도 심해졌다. 그는 자신이 지극히 단순하게 생각했음을, 갈보리의 구속 사역에서 주님의 자발적인 고통을 묘사한 다른 선지자의 글에서도 사용된 구절로 표현하고 있다. **끌려서 잡히러 가는 순한 어린 양과 같으므로**(19절, 사 53:7). 이 표현은 아마 선지자 시대에 유행했던 표현일 것이지만, 하나님의 구속 사역에 흡수됨으로써 영원한 명성을 갖게 되었다.

본문은 예레미야가 상당 기간 진행되어 왔음이 분명한 이 음모를 정확히 언제 알게 되었는지 언급하지 않는다. 예레미야는 그 음모를 지적하고 기록하기보다 숨겨진 위험성이 폭로된 사건임을 암시하고 있다. 그러나 분명히 선지자는 음모가 무르익어 실행단계에 이를 때까지 아무것도 모르고 있었다.

예레미야는 고백에 이어 20절에서 구약의 유명한 저주 기도 가운데 하나인 기도를 드린다. 그는 하나님께 그렇게 끔찍한 일을 음모한 이 잔인한 사람들에게 진노와 보응을 물처럼 쏟아부어주시라고 호소한다. 복수를 바라는 그의 마음은 확실히 우리를 핍박하는 자들을 향해 가져야 할 태도와 관련해 예수님께서 가르치신 모든 교훈과 위배된다.

그리스도인들은 수많은 자질들 때문에 우리의 흠모 대상이 된 한 선지자가 그러한 감정적 격분을 쏟아낸 것을 과연 어떻게 받아들여야 하는가?

예레미야는 마음의 울분을 내려놓아야 할 적합한 곳에 내려놓았다. 여호와 하나님께 쏟아 놓은 것이다. 그는 분노와 그 분노로 촉발된 마음의 소원을 부정하지 않았다. 그는 결코 실수하지 않으시는 주권적 재판장께 호소하고 있다. 개인의 정당성과 복수보다는 공의가 그의 마음을 움직이는 동기였다. 그가 모든 것을 명확하게 판단하시는 하나님께 소원을 아뢴 이유가 바로 이 때문이다.

21절에 기록된 하나님의 대답이 있기 전, 고향 주민들이 자신을 해칠 음모를 꾸며 왔다는 것을 예레미야는 알고 있었는가? 만약 그렇다면 이것은 앞 구절들의 그의 격한 원망을 설명하는 데 도움이 될 것이다. 그러나 22절에서 하나님께서는 예레미야에게 그의 기도가 어긋나지 않을 것이라는 확신을 주신다. 그를 해치고자 모의한 고향 사람들은 하나님의 보응을 받을 것이다.

이 단락의 두 번째 부분(12:1-6)은 전체 예레미야서에서 가장 비통한 말 가운데 일부를 기록하고 있다. 그것은 예레미야의 격한 원망과 하나님의 솔직한 대답으로 이루어져 있다. 찰스 에드워드 제퍼슨(Charles Edward Jefferson)은 예레미야에게 주신 하나님의 대답을 "힘을 내라. 아직 최악의 일이 일어나지 않았다"로 요약할 수 있다고 주장한다(우드, 51).

예레미야는 하나님의 의로우심을 인정한다. 그리고 이어서 오랫동안 학자들을 혼란스럽게 한 한 가지 질문을 제기한다. "악한 사람들이 어려움 없이 사는데 주를 섬기고자 애쓰는 자들은 왜 끊임없이 실패와 역경을 겪는가?" 혹은 더 일반적인 방식을 빌려 그 질문을 표현한다면 "의인들은 고난을 당하는데 악인은 형통한 이유는 무엇인가?"

선지자는 하나님의 능력에 대해 추호도 의심하지 않았다. 하지만 그분의 결정들이 항상 공정한 것인가에 대해서는 의문을 지녔다. 그의 마음이 하나님 앞에서 펼쳐진 책과 같음을 알기 때문에 그는 하나님께서 이미 알고 계시리라 생각하는 의문을 드러낸다. 예레미야는 자신을 괴롭히는 그 혼란들이 해결되지 않는다면 하나님의 신실한 선지자로서 더 이상 맡겨진 사역을 감당할 수 없을 것이라고 생각했다.

예레미야에게는 매우 단순한 해결책이 있었다. 마음이 조급해지면 항상 그런 식으로 생각한다. 선지자가 전체 문제를 요약하기 위해서는 몇 개의 단어밖에 필요하지 않았다. 오직 한 가지 해결책만 필요했다! 그들을 한 방에 땅에서 쓸어버리는 것이었다. 그들이 그에게 했던 그대로 그들을 대하는 것이었다.

학자들은 4절을 이해하는 데 어려움을 겪는다. 얼핏 보면 그것은 문맥과 관계없이 끼어든 것 같다. 일부 학자들은 본문의 재배열을 주장하는 쉬운 길을 선택한다. 소수의 학자는 그것을 완전히 삭제하자는 극단적인 주장을 하기도 한다. 하지만 그러한 극단적 방법으로는 이 문제가 해결되지 않는다. 예레미야서 편집자들은 분명히 필요하다는 생각이 들었다면 편집 과정에서 자료를 재배열했을 것이다. 대중 연설가, 특별히 설교자들은 강력하게 자신의 입장을 밝힌 후 결론을 내리는 데 집중하지 않고 갑자기 주제를 바꾸는 방식을 종종 사용한다.

이 구절들에 대해 모든 사람들이 수용할 수 있는 해석은 없지만 나머지 해석들보다 설득력이 있어 보이는 한 가지 해석이 있다. 그것은 선지자가 수사학적 질문을 했다고 해석하는 것이다. 직접적으로 대답하려고 하기보다 그는 백성들에게 그들의 도덕적 생활과 자연의 생산성이 관계가 있음을 상기시켜주고 있다. 땅은 전체 백성들의 악함으로 고통을 당하고 있지만 의로운 사람들 역시 그 과정에서 고통을 당하고 있다.

이 해석은 예레미야가 주장해온 입장을 지지한다. 하나님께서는 악한 사람들을 멸하실 것이며, 그 후 자신이나 다른 이들과 같은 의인들이 평화롭게 살 수 있을 것이다.

5-6절에서 예레미야에 대한 하나님의 대답은 경고의 내용을 담고 있다. 더 심한 아픔과 위험이 젊은 선지자를 기다리고 있다. 6절에서 하나님께서는 예레미야에게 지금까지 들은 것 가운데 가장 충격적인 소식을 알려주신다. 그것은 그에 대한 음모가 얼마나 심각한 상태까지 진행되었는지 삼 단계에 걸쳐 점진적으로 알려주고 있는데, 그 내용 가운데 세 번째에 해당한다. 첫째, 그는 자신에 대해 음모가 진행되어 왔었음을 알게 된다. 둘째, 그는 그것이 자신의 고향에서 시작되고 그곳에서 집중적으로 진행되었음을 알게 된다. 셋째, 하나님께서는 그에게 네 형제와 아비의 집이라도 너를 속일 수 있음을 알려주신다. 이것은 가장 불친절한 비판이었다. 그들은 위선의 게임을 벌여왔고, 하나님께서는 그들이 네게 좋은 말을 할지라도 너는 믿지 말지니라고 경고하신다.

사람이 중도에서 포기하지 않고 어느 정도까지 갈 수 있는가? 5절에서 하나님께서는 선지자에게 앞으로 닥칠 일을 알게 하기 위해 두 가지 비유를 사용하셨다. 첫 번째 비유는 육상 경기를 차용한 것이다. 예레미야가 도보 경기에서 지친다면, 말처럼 빠르게 달려야 할 때는 어떻게 감당하겠는가? 비교해보면 현재의 어려움은 아무것도 아님을 알게 해줄 어려움과 갈등들이 기다리고 있다.

두 번째 비유는 히브리어 본문을 어떻게 해석하는가에 따라 두 가지로 적용될 수 있는 내용을 담고 있다. KJV는 "요단 강이 불어나면 너는 어떻게 할 것이냐?" 로 번역한다. 현대번역본들은 그것을 '요단 강가의 수풀(thickets by the Jordan)' 혹은 '요단 강의 수풀(thicket of the Jordan, NASB)' 로 번역한다. 그 차이는 무엇인가?

'넘침(swelling)' 은 아마 일부 지역에서 요단 강이 흘러넘치는 홍수기를 가리킬 것이다. '교만' 혹은 '호화로움(splendor)' 은 아마 요단 주변 지역의 정글 지역을 가리킬 것이다. 그곳은 야수들의 소굴 혹은 사자들의 은신처였다.

이곳은 매우 아름다운 곳이다. 요단의 넓은 계곡 아래에는 구불구불한 강의 경계를 따라 푸른 초지가 길게 펼쳐져 있다. 그곳은 계곡의 평지 아래 깊이 자리하고 있고 곳에 따라서는 약 61미터 정도로 깊은 곳에 자리하고 있으며, 두꺼운 수풀과 홍수 때에 강이 넘쳐 떠내려온 유목들이 뒤엉켜 있었다. 이 숲은 요단의 자랑거리라고 한다. 예를 들어 예레미야는 사자가 요단의 자랑에서 튀어나온다고 말하고 있고, 많은 이들은 본문에서 그가 단순히 이 정글을 더 안정된 땅과 대조하고 있을 뿐이라고 주장한다.

그러나 이 해석은 한 가지 문제를 안고 있다. 칠십인역 즉 헬라어 역본은 이 히브리어를 힘찬 말이 활보하는 것을 표현할 때 사용하는 헬라어로 번역하고 있다. 이것은 큰 문제가 아니다. '정글' 혹은 '무성함' 이란 표현으로 번역하길 좋아하는 조지 아담 스미스(George Adam Smith)는 「성지의 역사 지리(Historical Geography of the Holy Land)」에서 이렇게 설명한다. "울창한 수풀은 홍수 때문이다. 해마다 요단 강의 이 넓은 강바닥이 홍수로 넘쳐흐른다" (p. 485).

해석을 볼 때, 이 모든 사실들이 의미하는 것이 무엇인가? '요단 강 물이 넘치다' 라는 구절은 훌륭한 번역이다. 히브리어 구절은 여러 의미를 가지고 있다. 그 가운데 일부는 '자라다', '증가하다' 혹은 '높아지다', '위엄 있는' 의 의미다. 여기서 자만심, 오만, 심지어 건방짐과 같은 의미가 파생되었다.

예레미야에 대한 하나님의 최종적인 핵심 메시지는 무엇인가? 첫째, 가족들이 그의 가장 큰 적이다. 둘째, 더 어려운 문제들과 위험이 앞으로 그를 기다리고 있다. 그는 모든 사람을 사랑해야 하지만 오직 하나님 외에 누구도 신뢰해서는 안 된다.

예레미야는 하나님의 말씀을 만족스럽게 받아들였는가? 적어도 하나님께서 소명을 주신 예언 사역을 계속 하도록 만들었다. 우울한 그의 날이 끝나지는 않았다. 나머지 예레미야서 곳곳에서 예레미야가 낙심과 우울함의 골짜기에 빠진 모습을 보게 될 것이다. 하지만 '그의 뼛 속 깊은 곳에서 불' 이 여전히 타고 있었다.

D. 하나님의 심판의 도구(12:7-17)

Supporting Idea	하나님께서는 의롭지 않은 자를 도구로 이용하신 후 심판하시고 그들에게 구원을 베푸실 것이다.

12:7-17. 구약 학도들은 이 '단편 같은' 단락을 어디에 배열해야 하는지를 두고 의견이 일치하지 않는다. 이 단락은 요시야의 개혁 기간 동안 예레미야가 전한 설교를 담은 두루마리로 끝나고 있다. 많은 주석가들은 이 구절들이 이 설교 모음집에 추가된 메시지라고 주장한다. 이 외에 다른 곳에는 있을 곳이 없기 때문이다.

이 학자들은 크게 두 진영으로 나뉜다. 한 진영은 이 신탁이 여호야김 통치기 초반에 받은 것이라고 주장한다. 그들의 입장에 대한 기본적인 근거는 열왕기하 24장 1-2절에서 발견된다. 이 역사서는 다음과 같은 내용을 하고 있다.

> 여호야김 시대에 바벨론 왕 느부갓네살이 올라오매 여호야김이 삼 년을 섬기다가 돌이켜 저를 배반하였더니 여호와께서 그 종 선지자들로 하신 말씀과 같이 갈대아의 부대와 아람의 부대와 모압의 부대와 암몬 자손의 부대를 여호야김에게로 보내어 유다를 쳐 멸하려 하시니.

'악한 이웃들' 은 이 구절에서 예레미야가 언급한 '원수' 다.

두 번째 진영은 예레미야의 예언의 도입 구절들이 열왕기하 구절보다 더 심각한 재앙을 암시한다고 생각한다. 그들은 여호와께 버림받는다는 것이 주전 586년 예루살렘 함락 외에 다른 사건을 가리킬 수 없다고 말한다. 그들은 이 예언이 후대인 주전 597년 예루살렘 침공 이후에 주어졌다고 생각한다. 이 침략의 시기는 여호야김이 죽음을 맞았을 때였다. 그 당시 예루살렘의 파괴에 동참한 주변국들에 대한 분노가 백성들 사이에 여전히 감지되고 있었다. 이 구절은 3개월간 잠시 통치한 여호야긴 시대와 관련이 있을 수도 있고, 심지어 시드기야 통치(주전 597-586년) 초기에 일어났을 가능성도 있다.

일부 학자들은 세 번째 대안을 선택한다. 이들 가운데 뛰어난 학자인 라비, H. 프리드만(Rabbi H. Freedman)이 있다. 이 이론은 히브리어 본문의 동사들이 '완료' 형식으로 되어 있다고 지적한다. 그는 그 동사들을 '예언적 완료 시제'로 보아야 한다고 주장한다. 그와 이 해석을 지지하는 다른 이들에 의하면, 예레미야 선지자는 그 사건들이 일어날 것이라고 확실하게 확신했기 때문에 그것들을 이미 일어난 일처럼 말했다고 한다. 그들은 예레미야가 이 단락을 요시야나 여호아하스가 통치하던 기간, 늦어도 여호야김의 통치 초기에 전했다고 주장한다.

7-13절에서 예레미야는 충격 상태에서 말하고 있다. 이것은 혈기 넘치는 젊은 선지자의 모습을 반영한다. 그가 보기에 하나님께서 이제 끝을 보실 때가 된 것이다. 이런 태도는 젊고 미숙한 설교자에게 종종 나타난다. 게다가 예레미야는 이미 상처를 받았다. 요시야의 개혁이 몇 년 동안에는 성공적으로 보였다가 갑자기 거품이 꺼졌다. 그는 그 개혁이 표방하던 종교적 정신은 사라지고 격렬한 민족주의로 변질되는 것을 목격했다. 이것으로 그치지 않고 그를 죽이고자 하는 시도가 있었다. 예레미야는 또다시 초기 시절처럼 이글거리는 '지옥 불과 유황'을 경고하는 설교자가 되었다.

예레미야는 하나님께로부터 받은 이 예언을 시의 형태로 백성들에게 전달한다. 하나님께서는 이스라엘과 유다를 포기하실 준비가 되었다. 그들은 하나님을 버렸고 조상들의 언약의 맹세를 지키지 않았다. 하나님께서는 더 이상 그들을 돌봐주셔야 한다고 생각하지 않으셨고, 그들을 대적들의 손에 넘기시는 것은 정당성을 갖게 되었다. 이것은 오래 전 북왕국 이스라엘을 앗수르에 넘겨주시면서 하셨던 일과 비슷할 것이다.

7절의 **집**과 **산업**은 성전을 가리키는 '집'이 아니라 더 포괄적인 평행법의 일부로 사용된 것 같다. 탈굼으로 알려진 유대 주석서는 8절의 **미워하다**는 단어를 '쫓아내다'로 부드럽게 표현한다. 이것은 아마 7절의 **내 마음의 사랑하는 것**이란 표현과 충돌하지 않도록 하기 위해서일 것이다. 그러나 문자적 의미는 '미움'이다.

9절에서는 두 가지 생생한 비유법을 통해 하나님의 내면적 감정을 전달해준다. 그는 그 민족을 아름다운 깃털로 상징되는 **무늬를 지닌 매**로 묘사한다. 이것이 백성들의 자부심을 가리킬 수도 있지만, 더 설득력 있는 의미는 그 새가 적들의 눈에 매력적으로 보인다고 하는 것이다. 이 극적이고 창조적인 시를 통해 선지자는 백성들에게 그들의 죄악 된 생활의 결과로 파멸이 기다리고 있음을 경고하고 있다.

목자라는 단어(10절)는 종종 구약 저자들에 의해 이스라엘과 유다의 지도자들을 가리키는 비유적 표현으로 사용된다. 일부 사람들은 여기서 이 단어의 뜻이 바로 이것이라고 주장한다. 하지만 거의 모든 학자들은 이 문맥 속의 의미는 '이스라엘 적들의 지도자들' 이라고 주장한다. 12절에서 그들은 또한 **훼멸하는 자들**로 불리고 있다. 동일한 히브리어가 사용되지는 않았지만 유사한 뜻임은 분명하다.

여호와의 칼(12절)로 인해 그 땅에 닥칠 파멸에 대한 선지자의 그림(11절)은 일부 학자들에게 어려움을 야기한다. 여기에는 하나님께서 이전 세기에 하셨던 것처럼 이 세기에도 동일하게 행하실 것이라는 뜻이 담겨 있다. 북왕국이 패역을 범했을 때 그분은 멸망의 도구로 이방 강대국 앗수르를 선택하셨다. 하지만 13절은 백성들이 여전히 그 악을 지속할 것임을 암시한다. 그들은 평상시대로 밀과 다른 작물을 심을 것이다. 그러나 그들은 심은 것을 수확하지 못할 것이다. 그들이 흉작을 수치스럽게 생각할 때 그 이유를 반드시 기억해야 할 것이다. 그들이 여호와께 불충했기 때문이다.

14-17절은 이스라엘의 하나님 여호와에 대해 한 가지 마지막 진실을 알려준다. 그분은 세상의 주재자이시기 때문에 모든 사람을 연민의 눈으로 바라보신다. 당신의 백성들을 심판하시기 위해 악한 나라들을 사용하시지만, 또한 그 악한 나라들을 심판하셔야 한다. 그러나 심판이 끝나면 그분은 당신의 백성들을 그들의 땅으로 돌아가게 하실 것이다. 그들에게 그분을 주로 받아들일 기회를 주실 것이다. 하나님의 궁극적인 목표는 모든 민족을 축복하시는 것이다.

Main Idea 복 습	하나님께서는 그분과 언약을 맺는 자들이 언약을 진심으로 받아들이고 명령에 충실하기를 기대하신다.

결론

도살장으로 끌려가는 어린 양

예레미야는 제사장들의 마을인 아나돗의 제사장의 아들이었다(1:1). 놀랍게도 예레미야를 해칠 음모를 꾸미고 그를 죽이고자 했던 이들은 아나돗 사람들이었다(11:21). 예레미야는 그것을 믿을 수가 없었다. 그는 스스로를 "끌려서 잡히러 가는 순한 어린 양"(11:19)에 비유한다. 18절은 하나님께서 알려주신 뒤에야 그 음모를 겨우 알아차리게 되었음을 말해준다. 강조를 위해 예레미야가 하나님의 계시로 이것을 알았다는 것이 두 번 반복되고 있다.

그들의 계획은 "그 나무와 과실을 함께 박멸"하자, "그를 산 자의 땅에서 끊어서" "그의 이름"이 "다시 기억되지 못하게 하는" 것이었다(11:19). 첫 번째 구절만으로도 철저한 파멸의 뜻이 전달된다. 하지만 예레미야의 대적들은 그것으로 만족하지 않았다. 그들은 그가 아예 사람들의 기억에서 사라지기를 원했다.

예레미야는 음모를 꾸민 사람들에 대해 첫 번째 애가를 부르며 부르짖는다. 그는 하나님께 "보수"를 요청하고(11:20) 자신의 이전 상태를 "끌려서 잡히러 가는 순한 어린 양"(11:19)으로 적절하게 풍자하며 "양을 잡으려고 끌어냄과 같이 그들을 끌어내시되 죽일 날을 위하여 그들을 예비하옵소서"(12:3)라고 외친다.

하나님께서는 예레미야의 원망에 응답하시고 악인들을 그들의 아들들과 딸까지 심판하겠다고 약속하신다(11:22-23). 그는 "여호와의 칼이 땅 이 끝에서 저 끝까지 삼키니 무릇 혈육 있는 자가 평안치 못하도다"(12:12)라고 선언하신다. 그러나 하나님께서는 또한 자기의 행위를 고백하고 깨닫는 자들에게 연민과 소망의 말씀을 선언하신다(12:15-16).

■ 진리 알기

- 한 번 맺은 언약은 존중되고 지켜져야 한다.
- 사람들은 잘못을 저지를 때 그것을 책망받기를 원치 않는다. 그들은 종종 메시지뿐 아니라

그 메시지 전달자까지 거부한다.
- 어려운 질문들을 하나님께 가져가 대답을 듣고 우리의 좌절과 원망을 정직하게 그분께 토로하는 것이 옳다.
- 하나님께서는 우리의 가장 낙담되고 상처가 된 경험들을 잘 알고 계신다.
- 하나님의 징계에 올바로 반응하는 자들은 그분이 긍휼의 하나님이심을 알게 된다.

▣ 적용하기
- 자신이 맺은 언약의 목록을 작성하고 연관된 당사자들이 이 언약들에 대한 어떤 기대들을 갖고 있는지 살펴보라.
- 이 언약들을 각기 얼마나 잘 실행하고 있는지 평가해보라.
- 언약을 이행하지 않는 부분을 발견한다면 그것을 자신과 하나님 그리고 그 언약의 다른 당사자들에게 고백하라.
- 그들에게 약속한 것을 실행하기 위해 구체적인 행동을 하라.
- 마지막으로 책망을 받았을 때 당신의 반응을 이야기해보라. 그렇게 반응한 이유와 비판을 받아들이는 태도와 관련해 잘못된 점을 고치기 위해 어떤 행동이 필요한지 평가해보라.
- 또다시 분노할 일이 생기면 그 분노와 좌절과 원망을 하나님의 존전에 가져가고, 속에서 들끓도록 방치하지 말라. 그리고 하나님께 그것을 표현할 때 어떤 변화가 있는지 주의해 살펴보라.
- 전체적인 성경 진리에 근거해 당신에 대한 하나님의 표현을 설명해보라.

삶의 적용

내부의 적

영국 왕 헨리 2세(Henry II, 1154-1189년 통치)는 훌륭하고 유능한 왕이었다. 그는 당시 아일랜드에서 피레네 산맥에 이르는 거대한 영토를 통치했다. 그는 상상력이 풍부하고 열정적이며 당당했고 빈틈이 없는 사람이었다고 한다. 빈손으로 노는 법이 없이 항상 책이나 활을 들고 있었다는 말도 전해진다. 그는 왕의 권위를 회복하고 정부의 재정과 군사적이고 사법적인 부문을 개혁하며 관습법으로 왕의 사법권을 강화했다. 헨리는 아키텐의 엘리아노르(Eleanor)와 결혼했다.

1170년대 후반에 이르자 헨리는 사실상 왕국의 모든 문제들을 자기 뜻대로 장악하게 되었다. 장애물은 제거되고 해결되었다. 그는 자신의 업적에 취해 안일한 마음에 빠져들었다. 문제에 대한 경고를 무시하고 방심해서는 안 될 일들을 소홀히 했고, 어려움을 축소했다.

1173년부터 임종할 때까지 헨리는 감옥에 투옥시키기까지 한 아내와 다투어야 했고, 골치 아픈 네 명의 아들, 곧 영토적 야심을 지닌 아들들과 싸워야 했다. 그들의 비극적 이야기는 아카데미 상을 수상한 영화 〈겨울 사자(The Lion in Winter)〉로 소개되었다. 아키텐의 엘리아노르는 왕의 후계자로 맏아들을 세우기 위해 프랑스와 손을 잡았다. 하지만 헨리 왕은 막내아들을 편애했다. 아들들은 하나같이 부모에 대해 애정이 없었고 오직 개인적 권력 쟁취에만 열을 올렸다.

그와 동시대인으로 왕실 목사이며 부감독, 다작 작가인 웨일즈의 제랄드(Gerald, 1147-1216)는 헨리가 윈체스터 성의 방 한 면을 비워놓으라는 명령을 했다고 기록한다. 후에 헨리는 그곳을 채워넣을 그림을 그리게 했다. 그것은 독수리 한 마리와 네 마리의 새끼 독수리들이 그 독수리 위에 앉아 있는 그림이었다. 한 마리는 날개 위에, 한 마리는 등에 앉아 발톱과 부리로 그 어미 독수리를 잡아뜯었고, 네 번째 독수리는 어미의 목을 움켜쥔 채 눈알을 쪼아 빼내려고 노리고 있었다. 헨리 왕의 가까운 친구들이 그 그림의 의미를 묻자 그는 네 마리의 어린 새끼들은 자신이 죽기만 기다리는 네 아들을 가리킨다고 대답했다.

죽기 이틀 전 헨리는 다른 아들들도 그에 대한 반역에 가담했다는 소식을 듣고 "됐다. 이제 흘러가는 대로 내버려두라. 더 이상 나 자신이나 세상에 대해 관심이 없다. …패배한 왕에게는 수치, 수치가 있도다"라고 말했다.

자기 가정 내부에서 생긴 음모와 반란의 소식은 받아들이기 가장 힘든 일임이 분명하다. 특별히 옳은 일만 했고, 그들의 유익을 추구했을 뿐일 때 더욱 그러하다. 그러나 예레미야 11장 18절-12장 6절에 따르면, 그것이 바로 예레미야의 운명이었다.

기도

사랑하는 주님, 당신의 백성들이 당신과 맺은 언약의 의무들을 이행하지 않고 그들이 당신께 제대로 순종하지 않을 때, 당신이 명하신 모든 것을 이행하지 않을 때 우리로 낙심해서 당신의 말씀을 선포할 수 없는 지경까지 가는 일이 없도록 도와주소서. 당신이 항상 의로운 분임을 알고 우리의 괴로움과 좌절감을 당신께 가져가도록 도와주소서. 사랑하는 주님, 우리와 가장 가까운 자들이 우리를 이해하지 않고 우리를 해치려고 하더라도 마음 깊이 당신을 신뢰하도록 도와주소서. 아멘.

심층 연구

A. 언약(11:1)

'언약' 으로 번역된 히브리어는 고대 근동 세계의 대부분의 종교와 문화 속에 깊이 뿌리내렸던 개념을 의미한다. 영어의 현대적인 동의어는 '동맹, 협정, 연합, 조약' 이다. 이렇게 이 단어는 여러 가지 함축적인 의미를 갖고 있다. 언약은 성경 문학의 통일된 주제다. 그러나 성경에 기록된 언약들이 오직 유대적 사상이나 관습에 의해 생긴 것만을 가리키지는 않는다. 그것들은 특별히 히타이트족과 앗수르인들 사이의 정치와 경제라는 더 큰 영역의 협약 모델을 근거로 작성되었다. 이러한 언약들은 동등한 입장이나 비동등한 입장의 국가들이나 개인들 간의 계약이나 협정으로 구성되었다.

오늘날 이러한 고대 조약들에 대한 연구에 관심을 가진 사람은 누구나 히타이트 제국과 앗수르 제국 양국 기록물 가운데서 사본들을 발견할 수 있다. 히타이트 제국의 기록물은 더 많은 사본이 있으며, 연대는 주전 1400년에서 1200년까지에 이른다. 앗수르 제국의 조약 사본은 현재 많지 않으며, 주전 850년에서 650년에 이르는 것들이다.

두 민족 가운데 어느 곳도 고정적이고 확실한 형식과 엄격한 변경 불가능한 구조로 된 언약을 맺지 않았다. 그러나 왕과 봉신 사이든, 혹은 동등한 권위를 가진 두 왕 사이든 히타이트 족의 조약들 혹은 언약들은 돌덩어리 하나에 새겨진 것일 가능성이 더 많다. 수많은 구약 구절들, 특별히 신명기와 여호수아 24장은 이스라엘이 이러한 조약 형식에 익숙했으며 그것들을 자주 사용했음을 보여준다.

이러한 언약을 맺는다는 구약적 개념은 '언약을 자른다' 는 뜻을 가졌다. 언약 협정은 희생 제사 의식이 동반되었고 보통 희생 제사 제물을 나누어 먹었다.

애굽의 속박에서 이스라엘이 구원을 받은 후 하나님께서는 구속받은 사람들과 언약을 맺으셨다. 그것은 그에 대한 완전한 헌신을 요구했다. 백성들은 그것을 수용했지만 거의 바로 그것을 어기고 다른 신들을 섬기는 이방 민족들과 언약을 맺었다. 선지자들, 특별히 호세아와 예레미야는 백성들에게 다시 언약에 순종할 것을 호소했다.

구약 언약사의 절정은 새 언약에 대한 예레미야의 예언이었다. 예수 그리스도께서는 그 약속을 성취하셨다. 이것은 처음부터 조건적이었던 모세 언약을 무효로 만들었지만 아브라함과의 언약은 무효화되지 않았다. 그의 씨, 예수 그리스도를 통해 오늘날 세상이 축복을 받고 있다.

B. 아나돗(11:21)

여호수아는 새롭게 정복한 가나안 땅을 분배할 때 레위인들에게 아나돗 성을 할당했다(수 21:18). 가나안족의 성읍이었던 그곳에는 아마 그들의 여신 아낫의 신당이 있었을 것이다. 그러므로 이교도의 예배 장소가 여호와의 제사장들의 성으로 바뀐 것이다.

예레미야의 고향으로서 최고의 명성을 얻기 전 아나돗은 다윗 군대의 두 전쟁 영웅인 예후와 아비에셀의 고향으로 유명세를 누렸다. 이 작은 마을은 산헤립이 예루살렘으로 진격할 때 통과한 성의 목록(사 10:30)에는 잘 나타나 있지 않다. 아나돗은 앗수르 장군이 점령했다고 자랑한 38개의 성 가운데 하나였을 수도 있다. 주전 586년 바벨론에 정복당하고 사람들은 그곳을 떠났음이 분명하지만, 128명의 사람들이 포로 생활에서 돌아와 아나돗에 재정착했다(스 2:23, 느 7:27). 포로 생활이 끝난 후 베냐민 지파들이 그 성을 차지했다. 예레미야는 아나돗의 땅을 일부 소유했다(37:11-12). 바벨론에서 돌아와 그곳으로 귀향한 그의 조카들이나 사촌들은 그 땅의 반환을 주장했을 것이다.

고대의 아나돗은 오늘날 어디를 말하는가? 오랫동안 고고학자들은 그곳이 현대의 아나타가 자리하고 있는 곳에 위치했다는 데 거의 대부분 동의한다. 예루살렘 북동쪽 약 3.2킬로미터 지점에 위치한 이 마을은 해면보다 약 340여 미터 솟은 높은 산등성이에 자리하고 있다. 그곳은 낮은 산등성이로 연결된 세 개의 언덕이다. 그러나 20세기 초 학자들은 이 위치에 대해 의문을 표시하기 시작했다. 라스 엘 가루벨(Ras el-Kharrubh)과 엘 이사비유(el-Isawiyew) 두 곳이 대안으로 제안되었다.

아나돗이 정확히 어디든 간에 그 지역에 발을 들여놓으면 우리는 예레미야가 살았던 곳과 가까운 곳을 걷고 있는 셈이며, 그가 살았던 고대 마을의 공기를 여전히 들이마실 수 있다. 팔레스타인 중앙 산지가 사막을 지나 요단 계곡까지 이어지는 바위산들을 내려다볼 수 있고, 예레미야가 자기 고향에서 보았던 대로 눈을 응시하며 사해의 북단까지 황무한 언덕들이 듬성듬성하게 연결되어 있는 것을 볼 수 있다. 예레미야는 엄격하고 침착하며 흔들림 없는 인격을 형성시킨 사막에의 훈련을 알았다.

C. 악한 자의 길이 형통한 이유는 무엇입니까(12:1)

왜 이런 질문을 하게 되는가? 주위를 둘러보면 악하고 부패한 수많은 사람들이 의로운 사람들보다 이 세상의 재물을 훨씬 더 많이 소유한 것처럼 보이기 때문이다. 그들 가운데 많은 이들은 거짓말쟁이고 사기꾼이다. 우리는 종종 그들의 생활 방식 때문에 그러한 유익을 누리고 있다고 단정한다. 다시 말해서 종종 '죄의 삯은 사망이 아닌' 것처럼 보인다.

이 심오한 질문에 완벽하게 대답하는 것은 불가능하다. 몇 마디 말로 대답한다는 것은 더욱더 그러하다. 아래 세 가지의 간단한 대답이 그 문제를 해결해주지는 않지만 약간의 이해를 가지도록 도와줄 것이다.

첫째, 하나님께서는 당신의 자녀들을 훈련하신다. 히브리서 저자는 "내 아들아 주의 징계하심을 경히 여기지 말며 그에게 꾸지람을 받을 때에 낙심하지 말라 주께서 그 사랑하시는 자를 징계하시고 그의 받으시는 아들마다 채찍질하심이니라"(히 12:5-6)고 말한다.

둘째, 우리는 인생의 실수에서 중요한 교훈을 배운다. 종종 실수를 통해 자연스럽게 얻는 유익들은 그 실수로 인한 불편을 상쇄시키고도 남는다. 의인의 고난은 다른 곳의 다른 누군가에게 더 큰 기쁨을 의미할 수 있다. 죄가 없으셨지만 고난당하신 예수님을 생각하라. 그분의 구속적 사랑과 고난은 세상에 축복이었다.

셋째, 현재 상황은 마지막 장이 아니다. 우리는 이생의 모든 것을 다 보지 못했고, 우리 가운데 저 세상을 본 이는 아무도 없다. 하나님께 몇 년을 더 드리자. 최선의 일이 앞에 기다리고 있을지도 모른다. 하나님께서는 메뚜기들이 갉아먹어버린 그 세월들도 회복시키실 수 있다(욜 2:25). 천국은 하나님께서 눈물을 닦아주시는 곳이며 죽음이 더 이상 존재하지 않는 곳이다. 우리를 위해 예비된 것이 무엇인지 알 때 현재 당하는 고난은 일시적이고 사소한 것이다.

왜 악인들이 번성하는가? 왜 의인들이 고난을 당하는가? 영원히 그렇지는 않을 것이다! 고난을 당하면 어떻게 해야 하는가? 믿음을 가지라! 하나님께서는 '당신의 손에 온 세상'을 쥐고 계신다.

교안

A. 들어가는 글

1. '언약을 받아들이도록 설득하다'를 읽으라.
2. 배경 설명: 주전 621년 성전에서 언약의 책이 발견된 후 얼마 지나지 않아 요시야 왕의 주도로 개혁이 시작되었다. 하나님께서는 예레미야에게 유다와 예루살렘을 돌아다니며 백성들을 향해 모세 시대에 시내 산에서 하나님과 이스라엘 민족이 맺은 언약의 조건들을 상기시키라고 지시하셨다.
3. 적용: 예레미야는 주님께서 맡기신 과업을 성실하게 감당했지만 그와 가장 가까운 사람들은 그의 메시지를 긍정적으로 받아들이기는커녕 오히려 그를 암살할 음모를 꾸몄다. 하나님께서 예레미야에게 암살 음모를 알려주시자 예레미야는 강렬한 저주의 언어로 하나님께 원망을 토로하며 하나님께서 보복해주시기를 구한다.

B. 본문 이해

1. 언약을 선포하라는 하나님의 명령(11:1-8)
2. 예레미야와 그의 선포에 대한 반발(11:9-17)
3. 하나님의 종들은 반대에 부딪힐 수 있다(11:18-12:6)
4. 하나님의 심판의 도구(12:7-17)

C. 결론

'도살장으로 끌려가는 어린 양'을 읽으라.

토의 질문

1. 오늘날 사람들은 자신들이 한 약속과 의무와 언약적 맹세에 대해 어떻게 반응하는가? 그러한 약속들을 존중하지 않음으로써 어떤 결과들이 초래되는가?

2. 그리스도인들이 잃어버린 죄인들을 위해 더 이상 기도하지 않을 때가 오는가? 그러한 때를 어떻게 결정할 것인가? 그러한 때가 왔을지라도 신자들이 어떤 식으로든 잃어버린 자들을 위해 기도한다면 하나님께서는 여전히 그들의 기도를 들으시는가?

3. 사람들에 대해 저주의 불평을 한 성경 인물들은 누구인가? 그러한 기도는 비기독교적인 것인가? 아니면 하나님 앞에서 우리의 원망을 정직하고 솔직하게 드러내는 태도에 대한 소중한 교훈들을 가르쳐주는가? 이러한 교훈들 가운데는 어떤 것들이 있는가?

예레미야 13:1-27

교만: 어리석은 자들의 악덕과 열방의 패망

"교만은 겸손하게 사람들을 천국으로 인도하고자 하는 사람들과는 무관한 악덕이다. 사람들을 지금까지 인도해왔지만 정작 그 문이 우리에게는 너무 좁아 들어갈 수 없는 일이 생기지 않도록 조심하라. 교만한 천사를 내치신 하나님께서는 교만한 설교자 역시 용납하지 않으실 것이기 때문이다. 다른 모든 죄악, 시기, 싸움, 불만족, 회복을 방해할 모든 방해물들의 뿌리에 교만이 자리하기 때문이다."

- 리차드 박스터(Richard Baxter)

하나님께서는 썩은 천 허리띠와 박살난 포도주 부대의 상징적 실물 교육을 이용해 유다 민족과 예루살렘 백성들이 아무 쓸모없게 되었음을 예레미야를 통해 선언하신다. 백성들의 죄가 많지만 유다 민족에 대한 심판의 주된 이유는 그들의 교만이었다. 예레미야는 북쪽에서 적이 와서 유다를 포로로 끌고 갈 것이라고 선언했다.

들어가는 글

무서운 죄

C. S. 루이스는 교만을 '본질적인 악, 최고의 악' 이라고 명명했다. 그는 "악마가 악마된 것은 교만 때문이었다"라고 지적했다. "교만은 다른 악으로 이끈다. 그것은 완전한 반하나님의 마음 상태(anti-God state of mind)다"라고 주장했다. 그는 "교만은 영적 종양이다. 그것은 사랑 혹은 자족, 심지어 상식의 가능성 자체를 갉아먹어 치운다"라고 말했다. 루이스는 "어떤 정치 지도자나 한 민족 전체가 계속해서 끊임없이 점점 더 많은 것을 요구하게 만드는 것은 무엇인가?"라고 물은 다음 "역시 교만이다"라고 스스로 답한다. 그리고 "세상이 시작된 이래로 모든 민족과 가정의 주된 불행의 원인은 교만이었다. 다른 악덕들은 때로 사람들을 하나로 뭉치게 하는 경우도 있다.…하지만 교만은 항상 불화를 의미한다. 교만은 불화 그 자체다. 단순히 인간들 간의 증오와 불화가 아니라 하나님을 향한 증오와 불화다"[루이스, 「순전한 기독교(Mere Christianity)」, 108-114].

유다와 예루살렘의 문제는 교만이었다. 예레미야가 유다와 예루살렘에 하나님의 심판을 선언한 것은 "너희 교만"(렘 13:17) 때문이었다. 그는 그들에게 "교만하지 말지어다"(15절)라고 경고했다. 그리고 "나 여호와가 말하노라 내가 유다의 교만과 예루살렘의 큰 교만을 이같이 썩게 하리라"(9절)고 말했다.

교만에 해당하는 세 개의 히브리어 단어가 예레미야 13장에 사용되고 있다. 이 단어들은 이 무서운 죄에 대한 통찰을 제공한다.

9절에서 '교만' 으로 번역된 단어는 '높음', '저명함', '장엄함' 이란 뜻을 가진다. 하나님께서 "나는 교만과 거만과 악한 행실과 패역한 입을 미워하느니라"(잠 8:13)고 선언하실 때 사용된 단어가 바로 이 단어다. "교만은 패망의 선봉이요"(잠 16:18)라는 선언에서도 이 단어가 사용되고 있다. 이것은 소돔(겔 16:49), 애굽(겔 30:18), 바벨론(사 14:11), 모압(렘 48:29), 블레셋(슥 9:6), 앗수르(슥 10:11), 이스라엘 혹은 에브라임(호 5:4-5, 7:9-10)의 죄악이었다.

예레미야 13장에서 교만을 의미하는 또 다른 단어는 15절에서 발견된다. 이 단어는

'교만' 으로 번역되어 있다. '교만하지 말지어다.' 이 단어는 '높다', '높이 들리다', '높임을 받다' 혹은 '오만하다' 라는 뜻이다. 이 단어는 종종 구약에서 자신의 통제 영역 밖의 환경에 대한 지배력을 주장함으로써 사람들이 스스로를 높이는 것을 묘사하기 위해 사용된다. 웃시야 왕은 자신이 제사장의 역할을 할 수 있고 성전에서 제사를 드릴 수 있다고 생각했다(대하 26:16). 마찬가지로 히스기야에게도 이 문제가 있었다(대하 32:24-26). 교만한 태도는 하나님께서 미워하시는 것이며 한 인간이 파멸하기 전에 선행하는 모습이다(잠 16:5, 18).

예레미야 13장에서 교만에 대한 세 번째 단어는 17절에서 발견된다. 이 단어는 구약에서 이 본문 외에 세 번밖에 사용되지 않았다. 이것은 엘리후가 욥에게 지적했던 교만의 형태이며(욥 33:17), 하나님께서 비천하게 만드시기 전에 느부갓네살이 보여준 교만의 모습이다(단 4:37).

본문 이해

교만: 어리석은 자들의 악덕과 열방의 패망

Main Idea	형통함이 수천 명의 사람들을 죽인다면 교만은 수만 명의 사람들을 죽인다.

A. 하나님의 명령과 선지자의 순종(13:1-7)

Supporting Idea	하나님께서 우리에게 명령하시면 그것이 수긍하기 어렵고 이상하게 보인다 해도 즉각 순종해야 한다.

예레미야의 예언을 해석하고자 하는 사람은 그의 공적 메시지와 개인적 묵상의 토대를 제공하는 역사적 상황을 인식해야 한다. 후자는 종종 예레미야의 대화도 포함한다.

그 대화는 종종 그와 하나님과의 만남의 형태를 취했다.

주석가들은 예레미야서의 편집에 대해서도 항상 염두에 두어야 한다. 예언적 메시지와 역사적 사건들이 때로는 연대적으로, 때로는 주제에 따라 배열되어 있다. 종종 어떤 자료들을 하나의 단락으로 묶은 이유가 매우 분명하게 드러나는 경우도 있지만 어떤 경우에는 그것을 확인하기가 어렵고 거의 불가능한 경우도 있다.

다음의 예언 자료 모음은 지금까지의 우리 연구에서 가장 까다로운 과제를 던져준다. 13장에서 분명하게 새 단락이 시작되고, 18장에서도 확실하게 또 다른 단락이 시작되고 있다. 이것은 14-17장이 독립적인 하나의 단락으로 간주되거나 13장과 연결된 단락일 여지를 남긴다. 본 연구에서는 이 자료를 예레미야가 준 메시지에 대한 별개의 두 두루마리로 간주할 것이다. 이것은 우리가 13장을 독립된 단락으로 다룬다는 뜻이다. 알겠지만 본장은 교만의 문제를 다루고, 일곱 가지 치명적 죄악 가운데 이 첫 죄악과 관련된 두 개의 상징적인 설교 혹은 비유를 기록하고 있다.

이 이야기의 모든 특징들을 조합하면 이 두 개의 단락은 '중대한 상징적 진리를 몸으로 상연한 비유들' 이라고 부를 수도 있다. 선지자들, 특별히 예레미야는 종종 이와 같이 극적인 방식으로 자신들의 메시지를 전달했다. 모든 비유가 그렇듯이, 세세한 내용에까지 숨은 의미를 모두 찾아내려는 것은 헛된 노력이다. 하지만 이 이야기에는 몇 가지 유사한 진리들이 존재한다. 다시 말해서 이 이야기는 하나의 중요한 진리를 담고 있지만 여러 가지 다른 비유들이 존재하는 것으로 보이다.

13:1-2. 번역자들은 1절의 에조르(ezor)라는 히브리어를 다르게 번역한다. 그 가운데 일부를 소개하면 베띠, 허리띠, 허리 두르개다. 그러나 그 옷이 천으로 만들어진 것이라는 사실에 비하면 어떤 종류의 옷인지 정확히 밝히는 일은 이 메시지에서 그다지 중요하지 않다. 이 이야기는 상징이 풍부하다. 예레미야의 학도들은 여호와께서 허리띠를 천으로 만들어야 한다고 구체적으로 명시하신 이유에 대해 많은 주장을 해왔다. 실제적인 비상징적 이유는 물론 그것이 더 시원하기 때문일 것이다. 또 다른 이유는 가죽보다 습기에 더 빨리 썩기 때문일 것이다. 하지만 가장 일반적으로 받아들여지는 이유는 그것의 상징적 교훈 때문이라는 것이다. 이스라엘은 '제사장의 나라' 가 되도록 소명 받았다.

하나님께서는 예레미야에게 허리띠를 물에 적셔서는 안 되는 이유를 전혀 설명해주시지 않는다. 주석가들은 수많은 상징성을 제안했다. 하나님께서 설명을 해주시지 않은 상황에서 최선의 해결책은 구태여 이유를 알아내려고 하지 않고 그대로 두는 것이다. 가장 단순하고 쉬운 접근법은 하나님께서 이스라엘의 원래적 순수성에 계속 초점을 맞추기를 원하셨다는 설명일 것이다.

13:3-5. 하나님께서는 다시 한 가지 메시지를 가지고 예레미야에게 임하셨다. 이 언급에서 우리가 얻을 수 있는 직접적인 진리는 어떤 문제에 대해 추가적인 계시를 받기 전에 그것에 대한 하나님의 첫 명령에 순종해야 한다는 것이다. 이것을 다른 식으로 표현하면 하나님께서 우리 앞에 두 번째 문을 설치하시기 전에 우리는 먼저 순종의 방문으로 들어가야 한다는 것이다.

하나님께서 예레미야에게 어디로 가라고 명령하셨는가? 오래 된 번역들은 이 단어를 '유프라테스(Euphrates)' 로 번역한다. 그러나 현대의 대부분의 번역들은 히브리어 문자들을 그대로 음역해 페라쓰(Perath)라고 읽는다. 이것은 지리적 문제를 제기한다. 이 후자의 위치는 어디인가? 우리는 여호수아 18장 23절에서 그 대답을 발견할 수 있다. 그것은 베냐민 지파들이 자리를 잡은 성읍 가운데 하나인 아나돗에서 수마일 정도 거리에 위치한 옛 촌락으로 아마 현재의 와디 파라(Wadi Farah)일 것이다. 이 장소는 풍부한 물과 넓은 웅덩이 그리고 시내를 가지고 있어 이 구절의 모든 요건들을 충족시킨다. 물은 모래로 스며들어 주변 사막의 바위에 균열이 가게 한다.

우리는 이 설명이 성경 본문에 대한 신빙성을 제공하며 설득력 있는 설명임을 인정해야 한다. 예레미야의 청중들에게 어느 것이 확실한 충격을 주겠는가? 약 1,130여 킬로미터나 되는 먼 여행을 하고 '여러 날 후에' 다시 방문하는 것인가, 혹은 성읍에서 몇 킬로미터 거리의 여행이겠는가? 우리는 대부분 후자에 동의할 것이다.

그러나 구약 학자들의 의견은 일치하지 않는다. 일부 현대 학자들도 전통적인 견해를 고수한다. 그들은 유프라테스에 '허리띠' 를 감추는 것은 유다 땅을 침략해 포로로 끌고 갈 원수가 갈대아인들이나 바벨론인들이라는 함의를 지니고 있다고 주장한다. 이러한 학자들은 또 다른 상징성을 발견한다. 앗수르와 바벨론의 땅인 이 지역의 영향은 이스라엘과 유다의 예배를 부패하게 만들었다. 특별히 아하스와 므낫세 통치기에 그러했다. 그들은 이 지역에서 수많은 예배 의식들을 수입했다.

13:6-7. 예레미야는 누구도 그 허리띠를 찾아내지 못하도록 신중을 기했다. 그는 흙

으로 그것을 덮어놓았다. 그가 다시 그것을 찾았을 때 백성들은 이것이 전에 묻어 두었던 동일한 물건이라는 것을 바로 알았다. 썩은 허리띠는 선지자의 장황한 설교가 없어도 강렬한 메시지와 교훈을 주었다. 오물과 불결함으로 오염된 물건보다 더 무익한 것은 없다. 하나님께서는 깨끗한 그릇이라면 모두 사용하실 수 있다.

이스라엘과 유다는 오랜 기간에 걸쳐 타락해왔다. 이스라엘은 8세기에 더 이상 돌이킬 수 없는 상태에 도달했고, 하나님께서는 앗수르에 이스라엘을 넘겨주셨다. 유다는 그 당시 동일한 운명에 거의 다다라 있는 위험한 상황이었다. 그러나 하나님께서는 남 왕국을 용서해주셨다. 아마 부분적으로 히스기야의 선한 정책들과 겸손한 태도 때문이었을 것이다. 히스기야의 뒤를 이은 므낫세의 55년 통치는 유다의 모든 것을 부정적인 방향으로 바꾸어 놓았다. 또다시 유다는 완전한 파멸로 이어지는 절벽을 헤매고 있었다.

B. 선지자를 통한 하나님의 선언(13:8-11)

Supporting Idea	백성들의 교만은 하나님의 명령을 듣고 순종하길 거부하는 상태로 이어졌다.

13:8-11. 예레미야 사역의 이 부분은 연대가 전혀 표시되어 있지 않지만 대부분의 학자들은 증거에 따라 여호야김 통치 초기에 일어난 일이라고 추정한다. 바로 느고는 요시야의 뒤를 이어 왕이 된 여호아하스를 폐위시키고 그를 유다의 왕으로 삼았다.

자만해져서 결국 스스로 파멸을 자초하기까지 여호야김은 부러운 위치에 있었다. 그는 느고에 의해 왕이 되었기 때문에 애굽에 대해 선의를 갖고 있었고, 바벨론에 맞서는 애굽의 우방인 앗수르의 지지를 받았다. 여호야김은 실제로 무한한 자율권을 가졌다.

여호야김은 이기적인 폭군들의 전철을 밟았다. 교만에 취한 그는 재정적 안정을 얻기 위해 사리 사욕을 추구했다. 그 기간은 예레미야의 이 예언 메시지의 역사적 배경을 이루고 있다.

예레미야를 통해 하나님께서는 자기 백성들에 대해 세 가지 혐의를 지적해주셨다. 첫째, 그들은 선지자의 말을 청종하지 않았다. 둘째, 그들은 완악하고 강고한 교만으로 그들 자신의 욕구와 욕망을 추구하는 생활 방식을 선택했다. 셋째, 그들은 부적절한 욕구와 육욕의 갈망에 맞추어 자신들이 세운 신들의 가치를 선택했다.

이스라엘의 부정의 결과는 무엇이었는가? 이스라엘은 무가치한 존재가 되었다. 순수한 자기 자신이 무가 되었다. 하나님께서는 이스라엘을 어떤 목적 때문에 선택하셨지만 이스라엘은 그 목적에 부응하지 못했다. 이 목적은 이중적이었다. 첫째, 하나님의 거룩하심을 세상에 보여주는 제사장의 나라, 거룩한 나라가 되는 것이었다(출 19:6). 둘째, 이스라엘을 통해 하나님께서는 세상을 구속하실 메시아를 이스라엘에 보내시고자 했다. 이스라엘은 첫 번째 과업을 이행하는 데 실패했다. 이스라엘이 두 번째 과업을 어떻게 성취할 수 있겠는가? 이스라엘은 자신의 존재 가치를 상실했다.

베띠에 대한 심상을 더 발전시키기 위해 그는 허리띠를 옷에 착용했다. 하나님께서는 백성들이 사랑의 교제 속에서 자기와 하나 되기를 원하셨다. 이렇게 되면 그들은 사중적 기능을 감당하게 될 것이다. 문자 그대로의 히브리 본문은 이 사중적 결과를 암시한다. 그들은 그분만의 백성이 될 것이며, 그분의 이름을 지니게 되고, 그분의 칭찬의 대상이 될 것이다. 마지막 결과는 그들이 그분의 성품을 반영하는 아름다운 장식물이 된다는 것이다. 하지만 그들은 순종하기를 거부했고 그로 인해 그들의 본분에 실패했으며, 결국 그들의 특권을 박탈당했다.

C. 죄를 멈추지 않으면 더 깊은 어둠이 찾아온다(13:12-17)

Supporting Idea	백성들은 하나님께 죄를 범할수록 자신들의 생활 방식을 바꿀 능력을 상실했다.

주제의 유사성 때문에 예레미야의 메시지와 역사적 기록들을 수집한 사람, 혹은 사람들은 이 단락을 앞 단락에 이어 배열했다. 두 단락 모두 의롭게 살라는 하나님의 명령을 거부했기 때문에 그들에게 임할 심판을 언급하고 있다. 그러나 두 단락 모두 여호야김의 통치 초기에 주어졌을 가능성이 높다. 이 단락은 앞 단락보다 약간 뒤에 주어졌을 것이다.

13:12. 구약 선지자들은 종종 백성들에게 긴급한 메시지를 전달하기 위해 사교 모임을 활용했다. 아마 이 모임의 주된 매력은 독한 술을 마실 수 있다는 점이었을 것이다. 예레미야는 여호와의 말씀에 모든 병이 포도주로 차리라 하셨다 하라는 단순한 언급으로

시작한다.

번역자들은 '포도주 부대' 로 번역해야 하는지 혹은 '단지' 로 번역하는지에 대해 의견이 다양하다. 여기서는 '병' 이라는 단어가 적절한 타협점이 될 수 있기 때문에 사용되고 있다. 로버트 데이비슨(Robert Davidson)은 포도주 병이 토기로 만들어져서 음주 파티가 한창 무르익으면 병이 깨지는 사고가 일어날 수 있었다고 주장한다. 이것은 유리로 만든 포도주 잔이 깨질 수 있는 오늘날의 파티와 유사하다. 하나님께서는 백성들이 무뚝뚝하게 반응할 것을 아셨다. 술에 취해 흥청거리는 사람들은 영적인 메신저가 현장에 등장하면 세속적인 지혜의 말로 거의 항상 대답한다. '술에 취한' 사람들은 항상 그러한 상황에서 멋지게 보이고자 한다. 그들은 오만하게 행세하고 빈정거리며 하나님을 무시하는 데서 기쁨을 느낀다.

13:13-14. 하나님께서는 예레미야에게 미리 대답을 일러주신다. 그분은 지도자들과 백성들을 모두 술에 취하게 하겠다고 말씀하신다. 중력의 자연 법칙이 작용하듯이 이 영적 법칙이 작동한다. 죄는 물리적 의미에서나 영적인 의미에서 사망을 낳는다. 그리스도께서 우리의 삶을 비집고 우리의 내적 자아 속으로 들어오시면 우리는 또 다른 법칙의 세계 속에서 살기 시작한다. 바울은 그것을 그리스도 예수 안에 있는 '생명의 성령의 법' 이라고 부른다(롬 8:2).

이것이 백성들을 잔뜩 취하게 하고 부자 간에도 서로 충돌하게 하겠다는 예레미야를 통한 하나님의 말씀과 어떤 관련이 있는가? 선지자의 말은 백성들이 악한 자와 그의 삶의 방식에 취하면 죄와 사망의 영역으로 들어간다는 뜻이었다. 그들은 사탄의 손아귀에 붙잡혔고 도망할 수가 없다. 악은 악을 낳는다. 그리고 그 악은 더 무서운 악을 낳는다. 하나님께서 그 일을 하시는 것인가? 대답은 '예' 인 동시에 '아니오' 다. 하나님께서는 그러한 법칙을 세워놓으신다. 하나님께서는 그것을 허용하신다. 각 개인은 선택을 한다. 그 결과 어떤 사람은 덫에 걸렸거나 노예가 되었기 때문에 올바른 선택을 내릴 수 있는 능력을 잃어버린다. 오직 하나님의 개입만이 '죄와 사망의 법' 에서 그리스도 예수 안에 있는 '생명의 성령의 법' 으로 옮겨주실 수 있다.

내가 그들을 불쌍히 여기지 아니하며 관용치 아니하며 아끼지 아니하고 멸하리라(14절)는 말씀을 우리는 어떻게 해석해야 하는가? 예레미야 18장 1-10절을 읽어보라. 하나님께서 그러한 언급을 하실 때 조건적인 요소가 항상 존재한다. 백성들이 하나님께 돌아오면 그분이 그들에게 돌아가신다는 것이다.

13:15-17. 이 세 구절은 이 전체 신탁, 혹은 1-17절 단락의 이상적인 결론이다. 이 전체 단락은 이 장의 첫 구절에서 시작된 두 개의 상징적 메시지로 구성되어 있다. 이 구절들은 하나님께서 무조건적인 파멸의 메시지를 전하시는 경우가 거의 없음을 보여준다. 하나님의 경고는 죄악을 지적받은 사람들이 회개하면 심판의 위협을 피할 수 있는 가능성을 함축하고 있다. 이 장의 모든 구절들은 예레미야의 설교의 한 단락으로 보인다.

이 메시지가 전달된 시기가 언제인가? 아마 여호야김 통치의 초창기 기간이었을 것이다. 새 왕은 요시야의 강력한 민족주의로 얻은 번영과 풍요의 혜택을 여전히 누리고 있었다. 그러나 여호야김은 그의 언약에 충실하지 않으려고 했기 때문에 앞날이 암울했다. 몇 년 지나지 않아 바벨론이 되돌아와서 유다에서 수많은 포로들을 잡아갈 것이다. 이 일은 주전 597년에 일어났다. 그 대혼란 중에 여호야김은 죽임을 당할 것이다. 그러나 이 메시지가 전달된 시점에 여호야김은 여전히 살아 있었다. 그는 오만한 젊은 통치자였고, 백성들은 거룩한 삶을 요구하시는 하나님의 명령에 대해 교만한 태도로 반응했다.

예레미야는 경고와 함께 요약적인 마지막 호소를 시작하지만 15절에서 먼저 귀 기울여 들으라는 두 번의 요청을 반복한다. 듣다와 귀를 기울이다로 번역된 동사들은 서로를 보완하며 선지자의 명령을 강조하고 있다. 예레미야의 호소는 모든 선지자의 메시지를 경멸하며 무시했던 교만하고 완악한 백성들에 대한 마지막 호소다. 그는 결국 "교만하지 말고 회개하라" 고 말하고 있다.

교만하다로 번역된 히브리어는 '높다, 높아지다, 높임을 받다' 라는 뜻이다. 현대적인 몇 가지 동의어는 '거만한, 주제넘은, 건방진' 이다. 예레미야가 백성들의 악한 행실을 경고할 때 이 모든 의미들을 염두에 두었을 것이다.

이 구절의 뒷부분에서 선지자는 이스라엘 백성들에게 경고하기 위해 그들로 비유의 여행을 시켜준다. 그는 숲 속에서 길을 잃은 한 사람을 묘사한다. 저녁 어스름을 동트기 전의 어둠, 곧 다가올 새로운 날의 새벽을 의미한다고 오해한 그는 잠시만 기다리면 될 것이라고 생각한다. 그러면 세상이 밝아질 것이다. 그러나 그가 몰랐던 것은 밤의 짙은 어둠이 곧 다가올 것이라는 사실이다. 구약 선지자들은 종종 이방 군대의 침략과 그로 인한 포로 생활을 상징하기 위해 어둠을 사용했다.

예레미야는 여호와를 사랑의 하나님으로 선포하고 그러한 하나님의 속성에 근거해 호소하길 좋아했다. 하나님의 모든 참된 선지자는 그런 식으로 생각한다. 그러나 때로 사람들이 죄에 철저히 노예가 되고 그 힘에 눈이 멀어 하나님의 대변자는 다른 동기들에 의지할 수밖에 없는 경우가 있다. 하나님의 참된 선지자는 사람들을 하나님께 돌아오도록 호소하기 위해 두려움도 기꺼이 사용해야 한다. 우리 주님께서는 계속 하나님께 대적한다면 심판이 임박할 것이라고 경고하셨다.

유다 백성들이 여호와의 메시지를 거부할 때 유다에 닥칠 황폐하고 냉혹한 미래에 대해 예레미야는 어떤 태도를 취했는가? 확실히 그것은 기쁨의 태도는 아니었다. 백성들이 배역과 부도덕을 버리지 않고 계속 고집할 경우 당하게 될 운명을 생각하면서 그는 눈물을 흘렸다.

번역자들은 17절에서 몇 가지 가능성을 본다. 모호성은 '숨어 있는 장소' 혹은 '은신처' 라는 뜻을 가진 히브리어 단어 '미스타림(mistarim)' 에 집중된다. 어떤 번역본들은 "너희가 이 짙은 어둠 속에서 듣지 않으려고 한다면" 이라고, 또 어떤 번역들은 "은밀하게 내 영혼이 눈물을 흘릴 것이다" 라고 번역한다. 어느 것을 선택하든 선지자의 따뜻한 마음과 선포의 대상들에 대한 연민을 드러내고 있다. 어떤 이들은 예수님께서 예루살렘 성으로 가까이 가시면서 눈물 흘리신 것을 떠올린다(눅 19:41).

예레미야는 자기 백성들이 직면한 운명을 생각하자 감정이 격해져서 그 일이 이미 발생한 것처럼 생각하여 완료된 행동을 표현하는 히브리어 동사 형태를 사용하고 있다. 예레미야는 실제로 백성들이 그의 호소를 거부할 것을 기정 사실처럼 받아들였다. 인간적 수준에서의 선지자의 통찰은 우리의 자유로운 선택과 관련된 하나님의 예지(foreknowledge)를 적어도 부분적으로 이해할 수 있는 통찰을 제공한다.

그러므로 17절은 이 단락이 마무리되는 논리적 지점으로 보인다. 예레미야는 백성들의 죄악을 정죄하고 그들에 대한 연민을 표현하며 그들의 회복을 소망했다. 그러나 그의 깊은 마음속에서는 그들이 정말 변할 것인지에 대한 의심이 일었다. 그는 심판이 시작되었다는 증거를 이미 볼 수 있었고, 백성들이 당할 더 심각한 고통을 보았다. 그들이 범죄할수록 그들이 변하지 않을 가능성은 더 커졌다.

하나님께서는 백성들에게 회개할 기회를 최대한 주셨지만 그들은 거부했다. 이제 시간이 다 되었다. 100여 년 전에 아모스는 북왕국에 "이스라엘아 네 하나님 만나기를 예비하라”(암 4:12)고 경고했다. 그들은 그 경고를 비웃었고, 그에 대한 대가를 치렀다. 이제 남왕국이 그들의 전철을 따르려고 한다.

D. 왕과 민족에 대한 최종적 경고(13:18-27)

Supporting Idea	하나님의 심판이 시작될 때가 왔다.

이스라엘의 새 왕은 하나님께서 자기의 도구로 선택하신 대리자에게 저항해서는 안 된다는 것을 깨달아야 했다. 유다 민족도 마찬가지였다.

구약 학자들은 13장의 이 마지막 열 구절에 대해 해석이 분분하다. 보다 더 급진적인 해석가들 가운데 일부는 이 단락이 통일성이나 연관성 없이 추가된 여러 개의 짧은 단편들로 구성되어 있다고 주장한다. 필자는 이러한 접근이 단순하지만 문제가 있는 것이라고 생각한다. 이 단락은 여호야김의 불의한 통치 기간중 마지막 시기에 예레미야가 백성들에게 전한 두 가지 비유적 메시지의 논리적 결론이다. 이스라엘 왕은 교만으로 완악해졌고 백성들까지 같은 길로 이끌었다.

갈그미스 전투에 승리하고 몇 년에 걸쳐 자신의 권력 기반을 닦은 바벨론의 느부갓네살은 국제 정세를 좌우할 정도로 강력한 힘을 갖게 되었다. 그러나 자고하고 교만한 유다의 여호야김 왕은 현실을 무시하고 자신에 대한 바벨론의 지배력을 인정하길 거부할 수 있다고 생각했다. 그는 이스라엘에 징수된 연례 조공을 거부했다. 느부갓네살은 국내에서 확실한 권력을 장악하자 곧 이 반역자 왕을 다른 나라들의 본보기로 삼는 일에 착수했다.

여호야김의 생애에 일어난 사건들은 여호야김 왕의 아들이자 후계자인 여호야긴을 향한 예레미야의 말을 이해하는 기초가 되어준다. 역사서들은 사실적 정보를 제공한다(왕하 23:36-24:14, 대하 36:5-8). 이 왕에 대한 예레미야의 여러 다른 말들은 역사적 기사를 보완해준다. 우리가 알고 있는 내용을 다시 살펴볼 필요가 있다.

주전 608년 애굽의 바로 느고는 앗수르와 바벨론 간의 전쟁에 참여하기 위해 출발했다. 바벨론인들은 주전 612년 앗수르의 수도인 니느웨를 이미 정복한 상태였다. 일반적으로 한 나라나 제국의 수도가 함락된다는 것은 그 나라의 전체 체제가 해체됨을 의미했다. 하지만 앗수르는 이러한 일을 당하지 않았다. 군대는 다시 힘을 결집해 전쟁을 계속했다. 전장은 갈그미스가 될 것이다.

느고는 어느 쪽에 가담할 계획이었는가? 열왕기하 23장 29절의 어떤 번역들은 "애굽의 바로 느고 왕이 앗수르 왕에 맞서 싸우러 올라갔다"(KJV)라고 되어 있다. 어떤 번역들은 그가 "앗수르의 왕을 돕기 위해" 갔다고 되어 있다. 왜 이런 차이가 생기는가? 이 히브리어 전치사는 '~에 반대해' 로 번역될 수도 있고 '~의 편에 서서' 로 번역될 수도 있다. 영어의 한 가지 예는 어떤 것이 어떤 것에 기댄다고 할 때(against) 그것은 그것의 '편에' 선다는 뜻으로 해석되는 경우다. 애굽은 국제 패권 다툼에서 점점 강성해지는 바벨론의 힘을 저지하기 위해 앗수르를 돕고 있었다.

요시야는 느고를 저지하고자 했다. 므깃도에서 애굽 왕은 요시야를 죽였고, 유다 백성들은 여호아하스를 그의 부친의 뒤를 이을 왕으로 삼았다. 느고는 그를 폐위시키고 요시야의 또 다른 아들인 여호야김을 세웠다. 그는 여호아하스를 사슬에 채워 애굽으로 끌고 갔고, 그 이후 그의 행적에 대해서는 기록이 남아 있지 않다. 이 모든 일은 신속하게 일어났다. 여호아하스는 겨우 세 달을 통치했다(왕하 23:31, 대하 36:2).

주전 605년, 바벨론은 앗수르 군대에 대승을 거두고 중동의 확실한 지배자가 되었다. 느부갓네살은 지체치 않고 권력을 장악했다. 바벨론은 같은 해에 예루살렘을 침공해(단 1:1-7) 포로들을 끌고 갔다.

수년 동안 여호야김은 바벨론의 간섭에서 자유로웠던 것으로 보인다. 느부갓네살은 먼저 바벨론의 본국 문제를 다룬 후 애굽에 대한 지배력을 확보하는 작업에 몰두하고 있었다. 애굽은 여호야김을 왕으로 삼으면서 유다에 세금을 징수했지만 이제 상황이 바뀌었다. 주전 605년, 바벨론은 유다에 세금을 징수했다. 여호야김은 처음에 그 조치에 부응했지만 곧 조공 바치기를 거부하고 반발했다.

여호야김의 죽음에 관해서는 의문에 싸여 있다. 충분한 자료가 없기 때문에 그의 사망 시기에 대해 일방적인 주장을 하기란 불가능하다. 여호야김이 바벨론에 반기를 든 후, 하나님께서는 바벨론으로 하여금 자신이 정복한 여러 나라에 군대를 보내어 말썽을 일으키는 봉신 국가들을 처리하도록 하셨다. 그들은 전 국토를 유린했다. 유다 민족과 백성들은 처참한 상태가 되었다. 이것이 주전 597년 직전의 상황이다. 그 혼란기에 여호야김은 갑작스러운 죽임을 당했다. 어떤 일이 일어난 것인가? 그의 수많은 대적 가운데 일부와 전쟁을 했거나 그의 폭압을 견디지 못한 신하들이 반란을 일으켰을 것이다. 대부분의 학자들은 이 사건이 일어난 시기를 주전 597년으로 추정한다.

여호야김의 아들 여호야긴은 어려운 상황 속에서 왕이 되었다. 젊은 왕이 보위에 오른 지 얼마 되지 않아 느부갓네살이 예루살렘에 나타났다. 이러한 배경에 비추어볼 때 우리는 13장의 예레미야의 예언들에 대한 마지막 단락에 접근한다.

13:18-19. 예레미야는 젊은 왕에게 전달할 메시지가 있었다. "항복하라! 바벨론에 무력으로 맞서고자 시도하지 말라." 선지자는 메시지에 왕후(왕의 모후, queen mother)에 대한 언급을 포함시킨다. 이 행동으로 두 가지 사실이 명백해지는 것 같다.

첫째, 왕의 모후는 왕궁과 유다 전역에 막강한 영향력을 행사하는 위치에 있었다. 둘째, 이것은 특별히 여호야긴의 경우에 더욱 그랬다. 그는 겨우 열여덟 살이었고, 아마 미혼이었을 것이다. 예레미야가 모후인 느후스다(왕하 24:8)를 언급한 사실은 그녀가 아들을 좌지우지한 강력한 인물이었음을 암시할 수도 있다.

여호야긴이 겨우 3개월밖에 다스리지 않았지만 그에 대한 평가는 확실하다. 열왕기 역사가는 그에 대해 "여호야긴이 그 부친의 모든 행위를 본받아 여호와 보시기에 악을 행하였더라"(왕하 24:9)고 말한다. 여호야긴은 예레미야의 메시지에 어떻게 반응했는가? 기록은 "유다 왕 여호야긴이 그 모친과 신복과 방백들과 내시들과 함께 바벨론 왕에게 나아가매"(왕하 24:12)라고 말한다. 후에 여호야긴은 바벨론에서 호의적인 대우를 받았고, 아마 자연스럽고 평화로운 죽음을 맞았을 것이다(렘 52:31-34).

예레미야는 젊은 이 왕에게 항복해야 할 세 가지 이유를 제시했다. 첫째, 거부하면 왕위를 박탈당할 것이다. 이렇게 되면 왕과 그의 모친 둘 다 권력의 상징인 면류관을 잃게 될 것이다. 둘째, 남방 혹은 남방의 성읍들이 이미 정복되었거나 곧 정복될 것이다. 왕이 예루살렘 남쪽 지역의 도움을 기대한다면 그 기대는 버리는 것이 좋다. 셋째, 유다 민족이 포로로 끌려갈 것이다. 유다가 다 잡혀간다는 것은 과장법일 수 있지만 수많은 백성들이 잡혀갈 것은 분명했다. 다시 말해서 유다의 운명이 풍전 등화와 같았다.

20-27절에서 예레미야는 경고의 예언으로 마무리하고 있다. 그의 메시지는 조언, 충고, 권면을 포함했다. 선지자의 경고는 국가의 지도자인 왕에게 주는 것처럼 시작한다. 그러나 그것은 전체 민족에게 상황의 심각성을 깨달으라는 호소로 확대된다.

13:20. 예레미야는 왕을 목자로 묘사하며 그에게 구체적인 질문을 던진다. 신약 저

자들은 지역 교회의 목회자를 양떼를 돌보는 '목자' 로 묘사하고 있다. 하지만 구약에서는 왕이 종종 이 역할을 감당해야 하는 자로 인식되었다.

13:21-22. 21절에서 예레미야는 청중의 범위를 더욱 확대한다. 이 구절의 도입구로 쓰인 질문은 왕이나 전체 유다 민족에 대한 질문일 수 있다. 이 구절의 두 번째 질문은 특별히 후자를 향한 것으로 보인다.

국가적 안전 문제가 발생하면 이스라엘과 유다의 왕들은 일반적으로 다른 민족들과의 동맹을 통해 안전과 구원을 확보하고자 했다. 선지자들은 이것이 위험한 정책이라고 경고했지만 그들은 대부분 하나님의 사자들의 경고를 무시했다. 시리아와 애굽과 앗수르는 노골적으로 기만적일 뿐 아니라 무기력하고 아무 도움도 되지 않는다는 것을 이미 입증했다. 예레미야 시대에 유다는 바벨론을 의지하고 있었지만 이 민족도 신뢰할 수 없음이 증명될 날이 멀지 않았다.

20절의 '북방에서 오는 자' 가 누구인지는 확실한 것 같다. 지금쯤 스키타이인들은 무대에서 퇴장했고 앗수르는 존재하지 않으며 애굽은 무능했다. 조약을 통해 유다의 가장 최근의 우방이 된 바벨론이 실제적인 위협으로 전면에 등장하고 있었다. 정치와 종교 의식에 있어서 왕과 백성들은 바벨론과 동맹 관계를 맺었다. 그들이 뿌린 대로 거둘 때가 빠르게 다가오고 있었다.

21절의 두 번째 질문은 훨씬 더 인상적이다. 여자의 해산보다 더 심한 고통은 별로 없다. 그러나 이 비유는 전체 그림이 무엇인지 알려주지 않는다. 곧 엄마가 될 여인이 아기의 출생을 고대하고 있다. 유다는 오직 파멸과 포로 생활 외에 기대할 것이 없었다. 우리 자신의 잘못된 행동 때문에 마땅히 받아야 함을 알고 당하는 고통만큼 상처를 주는 고통은 없다. 이것이 바로 유다가 처한 상황이었다. 선지자는 유다 민족이 묻기 전에 먼저 그 질문에 대해 대답하고 있다.

22절에서 선지자는 심판이 닥칠 때 유다에 어떤 반응을 하겠느냐고 질문하면서 '~한다면' 이 아니라 실제로 '~할 때' 라고 말하고 있다. 심판이 이미 시작되었지만 곧 훨씬 더 무서운 일이 닥칠 것이다. 유다의 죄가 단순히 드러난 것이 아니었다. 유다의 죄악으로 유다가 심판받아야 함이 밝혀진 것이다. 예레미야는 26절에서 찢긴 치마와 폭행을 당한 몸에 대한 그림을 더 강화하고 있다.

13:23. 이 구절은 예레미야가 강조를 위해 사용한 수사적 질문이다. 그는 유다의 죄

악의 심각성을 강조하기 위해 질문을 제기한다. 유다 백성들은 너무나 오랜 시간 동안 그리고 너무나 오만하게 하나님을 반역하는 삶을 살았기 때문에 이제 그것이 생활 방식이 되었다. 불의에 대한 그들의 예속 상태를 표현하기 위해 '중독된' 이란 단어를 사용할 수도 있을 것이다. 그들이 변하는 것은 불가능하다. 그들의 상태는 절망적이었다.

이 두 가지 비유에 대해 예레미야가 강조한 핵심은 무엇인가? 하나님께서는 에디오피아인들과 표범을 현재의 모습대로 만드셨다. 그들은 변하기를 원치 않는다. 마찬가지로 백성들은 계속된 선택으로 인해 스스로 완악한 죄인들이 되었다. 이제 그들은 생활 태도를 바꾸어야 한다는 어떤 바람도 없다. 어떤 구약 학자는 "너무나 오랫동안 죄와 더불어 뒹굴면 죄가 접수해버린다. 유다의 죄악의 결과는 그 민족의 철저한 파멸이 될 수 있고, 또 그렇게 될 것이다"(로버트 데이비슨, 116)라고 말한다. 변화를 열망하지 않는다면 어떤 세대의 사람이든 어떻게 회개가 가능할 수 있겠는가?

13:24-27. 하나님께서 유다를 바람에 날리시면 유다는 무가치하게 될 것이다. 타작마당의 아무 쓸모없는 부스러기처럼 바람에 휩쓸려 사라질 것이다. 하나님께서는 그들을 그들이 섬겨왔던 바로 그 존재로 만드심으로써 수치스럽게 하실 것이다.

네 치마를 네 얼굴에까지 들춰서라는 표현은 성적인 의미를 함축한 포현이다. 이것은 이스라엘이 빠진 이교도적 예배가 성적 난교를 포함하고 있었기 때문이다. 하나님께서 죄를 심판하시는 방법 가운데 하나는 죄인들을 그들의 죄에 넘겨주고 그것이 그들의 삶을 완전히 장악하도록 허락하시는 것이다. 심판은 죄에 상응한다.

마지막 27절 하반절은 두 가지로 번역될 수 있는 질문으로 마감한다. 아마 예레미야는 그러한 효과를 노리고 이런 식으로 표현했을 것이다. 어떤 번역자들은 그것이 "하나님께서 갑자기 심판하시기까지 언제까지 이 일이 지속되도록 두시겠는가?"라는 뜻이라고 주장한다. 어떤 이들은 예레미야가 "너희들이 너희들의 죄악에 지쳐 회개하고 구원받기까지 얼마나 더 시간이 걸리겠느냐?"라는 뜻으로 말했다고 강력하게 주장한다.

죄를 정죄하고 임박한 심판을 선언하는 메시지에는 항상 이 두 요소가 공존한다. 우리가 선지자의 질문을 어떻게 해석하건 한 가지는 확실하다. 예레미야는 백성들이 심판을 당하고 있는 이유에 대해 묻지 말아야 한다는 뜻으로 말한 것이다. 그들은 그것을 스스로 자초했음을 인정해야 한다.

Main Idea 복습	형통함이 수천 명의 사람들을 죽인다면 교만은 수만 명의 사람들을 죽인다.

결론

왜 죽으려고 합니까?

선지자들의 예언은 하나님께서 구세주를 보내시기 위해 대리자 삼고 선택하신 민족에 대한 적용 이상의 내용을 담고 있다. 그것은 개인들에게도 적용된다. 학창 시절에 목회자로 섬겼던 한 시골 교회에서 교인들이 즐겨 부르던 노래 가운데 하나는 다음과 같은 인상적인 가사를 담고 있다. "왜 죽으려고 합니까? 왜 죽으려고 합니까? 생명의 샘이 우리 곁에 흐르고 있는데 왜 죽으려고 합니까?"

오늘날 우리가 사는 세상에 얼마나 적절한 메시지인가! 길과 진리일 뿐 아니라 생명이신 그분께 우리는 언제 돌아갈 것인가? 지나친 단순화의 위험을 무릅쓰고 그 문제를 요약하는 짧은 대답을 제시할 수 있다. 우리는 우리의 교만함을 버리고 구주와 주이신 그분을 의지할 때 구원받을 수 있다.

▣ 진리 알기

- 주님과의 친밀한 영적인 유대감을 상실한 자들, 곧 그렇게 해서 그분에게 더 이상 영광과 찬양을 돌려드리지 않는 자들은 하나님께 쓸모없는 존재가 된다.
- 술은 사람들과 민족들을 파괴한다. 술 취함은 갈등, 혼란, 파괴 그리고 그것을 탐닉하는 모든 자들의 죽음으로 이어진다. 이 때문에 사람들과 민족들에 대한 하나님의 심판은 술 취함의 결과에 비교되는 것일지도 모른다.
- 교만은 무섭고 치명적인 죄로 개인들과 국가들로 하여금 하나님을 알지 못하게 하며, 결국

그들을 파멸로 이어지게 한다.

■ 적용하기

- 하나님과 당신의 영적인 관계를 평가해보라.
- 당신의 생활에서 술과 다른 중독들의 위험을 점검해보라. 이러한 문제들에 대해 하나님과 이야기하며 친구들에게 털어놓고 그들의 도움을 구하는 일에 대해 생각해보라.
- 자신의 생각과 말이나 행동에서 마지막으로 교만의 죄를 인식했던 때가 언제인지 생각해보라. 당신이 이것을 인식했던 것에 대해 하나님께 감사하라. 하나님의 용서와 깨끗하게 해주심을 구하라. 그분이 당신을 용서해주시고 이 영적인 악독에서 깨끗하게 해주실 것을 겸허한 마음으로 신뢰하라.

삶의 적용

음주 운전 반대 어머니회

주님께서는 왜 "내가 이 땅의 모든 거민과 다윗의 위에 앉은 왕들과 제사장들과 선지자들과 예루살렘 모든 거민으로 잔뜩 취하게 하고"(13:13)라고 예레미야에게 말씀하시고자 했는가? 그 이유는 그것이 그 사회에 대한 하나님의 심판의 일부였기 때문이다. '이 땅의 모든 주민'과 '예루살렘 모든 주민'은 다섯 부류의 구체적인 계층을 포함했다. 왕, 제사장, 선지자, 아버지, 아들들.

"모든 병이 포도주로 차리라"(12절)는 말은 대중적인 속담이었다. 그것은 가죽 부대를 잔치에 온 술꾼들로 의인화시키고 있다. 모든 병(술을 마시는 모든 사람)은 술로 완전히 취하게 될 것이다. 이것이 익숙한 속담이었기 때문에 예레미야의 청중들은 조롱조로 "모든 병이 포도주로 찰 줄을 우리가 어찌 알지 못하리요"(12절)라는 말로 되받았을 것이다.

이 응수에 예레미야는 그 속담을 이중적으로 비틀어 얘기하라는 말씀을 듣는다. 하나님께서는 예레미야가 청중들에게 그들이 잔뜩 취하게 될 '포도주'는 하나님의 독한 포도주임을 일러주라고 말씀하신다. "내가 이 땅의…모든 거민으로 잔뜩 취하게 하고" (13절). 하나님의 독한 포도주는 그분의 진노의 포도주였다. 예레미야는 모든 사람들이 하나님의 파멸의 포도주에 취할 것을 그들에게 알려주어야 했다. 술판에서 사람들이 서로 부딪히고 충돌하듯이 하나님께서는 그들로 터질 때까지 서로 충돌하게 하실 것이다. 그래서 하나님께서는 그 나라의 모든 사람들이 서로 충돌하고 상하게 해서 완전히 파멸에 이르게 하실 것이다.

그러므로 예레미야 13장 12-14절의 이 포도주 단락은 실제로 음주와 술 취함에 대한 것이 아니다. 그것은 하나님의 심판과 파멸에 관한 것이다. 그럼에도 불구하고 술 취함은 혼돈, 파멸, 죽음과 같은 결과를 낳기 때문에 이 비유는 설득력이 있다.

1979년 로라 램(Laura Lamb)과 그의 어머니 신디(Cindi)는 상습적인 음주 운전자가 시속 약 190킬로미터로 운전하는 차에 정면으로 충돌했다. 5개월 15일 된 아기 로라는 세계에서 가장 어린 전신마비자 가운데 한 사람이 되었다. 또한 일 년도 안 되어 13세의 캐리 라이트너(Cari Lightner)가 음주 운전자에 의해 살해되었다. 운전자는 음주 운전 중 다른 차와 충돌한 후 뺑소니 쳤고 이틀 전 보석으로 풀려난 사람이었다. 이 운전자는 이미 두 번의 음주 운전으로 적발되었고, 세 번째는 부주의한 사고로 합의 처벌을 받은 상태였다.

캐리의 어머니인 캔데이스 라이트너(Candace Lightner)와 캘리포니아의 그녀의 친구들은 MADD(Mothers Against Drunk Drivers, 음주 운전자 반대 어머니회)를 결성했다. 1981년 연말에 라이트너는 메릴랜드에서 음주 음주자들과 전쟁을 벌여왔던 램과 합세했다. 1984년 MADD는 명칭을 '음주 운전 반대 어머니회(Mothers Against Drunk Driving)'로 바꾸었다. '음주 운전 희생자들의 목소리(Voice of the Victim)'라는 이 기관의 현재 임무는 '음주 운전을 금지시키고 이 폭력적 범죄의 희생자들을 지원하며 미성년자들의 음주를 예방하는 것'이다.

오늘날, 미국 50개주, 괌, 캐나다, 푸에토리코에 600개의 지부와 지역 사회 행동 팀이 결성되어 있고, 300만 명이 넘는 회원들과 후원자들이 활동하는 MADD는 세계에서 가장 큰 범죄 희생자 지원 기관이다. MADD의 행동주의는 합법적인 음주 연령을 21세로 높이도록 각 주에 요구하고, 그것을 이행하지 않을 때 고속도로 기금을 박탈하는 것을 의무화한 연방 법을 결실로 맺었다. MADD의 설립 이후 알코올 관련 교통사고로 인한 사망자 수가 43퍼센트까지 줄었다.

현재 전체 교통사고 가운데 7퍼센트만이 음주 운전과 관련이 있지만, 치명적인 교통사고의 38퍼센트는 음주 운전과 관련이 있다. 교통사고는 6세부터 33세까지의 사람들의 사망 원인 가운데 여전히 가장 큰 원인을 차지하고 있다. 이 사망자들의 거의 절반 이상이 음주 관련 사고다. 열 명의 미국인들 가운데 세 명은 음주 운전으로 인한 사고와 관련이 있다. 실제로 미국에서 매주 음주 관련 교통사고 사망자들의 수는 매주 두 대의 비행기가 충돌하는 사고와 맞먹는 상태다. 술로 인해 얼마나 많은 인명 손실이 일어나는가. 그리고 이것은 단순히 교통사고로 인한 사망자들만 소개한 것이다. 알코올 남용이나 다른 음주로 인한 폭력 범죄, 혹은 음주자의 가족들과 희생자들에 대한 인명 손실에 대해서는 전혀 언급되지 않았다.

술에 취한 사람들이 서로를 파괴한다는 것은 논란의 여지가 전혀 없다. 실제로 술 취함과 그로 인해 서로 충돌하는 모든 모습은 그것이 하나님의 심판으로 인한 것이든 단순히 인간 행동의 결과든 황폐한 결과를 낳는다.

기도

사랑하는 주님, 우리의 교만과 오만, 우쭐한 마음을 용서해주소서. 우리를 당신께로 단단히 묶어주소서. 우리의 마음이 겸손하며, 예수님께서 보여주셨을 뿐 아니라 당신의 참된 자녀임을 구별해주는 표시인 겸손을 우리도 삶으로 보이게 하셔서 하나님께 모든 명성과 찬양과 영광이 돌아가도록 해주소서. 예수님의 이름으로 겸손히 간구합니다. 아멘.

심층 연구

A. "내가 유다의 교만을 이같이 썩게 하리라"(13:9)

하나님의 말씀 전반에 걸쳐 성경 저자들은 교만이 국가들과 개인들의 삶에서 내리막길로 향하는 첫 번째 단계라고 강조한다. 시몬 베드로는 주님을 부인하기 불과 몇 시간 전 "다 주를 버릴지라도 나는 언제든지 버리지 않겠나이다"(마 26:33)라고 장담했다. 몇 분 후, 예수님께서 그에게 앞으로 일어날 일에 대해 경고하신 후, 베드로는 자신의 말을 재확인했다. 그는 "내가 주와 함께 죽을지언정 주를 부인하지 않겠나이다"(마 26:35)라고 또다시 장담했다. 그와 함께 있던 나머지 열 명의 제자들도 동일한 충성을 맹세했다. 그러나 무슨 일이 일어났는지 살펴보라. 아침이 되기 전에 모든 "제자들이 다 예수를 버리고 도망"했다(마 26:56).

예레미야의 사역 기간 동안 유다의 왕으로 통치한 다섯 명의 왕들 가운데 여호야김은 스스로를 가장 과신한 왕이었다. 요시야는 하나님의 겸손한 종으로 통치를 시작했다. 그러나 개혁 운동이 진행되면서 그는 점점 오만해졌다. 이것은 그가 바로 느고가 바벨론에 맞서 앗수르를 돕기 위해 갈그미스로 가지 못하도록 막고자 하는 시도로 나타났다. 이러한 건강하지 못한 자신감은 결국 그의 목숨을 잃게 만들었다.

여호아하스와 여호야긴은 여호야김 전후의 왕으로서 각기 단 3개월을 통치했다. 우리가 가진 제한적인 정보로는 그들에 대한 표면적인 평가만 가능하다. 그러나 여호야긴은 태도뿐 아니라 탐욕이라는 면에서 그의 부친과 유사했던 것 같다. 그러나 예레미야의 조언을 기꺼이 수용해 느부갓네살에게 항복한 것은 그의 긍정적인 면을 보여준다. 유다의 마지막 왕 시드기야는 교만하고 오만했다기보다 유약하고 우유 부단한 왕이었다. 민족주의를 강조하는 유다 내의 집단들에 휘둘린 그는 실제로 그들의 손에 놀아나는 허수아비에 불과했다. 나머지 왕 여호야김은 아마 나머지 모든 왕들의 오만을 다 합한 것보다 더 교만했던 것 같다. 그는 예레미야로 구약에 나타나는 정치 지도자에 대해 가장 신랄한 비판을 가하도록 야기한 왕이었다.

수세기에 달하는 기록된 역사를 보면 상황은 그다지 많이 변하지 않았다. 최근 한 만화의 만화가는 핵폭발로 파괴된 대도시의 폐허를 그렸다. 생존한 인간은 한 명도 보이지 않고 두 마리의 원숭이만이 대파멸의 현장을 살피고 있다. 한 마리의 원숭이는 다른 원숭이에게 '그들이 매우 영리한 종족이라고 들었는데' 라고 말한다.

현대 상황에 대한 너무나 정확한 설명이다. 수백만 명의 사람들이 너무 영리해서 하나님을 믿을 수 없고, 예수 그리스도를 따를 수 없으며, 회개하고 죄에서 돌이킬 수 없다. 그러나 아무리 영리해도 하나님의 심판을 피할 수는 없다.

B. "어찌하여 이런 일이 내게 임하였는고"(13:22)

오랜 세월 동안 인간 종족의 가장 강력한 구호는 하나님에 대한 진리를 알고 싶다는 것이다. 두 번째로 강력한 구호는 고난에 대한 '이유' 를 알고 싶다는 것으로 보인다. 이 두 가지는 상호 불가분의 관계로 연결되어 있다.

어떤 목사님은 이 딜레마에 대해 세 가지 태도가 있다고 지적한다. (1) 어떤 이들은 모든 고난이 하나님께로부터 온다고 말한다. (2) 어떤 이들은 모든 고난이 죄 때문이라고 말한다. (3) 어떤 이들은 모든 고난이 허상이라고 말한다. 이 세 가지 모두 일리가 있는 측면이 있지만 온전한 진리를 담아내지는 못한다. 그 원인이 무엇이든 고난은 상처를 준다.

첫 번째와 관련해 설명하면, 하나님께서는 실제로 고난을 주시기도 한다. 하지만 항상 선한 이유가 있다. 예를 들어, 하나님께서는 우리가 큰 위험을 준비할 수 있도록 제한적이고 일시적인 고난을 주실 수 있다. 그분은 우리가 더 심각한 곤경과 고통을 경험하는 산고를 겪도록 허락하시기에 앞서 고난에 대해 뭔가를 배우기를 원하신다.

그러나 13장 22절에서 유다가 당하는 고난은 그들 자신의 죄로 인해 야기된 것이다. 우리가 하나님의 법과 계명을 어길 때 죄와 보응의 법칙이 작동한다. 죄는 그 자체적으로 파멸의 씨앗을 품고 있다. 하나님을 부인하는 제도나 개인은 모두 결국 스스로 파멸할 것이다.

당시 백성들에게 예레미야가 한 말은 "고난이 올 때 왜 그 고난이 왔느냐고 묻지 말

라. 너희들은 너희 자신의 개인적인 죄로 인해 고난당할 것이다. 국가는 그들의 집단적 죄 때문에 고통당할 것이다"라는 뜻이다. 이 진리를 바꿀 수 있는 것은 없다. 어떤 이는 이것을 이렇게 표현한다. "우리가 부인한다 해도 고난은 찾아올 것이다. 때로 우리가 그것을 지체시킬 수도 있다. 하지만 한 가지 쓰라린 사실은 남아 있다. 우리가 그것을 피할 수 없다는 것이다. 우리가 인정하든 하지 않든 죄는 여전히 죄일 것이다."

교안

A. 들어가는 글

1. '중대한 죄' 를 읽으라.
2. 배경 설명: 하나님께서는 이스라엘 민족과 유다 민족을 자신의 소유로 삼으셨다. 그들은 그분의 백성이 되어야 했고, 그분에게 찬송과 명예와 영광을 돌려드려야 했다. 하지만 이 민족들은 하나님의 음성 듣기를 거부했다. 이스라엘이 이전에 포로로 끌려갔던 것처럼 교만한 유다 역시 그렇게 될 것이다. 유다를 포로로 끌고 가기 위해 거대한 군대가 북쪽에서 다가오고 있었다.
3. 적용: 주님께서는 예레미야에게 상징적인 행동을 통해 유다 민족이 하나님께 아무 쓸모없게 되었음을 설명하라고 말씀하셨다. 예레미야는 하나님의 허리에 단단히 맨 유다 민족을 상징하는 물건으로 허리띠 하나를 띠었다가 먼 곳으로 가져가서 묻으라는 명령을 들었다. 얼마 후 예레미야는 아무 쓸모없게 된 허리띠를 다시 찾으라는 말씀을 듣는다. 그 허리띠처럼 유다는 아무 쓸모가 없게 되었다. 하나님께서는 또한 예레미야에게 술 잔치에 가서 그 민족을 심판하겠다는 선언을 하라는 명령을 내리셨다. 술 잔치판에서 서로 충돌하면 포도주 부대나 그릇이 완전히 박살이 나듯이 그들은 충돌하고 멸망할 것이다.

B. 본문 이해

1. 하나님의 명령과 선지자의 순종(13:1-7)
2. 선지자를 통한 하나님의 선언(13:8-11)
3. 죄를 멈추지 않으면 더 깊은 어둠이 찾아온다(13:12-17)
4. 왕과 민족에 대한 최종적 경고(13:18-27)

C. 결론

'왜 죽으려고 합니까?' 를 읽으라.

토의 질문

1. 신자가 하나님께 완전히 쓸모없는 존재가 된다는 것이 가능한가?

2. 하나님의 백성들은 오늘날 사회 속에서 하나님께 영광과 찬송을 돌려드리기 위해 무엇을 해야 하는가?

3. 술로 인해 생기는 파멸의 문제와 깨어진 관계들을 해결하도록 돕기 위해 무엇을 할 수 있는가?

4. 교만이 가장 심각한 죄라고 불리는 이유는 무엇인가? 당신도 그것이 가장 큰 죄라고 생각하는가? 그렇다면 그 이유는 무엇인가? 혹은 그렇지 않다면 그 이유는 무엇인가?

예레미야 14:1-17:27

되돌릴 수 없는 지점을 지났는가?

"인생은 떨어지는 낙엽처럼,
곡식단의 묶음처럼
기껏해봐야 너무나 짧다.
때를 넘기지 말라.
번개처럼 날아가는 나날은
곧 주사위가 던져지고
죽음의 선을 넘어갈 것을 빠르게 알려준다.
때를 넘기지 말라."

- 저자 미상

예레미야 14-17장은 하나님께서 유다를 심판하실 결심이 섰다는 것을 보여주기 위한 자료들의 모음으로 되어 있다. 참혹한 가뭄과 심각한 기근을 당하게 되자 백성들은 여러 번 주의 이름으로 간구하고 자신들의 죄를 인정하며 언약의 하나님에 대한 신뢰를 확인했다. 하지만 주님께서는 그들의 간구에 '아니'라고 반응하시고, 예레미야에게 그들을 위해 중보하지 말라고 지시하셨다(14:1-15:9). 이 계시에 이어 예레미야의 개인적 위기와 하나님의 위로와 경고, 낙심한 선지자에게 힘을 주신 내용에 대한 단락이 나온다(15:10-21). 이어지는 자서전적 단락(16:1-13)은 하나님께서 예레미야에게 결혼을 하지 말고 자녀 없이 살며, 백성들의 일상적인 기쁨과 슬픔 속에 동참하거나 교제하는 것을 피하라고 명령하셨음을 보여준다. 예레미야의 개인적 상황과 고립은 부도덕한 나라에 대한 하나님의 심판을 묘사한다. 그리고 올바른 안식일 준수와 민족적 생존에 대한 교훈으로 마감한다(17:19-27).

들어가는 글

폭포에서의 구조

나이아가라 폭포. 그 이름만으로 갓 결혼한 신혼 부부, 관광객, 낭만, 경이로운 자연의 아름다움, 경외감 등이 연상된다. 미국과 캐나다 접경에 위치한 나이아가라 강은 이리 호에서 온타리오 호로 흘러들어간다. 폭포 가까이 있는 고트 섬 때문에 나이아가라 강은 두 줄기로 나누어진다. 넓은 부분은 캐나다 지역으로 떨어지는 약 52미터 높이의 호스슈 폭포이고, 나머지는 미국 지역의 바위 폭포로 떨어져 나이아가라 협곡을 따라 약 11킬로미터를 흐른다.

아름다운 여름 어느 토요일 아침, 제임스 허니커트(James Honeycutt)는 친구의 아들인 열입곱 살 데니(Deanne)와 일곱 살 난 남동생 로저(Roger)를 데리고 약 4미터밖에 안 되는 작은 알루미늄 선박으로 나이아가라를 구경하기 위해 떠났다. 경험 없는 선장은 강 아래로 배를 계속 몰아가면서도 아무런 불안을 느끼지 않는 것 같았다. 약 1.6킬로미터쯤 지나 폭포 위에 강물의 흐름을 고르게 하는 긴 방파제를 지나쳤다. 이제 나이아가라 강은 출렁거렸고, 물살은 바위를 때렸다. 배는 폭포를 향하여 위태롭게 속력을 냈고 천둥이 치듯 때리는 물소리는 점점 더 커지고 있었다.

허니커트는 뱃머리를 돌려보려고 했지만 이미 때는 늦었다. 그 작은 동력선으로 강한 물살을 거슬러 올라가기에는 역부족이었다. 갑자기 부하가 걸린 배의 엔진 소리가 불규칙해졌고 질주하듯이 난폭하게 움직였다. 엔진의 프로펠러가 잘려나갔다. 배는 바위에 빠르게 부딪혔고 배 뒷부분은 공중으로 날아갔다. 배에 탄 세 사람은 물속으로 내던져졌다. 허니커트와 로저는 호스슈 폭포의 입구로 던져졌다.

허니커트와 우드워드의 아들들이 더 이상 되돌릴 수 없는 지점을 지나버렸듯이 고대 유다도 그러했다. 예레미야가 “너는 이 백성을 위하여 복을 구하지 말라”(14:11)는 하나님의 말씀을 들은 것은 너무나 비극적인 일이었다. 선지자는 백성을 위해 기도해야 할 의무가 있었다. 그러나 주님께서는 “그들이 금식할지라도 내가 그 부르짖음을 듣지 아니하겠고 번제와 소제를 드릴지라도 내가 그것을 받지 아니할 뿐 아니라”(14:12)고 선언하셨다. 유다는 되돌릴 수 있는 지점을 지나버렸다. 그들은 죽음, 칼, 기근, 포로 됨을 겪게 될 뿐이었다(15:2).

존 헤이(John Hayes)와 그의 아내는 마침 그 주말에 나이아가라를 구경하고 있었고, 알루미늄 선박이 뒤집혀 있는 것을 보게 되었다. 데니의 구명조끼를 발견한 헤이는 강으로 달려가 손을 뻗쳐 그녀를 잡아보려 했다. 데니는 그 손을 잡지 못했다. 헤이는 데니를 앞질러 강 아래쪽으로 뛰어가 난간 위로 몸을 내밀고 기다렸다. 그녀는 그 앞으로 빠르게 지나쳐 가면서 그의 엄지손가락을 잡았다. 헤이와 다른 여행자가 폭포를 바로 눈앞에 두고 그녀를 난간 위로 끌어올렸다. 그녀는 구조되었다! 폭포 아래에서는 '메이드 오브 더 미스트II(Maid of the Mist II) 호'의 선장인 클리포드 키치(Clliford Keech)가 로저의 노란색 구명조끼를 발견했다. 그와 승무원들은 물살에 휩쓸려 떠내려가지 않게 위치를 고정하기 위하여 엔진을 최대한 역회전 시키면서 로저를 구출해 그의 누나와 부모님께 인도해주었다.

예레미야 14-17장의 중반부에 이르면 희망의 선언이 담긴 주님의 다른 말씀이 선포된다. 주님께서는 "날이 이르리니"(16:14)라고 말씀하시며, 이스라엘의 기억 속의 출애굽보다 더 크게 각인될 또 다른 탈출(바벨론으로부터)을 선언하신다. 큰 구원이 있을 것이다. "내가 그들을 그 열조에게 준 그들의 땅으로 인도하여 들이리라"(16:15). "여호와의 사심으로 맹세하리라"는 말씀은 맹세의 예언을 보여준다. 이러한 표현 방식은 하나님 당신이 맹세의 보증인이 되심을 알려준다.

유다가 되돌릴 수 없는 지점을 지나 스스로를 구원할 수 없을 때, 구원자는 안전을 위해 그의 손을 붙들려고 하는 자들에게 손을 내밀어 그들을 끌어올릴 준비를 하고 계셨다.

본문 이해

되돌릴 수 없는 지점을 지났는가?

Main Idea	사람들의 죄의 정도가 너무 심각해 실제로 회개할 능력이 없다 하더라도 하나님의 참된 선지자는 여전히 그들을 사랑한다.

예레미야서를 면밀하게 살피는 사람이라면 하나의 단락으로 '연결되어 있는' 수많은 장들을 발견할 것이다. 그 장들은 하나의 자료로 통합 편집되기 전에 개별적인 단락으로 존재했다. 하지만 어떤 장들은 독립된 묶음들로 이루어진 자료로서 수집된 메시지들과 어울리지 않는 것 같다. 14-17장의 경우가 바로 이런 경우다. 이 장들 안에는 여러 개의 단락들이 존재하는 것 같다. 그것은 아래와 같이 정리할 수 있다.

첫 번째 단락은 14장 1절-15장 9절까지다. 이 단락은 그 땅에 심각한 가뭄이 덮쳐 고통과 경제적 어려움이 생겼다는 내용으로 시작한다(14:1-6). 이 현상을 백성들의 범죄로 인해 닥친 하나님의 심판으로 해석한 예레미야는 그들을 위해 중보한다. 그는 그들에게 자비를 베푸시고 그들을 용서해달라고 하나님께 구한다. 나머지 부분(14:7-15:9)은 선지자와 하나님 사이의 세 개의 대화를 기록하고 있다. 그 대화에서 예레미야는 하나님께 백성들을 용서하고 심판을 거두어달라고 간청하고 있다. 그럴 때마다 하나님께서는 예레미야의 간청을 거절하신다.

두 번째 단락은 하나님을 향한 선지자의 쓰라린 원망으로 시작한다(15:10-18). 그리고 선지자에 대한 그분의 책망으로 마무리된다(15:19-21).

세 번째 단락(16:1-21)은 하나님께서 유다의 죄악 때문에 선지자에게 자신의 뜻을 계시하시는 긴 담화로 이루어져 있다. 하나님께서는 백성의 운명을 알리시지만 그 땅으로 돌아오게 하겠다는 약속으로 이 선포를 마무리하신다. 이 장은 하나님의 말씀에 대한 예레미야의 반응으로 마감한다(16:19-21).

네 번째 단락(17:1-18)은 많은 주석가들에게 난제를 던져준다. 그들은 서로 논리적으로 관계가 전혀 없는 수많은 단편들이 존재하는 것을 본다. 하지만 나는 이 모든 자료가 하나의 메시지로 인식될 수 있다고 생각한다. 그것은 유다의 도덕적 상태와 그 상황으로 인한 예레미야의 혼란에 대한 마지막 복합적 그림을 제공한다.

다섯 번째이자 마지막 단락(17:19-27)은 올바른 안식일 준수에 대한 메시지를 제시하며 이와 함께 전체 단락이 마무리된다. 많은 학자들은 이것을 전체의 문맥과 전혀 연관성이 없는 독립된 신탁이라고 간주한다.

A. 가뭄이 닥친 시기의 자연에 대한 묘사(14:1-6)

Supporting Idea	하나님의 축복이 땅에 임하지 않을 때 사람들과 짐승들 모두 굶주림과 죽음의 처지로 내몰린다.

14:1. 이 예언의 도입 구절은 우리가 다른 곳에서 본 공통된 구절들과 다르다. 이 구절이 예레미야의 예언에서는 이 외에 4회밖에 사용되지 않는다(1:2, 46:1, 47:1, 49:34). 히브리어 본문은 문자적으로 '예레미야에게 주신 주의 말씀인' 으로 읽는다. 이것은 어떤 구절에 관심을 유도해서 그것이 실제로 신적 신탁임을 확인하도록 하는 특별한 방식이었을 수 있다.

바로 이어지는 다음 몇 구절의 자료는 예언적 신탁이라기보다 가뭄과 그 결과에 대한 묘사다. 복수 형태로 된 이 명사 앞에 사용된 정관사는 이것이 잊지 못할 만큼 심각한 가뭄이었거나 심지어 여러 번의 가뭄이 일어났음을 의미할 수 있다.

14:2-4. 예레미야는 2절에서 짧고 분명하며 거의 비약적인 단어로 그 장면을 묘사한다. 성들은 피폐하고 약해져 있었다. 백성들이 여호와께 부르짖자 비탄에 젖어 울부짖는 소리가 하늘로 울려퍼졌다. 선지자는 예루살렘의 부르짖음이 위로 올라간다고 묘사한다. 예루살렘은 백성들이 하나님께 기도를 드리기 위해 모인 장소였기 때문이다. 또한 전국에서 백성들이 개인적으로 탄식하며 부르짖었다.

지도자들은 필사적으로 물을 구하러 사람들을 보냈다(3절). 귀인으로 번역된 단어는 '영광스러운' 의 의미를 지닌 히브리어 단어에서 파생한 것이다. 그것은 막강한 영향력과 지위를 지닌 사람들을 가리킨다. 사환으로 번역된 단어는 문자적으로 '하찮은 자들(little ones)' 이란 뜻이다. 이 가뭄에서 영향을 받지 않은 자는 아무도 없었다.

종들이 물을 구할 수 있으리라고 희망을 가졌을 유일한 곳은 물을 모아둔 저장고였다. 그곳에서 물을 구하지 못한 그들은 주인을 실망시켰다고 생각하고 애곡의 의식으로 자신들의 슬픔을 표현했다. 머리를 가리는 것으로 자신들의 수치를 드러낸 그들의 반응은 아마 그 당시의 일반적인 믿음에서 비롯된 반응이었을 것이다. 어떤 종류든 '나쁜 소식' 을 가져오는 메신저는 스스로를 '무가치한 종' 이라고 간주했다. 4절은 피폐하고 절망적인 그 땅의 상황에 대한 묘사를 계속하고 있다.

14:5-6. 가뭄의 효과는 심지어 짐승들에게까지 파급되었다. 예레미야는 그 위기 상황의 심각성을 강조하기 위해 특별히 두 가지를 언급한다.

들판의 짐승들 가운데 암사슴처럼 새끼에게 애정을 쏟는 짐승도 찾아보기 어렵다. 오직 엄청난 위기를 당할 때만 인간이든 짐승이든 어미가 태어난 새끼를 버릴 것이다. 하지만 이것이 유다의 상황이었다. 공기 가운데 물 냄새를 감지할 수 있는 비상한 능력을 지닌 들나귀들도 마찬가지로 숨을 헐떡이고 있었다. 그들은 언덕을 헤매고 다니다가 비가 올 낌새가 있는지 알아보려고 절벽에서 서성이지만 그럴 낌새는 전혀 없었다.

B. 예레미야의 첫 번째 중보(14:7-12)

Supporting Idea	가뭄과 그 결과를 백성들의 죄악에 대한 하나님의 심판으로 해석한 예레미야는 하나님께 자기 동족을 구해달라고 간구한다.

14:7-9. 예레미야는 유다의 고난을 그들의 죄악 때문이라고 생각한다. 그는 여호와께 그 민족을 위해 행동해주실 것을 호소한다. 그리고 위기에 대해 책임져야 할 자들 가운데 자기 자신을 포함시킨다. 7절에서 그는 우리의 죄악과 우리의 타락함에 대해 말한다. 그러고나서 능동사로 우리가 주께 범죄하였나이다라고 말하지만 정상을 참작해서 자비를 구해달라고 하지는 않는다.

주의 이름을 위하여 일하소서라고 하나님께 요청한 것은 중요한 언급이다. 이것은 하나님께서 자기 백성들을 위해 역사하기를 거부하실 경우, 다른 민족들이 하나님에 대해 내릴 평가를 근거로 하나님께 호소한 것이다. 그들은 하나님의 능력이 약해서 자기 백성들을 회복할 수 없다고 생각할 것이다. 더욱이 그분이 자기 백성들에게 자비를 베푸신다면, 다른 민족들은 사랑이 엄중한 정의보다 더 강한 힘인 것을 알게 될 수도 있다.

8절과 9절에서 예레미야는 그 민족이 구속을 받을 유일한 가능성은 하나님 안에 있음을 인정한다. 한 유대 주석가는 소망으로 번역된 히브리어를 아랍어 동족어와 비교한 결과 더 나은 번역은 '힘(strength)'이 될 것이라고 주장했다. 구원자로 번역된 히브리어는 '건져내다'라는 뜻을 지닌다(프리드만, 101).

예레미야가 하나님께 제기한 네 개의 질문은 실제로 두 가지 질문으로, 그 두 질문은 각기 두 부분으로 되어 있다. 두 질문은 각기 평행법으로 제시되어 있다.

선지자는 먼저 하나님을 이동하며 옮겨다니시는 신으로, 자기 백성들 곁에 오랫동안 머무르시지 않는 신으로 비유한다. 거류하는 자로 번역된 히브리어는 시편 기자가 "주의 장막에 유할 자 누구오며"(시 15:1)라고 질문할 때 사용한 단어와 동일하다. 그 문맥에서 그 단어는 '주의 성산에 거할 자'와 대조적으로 '임시로 머무를 자'라는 뜻이다. '나그네'로 혹은 어떤 번역에서는 '도보로 여행하는 자'로 번역된 단어는 '여행하다, ~하는 길에 있다'라는 뜻을 가진 동사에서 파생한 것이다. 그러한 사람들은 잠시 머물며 신세를 진 사람들에게 감사의 마음을 갖는다.

그러고나서 예레미야는 9절에서 하나님을 적군에게 불시에 잡힌 무능한 장군으로 비유한다. 게다가 사령관은 제한된 자원 때문에 적에 대한 성공적인 원정을 수행할 수 없다. 선지자는 자기 백성들의 약점을 알고 있었다. 하지만 그는 하나님께서 이스라엘을 열방 가운데 그분의 대표로 선택하셨음을 알고 있다. 이 딜레마에 직면한 그는 하나님의 자비와 용서의 사랑을 호소할 수 있을 뿐이었다.

14:10-12. 하나님께서는 분명한 거절의 의사로 선지자에게 대답하신다. 백성들은 전혀 회개의 의사를 보이지 않았다. 예레미야는 백성들이 이 우상에서 저 우상으로 어떻게 전전 긍긍했는지 증명하기 위해 자신의 손을 앞뒤로 흔들었을 수 있다. 그들은 어떤 사람이나 대의를 위해 장기적인 헌신을 할 수 있는 모든 능력을 상실했다.

하나님께서는 그러한 백성들을 계속 축복할 수 없으셨다. 11절에서 그분은 예레미야에게 그들을 위한 중보를 중단하라고 명령하셨고, 그들의 말을 청종하기를 거부하셨다. 왜 하나님께서는 그들의 간청을 무시하셨는가? 12절에서 하나님께서는 그 이유를 설명하셨다. 백성들의 예배는 공허하고 무의미했다. 그들은 예배의 흉내를 내고 심지어 규례대로 제사를 드리기도 했다. 하지만 이러한 종교적 행위가 삶의 변화로 이어지지는 않았다.

C. 예레미야의 두 번째 중보(14:13-18)

Supporting Idea	백성들의 죄악에 대해 조언을 한 거짓 선지자들의 잘못을 비판한 예레미야는 백성들을 위한 간구를 계속한다.

14:13. 예레미야는 포기하지 않고 항변을 계속한다. 그는 하나님과 매우 친밀한 관계를 누렸고, 그분의 뜻에 철저히 복종하며 백성들을 깊이 사랑했기 때문에 전능하신 하나님께 감히 질문을 제기한다. 예레미야는 반항심이 아니라 자신이 목양하는 자들을 사랑하는 순수한 마음으로 질문을 제기했다.

14:14-16. 하나님께서는 하나님께 위임받거나 그 권위를 의지하지 않고 그분의 이름으로 설교하는 자들에 대해 즉각적이고 통렬하며 분명한 어조로 말씀하신다. 15-16절은 이 가짜 설교자들의 운명을 소개하고 있다. 유다에 고통스런 심판이 임하면 이 거짓 선지자들은 나머지 백성들과 함께 심판을 당할 것이다. 실제로 어떤 경우 그들의 수치와 고통은 훨씬 더 심할 수도 있다!

14:17-18. 일부 구약 학자들은 17절의 첫 다섯 단어가 16절에 포함되어야 한다고 주장해왔다. 이렇게 되면 17절의 남은 부분과 18절은 예레미야가 유다를 위해 예비된 고통에 대해 생각하면서 드린 기도의 일부에 포함될 것이다. 그러나 대부분의 학자들은 이 다섯 단어가 예레미야가 받은 새로운 명령을 가리킨다고 주장한다. 그것은 하나님께서 선지자를 통해 전달하기를 원하시는 메시지다. 하나님께서는 냉담하고 무관심한 태도로 임박한 심판을 생각하신 것이 아니었다. 그분도 마음으로 아파하셨다.

17절의 **처녀 딸 내 백성**이란 표현은 이것이 하나님의 말씀임을 확인해준다. 이것은 그분 자신과 예루살렘의 관계를 표현하실 때 즐겨 사용하시는 방법이었다. 주석가들은 '처녀' 라는 단어를 예루살렘으로 적용하는 것이 두 가지로 가능하다고 본다. 첫째, 하나님께서는 그 성을 자신을 예배하고 성전을 건설할 특별한 장소로 생각하셨다. 둘째, 그 성은 이방 군대에게 '강간을 당한' 적이 한번도 없었다.

학자들은 **큰 파멸, 중한 창상을 인하여 망함**이라는 표현에 대해 해석이 분분하다. 어떤 학자들은 사용된 동사가 완료 시제로서 완료된 행동을 암시하기 때문에 이것이 이미 발생한 일이라고 해석한다. 물론 하나님과 선지자는 그것을 이미 일어난 일처럼 환상 속에서 보고 그런 식으로 말할 수도 있다. **땅에 두루 다니며**로 번역된 18절의 동사는 분명히 완료 시제 형태다. 또한 예언적 완료 시제일 수도 있다. 반면에 이 표현이 주전 597년 느부갓네살의 침략을 가리킬 수도 있다. 그때 유다의 수많은 지도자들이 바벨론으로 끌려갔다.

이 구절들이 우리에게 가르치는 교훈이 이 외 또 무엇이 있건, 한 가지 진리는 확실하다. 백성들이 고통당할 때 하나님께서도 고통스러워하신다는 것이다. 하나님의 참된 선지자도 동일하게 생각한다. 우리가 사랑하는 자들이 죄악 된 행동으로 심판을 받아 마땅하다 해도 우리는 그들과 마음을 같이해야 한다.

D. 예레미야의 세 번째 중보(14:19-15:9)

Supporting Idea	하나님을 향한 간청을 포기하지 않은 예레미야는 최종적으로 부정적 반응을 받는다.

14:19. 자신의 조국 땅의 고통과 불행을 보면서 가슴이 찢어지는 아픔을 느낀 예레미야는 또다시 하나님께 나아간다. 그는 하나님께서 자기 백성들을 완전히 그리고 확실하게 버리셨다고 믿지 않는다.

진정한 선지자는 항상 자기 백성들에 대해 완전한 동질감을 갖기 때문에 그들이 하나님께 얼마나 범죄하건, 혹은 개인적으로 그를 아무리 배척하건 그들을 외면하지 않았다. 그러나 현실과 대면할 시간은 오기 마련이다. 거짓 선지자들은 이 사실에 결코 동의하지 않고 백성들을 계속 잘못된 길로 끌고 갔다. 예레미야가 하나님의 결정을 받아들여야만 하는 시간이 빠르게 다가오고 있었다. 백성들은 계속하여 죄악을 그치지 않았기 때문에 참된 회개를 할 수 없는 지경에 이르렀다. 그러나 그는 그들을 위해 마지막 노력을 하고 있다.

14:20-22. 이 기도가 예레미야 자신을 위해 한 기도인가? 이 기도는 자신을 위한 기도이기도 하지만, 또한 백성들을 위한 기도이기도 했다. 그는 통회하며 회개하고 있다. 하지만 백성들은 실상 그렇게 회개를 한다 해도 진실한 회개가 아니었다. 그들은 생활 방식을 바꿀 의향이 전혀 없는 상태에서도 제물을 드리고 제사를 드리며 공허한 말로 하나님을 찬양할 수 있었다.

이 모든 내용은 예레미야가 앞에서 하나님께 간청한 내용이었다. 아마 유일하게 새 요소는 그분이 유일하고 참되신 하나님이시므로 백성들이 여호와 없이는 너무나 절망적임을 철저하고 무조건적으로 인정한다는 점이다.

15:1-4. 하나님께서는 예레미야의 간청에 지금까지 보여주신 것 가운데 가장 강경하고 결정적인 말씀으로 반응하신다. 그분이 예로 거론하신 두 사람은 이스라엘의 가장 유명한 중보자들 가운데 두 사람이다. 바로 모세(출 32:11-14, 30-32, 민 14:13-19, 신 9:13-29)와 사무엘(삼상 7:8-9, 12:19-25)이다. 두 사람 모두 이방 신들을 섬김으로 범죄했던 백성을 용서해달라고 하나님께 간청했다. 그들은 하나님께 백성들과의 언약 관계를 다시 회복해주실 것을 간구했다.

예레미야의 중보에 대한 하나님의 대답이 잔인하고 가혹하다고 생각하는 사람은 역사적 사실들을 기억해야 할 것이다. 오랫동안 하나님께서는 선지자들을 통해 이스라엘과 유다의 생활 방식을 바꾸지 않을 경우 닥칠 일을 경고하셨다. 그러나 그들은 그분과 그분의 사자들을 끊임없이 거부했다. 완악한 백성들로 인해 하나님의 인내는 결국 한계에 도달했다.

내보내다("벌하다"-한글개역)로 번역된 히브리어 동사는 출애굽기 5장 1절에서 바로에게 "내 백성으로 가게 하라"고 요구하면서 모세가 사용한 단어와 동일한 것이다. 예레미야는 의도적으로 언어 유희를 사용했을 수 있다. 그러나 이 문맥에서 이 동사는 우울하고 불길한 의미를 갖고 있다. 그것은 그들을 '쫓아내라' 혹은 '몰아내라'는 엄중한 명령과 흡사하다.

예레미야는 그 어떤 것으로도 유다에게 임박한 심판을 되돌릴 수 없다는 결론에 이르자 심각한 고통을 겪었음이 분명하다. 이 문맥 속에 발견할 수 있는 하나님의 확고한 거절은 예레미야가 후에 시드기야에게 할 선언의 근거가 되었다. 몇 년 후 바벨론이 예루살렘을 포위하자 예레미야는 유다의 마지막 왕에게 바벨론에 대한 저항을 중단하고 하나님께서 선포하신 심판을 받아들이라고 말한다. 예레미야는 이것이 왕이 목숨을 부지할 유일한 희망이며 예루살렘의 완전한 파괴를 피할 수 있는 유일한 길이라고 주장했다.

하나님의 선언을 듣고 어디로 가야 하느냐고 묻는 백성들의 질문에 대해 예레미야는 즉각 그들에게 주시는 하나님의 말씀을 전달한다. 네 가지 길이 열려 있었다. 첫 번째로 죽음, 칼, 기근의 세 가지는 즉각적인 파멸인 반면, 네 번째인 포로 됨은 살아 있는 죽음일 것이다.

하나님께서는 백성들을 멸망시키기 위해 사용할 네 가지 도구를 간단히 설명하신다. 칼은 즉각적인 파멸을 가져다주지만 하나님께서는 그 일을 끝내시기 위해 세 가지 다른 도구를 사용하실 것이다. 유대인들이 매우 경멸했던 개들은 그들의 시체를 눈에 띄지 않는 곳으로 끌고 가려고 모여들 것이다. 하늘의 새들과 땅의 짐승들이 그들의 시체를 게걸스럽게 먹어치울 것이다. 그들의 적들과 다른 중립 국가들조차 혐오스럽게 그들을 바라볼 것이다.

임박한 심판의 직접적 이유가 하나님의 길에 대한 백성들의 완강한 거부였지만 또 다른 요인이 존재했다. 반세기 이상 유다가 하나님을 떠나도록 미혹한 악한 왕이 악행의 씨앗을 뿌렸던 것이다. 예레미야가 므낫세의 부친 히스기야를 언급한 사실은 미묘한 풍자를 담고 있는 것 같다. 하나님께서는 원래 그 선한 왕을 더 일찍 데려가셔서 자기와 함께 있고자 계획하셨지만, 그 왕은 지상에서의 생명을 연장해주실 것을 간구했다. 하나님께서는 그 통치자에게 15년간의 시간을 더 허락하셨다. 그러던 와중에 므낫세가 태어났다. 우리는 종종 하나님께 우리의 개인적 소원에 맞게 그분의 계획을 변경해주실 것을 구함으로써 우리 자신과 다른 사람들에게 슬픔을 안겨다준다.

15:5-9. 이 구절들은 예루살렘에 닥칠 운명을 묘사한 시를 수록하고 있다. 6-9절의 대부분의 동사들은 완료 시제로서 완료된 행동임을 암시하고 있다. 어떤 해석자들은 이미 발생한 최근의 사건을 가리킨다고 보는 반면, 어떤 이들은 그것이 예언적 완료 시제라고 주장하고 앞으로 일어날 사건들을 가리킨다고 해석한다. 전자의 견해를 고수하는 이들 가운데 대부분은 최근 일어난 그 비극적 사건을 주전 597년의 느부갓네살의 침입이라고 본다. 후자의 입장은 그 사건이 주전 586년의 예루살렘 침략이라고 본다. 어떤 학자들은 이 구절들이 하나님의 바로 앞의 말씀(1-4절)의 주제를 그대로 계속하고 있기 때문에 편집자들이 이곳에 배열한 독립적인 시라고 본다.

5절은 가슴이 찢어지는 슬픈 마음을 표현하고 있다. 황폐화된 유다를 보고 슬퍼할 만큼 관심을 갖는 이는 아무도 없다. 그 중요한 도시가 국가적으로 중요한 장면에서 완전히 사라졌다. 다음 구절에서 하나님께서는 그들을 황폐하게 하신 이유를 재확인해주신다. 유다의 죄악 된 행동은 한두 번의 실수가 아니었다. 유다는 오랜 기간 동안 계속해 죄악을 저질렀다. 결국 하나님께서는 심판을 내리시지 않을 수 없었다.

선지자는 앞에서 사용한 두 비유적 표현을 하나로 결합시킨다(7절). 농경 사회에서

겨와 다른 불순물들을 곡식 낟알과 분리하는 작업은 흔하게 볼 수 있었다. 성의 지도자들은 성문에 모여 공식적 업무를 보았다. 이 두 비유를 결합해 예레미야는 유다의 기본적인 죄악 가운데 하나를 지적한다. 사법 제도의 부패로 유다의 거룩하신 하나님께서 자기 백성들에게 요구하신 정직과 공평의 원리들이 무너진 것이다. 그 민족은 그들의 죄악 된 행위를 회개하길 거부했기 때문에 죽음, 파멸, 황폐의 운명에 직면했다.

다른 나라의 군대가 한 민족을 사로잡을 때 가장 고통당하는 이들은 누구인가? 여자들과 아이들이다. 예레미야는 노골적인 표현을 써서 이것을 지적한다. 8절에서 과부와 바다 모래에 대한 과장법적 표현은 전쟁으로 헤아릴 수 없는 인명 손실이 있음을 강조한다. 대낮은 병사들이 공격 의지에 불타고 있음을 알려준다. 그들은 무차별 공격을 가하기 위해 저녁까지 기다리지도 않았다. 졸지에는 기습 공격을 가리키는 반면, 놀람과 두려움은 바벨론의 잔인성이 심각했음을 암시한다.

9절에서도 수치와 학대를 당하는 여성들의 그림이 계속 등장한다. 일곱 자식을 생산한 여인은 대가족을 거느린 여성을 가리킨다. 7이라는 숫자는 풍성함이나 완전함을 상징적으로 나타낸다. 가정을 한참 돌봐야 할 어머니들이 무자비한 일을 당할 것이다. 운이 좋아 겨우 살아남는다 해도 죽음을 피하지 못할 것이다. 그러한 처벌들은 죄가 한 민족의 운명에 어떤 역할을 하는지 보여주는 하나의 예로서 공개적으로 진행될 것이다.

E. 선지자의 원망과 하나님의 반응(15:10-21)

Supporting Idea	낙심하고 절망한 예레미야는 자신의 처지를 한탄하며 하나님의 구원과 신원하심을 간구한다.

예레미야서에는 예레미야 선지자의 내면을 다룬 몇 편의 시가 포함되어 있다. 이 시들을 통해 우리는 그의 인품과 성향을 엿볼 수 있다. 구약 학자들은 이 시들을 '예레미야의 고백' 이라고 부른다. 그의 고백이라고 일반적으로 인정된 부분은 11장 18절-12장 6절, 15장 10-21절, 16장 1-3절, 17장 9-18절, 18장 18-23절, 20장 7-18절이다.

이 고백들은 아마 결코 공개적으로 드러낸 것이 아닐 것이며, 예레미야 생전에 한 번도 발표되지 않았을 가능성이 매우 높다. 그의 고백은 독백 형식을 취한 경우도 있지만 하나님과의 대화 형식을 띤 경우가 더 많다. 이 고백들은 그의 삶의 고뇌와 아주 내밀한 생각들을 그대로 드러낸다. 그의 두려움과, 역경이나 의심 그리고 유혹으로 인한 갈등들이 표현되어 있다. 간단히 말해, 그를 산산이 부서뜨리려고 위협하는 세계에 대한 그의 반응을 담고 있다. 그는 자신의 예민한 성격을 압도하는 거대한 사명의 도전을 받았다.

15:10. 고백의 대부분이 하나님을 향한 것이지만, 이 부분의 고백은 자신의 모친을 향한 고통스러운 절규로 시작하고 있다. 그러나 예레미야는 자신의 모친을 원망하는 것이 아니다. 자신이 이 세상에 태어난 것을 후회하고 있을 뿐이다. 그의 원망은 욥의 원망과 유사하다(욥 3:1). 예레미야는 아마 욥의 애처로운 울부짖음을 잘 알고 있었을 것이다.

15:11-14. 11절에서 하나님께서는 선지자에게, 그에게 일어난 모든 일이 그분의 거룩한 계획의 일부임을 확인시켜주신다. 그의 대적들이 자신들을 위해 간구해달라고 애원할 때가 올 것이다(11절). 이 일은 후에 바벨론이 유다의 목에 올가미를 걸 때 여러 차례 성취되었다. 18개월에 걸친 예루살렘 포위 공격 기간 동안 왕이 직접 예레미야에게 자신을 위해 하나님께 중보해줄 것을 간청했다.

그러나 현재 예레미야는 한 가지 교훈을 배울 필요가 있었다. 그는 하나님을 향해 반항적인 태도를 취해왔다. 그의 반항은 바알 종교를 따르겠다는 것이 아니라 하나님의 방식에 대한 의문에 있었다. 여기서도 욥과의 유사성이 명백하게 드러난다. 고대의 족장은 결국 "내가 스스로 깨달을 수 없는 일을 말하였고 스스로 알 수 없고 헤아리기 어려운 일을 말하였나이다"(욥 42:3)라고 결국 인정했다. 예레미야도 이와 동일한 교훈을 깨달아야 할 필요가 있다.

12절은 하나님께서 예레미야에게 인간의 힘으로는 '북방에서 오는 적'을 이길 수 없다고 일러주셨다는 뜻이다. 하나님께서는 자기 자신의 방법으로 그리고 자신의 때에 그 일을 하실 것이다. 13절은 예레미야가 가난한 사람이 아니었음을 암시한다. 아마 그는 이미 가족의 유산을 일부 상속받았을 것이다. 후에 그는 "베냐민 땅에서 백성 중 분깃을 받으려고… 그리로 가려 하여"(37:12), 바벨론 군대의 포위 공격이 잠시 멈춘 틈을 타 예루살렘을 떠났다.

하나님께서는 그 문제를 강력한 진술로 마무리하신다. 예레미야 역시 이국 땅에서 백성들과 마찬가지로 노예 생활을 할 것이다. 그가 회개하고 하나님께 변화된 태도를 보이지 않으면 그렇게 될 것이다.

15:15-18. 예레미야는 하나님을 향해 마땅히 가져야 할 존경을 보이지만 동시에 자신의 주장을 굽히지 않고 강조한다. 어조는 약간 더 유화적이 되었지만 그의 말은 진심어린 호소의 형태를 취하고 있다. 그는 자신이 대하고 있는 분이 전능하신 하나님일 뿐 아니라 자신에 대해 모든 것을 알고 계시는 전지하신 하나님이심을 깨달았다.

15절의 알다(understand)로 번역된 히브리어 동사는 일반적으로 번역되는 '알다(know)' 라는 뜻 외에 여러 가지 의미를 갖고 있다. 이 문맥에서는 '지각하다' 혹은 '상기하다' 라는 의미로 사용되었다. 기억하다로 번역된 단어는 단순한 회상 이상의 의미를 가졌다. 과거를 회상하고 그 회상이 현재의 행동에 영향을 미친다는 개념을 지닌 것이다.

하나님의 무소 부재하심과 전지하심을 인정한 예레미야는 하나님의 가장 중요한 속성이라고 생각하는 것으로 이동한다. 그것은 자비와 용서하시는 사랑이다. 하지만 예레미야의 그러한 생각은 여전히 신약적 기준에는 미치지 못했다. 그는 하나님께서 그를 박해한 자들에게 보복해주시기를 원했다.

예레미야가 말한 오래 참으심은 아마 선지자 자신과 그의 사역을 대적했던 자들에 대해 하나님께서 심판을 지연하신 일을 가리킬 것이다. 예레미야는 하나님께서 원수들을 책망하시지 않고 그가 당하고 있는 고통을 연장시키셨다고 생각했다. 그는 자신이 하나님을 위해 고난을 당했고, 아직도 여전히 고난당하고 있음을 일깨워드린다. 적들을 제거하심으로 하나님께서 그를 신원해주시도록 요청하는 것이 지나친 요구인가?

16절과 17절에서 예레미야는 하나님께서 그의 요청을 수락해주셔야 할 세 가지 이유를 소개한다. 첫째, 그는 자신에게 임한 하나님의 말씀을 수용했다. 둘째, 하나님의 이름을 욕되게 했던 그 당시의 천박한 오락을 피했다. 셋째, 그는 고독과 묵상과 기도 가운데 시간을 보내는 편을 택했다. 이렇게 해서 그는 하나님과 최대한 교제할 수 있었고, 헌신된 삶에 필요한 영적인 일들을 최대한 도모할 수 있었다.

예레미야는 18절에서 수사적인 질문으로 보이는 두 질문으로 하나님을 향한 호소를 끝마치지만 하나님께서 그 질문에 응답하셔야 한다고 생각한다. 선지자는 자신이 큰 고통을 당하고 있다고 생각한다. 그의 동족들은 그에게 등을 돌렸고, 외부의 적은 항상 전체 민족에게는 잠재적 위험인 동시에 그에게는 직접적인 위협이었다. 그는 느부갓네살이 그 땅을 정복하고 사람들을 해치면 그 자신도 그런 해를 당할 수 있음을 알고 있었다.

이러한 사실들 외에 그가 하나님의 선지자로 구별됨으로 인해 견뎠던 고독을 생각해 보라. 예레미야는 인간이었다. 그는 친구들과 어울리고 또래 친구들에게 용납받고 싶어하는, 평범한 인간이라면 갖는 모든 욕구를 지닌 사람이었다. 그는 가혹한 고통을 감내했다. 그 고통이 비록 육체적인 것이 아니라 해도 정신적인 고통인 것은 확실했다.

두 번째 질문은 하나님에 대한 반역에 거의 가까운 내용이다. 그는 하나님께서 변덕스럽고 신뢰할 수 없으며 거짓되고 거의 위선적이시라고 비난한다. 속이는 시내(그는 하나님을 이러한 시내에 비유한다)로 번역된 히브리어 단어는 문자적으로 '거짓말쟁이' 라는 뜻이다. 시내라는 단어가 히브리어 본문에는 등장하지 않는다. 물이 말라서라는 표현을 덧붙였기 때문에 예레미야가 이것을 염두에 둔 것이라고 생각한 번역자가 이 표현을 추가한 것이다. '시내' 혹은 '와디(wadi)' 는 비가 오지 않는 여름철에 완전히 메말랐다. 예레미야의 비유적 표현은 하나님께서 믿을 만한 분이 아니시라는 뜻이었다.

15:19-21. 하나님께서는 예레미야의 질문에 대답하거나 그의 비난에 자신을 변호하고자 하는 어떤 노력도 하시지 않는다. 그분은 확고한 어조로 말씀하신다. 예레미야는 백성들에게 회개하고 돌아오라고 요청했다. 이제 하나님께서 예레미야에게 돌아오라고 요청하시고 있다. 예레미야가 태도를 바꾸기만 하면 그는 이전에 하나님과 누렸던 은총을 얻을 수 있다.

하나님께서는 예레미야에게 하나님을 대변하도록 부르심을 받았기 때문에 말을 조심해야 한다는 것을 상기시키신다. 이것은 선지자의 청중들을 향한 말뿐 아니라 하나님을 향해 하는 말도 포함된다. 그는 회중의 영향을 받아 악한 태도를 갖지 말고 선한 방향으로 그들에게 동기를 부여하는 자가 되어야 한다.

하나님께서 예레미야를 자기 선지자로 부르실 때 그로 하여금 대적하는 자들에 맞서는 강한 성이 되게 하실 것을 약속하신다. 그들의 손에 패배당하지 않고 선지자는 그들에게 승리하게 될 것이다. 그 약속을 실현할 수 있는 유일한 길은 하나님의 시각을 선택하는 것이었다. 하나님께서는 예레미야를 구원하길 원하셨고, 그가 하나님의 기준에 부합하면 그렇게 하실 것이다.

이것으로 예레미야의 두 번째 고백이 마무리된다. 그는 실상 하나님에 대한 항변이었던 모친에 대한 원망으로 고백을 시작했다. 하나님께서는 그것을 선지자에게 주시는 명령으로 마무리하시고 있다.

F. 임박한 재앙과 미래의 회복(16:1-21)

Supporting Idea	하나님께서는 백성들의 죄로 인해 유다를 심판하셔야 하지만, 그 민족을 통해 메시아께서 오실 것이므로 그들을 회복시켜주실 것이다.

몇 명의 학자들은 이 단락의 첫 몇 구절이 앞장에서 시작된 예레미야의 고백(15:10)의 연장이라고 주장한다. 하지만 대부분 학자들은 이 전체 장이 독립된 예언, 혹은 신탁이라고 본다. 필자의 판단으로는 후자의 주장이 더 설득력 있다고 생각한다. 1-13절에서 하나님께서는 유다의 암울한 미래를 묘사하고 있다. 그분은 예레미야에게 앞으로 닥칠 비참한 상황에 비추어 엄격히 훈련된 생활 방식을 실행할 것을 명령하시고 있다. 그러나 14절부터 하나님께서는 후에 유다를 포로 생활에서 건져내어 백성들을 고국으로 돌아가게 할 것이라고 선지자에게 확신시켜주신다. 이 단락은 18절까지 계속된다. 19-21절은 하나님과 예레미야 사이의 짧은 대화를 담고 있으며, 이 구절을 끝으로 이 장과 메시지가 마무리된다.

16:1-4. 하나님께서는 예레미야에게 엄격한 명령을 내리신다. 그는 아내를 취하지 말며 자녀를 두지 말아야 한다. 그는 미래 상황이 너무나 끔찍하기 때문에 예레미야가 가족을 갖지 않음으로써 가족이 그런 상황으로 내몰리는 일을 원천적으로 방지해야 한다고 설명하신다. 독한 병이 도처에 번질 것이다. 장례식은 꿈도 꾸지 못할 것이다. 시체들이 지면에서 썩어가며 그대로 방치될 것이다. 유다 백성들에게 이것은 최악의 수치 가운데 하나였다. 모든 사람에게는 제대로 매장될 권리가 있었다.

16:5-7. 하나님께서는 여기서 더 나아가신다. 그분은 예레미야에게 애곡하는 사람들에게 어떤 위로도 하지 말라고 명령하셨다. 이것이 잔인한 것 같지만 하나님께서는 백성들의 죄악을 얼마나 혐오하시는지 자기 선지자에게 각인시켜주고자 하셨다. 우리는 죄가 하나님께 얼마나 끔찍하고 치욕스러운 것인지 결코 잊어서는 안 되고 그것을 축소시켜서도 안 된다.

16:8-9. 하나님께서는 예레미야가 하지 말아야 할 금지 목록에 또 다른 차원을 추가하신다. 그는 사람들과 교류해서도 안 된다. 그렇게 하는 것은 그가 백성들의 경망함과

향락을 인정하는 것으로 비칠 가능성이 있다. 현재의 위기뿐 아니라 앞으로 심각한 재앙이 닥칠 것이기 때문에 백성들은 자신들의 도덕적이고 영적인 필요에 대해 심각하게 생각해볼 필요가 있었다. 활발한 교류는 그러한 태도에 방해가 된다.

16:10-13. 하나님께서는 유다 백성들이 그들의 고통에 대한 설명을 요구할 때 그들에게 설명해줄 내용으로 선지자에게 주는 메시지의 이 단락을 마무리하신다. 그들의 질문에 대한 대답은 이중적이었다.

첫째, 그들의 조상들이 그들을 타락의 길로 들어서도록 만들었다. 이것은 므낫세 왕 세대를 가리키거나 과거 수세기에 걸친 집단적 세대를 가리킬 수 있다. 둘째, 예레미야가 대면하고 있는 세대는 훨씬 더 악한 일을 하고 있다. 그는 그들이 열조보다 더욱 악을 행했다고 그들에게 솔직하게 말한다.

그들의 악의 결과는 어떻게 될 것인가? 그들이 알지 못하는 땅으로 추방되는 것이다. 그곳은 바벨론이었다. 북왕국은 이미 앗수르에 함락되었다. 아마 그들 가운데 일부는 갈그미스 전투 후에 앗수르에서 포로 생활을 하다가 바벨론으로 끌려갔을 것이다. 그러나 유다는 바벨론에 대해 아무것도 알지 못했다. 이 나라는 앗수르보다 훨씬 더 먼 곳에 있었다. 포로로 끌려가는 것은 매우 불행한 일이었지만 완전히 모르는 땅으로 잡혀가는 것은 훨씬 더 불행한 일이었다.

16:14-15. 14절에서 시작해 15절까지 하나님께서는 갑자기 미래를 바라보며 '기어를 바꾸신다.' 그분의 구속적 계획은 여전히 유효했다. 그분은 그 계획을 실행할 도구로 선택하셨던 자들을 버리지 않으실 것이다. 이방 땅으로의 추방은 영원하지 않을 것이다. 때가 되면 그분은 그들을 그들의 땅으로 돌아오게 하실 것이다.

책망과 경고의 문맥 속에 위치하고 있는 이 구절들은 하나님께서 자기 백성들에 대한 진노가 최종적 결론이라고 결코 생각하지 않으신다는 사실을 보여준다. 그분은 아브라함의 씨를 통해 세상을 축복하시겠다고 아브라함과 언약하셨다. 그 약속은 성취될 것이다. 실제로 바벨론 귀환이 출애굽 사건보다 세상을 구속하시고자 하는 하나님의 계획에 더 중요한 사실이 될 날이 찾아올 것이다.

16:16-18. 희망의 말을 제시하신 하나님께서는 현재 상황으로 다시 돌아가신다. 자기 백성들에 대한 임박한 징계는 철저할 것이다. 하나님께서는 자신의 요점을 설명하기 위해 두 가지 비유적 표현을 사용하신다. 그물로 물고기를 잡는 어부의 비유는 이스

라엘 백성들에게 익숙하고 의미 있는 비유였을 것이다. 사냥꾼의 심상은 페르시아의 군사적 전략을 반영하고 있다. 군인들이 희생자를 찾아 끊어지지 않는 선을 이루어 한 섬의 이 끝에서 저 끝까지 행진할 것이다. 몇몇 학자들은 이 두 그림이 주전 597년과 586년의 잇따른 바벨론 침공을 나타내는 것이라고 생각한다.

16:19-21. 이 단락의 마지막 세 구절은 하나님과 선지자 사이의 짧은 대화를 담고 있다. 가장 논리적인 접근은 19절과 20절을 예레미야의 말로, 21절은 하나님의 말로 해석하는 것이다. 하나님의 말씀은 예레미야에게 이해의 문을 열어주었다. 그는 온 세계의 민족들이 여호와께 돌아와 그분만이 주이심을 인정할 것을 알았다.

예레미야는 앞 세대 동족들이 참되신 하나님을 멀리하고 떠났음을 깨달았다. 그들은 아무런 가치가 없고 안전을 전혀 제공해주지 않는 무익한 신들을 만들었다. 20절의 질문과 대답은 선지자의 결론을 기록하고 있다. 여호와 외의 그 어떤 것도 혹은 그 누구도 백성들의 필요를 온전히 충족시킬 수 없다. 21절에서 하나님께서는 자신의 판결과 약속을 소개하신다. 예레미야가 그분의 헌신적인 그릇이 되기로 결심했기 때문에 하나님께서는 그와 함께하시며 그에게 힘을 주실 것이다. 하나님과 선지자가 함께 협력할 때 모든 민족들이 하나님께서 주시는 구원을 알게 될 것이다.

G. 유다의 도덕적 상태에 대한 그림(17:1-18)

Supporting Idea	위기의 심각성을 곰곰이 생각한 예레미야는 백성들에게 온 영혼을 쏟아붓듯이 호소한 후 하나님께 도움을 구한다.

얼핏 보면 이 단락의 메시지들은 서로 전혀 무관한 듯해 보인다. 하지만 더 깊이 연구해보면 주제적 통일성이 드러난다. 이 메시지들은 예레미야의 사역, 특별히 여호야김 통치 시대의 그의 사역에 대한 축소판 역할을 한다. 이것이 짧고 개별적인 설교 모음인지, 혹은 긴 하나의 담화인지는 중요하지 않다. 나의 판단으로 처음 1-13절은 하나님의 말씀을 담고 있고, 뒤의 14-18절은 예레미야의 반응을 알리는 것으로 보인다.

17:1-4. 이 단락은 유다의 영적 파산 상태를 보여준다. 히스기야와 요시야 시대의 부흥이 유다 민족의 급속한 타락의 속도를 늦추어주지는 않았다. 유다의 죄가 너무나 심각했기 때문에 예레미야는 그것이 속속들이 스며들어 있다고 묘사한다. 그는 철필, 혹

은 금강석 끝 철필이라는 비유를 사용한다. 고대 시대에 그러한 도구들은 모압 석판과 같이 글을 새기는 데 사용되었다. 그 민족은 단순히 연고가 필요한 것이 아니라 근본적인 심장 수술이 필요했다. 성전의 제단 뿔과 같은 거룩한 장소들은 그 민족의 죄악을 반영했다.

유다가 안전할 가능성은 이제 사라졌다. 바알 제단들을 허무는 피상적 행위가 있었지만 우상 숭배가 너무나 만연해서 자녀들이 여전히 그 행위들을 기억하고 있었다. 보잘것없는 얄팍한 외적 행위나 의식들로 죄를 제거할 수는 없다.

3-4절은 15장 13-14절과 매우 강한 유사성이 있다. 나의 산은 아마 하나님의 특별한 보물인 예루살렘을 가리킬 것이다. 예레미야는 하나님께서 적에게 유다의 중요한 종교적 성전뿐 아니라 그들의 보물도 내어주실 것이라고 경고했다. 학자들은 예레미야가 주전 597년 침략에 대해 말하는 것인지, 혹은 주전 586년 마지막 침략을 말하는 것인지 의견이 분분하다. 실제로 그의 말은 두 기간에 일어난 비극적 사건에 모두 적용되었다. 예레미야는 마지막 비극의 정확한 때가 언제인지, 마지막 비극이 찾아오기 전 유다가 몇 차례 침략을 당할 것인지 알리지 않는다.

예레미야는 임박한 심판을 선언할 때 항상 심판을 받는 이유를 백성들에게 알려준다. 그는 다른 경우에 했던 말을 이 문맥에서 반복하고 있다. 잘못은 그들 자신에게 있었다. 두 가지 결과가 따를 것이다. 첫째, 유다는 하나님께서 그들에게 약속하신 기업을 잃게 될 것이다. 둘째, 백성들은 고향에서 끌려가 다른 땅에서 지내게 될 것이다. 그들은 이방 민족의 종이 되고, 이방인들이 섬기던 신들에게 강제로 굴복하게 될 것이다(16:13).

17:5-11. 이 구절들은 다른 시기, 즉 앞의 소단락(1-4절)보다 더 빠른 시기에 작성되었을 시를 담고 있다. 예레미야는 이 메시지가 하나님께서 앞의 4절에서 그에게 말씀해 주신 것과 매우 상관성이 높기 때문에 이 부분에 삽입했을 것이다. 이 시는 수세기 전 솔로몬 통치기의 통일 왕국 시대에 시작되어 번성했던 지혜 문학과 문체적으로 유사한 구조를 이루고 있다. 그러한 문체와 내용은 대중적인 작문 방법이었다.

자신의 자원을 신뢰하는 사람들과 하나님을 자기 힘으로 의지하는 사람들의 대조는 예레미야서의 기본적인 주제들 가운데 하나다. 두 개의 다른 유형의 사람들을 대조하기 위해 그가 사용한 비유는 두 가지 대조적인 그림을 담고 있다. 하나는 키가 작은 가시 관목들이 생존을 위해 힘들게 사투를 벌이고 있는 뜨거운 사막으로 우리를 데려간다. 또 다른 하나는 모든 생물이 생명을 살리는 물로 인해 살아 있는, 푸른 물이 넘실대는 강으로 우리를 데려간다. 이 장면들은 두 종류의 사람을 나타낸다. 첫 번째 종류의 사람은 자기의 피조물을 사랑하시며 그들의 최선을 원하시는 하나님을 외면한다. 이 사람들은 육체를 그들의 무기(KJV 참고)로 삼고, 살아계신 하나님을 멀리한다. 나머지 종류의 사람은 그들의 필요와 염려, 죄와 슬픔을 하나님께 맡겨버린다.

9-10절은 **마음**에 대해 깊은 통찰을 담고 있다. 마음이라는 몸의 이 기관은 한 개인의 기질이 지닌 감정을 담당하는 기관 이상의 것을 가리킨다. 그것은 감정의 좌소일 뿐 아니라 지식과 의지의 좌소이기도 하다. 어떤 번역들은 거짓되다라는 번역보다는 '심각하게 병든' 이라고 번역한다. 이것은 잘못된 표현이 아니다. 죄는 병이다. 예수님께서 자신을 의사에 비유하신 이유가 이 때문이다.

죄가 병이라는 이 개념은 하나님에 대한 반항의 개념을 포함한다. 또한 사람들이 자신들의 인생에 대한 하나님의 뜻을 무시할 때 안게 될 최종적 결과를 포함하고 있다. 병든 사람들은 인생에 대해 병적이고 왜곡된 시각을 갖는다. 이것은 건강하다면 갖지 않았을 생각이다. 그런 시각을 갖게 되는 것은 그들이 자신들을 알지 못하기 때문이다. 하나님께서 예레미야를 통해 마음에 대해 말씀하시고자 하신 내용이 정확히 바로 이것이다.

11절은 자고새가 남의 알을 품는다는 일반적인 사실을 반영하고 있다. 많은 고대 작가들은 자고새가 많은 적들에게 알을 도적맞는다고 주장하면서 이런 표현이 틀린 것이라고 말했다. 이 비유를 통해 선지자가 강조하고자 하는 핵심은 부당한 수단으로 부를 쌓는 사람들이 불의하게 얻은 재물을 누리지 못한다는 것이다.

17:12-18. 학자들은 일반적으로 예레미야의 네 번째 고백이 17장 9절에서 시작되어 18절까지 계속된다고 생각한다. 이 주장이 맞다면 이 소단락의 구절은 네 번째 고백의 일부가 될 것이다(예레미야의 고백에 대해서는 15장 10-21절 서두의 주석을 참조하라).

여기에서 예레미야는 하나님과의 대화를 시작하고 있다. 12절과 13절은 백성에게 선포하도록 하나님께서 그에게 주시는 말씀이 아니라 그가 하나님께 드린 말씀이다. 그는 이스라엘의 주권자 되신 하나님을 경배하며 하나님께 찬양을 드리기 시작한다. 이어서 그는 백성들의 안전이 하나님 안에 있다고 말한다. 그를 따르기를 거부하는 자들은 멸망을 당할 것이다.

14-18절에서는 하나님을 향한 예레미야의 마지막 간청이 기록되어 있다. 선지자는 현재 자신이 당하고 있는 고통에서 건져주실 것을 간구하면서 자신의 의무를 절대 소홀히 한 적이 없고 타협함 없이 하나님께서 주신 메시지를 전했다고 주장한다. 낙심 속에 자기의 대적들을 처리해달라고 구하며, 심지어 그들이 배나 되는 멸망을 당하게 해달라고 요청함으로써 복수심마저 드러낸다.

H. 안식일 준수(17:19-27)

Supporting Idea	한 국가의 발전과 안전, 생존은 백성들이 주의 날을 어떻게 지키느냐에 크게 달려 있다.

예레미야서 편집을 재구성하고자 시도하는 사람들은 이 메시지를 전체 그림과 맞추고자 시도할 때 큰 어려움을 겪는다. 학자들은 이 본문이 요시야 초기 통치기에서 느헤미야 시대에 이르기까지 모든 시기가 가능하다고 보았다. 학자들은 각자 자신의 입장을 지지하는 강한 증거를 제시한다. 필자는 이 단락이 두루마리에 추가된 독립된 설교로 보고, 1차 전달된 날짜를 밝히고자 하는 어떤 시도도 하지 않을 것이다. 본문의 메시지는 예레미야 시대의 모든 시기에 적합하며 어떤 세대에든 적용될 수 있다.

17:19-26. 학자들은 19-21절에 기록된 문이 어디인지를 두고 여러 가지 제안을 한다. 핵심은 하나님께서 예레미야가 그 땅의 지도자들을 포함해 최대한 많은 사람들이 그의 말을 들을 수 있는 곳을 선택하기를 원하신다는 것이다.

하나님께서는 예레미야에게 메시지를 단순하고 직접적으로 전달하라고 명령하신다. 그는 백성들이 특별한 날로 지정된 날인 이 안식일 준수에 대해 다시 평가하기를 원하셨다. 그 민족이 안식일 준수를 게을리 해왔음이 분명하다.

안식일에 짐을 지고 옮기는 행위에 대한 21절의 명령은 이 단순한 행위가 그 이상의 깊은 함의를 갖고 있음을 보여준다. 22절에서 하나님께서는 그것에 대해 자세히 언급하신다. 그분은 백성들에게 안식일에 너희 집에서 짐을 내지 말며 아무 일이든지 하지 말아서 내가 너희 열조에게 명함같이 안식일을 거룩히 할지어다라고 명령하신다.

구약은 안식일을 지키거나 기억해야 할 필요성에 대해 하나님께서 주신 두 가지 이유를 기록하고 있다. 출애굽기 20장 11절은 그분이 6일 동안 세상을 창조하시고 제7일에 쉬심으로 "안식일을 축복하시고 거룩하게 하셨다"고 말한다. 신명기 5장 15절에서는 모세가 백성들에게 애굽의 노예 생활에서 구속된 것을 기념하여 일곱째 날을 지키라고 백성들에게 말하고 있다. 그리스도인으로서 우리는 한 가지를 예외로 하면, 즉 우리 구속은 그리스도의 대속을 통해 죄의 예속에서 구속된 것이라는 점을 제외하면 동일하게 이 두 동기를 유념해야 한다.

종종 안식일에 대한 두 가지 극단적인 태도가 팽배해왔다. 그것은 율법주의와 방임주의다. 율법에 대한 과도한 강조라는 족쇄를 없애고자 노력하던 많은 사람들은 모든 제약을 벗어버린다. 그 결과 그들은 길의 맞은편에 있는 '깊은 수렁'에 빠진다. 우리는 주의 날에 어떤 행동도 하지 않는 부정적인 태도를 피해야 한다. 하지만 우리는 하나님께서 원래 의도하셨던 대로 기독교의 안식일, 혹은 주의 날을 만들어야 할 필요가 있다. 즉 '구별된' 날로 삼을 필요가 있다.

17:27. 예레미야는 이 짧은 신탁을 심각한 경고로 마무리한다. 유다가 하나님의 말씀에 주의하지 않으면 백성들은 끔찍한 운명을 맞을 것이다. 에이브러햄 링컨은 자신의 민족에 맞게 이 진리를 적절하게 표현했다. 그는 "우리가 안식일을 지키거나 범하는 것은 인간이 불러일으키는 마지막 최고의 희망을 훌륭하게 지키거나 초라하게 상실하는 것이다"라고 말했다.

Main Idea 복습	사람들의 죄의 정도가 너무 심각해 실제로 회개할 능력이 없다 하더라도 하나님의 참된 선지자는 여전히 그들을 사랑한다.

결론

하나님께서는 하나님이시다

하나님을 전혀 의식하지 않고 자신들을 위해 사는 사람들은 종종 예레미야 시대의 유다 백성들이 가뭄과 기근을 겪었듯이 재앙이나 절망의 시간을 경험한다. 이런 일이 닥치면 그들은 하나님께 부르짖는다. 그들은 하나님께서 그들의 기도를 들으시고 구원을 베푸실 것이라고 생각한다. 그러한 시각은 전능하신 우주의 하나님을 우주적인 종으로 격하시킨다. 그러한 시각은 우리가 원하면 하나님께서는 우리와 우리의 필요에 응답하실 책임이 있고, 우리의 원대로 무조건 이루어주실 책임이 있다고 가정한다.

그러나 하나님께서는 하나님이시다. 그분은 우리의 욕망과 요구에 굴복하시지 않는다. 우리가 참된 회개 가운데 그분에게 나아가고, 악한 길에서 기꺼이 돌이키고자 하지 않으면 아무리 신령한 사람이 우리를 위해 중보한다 해도 의미가 없을 것이다. 하나님께서는 듣지 않으실 것이다. 그분은 우리를 위해 행동하지 않으실 것이다. 우리를 건져주셔서 우리 생활이 정상으로 돌아간 후 그분을 계속 무시하도록 두지 않으실 것이다.

이것이 예레미야 시대의 백성들이 배워야 했던 진리였다. 오늘날 우리가 배워야 하는 진리이기도 하다.

▣ 진리 알기

- 사람들이 아무 제약 없이 하나님께 계속 범죄한다면 조만간 되돌릴 수 있는 지점을 지나치고 말 것이다.
- 하나님께서는 우리가 원하는 대로 우리의 회개와 고백에 반응하실 의무가 없다.
- 하나님을 대변한다고 주장하는 모든 이들이 그분의 참된 대변자는 아니다.
- 때로 하나님께서는 자기 종들을 사용하시기 위해 독신으로 살고 정상적인 생활을 포기하도록 요구하신다.
- 하나님의 궁극적인 뜻은 심판과 파멸이 아니라 구원과 회복이다.
- 자신들의 힘으로 살고자 애쓰는 사람들은 형통하지 못하지만, 주님을 신뢰하는 사람들은 결코 실패하지 않을 것이다.
- 종종 불합리한 외부 문제로 보이는 부분에서 하나님께 순종하는 것이 하나님과 그분의 명령에 대한 참된 태도임을 보여준다.

▣ 적용하기

- 당신의 '죄악 탐지기'의 감지력이 저하되지 않았는지 확인하기 위해 그것에 대한 보수 점

검을 해보라. 불의 연기를 감지할 수 있는 능력이 떨어진 연기 감지기가 어떻게 되는지 생각해보라.

- 하나님을 대변하는 자들에게 필수적인 특징들을 몇 가지 열거해보라.
- 당신 자신의 권리와 욕망 혹은 계획을 추구하다가 하나님으로부터 멀어진 자신의 모습을 발견하는 것을 상상해보라.
- 당신의 삶의 대부분을 지배하는 하나님에 대한 시각이 무엇인지, 그리고 그 시각이 성경이 하나님에 대해 가르치고 있는 것과 얼마나 일치하는지 평가해보라.
- 당신이 알고 있는 사람들 가운데 자기 충족적인 사람과 하나님 안에 깊이 뿌리를 내린 사람을 비교해보라.
- 일부 동료 그리스도인들에게, 사소하지만 한 개인 안에 있는 믿음의 진정성을 드러내는 일 가운데 어떤 것이 있는지 물어보라.

삶의 적용

독신으로 섬기는 종

하나님께서는 예레미야를 향한 특별한 사역을 계획하고 계셨다. 그 사역을 위해서는 독신으로 살아야 하며 자식 갖는 것을 포기해야 했다. 그것은 예레미야의 선택이 아니었다. 하나님께서 그에게 결혼하지 말고 자식을 낳지 말라고 명령하셨다(16:2). 하나님께서는 그에게 사람들과의 교류(16:5)와 정상적인 사회 활동에 참여하는 것을 금하셨다(16:8).

샬롯테(Charlotte)라고 하는 한 독신 여성은 절망의 시간에 "나처럼 고독하게 사는 이가 한 사람도 없었으면 한다"라고 썼다. 그녀는 끈끈한 가족애를 자랑하는 집안 출신의 한 남자와의 약혼이 파경을 맞은 후 큰 혼란을 겪었다. 그녀는 수많은 직장 동료들을 분노하게 했고, 남자의 고유한 영역을 넘보려고 한다는 비난에 끊임없이 시달렸다. 그녀는 석사 학위를 취득했고 학교 교장으로 섬겼으며 여성의 권리를 옹호했고 정부와 교섭하는 데 막강한 영향력을 가진 인물로 인정받았다. 그녀는 기아로 굶주리고 있는 사람들을 돕기 위해 음식을 입에 대지 않았다. 그리고 결국 굶어 죽었다. 사망할 당시 그녀의 몸무게는 겨우 23킬로그램이었다.

로티 문(Lottie Moon)으로 더 잘 알려진 샬롯테에게 하나님의 부르심이 임했을 때 그녀는 그 부르심에 응답했고, 중국에서 선교사로 40년을 헌신했다. 그녀는 "내 목숨이 천 개여서 중국의 여성들에게 모두 줄 수 있었으면 좋겠다"라고 썼다.

무엇이 로티 문과 같은 사람들로 결혼, 가족 그리고 정상적인 사회 생활에 대한 자연적인 욕구를 포기하게 만드는 것인가? 하나님의 부르심이다. 하나님께서는 그녀를 위한(그리고 수세기 동안 수많은 사람들을 위한) 특별한 사역을 준비하고 계셨다. 그녀가 자신을 하나님께 바치고 기꺼이 독신으로 살고자 원했기 때문에 그녀에 대한 그분의 계획을 이룰 수 있었다.

기도

하늘에 계신 주님, 우리로 더 이상 돌이킬 수 없는 데까지 나아가지 않도록 해주소서. 우리를 구해주소서. 우리를 건져주소서. 우리를 당신의 항구에 무사히 이르도록 해주소서. 당신의 은혜를 당연하게 생각한 우리를 용서해주소서. 우리를 회복시켜주시고 당신 안에 견고히 자리 잡게 해주소서. 우리가 우리 인생에 대해 세운 모든 계획들과 욕망들을 당신께 내어드리도록 도와주셔서 당신의 도구로 사용되게 해주소서. 당신이 명령하신 모든 일에 순종하도록 도와주소서. 아멘.

심층 연구

A. "이 땅에서 거류하는 자같이"(14:8)

혹시 부재자 신을 섬기고 있는 듯한 생각이 들 때가 있지 않았는가? 마음 내키는 대로 왔다가 가버리는 신을 섬기고 있다는 생각이 들지 않았는가? 오래 된 격언은 그러한 사람을 어려울 때 외면하는 '말뿐인 친구'라고 말했다. 예레미야는 낙심중에 있을 때 하나님에 대해 이런 식의 감정을 경험했다. 그는 하나님에 대해 종종 '나그네(stranger)'로 번역된 히브리어 단어를 사용했다.

우리 하나님께서는 부재자 신이신가? 우리 고통을 완전히 망각한 채 왔다가 가버리는 분이신가? 우리가 예레미야와 같은 기도를 드려야 한다고 생각하면 그 잘못은 우리 자신에게 있을 수 있다. 하나님께서는 왜 자신과 교제할 마음이 전혀 없는 사람과 교제하셔야 하는가? 하나님께서는 예레미야 시대의 사람들에 대해 "그들이 어그러진 길을 사랑한다"고 말씀하셨다. 영적인 일에 대해 무관심했기 때문에 하나님께서는 그들과 교제하실 수 없었다.

하나님께서는 하룻밤 잠시 머물렀다 다시 다른 데로 떠나는 나그네가 아니시다. 예레미야는 잠시 동안 곰곰이 생각한 끝에 자신의 생각을 바로잡았다. 그는 "주는 오히려 우리 중에 계시고 우리는 주의 이름으로 일컬음을 받는 자이오니"(14:9)라고 말한다.

하나님께서는 오늘 우리와 늘 함께 계신다. 어떻게 함께 계신가? 그것은 바로 예수 그리스도 안에서다. 베들레헴에서 그분은 우리 가운데 한 사람이 되셨고, 갈보리에서는 우리를 영원히 자신에게로 나아오게 하셨다. 그분은 아버지의 집에 함께 있도록 우리를 데려가시기 위해 재림하실 때까지, 그분의 성령을 통해 우리와 지속적인 교제를 유지하신다.

B. "사람이 어찌 신 아닌 것을 자기의 신으로 삼겠나이까"(16:20)

성경은 하나님께서 인간을 하나님 자신의 형상대로 만드셨다고 말씀하신다(창 1:27). 예리한 통찰력을 지닌 한 사람이 "머지않아 세속화된 인간은 '은혜를 갚았다.' 그는 자기의 형상대로 신을 만들기 시작했고, 그 이후로 그는 그 일을 멈추지 않고 계속해오고 있다"라고 말한 적이 있다.

우리가 살고 있는 현대 사회에서는 사람들이 하나님에 대해 두 가지로 이야기하고 있다. 그것은 두 가지 세계관을 반영한다. 첫 번째 세계관은 하나님께서 인간에게 원하시는 것과 관련이 있다. 두 번째 세계관은 인간이 그의 신에 대해 원하는 것에 초점을 집중한다. 종교적 경험 가운데 실제적인 부분이 결핍된 이유는 대부분 우리가 이 차이와 그것이 일상 생활에 미치는 함의들을 직면하지 않기 때문이다. 오늘날 많은 현대인들은 고대 시대에 이방인들이 했던 일을 하고 있다. 그들은 음식, 음주, 돈, 성적 방탕, 민족주의, 인종의 신들을 만들고 있다.

또 다른 위대한 선지자는 고대의 한 이스라엘 사람과 그의 우상 숭배를 조롱하는 풍자적 그림을 그렸다. 그는 그 사람이 숲에 가서 자신이 이전에 심어두었던 나무를 베는 모습을 묘사한다. 그는 그 나무를 이용해 방을 따뜻하게 하는 데 쓴다. 그리고 그 나무로 불을 피워 빵을 굽는다. 자신의 물질적 필요를 채우는 데 그 나무의 대부분을 쓰고 나서도 나무가 조금 남는다. 그 선지자는 "그 나머지로 신상 곧 자기의 우상을 만들고 그 앞에 부복하여 경배하며 그것에게 기도하여 이르기를 너는 나의 신이니 나를 구원하라 하는도다"(사 44:17)라고 말했다.

C. "만물보다 거짓되고 심히 부패한 것은 마음이라"(17:9)

KJV는 '치료가 불가능한(beyond cure)'이라고 번역하지 않고 '심히 악한(desperately wicked)'이라고 해석한다. 그러나 현대 번역본들의 일부는 '절망적일 정도로 병든'이라는 표현의 절충식 해석을 하고 있다(NASB, HCSB). 일부 사람들은 이러한 번역을 죄 문제를 단순히 '질병'이라고 봄으로써 죄 문제를 '희석시키고자' 시도한 것이라고 생각하여 불쾌하게 여긴다.

솔직하고 객관적으로 판단하자면 병과 악이 항상 정확히 같은 의미는 아니다. 그러나 이 문맥에서 예레미야는 도덕적 허약함을 가리키기 위해 이 단어를 사용했다. 그가 도덕적 의무나 적어도 영적 결함의 개념을 포함시키고자 하는 의도가 있었다고 생각해 볼 수도 있다. 그는 자신의 청중들에게 한 가지를 전달하고자 했다. 심각하게 아픈 상태가 아니라 해도 도덕적으로나 영적으로 중요한 결정에 대해 자신의 마음을 완전히 신뢰할 수 없다는 것이다.

이 진리는 인생의 모든 영역에 적용될 수 있다. 병든 사람은 주로 건강한 상태라면 다르게 보았을 상황에 대해 보통 병적이고 왜곡된 시각을 갖게 된다. 상담가들은 신체적으로나 심리적으로 힘든 상태에서는 어떤 결정도 내리지 말라고 조언한다. 그러한 상황에서는 명확하게 문제의 핵심에 집중하지 못하고 전체적인 그림을 보지 못한다.

예레미야는 이 진리를 확인해준다. 인생의 중요한 문제들에 대해 죄와 죄책감으로 올바른 생각을 하지 못한다면 마음이 올바른 판단을 내릴 것이라고 기대할 수 없다. 선지자는 자신의 요지를 강조하기 위해 "누가 능히 이를 알리요?"라는 질문을 추가한다. 히브리적 사고에서 마음은 느낌과 감정을 담당하는 일차적인 장소가 아니었다. 그것은 기본적으로 의지와 판단의 장소이고, 여러 면에서 전인의 개념을 갖고 있었다.

마음은 우리 안에 깊이 자리한 것이며 인간의 생각으로는 완전히 이해하거나 헤아릴 수 없는 곳이다. 그 마음에서 목표와 바람, 두려움과 희망, 기쁨이 생긴다. 그 안에 우리 자신도 자각할 수 없는 동기들이 숨어 있다.

'정직하게 생각하는' 마음을 어떻게 가질 수 있는가? 그 대답은 우리가 어린 시절에 듣던 "너의 마음을 예수님께 복종시켜라"는 오래 된 말에서 찾을 수 있다. 이것은 당연히 삶 전체를 의미한다. "예수 그리스도를 주로 영접하라"는 말의 다른 표현이기도 하다. 성장을 위한 싸움은 길고 처절할 수 있다. 수많은 '성장통'이 요구될 수도 있다. 하지만 이것은 모든 위선과 거짓과 불의를 우리 자신에게서 제거할 수 있는 유일한 길이다.

우리가 어릴 때 부르던 간단한 노래가 있다. "내 마음속에, 내 마음속에, 주 예수여 내 마음속에 오소서. 오늘 오소서. 내 안에 오셔서 떠나지 마소서. 내 마음속에, 주 예수님." 이것은 포스트모더니즘 세상인 오늘날에도 여전히 필요한 것이다.

교안

A. 들어가는 글

1. '폭포에서의 구조' 를 읽으라.
2. 본문 이해: 가문과 기근을 당한 유다 백성들은 하나님께 구원해주실 것을 구했다. 하나님께서는 예레미야에게 그들의 간구에 응답하지 않으실 것이라고 선언했고, 유다를 심판하기로 결정하셨음을 알리기 위해 그 상황을 이용하셨다.
3. 적용: 하나님께서는 예레미야의 개인적 고통과 삶의 상황을 이용하셔서 유다의 부도덕함을 묘사하셨다.

B. 본문 이해

1. 가뭄이 닥친 시기의 자연에 대한 묘사(14:1-6)
2. 예레미야의 첫 번째 중보(14:7-12)
3. 예레미야의 두 번째 중보(14:13-18)
4. 예레미야의 세 번째 중보(14:19-15:9)
5. 선지자의 원망과 하나님의 반응(15:10-21)
6. 임박한 재앙과 미래의 회복(16:1-21)
7. 유다의 도덕적 상태에 대한 그림(17:1-18)
8. 안식일 준수(17:19-27)

C. 결론

'하나님께서는 하나님이시다' 를 읽으라.

토의 질문

1. 가뭄과 기근과 같은 자연 재해를 당할 때 사람들이 종종 하나님을 찾는 이유는 무엇인가?

2. 하나님의 이름을 부르고 자기 죄를 고백하는 사람들을 하나님께서 무조건 용서해주시는지 토론해보라. 그분이 용서해주시지 않는 상황이 있는가? 그러한 상황은 무엇인가?

3. 예레미야 16장 1-9절과 고린도전서 7장 32-35절과 같은 구절들을 참고해서 주의 종이 독신으로 살 경우 어떤 이점들이 있을지 확인해보라.

4. 그리스도인들은 일상적인 노동을 금하는 안식일을 지켜야 하는가? 그러한 훈련으로 어떤 유익을 얻을 수 있는가?

예레미야 18:1-20:18

토기장이 집 방문

"이 모든 것은 도자기와 도공에 관한 걸세.
누가 도공인지 말해주게나.
기도해보게나, 누가 도자기인지.
누군가가 이야기했었지.
도공이 자기가 만들다 망친 그 불행한 도자기들을
지옥 불에 던져 넣어버린다고.
협박하는 자를 일러바치는 이유가 무엇인지.
후후!
그는 좋은 사람이라 아무 일도 없을 걸세."

- 에드워드 피츠제럴드(Edward Fitzgerald)

예레미야는 백성들을 가르치기 위해 토기와 관련된 두 개의 상징 행동을 이용한다. 먼저 토기 만드는 작업에서 얻는 교훈이 소개된다(18:1-10). 그러고나서 토기를 깨는 것과 관련된 교훈이 소개된다(19:1-13). 두 상징적 행동 후에 하나님께서는 유다에 대한 재앙을 준비하고 계심을 선언하신다(18:11, 19:15). 두 예를 이용해 이러한 선언들을 한 후 예레미야는 직접적인 공격을 받게 되었고(18:18, 20:1-2), 예레미야는 하나님을 원망하게 된다(18:19-23, 20:7-18).

들어가는 글

토기장이의 손에 들린 진흙

장로교도인 엄격한 그녀의 부모는 그녀의 이름을 사라 애디슨 폴라드(Sarah Addison Pollard)라고 지었지만 의지력 강한 이 여성은 그 이름이 마음에 들지 않았다. 그녀는 아델레이드(Adelaide)라는 이름을 더 좋아했고 그 이름을 선택했다. 아델레이드는 약했고, 수많은 육체적 정신적 문제들로 인해 고통받았다. 그녀에게는 당뇨가 있었다. 깊은 우울증에 빠지기도 했다. 그녀는 악화된 병으로 고통스러워하다가 장기 요양을 위해 고향으로 돌아가야만 했다. 그녀는 이 병들을 고치기 위해 치료를 받으러 다녔다.

아델레이드의 간절한 소망은 해외 선교였다. 하지만 해외 선교라는 소명은 늘 그녀를 외면하는 것만 같았다. 마침내 아프리카로 가게 되었지만 제1차 대전이 발발해서 단 몇 개월 만에 그곳을 떠나야만 했다. 그녀는 전쟁 기간을 스코틀랜드에서 보내다가 미국으로 돌아갔다.

아프리카로 가고자 한 노력이 실패한 후 우울증으로 고통당하던 그녀는 너무나 산만해서 집중하기 어려운 한 기도 모임에 앉아 있었다. 비관적인 마음에 젖어 있던 그녀는 한 할머니가 기도하는 소리를 들었다. "주님, 우리의 삶에 어떤 일이 일어나도 좋사오니 주님의 뜻만이 우리에게 이루어지게 하소서."

그날 저녁 아델레이드는 집으로 돌아갔다. 그녀는 예레미야서 18장 3-4절을 묵상했다. "아마 하나님의 뜻에 대해 물어보면 내 삶의 문제가 드러날지도 몰라. 그래서 토기장이가 흠이 있는 그릇을 깨뜨리듯 하나님께서는 나를 깨뜨려 '그 자신의 방식대로' 내 삶을 다시 빚으시기로 결정하셨을 거야"라고 생각했다. 그녀가 하나님과 자신의 인생에 대한 하나님의 뜻에 새롭게 헌신하며 꿇어 엎드리자 시 한 편이 마음속에 떠오르기 시작했다.

> 당신의 뜻을 이루소서, 주님! 당신의 뜻을 이루소서!
> 당신은 토기장이, 나는 진흙이오니

나를 빚으사 당신의 뜻대로 만드소서.
고요한 가운데 당신께 복종하며 기다립니다.

아델레이드처럼 예레미야 시대의 백성들은 다시 하나님의 손에 빚어져야 했다. 그들은 흠투성이 그릇이었다. 그들의 삶은 상처가 나 있어서 거룩하신 토기장이의 디자인대로 다시 만들어야 했다. 예레미야는 "이스라엘 족속아 이 토기장이의 하는 것같이 내가 능히 너희에게 행하지 못하겠느냐"(18:6)는 하나님의 질문을 전달했다. 그러나 그 민족이 완악해서 하나님께 복종하지 않는다면 그들은 산산조각 나서 회복이 불가능해질 것이다(19:10-11).

본문 이해

토기장이 집 방문

Main Idea	하나님께서는 망가진 인생을 변화시키실 수 있지만 이 진리를 전달하는 메신저는 종종 거센 반발에 부딪힌다.

이 세 장의 자료는 현재와 같은 모습으로 예레미야서에 흡수되기 전 각기 독립된 단락으로 존재했다. 이 장들은 선지자의 사역 기간중 가장 어려웠던 때와 관련이 있는 내러티브, 설교, 대화들을 담고 있다.

이 장들을 하나의 단락으로 묶은 이유는 무엇인가? 많은 학자들은 토기장이의 작업과 관련된 두 사건 때문에 예레미야서 편집자가 이 장들을 나란히 한 단락으로 배열했다고 주장한다. 그들 가운데 대부분은 첫 두 장만이 하나의 큰 단락을 이룬다고 본다. 더 세밀히 연구해보면 토기에 대한 두 언급이 포함되면서 그것을 대체하는 주제적 통일성이 세 장에 있음을 알 수 있다.

첫 단락(18:1-10)은 내러티브 형식으로, 하나님의 명령에 따라 예레미야가 토기장이의 집을 방문하는 이야기를 소개한다. 선지자가 토기장이의 일하는 모습을 지켜보고 있을 때 하나님께서는 중요한 영적 진리를 그에게 지적해주신다. 토기장이는 토기에 흠집이 나면 그것을 다시 빚는다. 이스라엘 역시 하나님께서 마음대로 빚으실 수 있는 진흙이었다. 그분은 그 민족을 그들의 선택에 따라 다루실 것이다.

두 번째 단락(18:11-17)은 하나님께서 백성들을 위한 메시지를 예레미야에게 주시는 내용(11절)을 기록하고, 이어서 그들이 그의 말을 거부할 것이라는 경고(12절)를 소개한다. 13-17절은 하나님께서 예레미야에게 전달하도록 명하신 긴 책망과 경고를 담고 있다.

세 번째 단락(18:18-23)은 예레미야의 고백을 담고 있다. 첫 구절은 산문 형식으로, 하나님께 받은 예레미야의 메시지가 백성들에게 미친 충격과 그를 암살하고자 하는 그들의 계획을 소개한다. 나머지 부분(19-23절)은 자신을 해치려고 하는 자들을 처벌하심으로 자신을 신원해달라고 하는 예레미야의 호소를 담고 있다.

네 번째 단락(19:1-15)은 논리적으로 앞 단락의 내용과 연결되어 있다. 하나님께서는 자신을 대적한 자들과 자신을 해치고자 한 그들의 악의적 음모에 대한 예레미야의 원망을 들으신 후 그에게 명령을 내리신다. 그분은 선지자에게 토기 병을 사서 백성들에 대한 심판의 메시지, 미래의 심판 경고를 설명하는 데 사용하라고 말씀하신다.

다섯 번째 단락(20:1-6)은 내러티브 형식으로, 감정이 격해진 선지자가 백성들에게 주는 설교를 소개하고 있다. 한 제사장은 예레미야의 체포를 명령한다. 제사장은 그것으로 그치지 않고 그를 때리고 착고에 채우게 한다. 아마 이것은 공개적으로 이루어졌을 것이다. 다음 날 풀려난 예레미야는 제사장에게 신랄한 메시지로 반격한다.

여섯 번째 단락(20:7-18)은 예레미야의 마지막 고백을 담고 있으며, 이것으로 이 전체 단락이 마무리된다. 그의 말은 그의 사역 가운데 가장 신랄한 원망을 담고 있는 것 같다. 육체적 고통과 치욕을 당하자 예레미야의 마음은 비탄에 빠진다.

A. 토기장이의 집을 방문한 예레미야(18:1-10)

Supporting Idea	거룩한 토기장이는 작업할 재료를 손에 들고 계신다.

18:1-4. 18장은 예레미야에게 임한 하나님의 말씀에 대한 이야기로 시작하며 3인칭으로 표현되어 있다. 2절에서 시작되는 이야기는 1인칭으로 기록되어 있다. 선지자는 자신의 입장에서 이야기를 전하고 있다. 내려가라(2절)와 내려가서(3절)라는 표현은 예레미야가 그 성의 저지대, 아마 골짜기로 내려갔음을 암시한다. 많은 주석가들은 그 사건이 힌놈 골짜기 근방 어디에선가 일어났다고 믿는다.

예레미야는 이 장에 기록된 날 이전에도 토기장이가 일하는 모습을 수차례 보았을 것이다. 이 토기장이의 집에서든, 혹은 다른 토기장이의 집에서든 선지자는 토기장이의 기술과 능숙한 솜씨를 자주 보았을 것이다. 토기장이는 이스라엘 백성들의 생활이 편리하도록 여러 용도로 사용될 다양한 그릇들을 만들었다. 아마 예레미야는 이 날처럼 토기장이가 일하는 모습을 지켜보며 깊은 생각에 잠긴 적은 없었을 것이다. 그는 그 나라의 영적 곤경에 대해 깊이 염려하고 있었고, 하나님의 실물 교육을 받을 준비가 되어 있었다.

대부분의 주석가들은 4절이 이 이야기의 핵심을 담고 있다는 데 동의한다. 이 구절에서 우리는 두 가지 중요한 사실을 발견한다. 첫째, 토기장이가 작업하던 도중 만들던 그릇이 흉하게 파손되었다. 둘째, 토기장이는 그 그릇의 용도를 바꾸어 원래 계획했던 것과 다른 물건을 만들었다. 예레미야의 모든 '행동으로 상연된 비유들' 가운데 이 이야기는 이후의 수많은 저자들에게 인용되었다. 바울은 로마서에서 영적 진리들을 설명하기 위해 이 비유를 사용한다.

비유를 해석하는 사람은 이 문학적 장치의 성격을 기억해야 한다. 그것은 모든 내용이 적용점을 가진 알레고리가 아니다. 화자나 저자가 전하고자 의도한 하나의 핵심 진리를 찾아야 한다. 이 사건을 통해 하나님께서는 유다 백성들에게 전해주어야 할 한 가지 중요한 사실을 예레미야에게 알려주시고자 했다. 이스라엘에 대한 하나님의 노력은 손상을 입었다. 그분은 그 민족을 훌륭한 신정 국가로 만들고자 작정하셨지만 이 일은 이루어지지 못했다. 선택된 백성들은 시내 산에서 하나님과 맺은 언약에 충실하길 거부했다.

하나님께서는 구속 계획을 이루시기 위해 다른 방식을 시도하셔야 했다. 자기 백성들을 완전히 버리시지는 않을 것이다. 하지만 그들은 징계와 벌을 감수해야만 한다. 이스라엘은 하나님의 본성에 대한 개념을 다시 정립하고 점검해야 한다. 토기장이의 손으로 짓이겨진 진흙은 또다시 회전 녹로에 놓이게 된다. 그 진흙은 파상했지만 여전히 사용될 수 있다. 마찬가지로 새로운 디자인에 따라 새 모양을 갖춘 이스라엘은 토기장이의 의견에 선한 대로 유익한 종으로 빚어질 수 있다.

18:5-6. 예레미야는 전하고자 하는 진리들이 1절 이후의 진리들처럼 신뢰할 수 있는 것임을 청중들에게 확인해주기 위해 5절의 내용을 추가한다. 그는 하나님께서 토기장이의 집으로 가라고 말씀하실 때와 마찬가지로 지금도 자신에게 말씀하고 계심을 확신한다. 이 메시지의 내용은 무엇인가? 이스라엘은 매우 특별한 의미에서 하나님의 소유였다. 그분은 아브라함을 갈대아 우르에서 불러내셔서 열방들에 대한 역사의 신기원을 시작하시고자 했다. 홍수로 악한 세상을 심판하셨음에도 불구하고 인간 본성은 변한 것이 없었다. 사람들은 심판 이상의 것이 필요했다. 그들은 하나님과 만나 그분과 개인적인 관계를 가질 때 일어나는 구속과 내적 변화가 필요했다. 하나님께서는 아브라함의 씨를 통해 세상을 축복하실 것이다.

하나님의 선택된 대리자가 이 구속의 과정에 적극적으로 개입할 준비가 되기까지 수 세기가 흘렀다. 아브라함의 후손들은 애굽에서 노예 신분으로 사백 년을 지냈다. 하지만 모세를 통해 하나님께서는 선택한 자기 백성을 구속하셔서 하나의 민족으로 인정해주시고 그들과 언약을 맺으셨다. 이스라엘이 그 언약을 저버렸지만 하나님께서는 그들을 완전히 버리시지는 않았다. 그들은 여전히 그분의 계획을 실행할 대리자였다. 그분은 이스라엘을 특별한 방식으로 다루고 계셨다. 진흙이 토기장이에 의해 운명이 좌우되듯이 이스라엘의 운명은 하나님에 의해 좌우되었다.

18:7-10. 예레미야는 하나님의 뜻을 전할 때 철저하게 책임을 다하는 선지자였다. 그는 하나님께서 모든 것의 주관자시며 결코 주권성을 포기하시지 않음을 분명하게 강조했다. 그러나 그는 동전의 또 한 면을 지적할 필요가 있었다. 그의 메시지는 인간의 개성을 무시하는 경직된 결정론적 선언이 절대 아니었다. 하나님께서도 자신의 이전 명령에 얽매이시는 신이 아니시다. 그분과 그분의 피조물들 모두 상황에 따라 유연한 선택을 할 수 있다.

불행히도 수많은 훌륭한 그리스도인들이 하나님의 본성의 이 모순성 때문에 혼란을 느낀다. 그들은 두 가지 중요한 진리, 즉 하나님의 '미리 아심(foreknowledge)'과 우리의 '자유 의지'의 차이를 메울 수가 없다. 일부 사람들은 '현재는 미래의 모형(what is to be will be)' 이라는 말로 하나님의 '미리 아심' 의 문제를 지나치게 단순화시킨다. 이 태도는 하나님의 전지하심, 혹은 미리 아심을 부인하는 정반대의 사고 방식 못지않게 사실과 거리가 멀다.

이 구절들에 대해 주석가들이 가진 기본적인 어려움들은 하나님에 대해 두 번 사용된 히브리어 동사(8, 10절)에 집중되어 있다. 옛날 번역본들의 해석자들은 그것을 '뉘우치다(repent)' 로 번역했다. 뉘우친다는 것이 죄에 대해 후회한다는 뜻이라면 하나님께서는 절대 죄를 범하시지 않기 때문에 뉘우치실 수 없다. 하나님께서 '뉘우치실 수 있는지' 여부의 문제를 해결하기 위해 현대 번역본들은 그것을 다르게 표현한다. 문제는 그 단어를 정확히 어떤 단어로 번역해야 하는지에 대해 합치된 번역본들이 거의 없다는 점이다.

8절에서는 악한 행위에서 돌이키는 민족의 행동을 묘사하기 위해 또 하나의 다른 히브리어가 사용되고 있다. 그 단어 역시 일부 현대 번역본들은 '뉘우치다(repent)' 로 번역하고 있다. 다시 말해서 오늘날의 성경 독자들은 여러 번역본에서 이 단어에 대한 동일한 표현을 발견하지 못한다는 것이다. 이 때문에 성경학자들은 인정해야 할 번역본과 거부해야 할 번역본이 무엇인지에 대해 혼란스러움을 느낀다. 공정함을 꾀하기 위해 표준 히브리어 사전 가운데 하나를 살펴보고, 원문에서 사용된 그 단어에 대해 어떻게 정의하고 있는지 살펴보도록 하자.

8절에서 히브리어 본문은 문자적으로 '그 나라가 내가 지적하는 악에서 돌이키면' 이라고 되어 있다. 히브리어 본문에서 '돌이키다' 로 번역된 동사는 강조를 위해 문장의 서두에 나타난다. 그 히브리어는 '돌다, 돌아오다, 되돌아가다, 돌아서 가버리다, 그치다, 중지하다' 라는 뜻이다. 선지자들은 그 단어를 회개에 대해 요청할 때 사용했지만 강조점은 한 방향에서 걷는 것을 돌이켜 다른 방향으로 걸어가라는 데 찍혀 있다.

8절에서 하나님을 대변하고 있는 예레미야는 계속해 내가 누그러질 것이다(I will relent, NIV, NASB)라고 말한다. KJV는 그 히브리어 동사를 '후회하다, 회개하다(repent)' 로 번역한다. 10절에서는 같은 히브리어 단어가 재고하다(reconsider)로 번역되어 있다. NASB는 그것을 '더 잘 생각하다' 로 번역한 반면, KJV는 그대로 '후회하다, 회개하다(repent)' 로 번역한다. 두 구절의 경우 히브리어 단어는 동일하다. 이 단어(나캄, nacham)는 문자적으로 '애통하다, 슬퍼하다, 동정심을 느끼다, 연민을 갖다' 라는 뜻이다. 더 심층적인 의미는 행동의 변화, 목적의 변화를 이끌어 내거나 모든 혐오스러운 대상에서 자유하기 위해 이전의 행동을 포기한다는 의미에서의 회개다. 하나님께서 후회하실 수 있는가? 그분이 바뀌신다는 것이 가능한가? 이것이 문제다. 실제로 모든 기독교 신학자들은 "아니다. 그분은 불변하시다"라고 말할 것이다.

그렇다면 이 히브리어 표현이 의미하는 것은 무엇인가? 학자들은 원래 저자가 전하고자 하는 것이 정확히 무엇인지 이해할 수 있도록 그 단어를 현대 세계에 맞는 적합한 표현으로 바꾸려 하고 있다. 우리를 위한 기본적인 진리는 무엇인가? 조지 아담 스미스(George Adam Smith)는 "비유와 단어를 사용해 신적 주권성은 가능한 절대적인 것으로 선포되었다. 하지만 하나님의 주권성은 실제적인 주권성이며 따라서 자유를 포함한다"라고 말한다. 하나님께서는 환경이 바뀌면 행동을 바꾸실 수 있다. 하지만 본질, 즉 속성과 관련해서 하나님께서는 변하시지 않는 분이다. 그분은 어제나 오늘이나 내일도 동일하시다.

예리한 학자들은 이 비유에서 그 중요성에 비해 종종 간과되거나 적어도 공식적으로 지적되지 않은 하나님의 다른 한 속성을 발견한다. 이 비유는 신적 주권성과 신적 자유 외에 하나님의 인내를 소개한다. 인간 토기장이는 망가진 흙덩어리를 바로 내팽개치지 않았다. 더구나 거룩하신 토기장이는 손 안에 든 망가진 덩어리를 그대로 포기하지 않고 그 진흙을 새로운 용도의 그릇으로 사용하기로 결정하셨다. 모든 세대의 하나님의 종들에게 얼마나 중요한 교훈인가! 이 생각은 많은 사람들에게 혁명적인 것이었다.

이 구절의 핵심 문제는 4절에 나타난다. 그것은 무엇인가? 토기장이와 진흙의 관계다. 거룩하신 토기장이는 진흙을 통제하고 자기의 원하시는 뜻대로 그것을 사용하실 수 있다. 하지만 그분은 그 결과를 민족들과 개인들의 선택에 맡기기로 작정하셨다. 모세가 하나님을 대신해 이스라엘 백성들에게 말했던 내용을 예레미야는 하나님을 위해 당시 이스라엘 백성들에게 말하고 있다. " 내가 생명과 사망과 복과 저주를 네 앞에 두었은즉 너와 네 자손이 살기 위하여 생명을 택하고"(신 30:19).

B. 명령, 경고, 거부, 반응(18:11-17)

Supporting Idea	유다는 거짓 예배에 미혹을 당해왔다.

18:11-12. 하나님께서는 백성들에 대한 자신의 뜻을 예레미야가 의심하도록 결코 방치하시지 않는다. 명시적으로 언급되었든 아니든 그분은 선지자가 말한 모든 말이 '여호와의 말씀에' 라는 말과 함께 전해지기를 원하셨다. 예레미야는 백성들에게 다시 한 번 경고해서 그들이 하나님의 명령을 계속 거부하지 못하도록 하라는 말을 들었다. 우리 눈에 보이지 않는 것 같아도 하나님께서는 항상 함께하신다. 백성들이 임박한 살육에서 살아남기를 바란다면 반드시 회개해야 한다.

예레미야에게 첫 번째 말씀을 주신 후 바로 또 다른 말씀을 주신다. 이 메시지는 이사야를 소명하실 때 처음 본 환상에서 받은 메시지와 유사하다(사 6:9-10). "백성들은 너의 말을 듣지 않을 것이다. 그들의 삶은 다른 형태의 악행뿐 아니라 온통 교만으로 가득 차 있다. 그러므로 그들은 마음이 완악해져서 어떤 종류의 회개도 할 수 없게 되었다. 그들은 회개하지 않을 뿐 아니라 회개할 수도 없다." 그럼에도 불구하고 하나님께서는 본질적으로 "그들에게 또 다시 때가 되면 이 메시지를 전해라. 그들에게 다시 한 번 경고하라" 고 말씀하셨다.

18:13-15. 두 개의 수사학적 질문으로 하나님께서는 백성의 어리석음을 지적하신다. 그들의 행동은 논리적으로 설명되지 않는다. 비인격적인 자연도 일정한 행동 방식대로 일관성 있게 움직인다. 레바논의 아름다운 산들을 예로 들어보자. 그 산들은 사시사철 눈을 덮어 쓰고 있다. 일 년 내내 그 사실은 변하지 않는다. 그 이유는 무엇인가? 하나님께서 우주의 구조 속에 이 원리를 심어놓으셨기 때문이다.

이것은 두 번째 질문으로 이어진다. 이 부분의 히브리어 본문은 해석하기가 까다롭지만 NIV 번역이 어떤 번역보다 선지자의 의도를 잘 표현하고 있는 것 같다. 그것은 첫 번째 질문과 관련된 보완적, 혹은 발전적 평행법으로 앞의 주장을 강화해준다. 하나님께서 설계하신 자연은 신뢰성 있고 일관성 있게 작동한다.

예레미야는 백성들이 두 수사학적 질문의 대답이 "아니오" 라는 것을 이해하고 있었다. 그래서 그는 반복해 설명하지 않고 곧장 대비되는 그들의 모습을 지적한다. 백성들은 하나님께서 주신 선택권을 남용하고 그들의 조상들이 시내 산에서 맺은 언약을 거부했다. 그들은 하나님의 면전에서 자신들의 자유를 과시하며 어리석게 행동했다.

잘못된 예배는 항상 잘못된 행동으로 이어진다. 사람들은 자신들이 흠모하는 것을 닮는다. 또한 사람들은 자신들이 섬기는 것을 존경한다. 이 두 사실은 중첩되고 서로 얽혀서 사람들을 예속화시켜 습관적인 행동에 빠지도록 내몬다. 우리는 우리가 신봉하는 것들에 생명을 부여하고 믿고 싶어서 신들을 만들어낸다. 이스라엘의 예배는 헛되고 무익할 뿐 아니라 그들의 어리석음을 반영한 것이었다.

15절은 백성들이 하나님을 떠난 일차적 원인을 지적하는 것으로 시작한다. 그들은 과거의 섭리와 현재의 계속된 축복을 기억하지 못했다. 이것은 항상 감사치 않음을 낳는다. 15절 후반부는 예배가 행동에 미치는 효과에 대한 통찰을 담고 있다. 이스라엘의 왜곡된 예배(우상 숭배와 관련된 의식에 참가함)는 그들의 윤리 의식과 도덕 의식을 왜곡시켰다.

곁길과 닦지 아니한 길은 언약 백성들을 향한 하나님의 뜻과 반대되는 방향을 의미했다. 처음에 그런 길들은 매력적으로 보이고 더 즐거운 생활을 약속해줄 것처럼 보인다. 하지만 잠시 후에 그 길을 여행한 사람들은 이 찰나적 쾌락이 긴 슬픔으로 이어진다는 것을 알게 된다. 결국 그들은 "범죄자들은 함께 멸망하리니 악인의 결국은 끊어질 것"(시 37:38)을 안다.

18:16-17. 이 단락은 이스라엘의 운명에 대한 생생한 묘사로 마무리된다. 하나님께서는 먼저 그 땅을 심판하셨다. 이것은 하나님과 이스라엘 백성에게 중대한 문제였다. 하나님께서는 아브라함과 이삭과 야곱에게 그 땅을 약속하셨다. 그리고 히브리 노예들을 애굽에서 인도해내어 "젖과 꿀이 흐르는" 이 곳을 주셨다(렘 11:5).

모세는 그곳을 "네 하나님 여호와께서 너로 아름다운 땅에 이르게 하시나니 그곳은 골짜기에든지 산지에든지 시내와 분천과 샘이 흐르고 밀과 보리의 소산지요 포도와 무화과와 석류와 감람들의 나무와 꿀의 소산지라 너의 먹는 식물의 결핍함이 없고 네게 아무 부족함이 없는 땅이며 그 땅의 돌은 철이요 산에서는 동을 캘 것이라"(신 8:7-9)고 묘사하셨다. 이제 그 땅은 놀랍고 영영한 치소가 될 것이다. 선지자는 그 메시지를 전달하면서 얼마나 슬퍼했겠는가! 파괴된 그 땅을 본 모든 사람들은 자신의 눈을 믿지 못한 채 망연 자실할 것이다. 한때 그토록 풍요롭고 힘이 넘치던 땅에 어떻게 이런 일이 일어날 수 있는가?

예레미야는 다음으로 백성들의 운명을 말한다. 하나님께서는 "내가 네 원수에게 원수가 되겠다"(출 23:22)고 선언하신 적이 있지만 그것은 조건이 전제된 약속이었다. 그들은 언약을 어기고 하나님께 반역하며 그 땅을 더럽혔다. 동쪽 사막에서 불어오는 뜨거운 바람인 시로코 바람처럼 바벨론 군대가 들이닥칠 것이다. 하나님께서는 자기 백성들을 돕고자 전혀 움직이지 않으실 것이다. 그들은 그분의 얼굴 구하기를 거부했다. 이제 그들은 그 대가를 치러야 한다.

C. 자신의 대적을 심판해 달라고 하나님께 구하는 예레미야(18:18-23)

Supporting Idea	예레미야는 대적들로 인해 자기 마음을 하나님께 쏟아놓는다.

18:18. 예레미야의 설교는 선지자들뿐 아니라 제사장들까지 분노하도록 만들었다. 그들은 '그의 선지자 일을 못하게 하고자' 조직적으로 준비했다. 제사장들은 희생 제사를 집전하고 그 대가로 세금을 받았다. 선지자들은 백성들을 향한 하나님의 뜻을 해석하는 것을 사명으로 하는 대변인들이었다. 불행하게도 그들의 대부분은 제사장 제도를 유지하는 데 급급해 백성들 사이에 유행하는 종교 생활을 인정해주고 있었다.

지혜로운 자들은 아마 율법과 그 당시의 종교적 격언들을 필사하는 서기관들일 것이다. 그들은 종종 백성들에게 율법을 해석해주면서 나머지 두 집단과 우호적인 관계를 맺었을 것이다. 이 세 집단의 야합은 유다 종교계의 주류의 야합을 의미한다. 그들은 예레미야의 목소리를 막기 위해 단결했다.

이 세 집단이 이전에 아나돗 사람들이 했던 것처럼(11:18-23) 물리력으로 이 문제를 해결하려고 했던 것은 아님을 주의하라. 그들은 종교인이었기 때문에 백성들 앞에서 그의 신뢰성을 훼손시킴으로써 파멸시키고자 했다. 그들은 그를 순교자로 만들어 그의 메시지를 오히려 강화시키는 위험을 자초하지 않으려고 했다.

예레미야의 대적들은 이중적 공격을 가하기로 결정했다. 첫째, 그를 해치도록 사람들을 선동하는 것이다. 반복과 세뇌를 통해 그들은 그에 대한 불리한 대중적 여론을 만들어낼 수 있다고 생각했다. 그들의 공격의 두 번째 단계는 유다의 종교 생활에 변화가 있어야 한다는 그의 모든 주장들을 무시하는 것이었다.

18:19-23. 아무리 선량한 그리스도인조차도 누구나 낙담하면 하지 않던 일을 하곤 한다. 예레미야는 구약에서 이러한 사례에 해당하는 몇 명 가운데 한 사람이다. 그의 말은 그도 인간임을 보여줄 뿐 아니라 그의 사역에서 가장 낙담한 시기 가운데 한때를 보여준다. 그는 하나님께서 자기를 버리셨다고 생각했다. 예레미야는 대적들이 자신을 죽일 모의를 하고 있다고 생각하고 하나님께 들어보시라고 간청하는 것으로 하나님께 말하기 시작한다. 그러고나서 자신의 성실함을 하나님께 상기시켜드리고, 21절에서 성격상 수사적인 것으로 보이는 말로 하나님께 탄원한다.

이 기도는 예수님께서 비판하신 온갖 내용을 담고 있다. 선지자는 하나님의 진노가 자신을 반대하는 이 백성들에게 쏟아지기를 원한다. 그는 자신을 대적하는 당사자들뿐 아니라 그들의 아내들과 자녀들까지도 보복해달라고 구한다. 하나님의 백성들은 자신을 통제할 수 없을 때는, 심지어 기도중에도 평상시 하지 않던 말을 한다.

예레미야의 이 기도는 몸부림치며 고통스러워하는 한 영혼에 대한 기록이다. 그것은 다른 어떤 갈등과도 비교할 수 없는 자기 자신과의 도덕적 갈등이 벌어지는 한 개인의 처절한 싸움터를 보여준다. 그 싸움이 참으로 중요한 이유는 이 사람이 하나님께서 특별히 선택하신 종 가운데 한 명이기 때문이다. 불행하게도 예레미야는 오늘날 그리스도인들이 갖고 있는 두 가지 자원, 산상 설교와 우리 주님께서 다락방에서 제자들에게 불어넣어 주신 거룩한 능력을 갖고 있지 않았다. 하나님께서는 우리가 성령의 이 능력을 사용하도록 도와주신다.

D. 예레미야와 유다 민족에 주시는 하나님의 메시지(19:1-15)

Supporting Idea	백성들이 가증스럽고 타락한 일들을 계속 행했기 때문에 하나님께서는 재앙을 보내실 것이다.

19:1-2. 이 구절들과 이어지는 구절들에서는 18-20장의 산문 형식의 내러티브가 계속 사용되고 있다. 18-20장에서 시로 된 단락들이 짧게 세 번 등장하고 있다. 시로 된 첫 번째 단락(18:13-17)은 예레미야가 공개적으로 선포할 메시지를 담고 있다. 나머지 두 단락은 하나님을 향한 선지자의 원망의 내용을 담은 것이다(18:19-23, 20:7-18).

1절은 예레미야에 대한 명령이 하나님께로부터 직접 온 것임을 언급하고 있다. 이것은 토기장이와 그의 작업을 이용한 두 번째 예화다. 이것이 18장 1-10절과 유사하기 때문에 독립적 이야기였다가 여기에 추가된 것이라는 증거는 전혀 존재하지 않는다. 이 일은 앞 소단락(18:19-23)에서 여호와께 드린 예레미야의 호소에 대한 직접적인 반응으로 주어진 것으로 보인다.

앞장에서 예레미야는 완성되지 못한 토기 그릇에서 메시지를 받고 그 메시지를 가르쳤다. 이 장에서 하나님께서는 이미 완성된 그릇을 사용해 그에게 말씀하신다. 두 경우 다 하나님께서는 선지자와 백성들에게 그분의 주권성을 강조하신다. 하나님께서는 예레미야에게 백성의 어른들과 제사장 몇 사람을 함께 데리고 가라고 말씀하신다. 아마 그분이 행하시고 말씀하실 것의 증인으로 삼기 위해서였을 것이다.

하시드 문(Potsherd Gate)은 예루살렘 성의 여러 지점에 있는 문 가운데 하나였다. 수세기 동안 이 문들은 그 문이나 혹은 근방에서 일어난 사건들에 따라 새로운 이름을 갖게 되는 경우가 빈번했다. 질그릇 조각(potsherd)이란 단어는 도자기와 관련된 히브리어 단어의 영어 번역이다. 못 쓰는 질그릇 조각들을 그곳에 버렸기 때문에 사람들이 그 문에 이 이름을 붙였을 것이다.

19:3-9. 예레미야의 청중들이 장로들과 제사장임에도 불구하고 하나님께서 그에게 유다 왕들과 예루살렘 거민들에게 말하도록 명하신 이유는 무엇인가? 아마 이 장로들과 제사장들이 후에 메시지를 전달해야 할 대상인 더 큰 집단을 대표하기 때문이었을 것이다. '왕들' 이라는 복수는 왕들의 왕조, 아마 통일 왕국이 분열된 2세기 이상의 기간에 해당하는 모든 왕들을 암시할 것이다. 예레미야의 말은 더 큰 청중들을 대하게 될 미래에 대비해 그 민족의 이차적 지도자들에게 선사하는 '마지막 총연습' 으로 간주될 수 있을 것이다.

또 다른 가능성은 예레미야가 개인적으로 왕에게 직접 말할 기회가 전혀 없을 것이라고 생각했을 것이라는 해석이다. 그는 지도자들이 왕에게, 아마 여호야김 왕에게 그의 말을 전달해주기를 기대했다. 이 메시지에서 예레미야는 다른 때에 말한 적이 없는 내용을 거의, 혹은 전혀 말하지 않는다. 하지만 같은 내용의 말이라도 그의 절박한 심정은 더욱 강렬해지는 것 같다.

6절에서 예레미야는 성전 설교에서 말한 도벳이나 힌놈의 아들의 골짜기(7:32)에 관한 내용을 반복한다. 앞으로 그곳은 **살륙의 골짜기**라 불릴 것이다. 이것은 이 장의 자료 연대를 추정하는 데 도움이 되며, 따라서 이 단락의 세 장 전체의 자료 연대 추정에도 도움이 될 것으로 보인다.

대부분의 주석가들은 예레미야가 유명한 성전 설교(7:1-8:3) 이후 성전 지역 출입이 금지되었다고 믿는다. 그는 바룩에게 그의 예언을 두루마리에 적도록 구술해준 후 "나는 감금을 당한지라 여호와의 집에 들어갈 수 없은즉"(36:5)이라고 말했다. 왕이 예언들을 기록한 예레미야의 두루마리를 불태운 후 예레미야는 다시 그것을 구술해 기록하도록 하고 나서 잠시 피신을 해야 했을 것이다. 그러므로 성전 설교를 하고 나서 두루마리 기록을 위한 구술을 하기까지의 기간 동안 예레미야는 성전 지역에 들어가지 못했다. 이것은 아마 그가 여러 차례의 상징적 행동을 통한 메시지를 전한 기간일 것이다. 여기에는 토기장이와 그의 그릇에 관한 이 상징 행동뿐 아니라 천 허리띠와 포도주 병에 관한 상징 행동(13:1-14)도 포함될 것이다. 이 메시지가 전해진 시기는 주전 605년 직전이었을 것이다(36:2).

7절은 유다가 적들의 공격을 받고 처하게 될 절망적인 재앙을 묘사하고 있다. 예레미야는 그들의 시체가 새와 짐승들의 먹이로 주어질 것이라고 말하는 데서 끝나지 않고 **내가 그들로 그 아들의 고기, 딸의 고기를 먹게 하고 또 각기 친구의 고기를 먹게 하리라 하셨다**(9절)는 내용을 덧붙인다.

이 구절을 문자 그대로 해석해야 하는가? 구약의 여러 구절들은 이러한 일이 실제로 있었다고 기록한다. 모세는 이스라엘 백성에게 부모들이 자식들을 먹을 때가 있을 것이라고 경고했다(신 28:54-55). 성경 역사가는 사마리아가 시리아의 포위 공격을 당했을 때 이 끔찍한 일이 일어났다고 기록한다(왕하 6:26-29). 예레미야애가는 주전 586년 예루살렘이 포위당했을 때 이와 같은 일이 있었다고 증언한다. 요세푸스(Josephus)는 주후 70년 예루살렘 포위 공격 때 이 일이 있었다고 기록했다. D. J. 와이즈만(D. J. Wiseman)은 근동에서 수세기 동안 이 역겨운 일이 광범위하게 알려져 있었다고 말한다.

현대인들의 사고로는 그러한 일이 일어났다는 것을 이해하기 쉽지 않다. 수많은 학자들은 다른 모든 저자들뿐 아니라 예레미야 선지자 역시 상징적인 사건을 말하고 있다고 주장한다. 이 학자들에 의하면 이 표현은 부모들이 자식들을 철저하게 착취한다는 의미로 사용된 것이었다. 그러나 성경은 그것을 기록하고 있다. 성경 기록이 언급한 그대로 그런 일이 일어났다는 것을 부정할 사람이 누가 있겠는가?

19:10-13. 하나님께서는 또다시 선지자에게 백성들이 잊지 못할 행동으로 메시지를 설명하라고 명령하신다. 이 상징 행동은 13장의 허리띠와 포도주 병에 관한 말씀과 유사하지만 실제로 더 극적이다. 선지자의 '실황 공연'은 이어질 말씀에 대한 무대를 마련해주었다.

하나님께서 예루살렘과 주변 지역의 운명의 실체를 드러내실수록 강도가 커지는 것을 알 수 있다. 하나님께서 너무나 심각한 타격을 가하실 것이기 때문에 그 성은 결코 이전과 같지 않을 것이다. 거짓 예배가 이루어졌던 모든 가정이 하나님의 징계의 손을 맞게 될 것이다.

19:14-15. 예레미야는 더 많은 백성들에게 하나님의 말씀을 전달하기 위한 장소로 성전 지역을 선택했다. 이것은 과연 그가 성전 설교 후 이 지역의 출입이 금지되지 않았음을 의미하는가? 혹은 그 명령에 반발해 금지 명령에도 불구하고 이 장소를 선택했다는 것인가? 자신의 메시지를 전달하기 위해 이 특정한 지역을 선택한 이유가 무엇이든간에 선지자는 담대한 발걸음을 내디뎠다. 그의 설교를 기록한 구절이 한 절에 지나지 않지만 우리는 그가 하나님께서 이전에 자기에게 하신 말씀의 핵심을 다시 반복해 전했음을 확신할 수 있다.

자신이 무시당할 것이 확실한 상황임에도 그토록 가혹한 말씀을 선포한 선지자의 행동이 어리석은 것인가? 전혀 그렇지 않다. 그는 하나님의 명령을 받았고, 어떤 대가를 치르든지 하나님께서 명령하신 대로 순종해야 했다.

E. 바스훌에 대한 예레미야의 대답(20:1-6)

Supporting Idea	사람들은 하나님을 섬기고 그분의 말씀을 선포하라는 부르심을 받아들일 때 그 결과와 그로 인한 고난을 받아들여야 한다.

20:1-2. 예레미야와 바스훌의 이 충돌은 여러 면에서 아모스와 아마샤의 충돌(암 7:10-17)과 유사하다. 제도적 계급이라는 은신처에 안전하게 정착했다고 느끼는 사람은 종종 대담하게, 심지어 도발적인 행동을 서슴없이 한다. 바스훌은 드고아 출신으로 벧

엘에 온 선지자에게 도전한 아마샤보다 훨씬 더했다.

바스훌은 '하나님이 보내신' 사람을 바로 감금시켜버렸다. 그는 선지자를 자신의 군사들에게 넘겨주어 매질을 한 후(아마 통상적인 40대를 맞았을 것이다) 그의 예언 활동을 제지했다. 번역가들은 착고(stock)로 번역된 단어를 해석하는 데 어려움을 갖는다. 많은 이들은 예레미야가 종종 단기 구금자를 위해 사용된 작은 방에 갇혔을 것이라고 주장한다. 이 명사의 동사형 어근은 '넘겨주다'라는 뜻이며, 이로 인해 '고랑, 형틀(stocks)'이라는 번역이 나왔다. 그러나 좁은 방에 갇히면 태아처럼 웅크린 모양으로 꼼짝달싹하지 못했을 것이다.

20:3-6. 우리는 바스훌이 다음 날 무엇 때문에 예레미야를 풀어주었는지 알 수 없다. 아마 그는 '분기가 가라앉자' 그 선지자를 해치면 득보다 실이 더 많다는 판단을 했을 수 있다. 또 다른 해석은 그가 하나님의 이름으로 선포하는 선지자를 제거하는 것을 불편하게 생각한 충분한 종교적 배경이 있었다는 것이다. 혹은 예레미야가 말하는 내용이 옳다고 느꼈을 수도 있다. 바스훌은 바벨론 군대가 강성해지고 있음을 분명히 자각했을 것이다. 예레미야의 의견에 공식적으로 동조함으로써 자신의 안전이 위협당하는 것을 거부했지만 더 이상 그를 해칠 마음은 없었다.

예레미야는 여호와 예배를 믿는 백성들을 대표한다고 생각되는 이 사람에 대해 가혹한 심판의 메시지를 전한다. 선지자는 그를 일신의 안전을 위해 자신을 판 사람으로 인식한다. 본문을 자세히 관찰한 학자들은 이 이야기에서 흥미로운 아이러니, 혹은 미묘한 풍자를 발견했다. 바스훌은 '여호와의 집 유사장'(1절)으로서 '감독자(overseer)'였다. 하나님께서 예레미야를 선지자로 소명하셨을 때 그는 "내가 오늘날 너를 열방 만국 위에 세우고"(1:10)라고 말씀하셨다. 두 사람을 지칭하는 데 동일한 히브리어 단어가 사용되고 있다. 둘 다 감독자였던 것이다. 동일한 일을 부여받은 두 사람이 이데올로기적 충돌을 통해 서로 만나고 있다.

예레미야가 바스훌의 이름이 바뀔 것이라고 선언한 이것은 결코 사소한 문제가 아니다. 종종 성경에서 우리는 선한 일이나 악행을 행한 후 이름이 바뀐 사람의 이야기를 읽는다. 예레미야는 본질적으로 "지금부터 사람들은 너를 너 자신의 최대의 적으로 인식할 것이다"라고 말하고 있었다. 바스훌은 자신의 눈으로 민족에 닥칠 심판을 보게 될 것이다.

또한 바스훌 자신이 끔찍한 대가를 치를 것이다. 바벨론은 유다 민족의 보물을 차지한 후 바스훌과 그의 사랑하는 자들을 주시할 것이다. 예레미야는 그 악한 감독자가 겪을 수치와 치욕을 아모스만큼(5:17) 명시적으로 거론하지는 않는다. 그러나 바스훌은 선지자가 말한 내용만으로도 이 점을 확실히 이해할 것이다.

F. 하나님을 향한 예레미야의 가장 격한 원망(20:7-18)

Supporting Idea	무고한 자의 고난이라는 신비는 논리적인 사고로는 이해되지도 해결되지도 않고 하나님에 대한 믿음으로만 이해할 수 있다.

20:7-10. 의심은 죄가 아니다. 하지만 계속적인 불신은 최악의 영적 문제 가운데 하나다. 하나님의 뜻을 따르고자 열심히 애쓰는 사람이 숱한 좌절을 당하면 분노하기 쉽다. 예레미야가 당한 상황이 바로 이것이었다. 우리는 그의 심정을 공감할 수 있다. 하나님께서는 이 젊은이에게 불가능한 일을 맡기셨다. 간헐적으로 터져나오는 그의 고백은 점점 더 격렬해진다. 마지막 원망은 그 가운데 가장 격렬해보인다.

이 네 구절은 예레미야의 문제 해결과 관련된 세 단계의 시작이다. 선지자는 하나님께 비통한 원망을 쏟아놓는다. 그는 자기 선지자를 무너뜨리기 위해 폭력과 무력을 사용하신다고 하나님을 비난한다. '~보다 강하다' 로 번역된 첫 동사는 성적인 의미를 함축하고 있다. 기본적 의미는 '활짝 열다' 라는 뜻이지만 이 문맥에서는 '설득하다, 유혹하다, 기만하다' 의 개념을 담고 있다.

여러 번역자들은 이 문맥에서 그 동사를 해석할 수 있는 가장 적절한 단어가 '부추기다' (seduce)라는 단어라고 본다. 그들은 그것이 유혹에 관한 이전의 율법에서 사용된 단어라고 지적한다(출 22:16). 어떤 이들은 예레미야가 그와 하나님과의 관계를 결혼관계와 유사한 것으로 생각했다고 주장한다. 그는 이스라엘과 하나님과의 관계를 이와 유사하게 묘사했다. 그러한 비유는 자신을 버린 하나님께 정절을 지키지 못한 죄가 있다는 뜻을 담고 있을 것이다.

이 다음 부분은 문자적으로 **주께서 나보다 강하사 이기셨으므로**라고 번역된다. '권유하다' 는 동사가 반복된 전반절과 달리 여기서는 두 개의 다른 히브리어 동사가 사용되고 있다. 이 세 동사가 함께 사용됨으로써 하나님을 향한 선지자의 비난이 격하고 대담해진다. 거의 오만한 정도다.

7절의 세 번째 부분은 8절과 연결되어 예레미야의 비참한 상태에 대한 또 다른 그림을 제공한다. 육체적 고통 외에 예레미야는 임박한 심판과 재앙에 경고할 때마다 백성들에게 치욕과 조롱을 당했다. 그는 고통의 원인을 자신이 하나님께서 주신 메시지라고 확신하는 내용을 전하고 있다는 사실에서 찾는다. 선지자는 실제로 "주님, 전 완전히 포기하겠습니다"라고 말하고 있다.

비참한 상황 속에서 예레미야는 그의 소명을 재점검한다. 하나님의 말씀은 여전히 불처럼 그의 골수에 사무친다. 그는 숨을 쉬는 것을 멈출 수 없는 것처럼 하나님의 말씀 선포를 중단할 수 없다. 침묵하는 것을 견딜 수 없다. 그의 마음속의 선지자적 목소리는 말을 해야 한다. 그 어떤 것도 그를 저지할 수 없었다. 심지어 주변 사람들의 비난과 조롱도 그를 막을 수 없었다. 그는 대적들이 그가 포기하기를 바란다는 것을 알았다. 하지만 이것은 그를 강하게 하고, 하나님의 말씀을 선포해야 한다는 그의 결심을 더욱 새롭게 만들었다. 그는 하나님의 말씀 선포를 중단할 수 없다. 그 말씀이 그의 마음 안에서 이글거리며 불타고 있었다. 오늘날 참된 소명을 받은 모든 설교자는 그러한 감정을 알며 그 감정을 공유한다.

20:11-12. 예레미야는 믿음으로 다시 용기를 갖는다. 그러자 새로운 결의와 더 강한 믿음이 솟구친다. 그는 하나님을 적에 맞서 군대를 이끄는 전쟁터의 전사라고 상상한다. 그는 그의 대적들이 누구도 맞설 수 없는 하나님의 능력에 정복당할 것임을 알았다. 그들의 미래는 두 개의 단어로 묘사되어 있다. 수욕(disgraced)과 수욕(dishonor).

믿음과 확신으로 무장하게 되자 예레미야는 대적들의 파멸을 위해 기도할 만큼 담대하게 되었다. 그는 하나님의 뜻을 행하는 데 전적으로 헌신하고 있었기 때문에 이 일이 정당하다고 확신했다. 그는 이 일에 특권이 따른다고 생각했다. 대적의 소멸은 그 가운데 하나였다.

20:13. 이 구절은 예레미야의 내적 갈등의 세 번째이자 마지막 단계를 담고 있다. 수많은 다른 내적 갈등들로 괴로워한 구약의 성도들과 마찬가지로 선지자도 하나님에 대한 찬양으로 마무리한다. 그분은 자기 자녀들이 감당할 수 없을 정도의 고난을 당하도록 허락하시지 않는다. 예레미야는 의심을 더 강한 믿음으로 극복한 신자들의 그 긴 대열에 동참했다.

20:14-18. 이 구절들은 성경에서 가장 이상한 역설들 가운데 하나를 담고 있다. 낙심의 구렁텅이에서 빠져나와 하나님을 찬양하던 사람이 어떻게 심연보다 더 깊은 곳으로 어느 때보다 더 깊이 빠질 수 있다는 것인가? 학자들은 이 현상을 설명하기 위해 여러 가지로 시도했다. 어떤 이들은 절망 속에 오래 된 '현실 도피주의' 로 다시 빠져든다. 그들은 예레미야서 편집자들이 이 자료를 배열할 위치를 달리 찾지 못하고 여기에 잘못 배치했다고 주장한다. 그러한 접근법을 받아들이면 까다로운 모든 구절에 대해 자신이 원하는 대로 본문을 조작할 길이 열린다.

F. B. 휴이(F. B. Huey)는 가장 설득력 있는 설명 가운데 하나를 제시한 것 같다. 그는 "감정이 고양된 끝에 심각한 우울증이 뒤따른다는 것은 그다지 특별한 일이 아니다. 어려운 상황 속에서 극심한 감정의 기복을 경험해본 사람은 누구든지 한 순간 하나님을 찬양하다가 다음 순간 절망의 나락으로 빠지는 것이 가능함을 안다"(휴이, 예레미야, 194-195).

'비정상 상태로의 퇴행' 속에서 예레미야는 거침없이 스스로에게 저주를 퍼붓는다. 이 단락은 욥의 절규와 유사하지만(욥 3:1-16) 한 가지 차이가 있다. 욥은 자신의 인생과 우주와 관련된 모든 것에 대한 자신의 환멸을 표현했다. 예레미야는 그 자신의 어려움에 초점을 맞추었다. 그는 절망해서 먼저 자신을 저주하고, 이어서 그의 존재와 관련된 모든 조건을 저주했다. 하지만 그는 자신의 부모나 하나님을 저주하지는 않는다.

예레미야는 심지어 그의 출생을 알린 사람에 대해 신랄한 저주를 퍼붓기까지 한다. 이것은 자신이 태어나지 않았더라면 좋았을 것이라는 또 다른 표현이다. 욥처럼, 그는 모친의 자궁 속에 죽지 않은 것을 슬퍼하고 있다. 이보다 더 심각한 비관과 절망은 없을 것이다.

학자들이 소위 '예레미야의 고백' 이라고 지칭하는 단락은 여기서 끝난다. 선지자에 대한 하나님의 반응은 전혀 기록되어 있지 않다. 그러나 예레미야의 생애와 활동에 대한 또 다른 기록들은 그가 자신의 낙심을 해결하고 자신의 삶의 몫을 받아들였음을 암시한다. 아마 그는 하나님의 부르심에 대한 경험을 떠올렸을 것이다. 하나님께서는 대적들에 맞서 그를 강하게 해주겠다고 약속하셨다. 예레미야는 많은 사람들이 경험한 교훈을 배웠다. 하나님께서는 종종 우리 믿음을 강하게 만들기 위해 심각한 시련을 사용하신다. 시드기야가 통치할 앞으로의 시간도 힘들 것이지만 하나님의 선지자는 흔들림 없는 믿음으로 견고히 준비되어 있을 것이다.

Main Idea 복 습	하나님께서는 망가진 인생을 변화시키실 수 있지만 이 진리를 전달하는 메신저는 종종 거센 반발에 부딪힌다.

결론

우리는 여전히 다른 그릇으로 빚어질 수 있는가?

토기 그릇을 만들고 깨는 상징 행동을 통해 유다 민족은 하나님의 목적을 위해 봉사하고 그분의 길에 순응하는 민족이 될 것인지, 혹은 역사의 바위에 산산조각 나버리는 민족이 될 것인지 결정해야 하는 상황에 직면했다. 유다는 완악함 때문에 딱딱하게 굳은 진흙처럼 되어버렸다. 더 이상 유연하지 않으므로 다시 빚어 사용할 수 없는 존재가 되고 말았다.

예레미야의 교훈은 동일한 방식으로 우리에게 도전한다. 우리는 아직 유연한가? 거룩하신 토기장이는 여전히 우리를 새롭게 빚어 자신의 일에 사용할 그릇으로 만드실 수 있는가? 그분이 우리의 결함을 제거하실 때 우리는 새롭게 빚어지도록 자신을 기꺼이 맡길 수 있는가? 혹은 완악한 길을 계속 가겠다고 결심하여 다시 만들어 쓸 수 없는 완악하게 굳어진 그릇이 될 것인가?

▣ 진리 알기

- 하나님께서는 그분의 뜻에 따라 인생이 빚어지도록 내어드리는 사람들을 가장 잘 사용하신다. 하나님께서 자기 뜻대로 빚으시도록 허락하지 않으면 우리는 그에게 전혀 쓸모없는 존재다.
- 사역자들은 사역을 받는 이들에게 중상 모략을 당할 때 섬기고자 애쓴 사람들에 대해 분노

와 원망하는 마음이 생긴다.

- 하나님과 그분의 말씀에 맞서 스스로 완악한 마음을 가지는 사람들은 깨져서 박살이 나고 말 것이다.
- 하나님의 종들은 청중들로 인해 낙심하거나 그들에게 배척당할 때, 하나님께 자신들의 원망을 가져가야 한다.
- 하나님께서 말씀을 전하도록 맡기신 사람들은 그분의 말씀을 전하는 것을 거부하기가 실제로 불가능하다.

▣ 적용하기

- 자신을 다시 빚어야 하는 깨진 도자기 그릇의 일부라고 생각해보라.
- 하나님의 손에 자신을 맡기고 그분이 원하시는 대로 다시 빚으시도록 기도하라.
- 당신이 섬기고 있지만 당신의 섬김을 거부하는 이들에 대해 당신이 갖는 감정을 하나님께 토로하라.
- 당신을 위한 하나님의 뜻에 대해 스스로 마음을 완악하게 했던 인생 영역의 목록을 작성해보라.
- 당신이 섬기고자 하는 사람들에게 갖는 당신의 원망의 형태를 살펴보고 이 형태가 생산적인지, 혹은 관계들을 더 갈등 상태로 만들고 있는 것은 아닌지 점검해보라.
- 사람들과 하나님의 메시지를 공유하고자 하는 당신의 열망 정도를 살펴보라. 개선의 여지가 보이면 이것을 하나님께 꾸준하게 기도로 구하라.

삶의 적용

두 명의 빅토리아 시대의 시인

빅토리아 시대의 가장 인기 있는 시는 에드워드 피츠제럴드(Edward Fitzgerald)의 '오마르 카이얌의 루바이야트(Rubaiyat of Omar Khayyam)' 다. 오늘날 이 장편 시에 대해 한번도 들어본 적이 없는 사람도 많겠지만 이 시의 경구는 영시에서 가장 자주 인용되는 편에 속한다. 그 시는 신적 섭리를 회의적으로 보는 인생 철학을 옹호하며, 모든 인간 성취와 존재의 무상함을 조롱하고 순간의 찰나적 기쁨, 특별히 포도주 예찬에 집중한다.

피츠제럴드 시의 소재는 예레미야의 경우처럼 물레로 작업 중인 한 토기장이를 보고 얻은 것이었다. "길을 가다가 젖은 흙을 주무르고 있는 토기장이를 구경하려고 발걸음을 멈춘 것이 기억난다." '도자기의 책' 이라 부르는 단원에서 피츠제럴드는 수많은 토기 그릇들이 대화를 하고 있는 장면을 표현한다. 한 도자기 그릇은 자기를 빚은 토기장이가 다시 자기를 내동댕이쳐서 모양을 찌그러뜨리는 일을 하지 않을 것이라고 말한다. 또 다른 그릇은 자신이 만든 그릇을 화가 나서 망가뜨릴 정도로 유치한 짓을 하지 않을 것이라고 맞장구를 친다.

빅토리아 시대의 또 다른 유명한 시인인 로버트 브라우닝(Robert Browning)은 자신의 시로 피츠제럴드에게 응답한다. 브라우닝의 시는 피츠제럴드가 옹호한 쾌락주의를 반박했다. 브라우닝의 '랍비 벤 에즈라(Rabbi Ben Ezra)' 의 첫 행은 오늘날 아주 유명하다. "나와 함께 늙어가자/ 가장 좋을 때는 아직 오지 않았다."

브라우닝 역시 자신의 시에서 토기장이의 물레를 비유로 사용했다. 그는 현재만을 위해 사는 자들을 어리석다고 규정했다. 그는 독자들에게 "그대들이여 아래를 보지 말고 위를 보라, 잔으로 사용될 수 있도록"라고 가르쳤다. 브라우닝은 "하지만 저는 그때처럼 지금도 인간을 빚으신 하나님 당신이 필요합니다"라고 외쳤다. 브라우닝은 인생의 소용돌이 속에서 '내 목표' 를 현재의 일시적 쾌락으로 착각하지 않았다고 단언했다.

자신들의 눈에 옳다고 생각하는 대로 살아가는 사람들과 주님께서 원하시는 뜻에 합당한 삶을 살도록 구하는 사람들의 차이가 얼마나 큰가? 피츠제럴드인가, 브라우닝인가, 유다인가,예레미야인가? 당신의 완악한 의지인가, 혹은 하나님의 거룩한 뜻인가? 우리가 어떤 종류의 그릇이 될 것인지와 거룩하신 토기장이에게 어떻게 반응해야 할 것인지에 대한 질문은 주전 7세기, 혹은 주후 19세기나 21세기만큼이나 오래된 것이다.

기도

토기장이 되신 거룩한 하나님, 우리를 당신의 종으로 빚어주소서. 우리를 당신이 합당하시다고 생각하는 모습으로 다시 만들어주소서. 우리를 망가뜨리고 당신이 원하시는 모습을 갖추지 못하게 하는 결함과 불완전한 모습을 제거해주소서. 하지만 주권자 되신 토기장이시여, 우리를 바꾸실 때 부드럽게 다루어주시기를 원합니다. 아멘.

심층 연구

A. 토기 만들기

오늘날 고대의 토기장이가 투박한 장비로 어떻게 작업을 했는지 정확히 아는 사람은 거의 없다. 여러 학자들은 그 과정을 표현하고자 노력해왔다. F. B. 휴이는 「New American Commentary」(예레미야, 180-181)에서 가장 적절한 설명 가운데 하나를 제공하고 있다.

> 예레미야는 토기장이가 "물레(문자적으로, '두 개의 돌판')"로 일하는 것을 지켜보았다. 낮은 돌판은 발로 움직였다. 그것은 축으로 위의 물레와 연결되어 있었다. 낮은 물레가 돌아가면 진흙이 놓인 위의 물레가 회전했다. 물레가 돌아가면 도공은 물렁물렁한 진흙에 손가락의 압력을 가해 능숙한 손놀림으로 그릇을 빚었다. 흙이 원하는 모양대로 빚어지지 않는다 해도 그것을 집어던지지 않았다. 오히려 자신이 원하는 대로 그릇 모양이 나오기까지 인내심을 갖고 다시 빚었다. 원하는 대로 모양이 나오지 않고 찌그러지면 그것은 그의 실력 부족 때문이 아니었다. 진흙이 양질이 아니거나 불순물이 섞여 있거나, 혹은 물기 부족으로 점성이 약해서일 수도 있었다.

B. "바스훌이 아니라 마골밋사빕"(20:3 하)

현대 사람들은 결혼으로 신부가 신랑의 성을 따를 때를 제외하면 자신의 이름이나 다른 사람의 이름을 쉽게 바꾸지 않는다. 그러나 구약 시대에는 부모들이 자식들을 위해, 혹은 하나님께서 이름을 바꾸도록 인도하신다고 생각한 사람들이 자기 이름을 바꾸는 경우가 종종 있었다. 아브라함과 사라, 야곱은 구약에서 이름이 바뀐 수많은 사람들 가운데 일부에 속한다.

구약 학자들은 여러 언어들을 통해 바스훌의 이름의 의미가 무엇인지 찾아보았지만 전체적으로 의견이 일치하는 해석은 없다. 예레미야는 '임멜의 아들 바스훌' 에 해당하는 평범한 히브리어 단어를 가지고 '말하는 자' 의 아들, '사방에 형통함' 이라는 단어를 만들었다.

우리 이름이 무엇이든, 그것은 각각 어떤 뜻을 가지고 있다. 우리 이름은 우리의 정체성을 드러낸다. 우리가 '구두쇠' 라면 사람들이 우리 이름을 들을 때 그 특징을 떠올릴 것이다. 우리가 까다롭고 성가시게 하는 사람이라면 우리 이름을 들은 사람은 이러한 성격을 떠올릴 것이다. 우리가 인색하고 정직하지 않고 무례하다면 조만간 우리 이름이 언급될 때마다 이러한 모습을 떠올리게 만들 것이다.

예레미야와 바스훌에 대해서는 어떤가? 그들은 동등한 수준에서 출발했다. 둘 다 제사장의 아들이었고, 따라서 동등한 기회를 갖고 출발했다. 어느 한쪽이 능력 면에서 더 우월했다고 믿을 근거가 아무것도 없다. 그러나 바스훌은 인기, 안락함, 큰 성공을 얻었다. 이 문맥에서 예레미야는 사회에 추방당한 처지에 있었지만 바스훌은 높은 직책에 올라 있는 상태였다.

바스훌은 군중의 말에 귀를 기울였고 그들에게 '듣기 좋은 내용' 을 전했다. 예레미야는 오직 하나님의 음성만 청종했다. 전자의 사람은 후자의 사람을 감옥에 가두었다. 그리고 밤이 되자 그는 승자가 된 것 같았다. 하지만 아침이 오자 상황은 뒤바뀌었다. 예레미야가 주도적이 되었다. 우리가 우리 상황을 받아들이고 하나님을 신뢰하며 기다린다면 많은 것들이 변할 것이다!

당신을 움직이는 동인은 무엇인가? 당신에게는 어떤 이름이 주어질 것인가?

교안

A. 들어가는 글

1. '토기장이의 손에 들린 진흙' 을 읽으라.
2. 배경 설명: 하나님께서는 예레미야에게 도공의 작업장을 방문하라고 지시하셨다. 도공이 작업하던 그릇이 망가지자 다시 만들고 있는 예를 통해, 하나님께서는 예레미야에게 유다에 재앙을 내리실 것이라고 말씀하신다. 유다 민족이 악에서 돌이켜 하나님께서 어떤 모양으로 만드시든지 순응하는 진흙처럼 된다면 그분은 자기의 뜻대로 그들을 다시 빚으실 수 있다. 그들이 계속해 완악함과 완고함을 버리지 않는다면 진흙 토기처럼 깨어질 것이다.
3. 적용: 민족들과 개인들이 배울 수 있는 가장 중요한 교훈 가운데 하나는 우리가 흠이 난 그릇들이라는 것이다. 우리는 모두 거룩하신 토기장이의 손에 다시 빚어져야 할 필요가 있다. 가장 무서운 비극은 우리가 너무 완악해져서 하나님께서 더 이상 우리를 빚어 쓰실 수 없게 되는 것이다.

B. 본문 이해

1. 토기장이 집을 방문한 예레미야(18:1-10)
2. 명령, 경고, 거부, 반응(18:11-17)
3. 자신의 대적을 심판해 달라고 하나님께 구하는 예레미야(18:18-23)
4. 예레미야와 유다 민족에 주시는 하나님의 메시지(19:1-15)
5. 바스훌에 대한 예레미야의 대답(20:1-6)
6. 하나님을 향한 예레미야의 가장 격한 원망(20:7-18)

C. 결론

'우리는 여전히 다른 그릇으로 빚어질 수 있는가?' 를 읽으라.

토의 질문

1. 예레미야 18장과 19장의 토기, 토기장이와 관련된 상징 행동을 참고해서 신적 주권성과 인간의 자유 의지와의 관계에 대해 당신이 이해한 것을 설명해보라.

2. 하나님을 섬기는 사람은 자신의 사역 대상들에 대한 원망을 어떻게 다루어야 하는가? 섬기는 사람들을 싫어하게 되거나 그들이 적으로 보이기 시작할 때 하나님의 종은 어떻게 해야 하는가?

예레미야 21:1-23:40

지도자의 책임성

"왕들이 하는 일에 놀라지 않았니?"

"아뇨, 그렇지 않은데요."

"왜 아니지, 허클?"

"그들 모두 같다는 건 아니고, 똑같이 보인다고 생각할 뿐이죠."

"그러나 허클, 왕들은 악한들이야. 원래 그래. 악한들이라구!"

"그걸 말하고 싶은 거예요, 내가 이해하는 한 대부분의 왕들은 악인이죠."

- 마크 트웨인(Mark Twain)의 「허클베리핀의 모험」 중

주전 588년 시드기야 왕은 하나님께서 바벨론 군대의 포위 공격에서 예루살렘을 구해주실지 물어보기 위해 예레미야에게 대표단을 보냈다. 이 질문을 계기로 21-23장은 유다의 마지막 네 왕에 대한 예레미야의 평가를 소개한다. 여호아하스(살룸, 22:10-12), 여호야김(22:12-23), 여호야긴(22:24-30), 시드기야(21:1-10). 이 악한 왕들에 대해 평가하던 예레미야는 좋은 정부의 기본적 모습과 통치자들의 책무들을 소개한다. 그는 좋은 정부의 두 핵심 요소로 공의와 의를 꼽았다(21:11-22:9). 예레미야는 이 악한 왕들을 앞으로 올 이상적인 의의 왕과 대조한다(23:1-8). 이 단락은 예레미야의 거짓 선지자들에 대한 비판으로 끝난다(23:9-40).

들어가는 글

사담, 우다이 그리고 쿠사이

고대든 현대든 역사는 포악한 독재자, 사이코패스, 악한 과대망상증 환자 그리고 단순히 평범한 '악한' 지배자들로 가득하다. 20세기 후반 이라크는 예레미야의 이 단락에 언급된 정복자들의 후손들 가운데 한 명에 관한 예를 제공한다.

지금 세계 모든 사람들이 알고 있듯이, 사담 후세인(Saddam Hussein)의 통치는 야만적이고 잔인했다. 10년간 장기화된 이란 침공으로 양측 국가에서 100만 명의 생명이 목숨을 잃었다. 그 전쟁에서 그는 독가스를 사용하고, 수천 명의 전쟁 포로들을 처형한 범죄를 저질렀다. 그는 습지대의 물을 배수하고 독가스를 살포하여 그곳에 사는 아랍인들에 대한 종족 말살을 저질렀다. 그리고 이라크 북부의 도시들에 독가스를 살포하고 쿠르드 족을 대량 학살했다. 이라크 남부에서는 그의 명령으로 수천 명의 시아파 아랍인들이 처형되었다.

우다이(Uday)와 쿠사이(Qusay)는 그들 부친의 전철을 밟았다. 동생 쿠사이는 사담의 확실한 후계자였다. 정예 공화국 수비대와 함께 그는 경찰, 정보원, 암살단원들로 구성된 공안 정보 조직을 지휘했다. 또한 이라크의 생화학 무기 프로그램을 감독했다. 형인 우다이는 살인, 절도, 착취, 뇌물 수수, 강간을 자행했다. 포악한 성격으로 유명했던 우다이는 사병인 페다인 민병대를 운영했다. 그들은 폭력으로 악명을 떨쳤다.

미군이 주도하는 연합군이 이라크를 점령해 바그다드를 포위하고 이라크 군대를 정복함으로써 후세인 일가의 모든 만행은 끝이 났다. 후에 쿠사이와 우다이는 미군에 의해 총살당했고, 난도질당한 그들의 시체는 일반인들에게 공개 전시되었으며, 사담 자신은 체포되었다. 체포 당시 그는 구멍에 머리를 숨긴 애처로운 사람이었다.

예레미야는 유다의 마지막 네 왕(세 명의 형제들과 한 명의 아들)에 대한 하나님의 평가를 선언하라는 임무를 받는다. 예루살렘이 포위되면(21:1-10) 우리는 각 통치자가 경건한 통치에 대한 하나님의 기준에 비추어 평가되는 것을 보게 된다. 모든 왕이 그 기준에 미달했다. 그들은 자기 동족을 압제하고 재산을 강탈하며 악행을 저질렀다. 그들의 눈과 마음은 부당한 이득에 쏠려 있었고, 무고한 자들의 피를 흘리게 했으며 압제와 착취를 행했다(22:17). 사치스러운 궁궐을 짓고 백성들의 노동력을 착취함으로써 공의와 정의의 원리들을 남용했다(22:13).

그들의 모든 악행 때문에 성이 파괴되면 적들에게 넘겨지고 결코 자비의 덕을 보지 못할 사람들이 있을 것이다(21:7). 어떤 이들은 포로로 붙잡혀가서 고향으로 결코 돌아오지 못하고 그 땅에서 죽을 것이다(22:11-12). 어떤 이들은 우다이와 쿠다이의 최후와 너무나 유사한 선언대로 나귀같이 매장을 당할 것이다. 끌려나가 그대로 내버려짐을 당하는 것이다(22:19). 네 번째는 사담과 유사하게, 깨지고 멸시받아 철저히 사람들의 외면을 당하는 신세가 될 것이다. 요르단으로 도망간 사담의 딸들처럼 자녀들은 남의 땅으로 내쫓기게 될 것이다(22:28).

본문 이해

지도자의 책임성

Main Idea	모든 분야의 지도자, 특별히 공적 분야의 지도자는 기꺼이 맡은 책임을 받아들이고 그 책무를 신실하게 실행해야 한다.

예레미야서를 연구하는 사람은 예레미야 선지자의 사역 기간 동안 통치한 다섯 왕에 대한 사실을 살펴보아야 한다. 그들은 각기 선지자의 생애와 사역에 독특한 역할을 차지했다. 각 왕들의 활동을 연구함으로써 사역 기간에 일어난 각 사건에 대한 예레미야의 반응을 더 잘 이해할 수 있다.

21장에서는 기록상에 남은 예레미야의 생애와 말씀 선포에서 새로운 국면이 시작되고 있다. 어떤 이들은 21-45장을 '예레미야의 전기' 라고 부른다. 이것은 이 장들이 예언적 담화가 전혀 없지는 않지만 선지자의 사역 기간에 일어난 사건들에 더 집중하기 때문이다. 그러나 이 단락은 다른 단락들과 유사한 문제가 있다. 예레미야의 생애를 추적할 수 있는 연대 표시가 전혀 존재하지 않는 것이다.

이 단락은 유다를 다스린 요시야의 아들 가운데 마지막 아들인 새 왕 시드기야를 소개한다. 실제로 예루살렘 함락까지 예레미야서 이후의 모든 자료는 시드기야가 유다 왕으로 통치하는 기간에 일어난 사건들을 다루고 있다. 이 기간의 예레미야의 사역에 대해 확실하게 알고자 하는 사람은 시드기야 통치 기간에 일어난 사건들을 잘 알고 있어야 할 것이다. 그 사건들에 대한 기록은 열왕기하 24장 17절-25장 21절과 역대기하 36장 11-21절에 있다. 하지만 그의 통치에 대한 훨씬 더 상세한 이야기와 그의 죽음에 관한 사건들은 예레미야서에 기록되어 있다.

21-23장은 예레미야서에서 하나의 단락으로 간주되어야 한다. 이 장들은 거대 단락의 나머지 단락(24-45장)의 이상적인 서론을 이루고 있다. 22-23장은 예레미야가 유다의 최근 왕들에게 주는 메시지 모음과 동시대의 동료, 즉 당시 선지자들과 관련된 긴 단락을 포함하고 있다.

21장은 편집자가 다음 두 장인 22장과 23장의 서문으로 배치했을 가능성이 있다. 이 장은 이중적인 기능을 한다. 첫째, 18개월간 계속될 예루살렘 포위 공격을 소개한다. 둘째, 바벨론에 의해 멸망하기 전 마지막 혼란기에 예루살렘 성을 이끌 왕의 모습에 대한 예고편 역할을 한다.

A. 시드기야의 첫 번째 질문(21:1-14)

Supporting Idea	세상 통치자들은 종종 번영을 구가할 때면 대담하고 자신 만만하지만, 위기가 닥치면 대부분 하나님의 사람에게 조언을 구한다.

21:1-2. 역사는 성이 공격당할 때 위대한 스승이나 설교자의 인품과 교리의 진정성을 확인하는 가장 어려운 시험을 치른다는 것을 보여준다. 세속 역사에서 시라쿠스의 아르키메데스(Archimedes), 로마의 교황 이노센트(Innocent), 성 앤드류스에서의 존 녹스(John Knox)가 이 진리에 대한 두드러진 예시를 제공한다.

하나님을 대변하고자 애쓰는 사람에게 포위 공격은 어떤 역할을 하는가? 그는 일반 백성들과 고통을 함께하게 된다. 그들의 위험과 짐, 마음의 아픔, 굶주림을 함께한다. 믿음이 흔들리지 않는다면 섬길 수 있는 큰 기회가 된다. 포위 공격으로 선지자나 내성적인 사상가가 영웅이 될 수 있다.

예루살렘이 포위 공격을 당하자 예레미야는 시드기야 왕에게 바벨론에 항복하도록 조언했다. 포위 공격 동안 그의 활동에 대한 이야기들은 예레미야서 전반에 산발적으로 기록되어 있다. 그는 반역자였는가? 절대 그렇지 않다. 그는 다른 선지자들과 다른 수준의 삶을 살았고, 그들과 다른 북소리에 맞추어 행진했다. 유다의 모든 사람이 영적으로 들을 준비가 되어 있지 않은 목소리를 들었다. 그의 신념은 "시이저는 주다"라고 말하기를 거부한 초대 그리스도인들이 가진 것과 유사한 신념이었다. 그들은 예수 그리스도만이 그러한 고백과 영광을 받아야 하는 분임을 알았다. 예레미야는 오직 하나님만이 그 상황을 다스리고 계시며 처음부터 그들의 최후를 알고 계셨음을 알았다.

시드기야는 어떤가? 긍정적인 면에서 보면 그의 의도는 선했다. 그러나 부정적인 면에서는 의지가 약했다. 그는 주전 597년, 악한 아비 여호야김의 뒤를 이어 왕이 된 여호야긴의 짧고 허망한 통치가 끝난 후 왕이 되었다. 시드기야는 느부갓네살의 지목으로 왕이 되었다. 유다의 마지막 왕인 시드기야는 두 세력, 유다의 민족주의자 그룹인 강경파와 예레미야의 영향을 받은 그룹 사이에서 우왕좌왕했다. 우리는 그를 "이제 어떻게 해야 하지?"라고 물으면서 이 사람 저 사람을 쫓아다니는 어리고 미숙한 사람의 모습으로 그릴 수 있다.

통치 초기에 시드기야 왕은 광신적 애국주의 집단이 강경하게 주장하는 대로 바벨론에 맞서 반역을 꾀할 뻔한 위험스런 시도를 했다. 27장과 28장은 재앙을 부를 뻔한 이 사건에 대해 다소 상세하게 기록하고 있다. 그러나 몇 년 후 시드기야는 점점 더 대담해졌고, 이것은 결국 파멸을 초래했다. 그는 새 왕 바로 호프라가 통치하는 애굽이 바벨론에 저항할 유다의 우군이 되어줄 것이라고 생각했다.

주전 589년 후반, 혹은 588년 초에 느부갓네살의 군대가 유다에 들어와 시드기야의 반란을 진압하기 시작했다. 그들은 예루살렘을 봉쇄했고, 이로 인해 18개월간에 걸친 예루살렘 포위 공격이 시작되었다. 성안 사람들을 성 밖의 성읍들, 도시들로부터 고립시키고 차례로 작은 곳부터 장악하기 시작했다. 예레미야 21장 1-10절에 기록된 사건은 그 봉쇄 기간에, 그리고 예루살렘에 대한 실제적 포위 공격이 시작되기 전에 일어났다.

1절은 시드기야가 예레미야에게 두 명의 사자를 보내어 부탁을 하는 내용을 기록하고 있다. 일부 학자들은 이 사자들을 유다의 친애굽파의 일원이라고 생각하지만 확실하지 않다. 첫 번째 사자인 바스훌은 말기야의 아들로 예레미야를 때리고 감금한 임멜의 아들 바스훌(20:1-6)과 혼동해서는 안 된다. 하지만 그 역시 예레미야의 정책에 반대했다. 후에(38:1-13) 이 바스훌은 예레미야 선지자를 처형하고자 노렸던 집단의 일원으로 밝혀진다.

반면, 마아세야의 아들인 두 번째 사자 스바냐는 예레미야에게 동조했던 것으로 보인다. 바벨론의 포로들에게 보내는 서신에서 예레미야는 그를 '감독자'로 언급하고 그에 대해 호의적으로 말한다(29:25-29). 그가 52장 24절에 언급된 제사장이라면 그는 서열 2위의 대제사장이었거나 예루살렘이 함락될 당시 그러한 직위를 얻게 되었을 것이다.

이 사람들이 유다의 고위급 지도자들이었다면 시드기야가 그들을 예레미야에게 보낸 이유는 무엇인가? 아마 그 선지자가 지금까지 예언한 사건들이 정확히 실현되었다는 것, 특별히 자신의 조카 여호야긴과 주전 597년의 침공에 관한 사건들이 실제로 일어났음을 깨달았기 때문으로 보인다. 이때쯤 예레미야는 아마 왕실이 총애하지는 않지만 감히 무시할 수 없는 인물이 되어 있었을 것이다.

2절은 예레미야에 대한 새로운 그림을 제공한다. 한때 고독한 선지자, 불길한 예언을 전하는 부정적인 사상가로 비난당하며 배신자로 박해받던 그는 갑자기 유명 인사가 되었다. 선지자는 이제 필사적인 왕의 '최후의 의지처'가 되었다. 국가를 위해 하나님의 신탁을 알려달라고 왕의 특사들의 간청을 받는 것이 얼마나 큰 명예인가! 선지자는 더 이상 아무 제지도 받지 않으며 '고위 관료'에게 간청을 받는 신분이 되었다. 권세를 가졌지만 유약한 지도자가 공포스러운 일을 당하면 평소에 하지 않던 이상한 일을 하기도 한다.

바스훌은 유다의 민간 권력을 대변하는 반면, 스바냐는 종교적 권력을 대표한다. 유다 사회의 양 파벌이 죽음에 가까운 공포를 느끼고 있었다. 사실 그들은 엄청난 공포감 때문에 '교회를 찾았고' 혹은 적어도 목사님을 만나러 갔다. 이것은 거의 임종 직전의 부탁과 같다. 오늘에도 어떤 사람들은 오직 공포심에 시달릴 때만 하나님을 찾는다.

왕이 현재의 상황에 공포스럽게 반응하는 타당한 이유가 있다. 시드기야의 사자들이 하나님께서 주시는 말씀을 구하고 있을 바로 그 순간에 바벨론의 느부갓네살 왕이 그곳을 위협하고 있었던 것이다. 이 구절은 예레미야서에서 느부갓네살이 처음으로 언급된 곳이다. 하지만 그들의 간청은 자신들의 악함을 고백하며 회개하고 변화된 삶을 살겠다고 맹세하며 하나님의 은혜를 구하는 겸손한 죄인의 호소가 아니었다.

그들은 선지자에게 무엇을 부탁했는가? 그들은 하나님께서 이전에 자기 백성들에게 행하신 대로 그들에게도 기적을 행해주시기를 원했다. 그들의 마음속에는 위대한 두 사건이 가장 먼저 떠올랐을 것이다. 그것은 애굽에서 구원받은 사건과 앗수르의 산헤립이 예루살렘을 포위했을 때 구원을 받았던 최근의 사건이었다. 불행하게도 그들은 오늘날 많은 사람들과 같은 태도를 보여주었다. 그들은 자신들의 오만한 태도에도 불구하고, 그들 자신의 힘으로 구원받을 길이 막힌 상황에서 하나님께서 구원해 주시기를 원했다.

21:3-10. 예레미야는 대표단을 무시하고 왕의 이름을 거론하며 왕에게 구체적인 메시지를 전한다. 그는 시드기야가 그 나라의 왕이라는 사실조차 언급하지 않는다. 선지자에게 높은 직책이란 아무 의미가 없었다. 이후의 구절들(3-14절)에서 예레미야는 두 사람의 대표에게 그들의 요청에 대한 대답 이상의 내용을 말한다. 그는 시드기야 왕에게, 백성들에게 그리고 전체 다윗 왕가에게 삼중적 선언을 한다. 선지자의 메시지는 어떤 타협도 보이지 않을 뿐 아니라 오히려 그들의 희망을 짓밟아버린다.

예레미야는 신속한 구원에 대해 왕과 백성들이 품었을 환상을 산산이 박살낸다. 너희 손에 가진 병기라는 표현은 유다 군대나 성 밖 지역에서 활약중인 게릴라 부대를 가리킬 것이다. 그들은 조금 후에 시작될 실제적인 포위 공격을 막기 위해 적을 교란시키고 있었다.

대부분의 학자들은 에우다로 번역된 히브리어는 실제로 그 상황에 대한 표현이 아니라는 데 동의한다. 문맥은 포위 공격이 실제로 아직 시작되지 않았음을 암시하다. 아마 적절한 번역은 '압박하다' 이며 더 적절한 번역은 '봉쇄하다' 일 것이다. 일부 학자는 적이 유다의 전쟁 물자를 징발해서 유다 백성들을 살상하는 데 사용한다는 의미로 선지자가 사용했다고 주장한다.

5절에서 예레미야는 백성들이 분명하게 이해할 필요가 있는 한 가지 진리를 언급한다. 그들의 실제 적은 바벨론이 아니라 그들 자신과 악한 생활 방식이라는 것이다. 느부갓네살은 단지 하나님의 대리자일 뿐이다. 그는 언약을 어긴 한 민족에 대한 주님의 사형 선고를 실제로 집행하고 있었다. 하나님의 주권성은 그분의 거룩하심과 죄악에 대한 분노를 드러내시기 위해 원하는 모든 방식을 선택하실 수 있다는 뜻을 포함한다.

'든 손' 이라는 비유는 구약에서 익숙한 비유로 자기 백성들을 구원하시는 하나님을 그리는 표현이다. 자기 백성들에 대한 윤리적 명령은 거의 항상 이 표현을 동반한다. 그러나 여기서는 이 비유적 표현의 의미가 달라진다. 예레미야는 이스라엘의 죄에 대한 하나님의 감정적 반응을 묘사하기 위해 세 가지 명사를 사용한다. 노라는 단어는 '코' 라는 단어에서 파생한 것이다. 이것은 코로 호흡하거나 거칠게 숨을 몰아쉰다는 것을 암시한다. 분이라는 단어는 '뜨겁다' 라는 기본 의미를 가지고 있다. 대노라는 명사는 '신랄하다' 라는 뜻의 동사에서 파생한 것이다. 동시에 사용된 이 세 단어는 잘못된 행위에 대한 하나님의 감정적 반응을 표현한다. 또 다른 영어 단어를 사용해 표현하면 악한 행위는 하나님을 '격노' 하게 만든다. 7절은 앞으로 닥칠 파멸에 대한 선지자의 메시지를 강조한다.

8절부터 예레미야는 백성들에게 직접 대안을 이야기한다. "성에서 떠나라! 적군에게 항복하라! '시온의 배' 가 가라앉고 있기 때문에 구명보트를 찾아보라. 뗏목밖에 없다 해도 그것을 사용하라." 이것보다 더 구체적일 수 없다.

예레미야는 반역자인가? 혹은 국가를 배신한 죄를 지은 것인가? 선지자는 상황이 절망적이라는 것을 깨닫기 위해 하나님의 특별한 계시가 필요하지 않았다. 주의 깊게 살펴보는 태도와 지적인 정직성만 있으면 그 민족이 죄악을 저지르고 은혜의 시대를 스스로 저버렸음을 누구나 확인할 것이다. 그 성과 그 외의 유다 지역의 모든 사람들이 다 그들을 기다리는 운명을 맞아야 할 죄를 지은 것이 아니었다. 하지만 여기에 우리가 배워야 할 교훈이 있다. 한 집단 사회에서 살아가는 대가로, 공동체의 집단적 죄악이 국가적 비극으로 이어질 때 무고한 자들이 종종 불의한 자들과 함께 고통을 당할 수밖에 없다는 것이다.

21:11-12. 이 구절들에 대해 학자들 사이에 두 가지 의견이 존재한다. 어떤 이들은 23장 8절까지 이어지는 새 단락이 시작되었다고 생각한다. 이 단락은 이전의 왕들과 유다의 현재 왕에게 전달된 메시지로 구성되어 있다. 이 구절들을 다루는 최선의 방법은 이것이 바스훌과 스바냐에 대한 예레미야의 마무리 말로 보는 것이다.

유다를 기다리는 운명을 선언한 예레미야는 희망의 창을 열어서 보여 주었지만 엄격한 요구를 조건으로 제시했다. 왕 자신과 관리들은 하나님께서 기뻐하시는 생활 방식을 회복해야 한다. 예레미야의 핵심 요점은 정의였다. 왕권은 개인적 이득을 위해 남용되는 것이 아니라 책임감을 지닌 지도자들에 의해 사용되어야 한다. 하나님께서는 왕이 위험에 노출된 사람들, 즉 과부, 고아, 나그네들을 보호해야 한다는 의도로 이렇게 말씀하셨다.

21:13-14. 예레미야 시대의 예루살렘은 세 개의 골짜기에 둘러싸여 있었다. 평지에 위치한 것이 아니라 평원 반석에 위치해 있었다. 북쪽 외에는 어느 방향으로도 적이 침입할 수 없었다. 유다 백성들은 종종 철통 같은 난공 불락의 위치를 자랑했다. 하지만 예레미야는 하나님께서 언제든 심판의 불을 내리실 수 있다고 경고했다.

이 심판은 어떤 형태를 띨 것인가? 우리가 아는 한 예루살렘 근방 지역에는 수풀이 없기 때문에 수풀에 불을 놓아라는 표현은 확실히 문제가 있다. 어떤 주석가들은 떼 지어 있는 집들과 건물들이 숲과 같은 느낌을 주었다고 주장한다. 하지만 대부분의 학자들은 레바논 나무로 지은 왕궁 건물을 빗댄 것이라고 주장한다(왕상 7:2).

약 1세기 전에 남왕국은 비슷한 위협에 직면했다. 그리고 당시 왕 히스기야는 하나님의 이름을 구했고, 그분은 예루살렘을 구해주셨다. 문제는 이제 백성들과 왕이 회개하고 하나님께 자신들의 죄악에 대해 용서를 간구할 것이냐는 것이다. 예레미야가 말하듯이 가능성은 희박해 보인다. 선지자는 유다의 미래에 대해 비관적이지만 백성들에게 경고하기를 중단하지 않는다.

B. 시드기야 왕에 대한 하나님의 대답(22:1-9)

Supporting Idea	지도자라는 자리는 특권인 동시에 막중한 책임이 따른다. 많이 주어진 자들에게는 많은 것이 요구될 것이다.

하나님께서는 그분의 백성 이스라엘이 왕의 지배를 받는 것을 결코 원하지 않으셨다. 처음부터 영적 교제를 통해 하나님 당신이 직접 말씀하실 영적 지도자에 의해 정치적 인도를 받는 신정 국가를 의도하셨다. 그분은 이스라엘 속에서 종교적 요소를 담당할 제사장들을 선택하셨다. 모세와 아론은 백성들이 하나의 국가로서 정체성을 형성할 초기에 선택하신 두 인물이었다.

모세와 여호수아는 80년에 걸쳐 이스라엘을 이끌었다. 거의 120년 동안 이스라엘은 여러 군사적 지도자로서의 사사들이 이끄는 느슨한 연합체로서 존재했다. 이 시기에 제사장들은 이스라엘 국가의 정치 분야에서 영향력 있는 세력으로 부상했다. 비군사적 사사인 사무엘 역시 선지자로 섬겼지만 그 역할은 제한적이었다. 사무엘의 사역 말기에 백성들은 그를 통해 왕을 세워달라고 하나님께 간청했다.

하나님도 사무엘도 왕의 지배 체제를 원치 않았지만 백성들의 요구에 응하셨다. 하나님께서는 이스라엘이 왕을 가질 경우 치를 대가에 대해 경고하셨다(삼상 8:9-18). 초대 왕인 사울은 큰 실망을 주었다. 두 번째 왕인 다윗은 여러 면에서 위대한 왕이었지만 그의 개인적 생활은 나중에 반역이 일어날 수 있는 비극의 씨앗을 뿌렸다. 세 번째 왕인 솔로몬은 무절제로 통일 왕국을 분열로 이끌었다. 주전 931년, 그의 죽음으로 두 왕국으로 분열되었다. 즉 열 지파로 이루어진 북쪽 이스라엘과 두 지파로 이루어진 남쪽 유다로 분열되었다.

이스라엘의 역사는 병들고, 죄악이 가득했으며, 변덕스러웠다. 열아홉 명의 왕들이 있었지만 각 왕이 모두 악했다. 모두 불경건과 죄악 면에서 전 왕을 추월하는 것 같았다. 마침내 주전 722년, 북왕국은 앗수르에 의해 멸망했고 백성들은 포로로 끌려갔다. 그들의 정확한 운명은 아직 밝혀지지 않았고 학자들 사이에 여전히 논쟁이 진행중이지만 많은 학자들은 그들을 '잃어버린 열 부족' 이라고 부른다.

유다의 행위는 이스라엘의 행위만큼 악하지 않았지만 강도가 점진적으로 강해졌다. 한 가지 벌충적인 요인은 다윗의 직계 후손이 계속 왕이 되었다는 점이다. 아합과 이세벨의 딸인 아달랴가 6년간 권력을 찬탈했을 때 그것은 거의 붕괴되다시피 했다(왕하 11:1-3). 하지만 다윗의 계보는 요아스 때 다시 회복되었다(왕하 11:4-12).

하나님께서는 자멸을 향한 질주에서 유다를 구원하기 위해 여러 선지자를 유다에 보내셨다. 최후의 가장 위대한 선지자는 예레미야였다. 그는 유다의 자멸을 향한 돌진을 저지하기 위해 영웅적 노력을 했지만, 백성들은 그의 메시지에 귀를 기울이려 하지 않았다. 22장과 23장은 유다의 마지막 네 왕과 당시의 거짓 선지자들에게 주는 그의 메시지를 요약하고 있다. 그 메시지는 파멸을 향해 동일한 길을 좇아가는 모든 특권 민족들에 대한 경고다.

22:1-3. 하나님을 위해 대변하는 예레미야는 '분명히 구분을 지었다.' 기록으로 남아 있는 메시지 가운데 어느 곳보다 그는 하나님의 요구를 평이하고 분명하게 언급하고 있다. 초기에 예레미야는 백성들이 가나안 종교의 악습에 동참했기 때문에 그들의 육

욕적인 죄를 주로 다루었다. 그의 나이가 많아지고 바벨론 군대가 예루살렘에 점점 가까이 다가오자 예레미야는 또 다른 형태의 죄에 강조점을 집중했던 것으로 보인다. 그는 국가 지도자들을 하나님께서 인정하지 않으신다는 것과 백성들에 대한 착취로 사회정의를 부정하는 행위 역시 하나님께서 인정치 않으심을 선언했다. 약자들을 긍휼히 여기는 마음은 개인적인 경건과 성적 순결 못지않게 하나님께서 강조하시는 것이다.

22:4-9. 하나님을 대변하는 예레미야는 유다의 장래가 하나님의 말씀에 반응하는 국가 지도자들의 태도에 달려 있음을 알린다. 유다가 공평과 공의에 대한 하나님의 명령을 듣고 주의하지 않으면 왕의 궁전은 폐허가 될 것이다. 4절은 이러한 문맥의 첫 구절이다. 유다 민족이 회개하고 하나님의 요구에 다시 부응한다면 왕들이 계속 그 땅에서 통치하며 공의를 시행할 수 있다. 이 일반적인 경고는 선한 왕 요시야 이후에 왕위에 오른 각 왕에 대해 구체적인 경고를 하기 전에 주어진 것이다.

C. 살룸 왕을 위해 애통하는 행위의 허망함(22:10-12)

Supporting Idea	하나님의 말씀을 거부해 버림당한 자들을 위해서는 기도할 필요가 전혀 없다.

22:10-12. 여호아하스(살룸은 왕이 되기 전 그의 개인적인 이름이었다)에 대한 메시지는 예레미야서 자료 편집자들이 본서에 포함시킨 네 왕과 관련된 글 모음 가운데 처음으로 배열된 것이다. 단정적으로 말할 수는 없지만 예레미야 선지자와 유다 왕들의 관계를 보여주기 위해 이런 식으로 배열했을 것이다. 여기서는 요시야와 예레미야의 관계에 대해 짧은 언급 외에(22:15-16) 직접적으로 거론된 것은 없다. 예레미야와 요시야는 아마 개인적으로 친분 관계를 유지했을 것이다. 선지자가 왕의 통치 말기로 가면서 그의 개혁 운동에 대해 회의적이 되었다는 증거가 일부 존재한다.

여호아하스에 대한 이 메시지는 백성들을 향해 전달된 것이다. 요시야가 므깃도에서 애굽 군대에 의해 죽임을 당하자 백성들은 이 젊은이를 요시야를 계승하는 왕으로 삼았다(왕하 23:29-30). 여호아하스는 요시야의 가장 어린 아들이었다. 일부 학자들은 이것이 그가 나머지 아들들보다 요시야의 정책에 더 동조했을 가능성이 있음을 시사한다고 주장한다. 이 구절은 백성들에게 대중의 사랑을 받는 그들의 젊은 영웅이 포로로 끌려갔지만 유다로 결코 돌아오지 못할 것임을 강력히 경고한 것이다.

산문체로 쓰인 11절과 12절은 젊은 여호아하스의 짧은 통치 기간에 대해 더 자세한 설명을 제공한다(왕하 13:1-8). 백성들이 부친의 신념을 공유한 사람이기를 바라고 그를 왕으로 선택했다면 실망하게 될 것이다. 첫째, 열왕기 역사가는 그가 "여호와 보시기에 악을 행하여"(왕하 13:2)라고 말한다. 둘째, 바로 느고는 하마스 땅에 있는 리블라로 끌고 갔고, 그는 애굽까지 가지 못한 채 그곳에서 죽었다. 성경은 그가 어떻게 죽음을 맞이했는지 말해주지 않는다.

D. 여호야김 왕의 탐욕(22:13-23)

Supporting Idea	지도자로 섬기는 사람들은 개인적인 이득을 취하기 위해 백성들을 착취해서는 안 된다.

22:13-14. 유다의 다음 왕 여호야김은 재물과 명성에 대한 욕망이 대단했다. 왕이 지은 건물들에 대한 예레미야의 공격은 단순히 그것이 크고 넓어서가 아니었다. 그는 더 큰 비판과 책망을 받아 마땅한 두 가지 사실에 관심을 가지도록 만든다. 예레미야가 보기에 그 두 사실 때문에 여호야김은 왕으로 섬길 자격이 없는 사람이었다.

첫째, 예레미야는 유대 신앙의 두 가지 중요한 원리를 무시한 채 건물을 세웠다고 여호야김을 책망한다. 그것은 의와 공평이었다. 두 용어가 정확히 서로 바꾸어 쓸 수 있는 단어는 아니지만 여러 부분에서 의미가 중첩된다. 선지자의 의도는 왕에 대한 신랄한 책망이었다. 그는 직무에 태만했을 뿐 아니라 실제로 국가 지도자로서 자신의 특권을 남용했다. 왕의 책임은 왕국의 모든 백성들의 자유와 권리를 지키는 것이었다. 백성을 노예처럼 부려먹은 그의 죄는 언약법의 위반이었다.

여호야김은 넓은 집을 원했다. 현대 고고학은 주전 약 7세기에 건축된 것으로 보이는 대저택에 대한 증거를 발굴해왔다. 그 건물들은 예레미야가 언급한 건물의 모습과 아주 흡사하다. 인장이 찍힌 항아리 손잡이들은 히브리어 철자 lmlk hbrn('왕의 소유')로 왕실의 것임을 암시하는 몇 가지 표시들을 갖고 있다. 항아리 손잡이들은 대문과 내부의 거대한 건물로 구성된 이 시기의 정교한 벽돌 성채에서 발견되었다.

두 번째 책망은 14절 시작 부분의 여호야김의 말을 기록한 부분에 포함되어 있다. 왕은 내가 나를 위하여 광대한 집과 광활한 다락방을 지으리라고 말한다. 왕이 그곳에 살았다 하더라도 그 건물은 국가에 귀속된 재산이었다. 왕이 말하는 태도는 그의 속마음을 알려준다. J. A. 톰슨이 지적한 대로 "불과 25살의 나이에 왕이 되어 36세의 나이에 사망한 여호야김(왕하 23:36)은 명백히 철저하게 탐욕스럽고 제멋대로인 젊은 폭군이었다" (p. 479).

22:15-17. 이 구절들에서 예레미야는 왕에게 직접 말하고 있다. 그는 두 가지 탐색을 위한 수사적 질문을 했다(15-16절). 17절에서는 왕에게 그의 죄의 정확한 성격과 악행을 행한 동기를 직설적으로 지적하며 노골적으로 비판한다. 참으로 위대한 왕을 만드는 것은 무엇인가? 예레미야는 여호야김 앞에 그의 부친의 삶이라는 모범을 들이댄다.

예레미야는 탐색을 위한 질문을 한다. 본질적으로 선지자는 "아름다운 가구들을 갖춘 거대한 저택을 가지면 왕으로서의 위상이 올라가는 것인가?"라고 힐난하고 있다. 그는 요시야가 생활에 필요한 것들로 만족했다고 주장한다. 하지만 먹을 것이나 쉴 잠자리가 없는 이들을 살피는 것을 결코 회피하지 않았다. 그로 인해 그가 조금이라도 위대한 왕이나 성공한 왕이 되지 못했는가? 함의는 명백했다. 형통하다라는 표현은 그가 참된 위대성의 유산을 남겼다는 뜻이다.

'여호와를 안다'는 것은 무엇을 뜻하는가? 예레미야는 고전적인 대답을 제시한다. 그는 감정적인 경험 외에는 아무것도 말하지 않지만 문제의 핵심을 짚어낸다. 그 공식은 이중적이다. 첫째 3절에서 소개되고 15절에서 반복된 명령을 따르라. 자신의 개인적인 행위가 사람들 사이의 불공평을 해결하는 데 도움이 되는지 살피라. 두 번째는 요시야의 삶이 모범적으로 보여주었다. 가난한 자와 궁핍한 자를 신원하는 것이다.

22:18-19. 이 두 구절은 여호야김의 운명에 대한 예레미야의 예언을 소개하고 있다. 선지자는 그의 죽음에 대해 세 가지를 지적한다. 첫째, 한때 영화를 누렸던 이 왕을 위해 아무도 통곡하지 않을 것이다. 둘째, 그는 나귀같이 수치스러운 매장을 당할 것이다. 셋째, 그는 끌려 예루살렘 문 밖에 던져질 것이다.

여호야김의 죽음은 의문에 싸여 있다. 주전 약 598년, 그는 바벨론에 바치던 조공을 중지했고, 느부갓네살은 그를 처리하기 위해 군대를 보냈다. 그들은 땅 전체를 짓밟으며 그 땅과 백성들을 비참함의 구렁텅이로 몰아넣었다. 잇따른 혼돈기에 여호야김은 폭력적인 죽임을 당한다. 그의 수많은 대적 가운데 일부와의 싸움에서 사망했거나 핍

박받던 백성들의 봉기로 사망했을 것이다.

역대기 저자는 여호야김의 죽음이나 장례에 대해 아무 언급을 하지 않는다. 열왕기하 저자는 그가 "열조와 함께 잤다"는 언급만 하고 있다(왕하 24:6). 중요한 점은 역사가들 가운데 누구도 그의 매장에 관해 세부적인 내용을 전혀 말하지 않는다는 것이다. 여호야김과 히스기야를 제외하면 유다를 다스린 모든 왕의 매장에 관한 기사가 기록되어 있는 것으로 볼 때 그의 장례와 관련해 특별한 어떤 일이 있었음이 분명한 것 같다.

22:20-23. 이 구절들에서 예레미야는 예루살렘의 모든 백성들이 당할 재앙에 관해 말하기 위해 잠시 전체 흐름에서 벗어난다. 그들은 사랑하는 자들을 잃었다. 이 사랑하는 자들은 누구인가? 아마 주로 애굽이겠지만 27장에 기록된 반란을 도모한 사람들이 포함될 것이다. 최근의 사건들을 알고 있는 사람은 누구든지, 이제 바벨론의 느부갓네살이 그들을 장악하고 있음을 인정했을 것이다.

선지자는 예루살렘에 먼 북방으로 레바논까지와 북동쪽으로는 트랜스 요단의 바산까지 그 소식을 소리쳐 외치라고 말한다. 그들은 또한 사해를 내려다보는 모압의 산악지대인 아바림에 그 소식을 알려야 한다.

21절은 예루살렘의 딜레마에 대한 이유를 소개한다. 예레미야는 백성들이 모든 경고를 무시했음을 상기시킨다. 일찍부터 그들은 주님께 순종하기를 거부했다. 아마 그들 가운데 많은 이들은 므낫세 시대를 기억할 수 있었을 것이다. 그때 예루살렘과 성전은 종교의 이름으로 자행되는 온갖 패악의 본거지였다. 불순종과 반역이 그들의 생활이 되었다.

이 단락을 마무리하면서 예레미야는 그 땅에 닥칠 심판을 묘사하기 위해 두 비유를 사용한다. 22절에서 그는 "바람이 너의 목자들을 돌볼 것이다(the wind will shepherd your shepherds)"라고 번역될 수 있는 언어 유희를 사용한다. 실제로 선지자는 양 떼에 적용될 때 문자적으로 '먹이다' 혹은 '풀을 뜯기다'라는 의미의 동사가 지닌 이중적 함의를 활용하고 있다. 용례의 범위가 커질수록 그 단어는 더 포괄적인 의미를 지닌다. 그것은 '이끌다, 안내하다. 통치하다, 다스리다'라는 의미로 사용되었다. 그러면 훨씬 포괄적인 의미로 발전한다. 곧 파멸을 가리켜 사용될 수도 있는 것이다.

철저히 패배하고 아무 친구도 없게 된 유다는 벌거벗은 채 굴욕을 당할 것이다. 그 백성들이 한때 연인이라고 여겼고, 그러므로 사랑하는 자들(우방)이라고 생각했던 자들이 포로로 잡혀갈 것이다. 유다가 과거에 의지했던 모든 자원들이 사라질 것이다. 22절의 마지막 내용은 이 재앙의 이유를 알려준다. 네 모든 악을 인하여.

23절의 레바논은 아마 예루살렘을 가리킬 것이다. 예레미야는 여기서 비유적으로 이것을 사용했음이 분명하다. 첫째, 궁을 포함해 사치스러운 수많은 건물들을 레바논에서 공수해 온 엄청난 양의 백향목으로 지었다. 둘째, 레바논의 키가 큰 백향목들은 안전을 상징했다. 새들이 그들 속에 안전하게 깃들 수 있었다. 마찬가지로 예루살렘 백성들은 산악에 둘러싸인 지형 때문에 스스로 안전하다고 생각했다.

선지자는 또 다른 비유적 표현을 사용한다. 유다가 앞으로 당할 고통을 자식을 출산하는 여인의 해산하는 고통에 비유한다. 선지자가 이러한 예를 사용했을 때 백성들은 얼마나 두려움에 떨었겠는가. 바벨론에 포로로 끌려가는 것은 유다 역사 가운데 새 시대의 산통을 상징했다.

E. 여호야긴의 무가치함(22:24-30)

Supporting Idea	하나님께서는 오래 참으신다. 하지만 마음으로 회개치 않는 자들을 결정적으로 치실 때가 온다.

어떤 면에서 보면 여호야긴(단축된 형태는 고니야)은 올바른 판단력을 보여주었다. 예를 들어 그는 바벨론에 기꺼이 항복한 것으로 보인다. 그가 포로로 끌려간 지 수년 후 바벨론 왕에게 받은 호의적인 대우는 이것이 사실일 가능성을 암시한다(52:31-34, 왕하 25:27-29). 반면 그는 달리 선택할 대책이 없었을 가능성이 높다. 그를 관대하게 평가해서, 우리는 그가 바벨론에 저항하지 못한 데 대해 예레미야가 일조했을 것이라고 주장할 수도 있다. 선지자는 시드기야에게 통치 초기에 항복할 것을 조언했기 때문에 그보다 빨리 왕이 되었던 여호야긴에게 동일한 조언을 했을 수 있다.

성경은 여호야긴을 악한 사람이며 긍정적인 평가를 받지 못한 왕으로 언급한다. 젊은 그 왕의 기사에는 모친인 느후스다가 언급되어 있다. 이것은 그녀가 18세 된 소년 왕에게 막대한 영향력을 휘둘렀음을 암시하는 것일 수 있다.

22:24-27. 이 구절들은 하나님께서 바벨론에 항복하기 전 여호야긴을 기뻐하지 않으셨음을 암시한다. 그는 어린 시절에 아버지의 악한 정책에 동조되기 시작했을 것이

다. 나의 오른손의 인장 반지라 할지라도 거부하겠다는 하나님의 말씀은 하나님께서 여호야긴을 이미 기뻐하지 않으셨음을 암시한다. 24-27절에서 계속되는 그분의 말씀은 이 젊은이가 자신의 국가 정책을 이미 확실하게 드러냈다는 증거를 추가한다. 여호야긴은 전형적인 혈기 방자한 젊은이 이상의 왕이었던 것 같다. 하나님의 명령에 대해 습관적으로 반항하는 지경에 이미 이르러 있었다.

22:28-30. 이 구절들은 산문체인 앞의 세 구절과 대조적으로 시로 되어 있다. 예레미야는 여호야긴에 대한 백성들의 질문에 대한 대답으로 이 짧은 시, 혹은 노래를 지었을 것이다. 선지자가 여호야긴을 정죄한 자신의 말을 변호하도록 요청받은 이유가 무엇인가? 많은 학자들은 이 짧은 단락이 바벨론과 유다의 한 그룹에 대한 예레미야의 답신을 반영한 것이라고 생각한다. 그들은 반란을 주도하여 여호야긴을 본국으로 데려와 복위시키기를 원했다. 그들은 이 일을 해서는 안 되는 이유가 무엇이며, 그가 그 계획에 반대하는 이유가 무엇인지 물었다. 이것은 그의 대답의 일부다.

예레미야가 제기한 두 질문(28절)은 첫 확언에 대한 재진술의 서언이다. 세 구절은 시 형식으로 되어 있다. 그는 아마 운율 구조에 맞추기 위해 줄인 형태인 고니야를 왕의 이름으로 쓰고 있다. 그는 "내가 왜 여호야긴을 부엌일을 하기에 깨진 그릇처럼 유다를 섬길 자격이 없다고 여기는가? 모든 사람은 주의 말씀을 들으라!" 고 말한다. 그러고나서 그는 이 사람이 왕위에 앉거나 유다를 다스릴 아들을 절대 갖지 못하는 것이 하나님의 뜻과 선언이라고 말한다.

여호야긴은 이 단어의 문자적 의미에서처럼 자식이 없지는 않았다. 실제로 그에게는 일곱 아들이 있었다(대상 3:17-18). 고고학적 기록은 바벨론 왕 에윌 므로닥이 여호야긴에게 준 배급량에 자식들을 위한 배급량이 포함되었음을 보여준다.

유다의 왕위를 영원히 갖게 될 것이라는 다윗에 대한 약속은 어떻게 되는 것인가? 그 대답은 다윗의 아들 예수 그리스도께서 그 약속을 유업으로 받고 오늘날 하나님의 보좌에 앉아 계신다는 것이다. 여호야긴의 후손 가운데 한 사람도 다윗의 보좌에 앉아 유다를 다스리지 못했다.

F. 이스라엘의 장래를 위한 하나님의 준비(23:1-8)

Supporting Idea	지도자들이 주님을 섬기는 데 실패한다고 해서 하나님의 구속 계획의 성취를 막을 수는 없다.

이 단락은 유다의 왕에 관한 부분(22:1-23:8)의 마지막 메시지를 담고 있다. 이 단락은 예레미야가 구체적으로 이름을 거론하지 않지만 시드기야에 관한 내용을 다루고 있다. 바벨론의 포위 공격이 이미 진행되고 있었기 때문에 선지자는 왕을 존중해서 이름을 거론하지 않았을 것이다. 이 여덟 구절은 세 부분으로 나뉠 수 있다. 첫 부분(1-4절)은 선지자가 '목자들'이라고 언급했던 악한 통치자들을 다룬다. 둘째 부분(5-6절)은 의로운 통치자가 오실 것을 선언한다. 셋째 부분(7-8절)은 바벨론뿐 아니라 다른 곳으로도 추방되었던 자들이 귀환할 것을 선포한다.

23:1-4. 예수님께서 이 비유를 자기를 따르는 자들과 자신의 관계를 설명하는 데 사용하셨기 때문에 우리는 구약의 주된 용례를 기억하는 데 어려움이 있다. 주위의 조력자들과 더불어 왕들은 백성들의 **목자들**이었다. 하나님께서는 그들에게 이스라엘 민족을 돌보도록 하셨다. 그들은 백성들을 보호해야 할 뿐 아니라 매일의 필요들을 공급해야 했다.

예레미야는 자신들의 의무를 소홀히 한 데 대해 목자들을 신랄하게 책망한다(1-2절). 2절에서 선지자는 자신이 그리고 싶은 그림을 풍성하게 표현하기 위해 언어 유희를 사용한다. **돌아보다**로 번역된 히브리어는 긍정적인 의미로든 부정적인 의미로든 '방문하다'라는 뜻을 지닌 단어다. 히브리어로는 문자적으로 "너희들이 그들을 방문하지 않았다. 보라 내가 너희 악행에 대해 너희를 방문할 것이다"로 해석된다.

3절과 4절은 자기 백성들을 회복시키고 그들에게 **생육**이 번성할 기쁨을 허락하실 것이라는 하나님의 약속을 담고 있다. 그분은 또한 자신의 사욕보다는 백성들의 유익을 구할 통치자들을 주실 것이다.

23:5-6. 이 짧은 시는 하나님의 메시야의 오심을 구약의 어느 본문 못지않게 분명하게 선포한다. **때가 이르리니**라는 표현은 성격상 일반적인 내용이며 구체적인 시간 표시가 없다. 이것은 확실히 일어날 중요한 사건에 대한 엄중한 진술로 관심을 유도하는 한 가지 방법이었다. 예레미야서는 메시아적 예언들을 몇 가지밖에 기록하지 않았다. 유

다는 그들 자신에게 기대되는 몫을 감당하는 데 실패했다. 그러나 하나님께서는 결코 실패하지 않으실 것이라고 결심하셨고, 따라서 한 의로운 가지를 보내시겠다는 자신의 뜻을 선언하셨다. 그분은 신적 왕국의 이상을 실행으로 옮기실 것이다.

예레미야는 흥미로운 한 가지 비유를 사용한다. '가지' 라는 단어는 '쏘다, 싹트다, 자라다, 뛰어오르다, 일어나다' 라는 뜻의 동사에서 파생한 것이다. 동일한 단어로 표현되지는 않았지만 하나님의 메시아 종의 오심을 예언하기 위해 이사야가 이와 동일한 비유를 사용했다(사 11:1). 그분은 멸망당한 나라의 남은 자들에게서 나오실 것이다.

포로 생활 이후 '가지' 라는 단어는 기대되는 이상적인 왕을 나타내는 고전적인 용어가 되었다. 실제로, 이 예언된 통치자에 근접하는 어떤 정치적 인물도 나타나지 않았다. 이 예언은 우리 구주이며 주이신 예수 그리스도를 통해 성취되었다. 그분은 유대인들의 참된 왕이 되셨다. 하지만 그분은 그 이상의 인물이셨다. 하나님께서는 그분을 주와 메시아로 만드셨다. 유대인들은 참된 메시아가 정치적 통치자가 아니라 영적 구원자라는 것을 인식하지 못함으로 그들의 왕을 배척했다.

이 예언에 대한 흥미로운 사실은 예레미야가 자기 생각을 표현하기 위해 언어 유희를 사용한다는 것이다. 시드기야의 이름은 '여호와께서는 내 공의시다' 라는 뜻이었다. 예레미야가 오실 것이라고 예언한 인물은 하나님의 참된 의였다. 인간 왕들은 실패했다. 하나님께서 보내실 자는 실패하지 않으실 것이다.

23:7-8. 하나님께서는 선지자들을 통해 바벨론 탈출보다 훨씬 더 중요한 탈출을 약속하셨다. 어떤 의미에서 이것이 성취될 것인가? 애굽에서의 탈출은 바벨론 탈출보다 숫자 면에서 규모가 컸겠지만 앞으로 이루어질 탈출은 훨씬 더 광범위한 지리적 영토를 포함할 것이다.

어떤 이들은 예레미야가 예언한 탈출을 후대의 탈출, 아마 1948년 이후 현대 시대에 세계가 목도할 것을 예상한 것이라고 생각한다. 어떤 이들은 이 구절이 기독교적 맥락에서 궁극적으로 성취될 것이라고 주장한다. 그들은 더 대규모로 이루어질 탈출이 죄의 예속에서 해방되어 예수 그리스도 안에 있는 자유로 구원받은 사람들을 가리킨다고 이해한다. 이러한 부류의 사람들은 예수님께서 "내가 너희를 위하여 처소를 예비하러 가노니" (요 14:2)라고 말씀하셨던 점을 지적한다.

G. 거짓 선지자들에 대한 정죄(23:9-40)

Supporting Idea	스스로 하나님께로부터 왔다고 주장하는 선지자라면 정직, 도덕성, 인식에 있어서 하늘 아버지께 영광을 돌릴 수 있는 모범이 되어야 한다.

대부분의 학자들은 이 단락이 예레미야가 전한 다섯 개의 메시지를 담고 있다는 데 동의한다. 이 문맥 속에 이것이 하나의 단락으로 배열된 것은 모든 메시지가 현재 고려 중인 주제를 다루고 있기 때문이다. 예레미야는 당시의 '거짓 선지자들'의 주장에 동의하지 않았기 때문에 그들에게 비난을 받았다. 그들은 예레미야가 가르치는 모든 교훈의 반대편에 있었다. 단락을 나누면 다음과 같다. 9-12절, 13-15절, 16-22절, 23-32절, 33-40절.

23:9-12. 이 소단락에서 예레미야는 백성들의 성적 부도덕으로 인해 자신이 겪는 감정적 고통을 서술하고 있다. 유다의 악행 때문에 예레미야는 술에 취한 사람 같은 상태가 되었다. 마음으로 번역된 단어는 한 개인의 감정뿐 아니라 생각을 가리킨다. 유다의 변절은 그 상황에 정신적으로 맞설 수 있는 선지자의 능력을 무력화시키고 그를 깊은 괴로움에 시달리게 했다. 그는 그 땅의 황무함이 이 죄들로 인한 것이라고 생각했다.

예레미야는 여기서 더 나아간다. 그는 그 탓을 유다의 종교 지도자들과 선지자들과 제사장에게 돌린다. 그들은 불경건한 원리들에 '매달렸고' 심지어 하나님의 거룩한 집에서 입에 담기도 힘든 행위를 저지르기 위해 그들 자신의 지위를 이용했다. 그러한 행동은 하나님의 심판을 받을 것이다. 그들은 나라가 적의 수중에 넘어갈 때 그러한 일이 그 땅에 일어나게 한 데 대해 대가를 치를 것이다.

23:13-15. 예레미야는 북왕국과 남왕국 사이의 차별성과 유사성에 주목하도록 한다. 두 왕국 모두 악한 행동으로 하나님의 분노를 샀다. 이스라엘과 관련해서는 여기에 그 표현이 사용되지 않지만, 두 나라 모두 성적 음행을 저질렀다. 예레미야는 두 나라가 소돔과 고모라 같다고 지적한다. 이 두 도시는 간음과 동성애로 악명이 높았다.

23:16-22. 이 소단락에서 하나님께서는 백성들이 자신들이나 나라에 어떤 재앙도 닥치지 않을 것이라고 말하는 거짓 선지자들의 말을 청종한 데 대해 경고하신다. 하나님께서는 이 선지자들이 강퍅하고 완악하다고 할 정도로 끈질긴 자들이라고 단정하신

다. 그들은 여호와의 입에서 나온 말이 아니라 자기 마음의 생각을 말하며, 유다 민족에 관해 좋지 않은 일은 절대 일어나지 않을 것이라고 주장한다. 이들 가운데 하나님께 메시지를 받은 사람은 아무도 없었다.

19-22절은 악한 일을 그만두지 않는 자들에게 기다리는 미래에 대한 하나님의 선포를 담고 있다. 심판이 갑자기 그리고 불가항력적으로 찾아올 것이다. 하나님께서는 구속의 뜻을 이루실 때까지 진노를 멈추지 않으실 것이다. 반면 그를 신뢰한 사람들은 주의 뜻을 온전히 이해할 때까지 기다려야 할 것이다. 19-20절은 30장 23-24절에 다시 나타난다. 후자의 메시지가 유다에 전해질 즈음에 백성들은 하나님께서 주신 말씀을 이해할 수 있는 더 적절한 상황에 있게 될 것이다.

예레미야는 21절과 22절에서 하나님께서 말씀하신 이 소단락의 기본적 진리를 요약한다. 하나님께서는 거짓 선지자들을 보내시지 않았고, 그들이 하는 말은 그분의 뜻을 대변하지 않았다. 그분이 그들을 보내셨고 그들이 전하는 말이 하나님의 메시지라면 유다의 상황은 달라질 것이다.

23:23-32. 이 신탁에서 하나님께서는 자기 자신과 자기 뜻을 계시하는 능력에 대해 스스로 힘이 있다고 주장하는 거짓 선지자들과 대조하신다. NIV는 첫 두 구절만 시로 번역했지만 일부 학자들은 단락 전체가 운문이라고 주장한다. 하나님께서는 가까운 데 있는 자들뿐 아니라 먼 데 있는 자들도 볼 수 있는 있는 자신의 능력에 대한 분명한 선언으로 이 메시지를 시작하신다. 다시 말해서 아무도 그분을 피해 숨을 수 없다. 그분의 임재는 땅의 가장 먼 곳까지 미친다.

25절부터 29절에 걸쳐 하나님께서는 자신들의 꿈을 이야기하는 거짓 선지자들의 주장을 알고 계신다고 지적하고 있다. 그들은 백성들을 속여 안전감을 가지도록 할 수 있다고 생각한다. 그분은 그들을 참 하나님이 아니라 가나안의 바알 종교를 따르도록 백성들을 이끈 이전의 거짓 선지자들에 비교하신다. 식욕을 충족시키는 데 겨가 밀을 대체할 수 없듯이 그들은 더 이상 안전을 가져다주지 못할 것이다. 참된 선지자는 하나님께로부터 오는 능력과 권세로 말한다.

30-32절에서 하나님께서는 자신에게 궁극적 권위가 있다는 주장을 마무리하신다. 거짓 선지자들은 다른 사람들이 한 말을 듣고 그것을 선포했을 뿐이다. 그들에게는 하나님께 들은 메시지가 전혀 없었다. 그들은 백성들을 돕기보다 미혹했다. 하나님께서는

그들과 그들이 대표하는 모든 것을 반대하셨다.

23:33-40. 33절을 이해하기 위해서는 **엄중한 말씀**(신탁)으로 번역된 단어 뜻을 이해할 필요가 있다. 그것은 '짐' 이라는 의미를 갖고 있다. 그 신탁은 선지자에게 너무나 큰 부담이 되어 그로 하여금 전해야만 한다고 생각하게 한 메시지였다. 이 구절들은 백성들이 예레미야에게 **여호와의 엄중한 말씀**이 무엇이냐라고 물었을 때를 의미한다. 그는 이 단어의 이중적 의미를 이용한 언어 유희를 사용해 대답하고 있다. "무슨 짐? 너희들이 짐이다! 여호와께서는 너희를 **버리겠**다고 말씀하신다!"

나머지 부분에서 하나님께서는 이 생각을 자세히 설명하시고 거짓 선지자들에 대한 자신의 전체 메시지를 마무리하신다. 하나님께서 주신 메시지를 전하고 있다고 거짓 주장을 하는 자는 누구든지 하나님의 심판과 정죄를 당할 것이다. 하나님께 신탁을 받은 척 위장하는 거짓 선지자들은 그들 자신의 말과 의견을 말하고 있을 뿐이었다. 그 일을 멈추지 않는 자들은 무서운 심판을 당할 것이다.

Main Idea 복습	모든 분야의 지도자, 특별히 공적 분야의 지도자는 기꺼이 맡은 책임을 받아들이고 그 책무를 신실하게 실행해야 한다.

결론

네 명의 왕과 네 번의 판결

유다의 마지막 네 왕에 대한 예레미야의 비판을 통해 우리는 정치적 영역과 통치자들에 대한 하나님의 시각에서 많은 원리들을 배운다. 하나님의 판단과 기준에 따라 사는 정치 지도자들과 통치자들은 하나님을 무시하며 방탕하게 사는 자들보다 축복을 받는다는 것을 배운다. 옳고 바른 일을 행하는 통치자들은 불의와 탐욕을 따라 사는 자들보다 더 높임을 받는다는 것을 배운다. 사회의 약자들을 돌보기 위해 권력을 사용하는 자들은 이기적인 목적으로 힘을 사용하는 자들, 곧 부당한 이득을 취하고 착취하거나 남을 압제하는 자들보다 더 사랑을 받는다는 것을 배운다.

23장에서 유다의 거짓 선지자들에 대한 예레미야의 비판을 통해 우리는 하나님을 대변한다고 자처하는 자들에 대해 많은 원리들을 배운다. 특히 선지자들의 개인적 인품과 생활 방식이 매우 중요하다는 원리를 배운다. 거짓 선지자들은 거짓말하고 부도덕한 생활을 한다. 또한 자기 스스로 만든 메시지를 말하면서 하나님께서 주신 메시지라고 속인다. 거짓 선지자들은 사람들의 기분을 좋게 하는 말을 전하고, 백성들이 듣고 싶어하는 말을 한다. 그들은 가짜 희망과 거짓된 위로를 준다. 그들은 사람들을 악에서 돌이키게 하지 않고, 오히려 악행을 행하는 자들의 손을 더 굳게 해준다.

■ 진리 알기

- 사람들이 어려움에 처하면 종교 지도자들과 종교 기관에 의지하는 경우가 종종 있다.
- 하나님께서는 통치자들에게 통치 행위에 대한 책임을 물으신다.
- 옳고 바른 일을 하는 것은 부자가 되고 형통하는 것보다 더 중요하다.
- 하나님을 대변한다고 자처하는 사람들은 그들이 전하는 말이 하나님께로부터 받은 것인지 반드시 확인해야 한다.
- 하나님의 대변자들의 인품과 성품이 중요하다. 하나님을 대변한다고 주장하는 사람들의 삶은 그들이 전하는 하나님의 메시지와 일치해야 한다.
- 하나님의 참된 선지자들은 사람들이 악한 길과 행위에서 떠날 수 있도록 힘써야 한다.

■ 적용하기

- 가장 윗부분에는 하나님과의 친밀성을, 아랫부분에는 하나님과의 거리를 나타내는 수직축을 이용해 지난 10년간 당신의 영적 생활에 대한 그래프를 그려보라.
- 점수가 낮은 부분을 보고 이러한 상태를 초래한 요인들을 찾아낼 수 있는지 살펴보라.
- 점수가 높은 부분에 대해서도 동일하게 살펴보고 당신이 하나님께 더욱 가까이 나아갈 수 있도록 사용하셨을 요소들을 찾아보라.
- 지난 5년 동안 자신의 투표 경향을 점검해보고 그것이 통치자들에 대한 하나님의 기준에 근거한 것인지, 아니면 자신의 개인적 이익에 가장 유리한 후보를 선택한 것인지 평가해보라.

- 자신의 우선 순위 목록을 만들어보라. 그 목록 가운데 안락과 물질적 풍요에 대한 욕망을 반영한 것은 몇 개나 되는가? 하나님의 이익과 그분의 왕국의 우선 순위를 반영한 것은 몇 개나 되는가?
- 가르침과 설교를 들을 때 하나님의 말씀에 분명한 근거를 둔 내용인지, 종교의 옷을 입은 채 단순히 인간적인 의견을 말하는 사람은 없는지 분별하는 노력을 하라.
- 당신의 교회가 목회자를 청빙하는 과정에 있다고 생각해보라. 목회자를 구할 때 목회 청빙 위원회가 늘 기억해야 할 우선 순위 목록을 작성해보라.
- 다음 주에 다음과 같은 실험을 해보라. 수요일에 주일 설교가 어떤 내용이었는지 자문해보고, 그 설교가 한 주의 첫 3일간 자신의 생활에 어느 정도 변화를 이끌어냈는지 평가해보라.

삶의 적용

바그다드 밥

모하메드 사에드 알 사하프(Mohammed Saeed al-Sahaf)는 '케미칼 알리(Chemical Ali)' 와 '바그다드 밥(Baghdad Bob)' 으로 잘 알려져 있으며, 사담 후세인 정권 말기에 이라크 공보 장관을 지낸 인물이다. 그는 이라크 전쟁 상황에 관한 왜곡된 시선과 독설로 아주 유명하다. 바그다드의 밥은 허풍과 허세로 실제 사실이 아닌 것을 사실인 것처럼 확정적으로 말했다.

그는 공화국 수비대가 이기고 있으며, 침략군은 포위되어 궤멸되었고, 공항 근방에는 연합군이 한 명도 없으며 사막에서 헤매고 있다고 선전했으며, 미군이 포위당해 바그다드 문 앞에서 수백 명씩 자살하고 있고, 바그다드에는 단 한 명의 미군 병사도 보이지 않으며, 탱크와 병력 수송 장갑차들이 바그다드 시내로 요란한 소리를 내며 들어오고 있어서 상당한 즐거움을 준다고 허풍을 떨었다. 놀랍게도 중동 지역의 많은 이라크인들과 회교도들과 아랍인들이 그의 말을 청취했을 뿐 아니라 그 말을 그대로 믿었다.

허풍과 기술, 독설을 퍼붓고 잘못된 시각을 자신에 차서 선전하고 현실과 다른 것을 대담하게 주장하는 기술은 새로운 것이 아니다. 예레미야는 청중들에게 유다의 상황에 대해 거짓 희망으로 채워주고 백성들에게 절대 재앙이 오지 않을 것이며 평화를 누릴 것이라고 선언한 그러한 기회주의자들과 대면했다. 이 거짓 선지자들은 거짓말을 하고 자기들이 꾸며낸 환상을 선언하며, 그들 자신의 착각을 예언했다. 놀랍게도 백성들은 그들의 말에 귀를 기울였고 그들의 무모한 거짓에 미혹당했다.

자신감과 권위를 갖고 말하는 사람이 모두 진실을 말하지는 않는다. 하나님의 백성들은 하나님께로부터 받은 메시지를 전한다고 주장하는 자들의 삶과 말을 주의 깊게 점검해보아야 한다. 자신들이 듣고 있는 것이 주의 종과 주의 메시지인지 확인해야 한다. 우리는 듣고 싶은 메시지만을 받아들이기가 너무나 쉽다. 오히려 주님께서 주시는 신탁, 혹은 짐에 귀 기울이며 유의하고 복종하며 순종하는 일이 훨씬 어렵다.

기도

오, 의로우신 통치자여, 우리 나라의 지도자들과 정치인들을 위해 기도합니다. 그들이 정의롭고 공평하게 행할 수 있도록 도와주소서. 자기를 위해 권력을 남용하고 싶은 유혹에서 그들을 지켜주소서. 우리 사회의 소외되고 약한 자들을 보호하기 위해 힘쓰게 해주소서. 우리 지도자들이 권력과 영향력을 가진 자신들의 지위를 절대 악용하거나 이용하지 않게 해주소서. 자신들이 위임받은 모든 책무에 대해 책임을 져야 함을 깨닫게 해주소서. 당신의 말씀을 전하고 지상의 한 나라와 천국의 시민으로서 우리 책임을 일깨워주는 모든 이들을 축복하소서. 아멘.

심층 연구

A. "여호와 우리의 의"(23:6하)

하나님의 의로운 요구는 절대 인간의 노력으로는 성취될 수 없지만 시드기야와 같은 이름은 우리가 그것을 이룰 수 있는 길이 무엇인지 보여준다. 메시아 예언은 완전히 의로우시고 자기 왕국 전역에 의로 통치되는 데 대한 열정을 가진 이상적인 왕에 대해 말한다.

북쪽 열 지파와 남쪽 두 지파의 통치자들은 하나님께서 의도하신 목자로서의 소임을 감당하는 데 비참할 정도로 실패했다. 그러나 하나님께서는 구속 계획을 포기하지 않으셨다. 유다의 마지막 왕의 이름은 맛다니야였지만, 그분은 그 이름을 시드기야라고 지으셨다. 그것은 문자적으로 '여호와의 의' 혹은 '여호와는 나의 의'라는 뜻이었다. 이것은 정치 지도자를 통해 하나님의 의를 세우시고자 하는 마지막 노력이었다.

인류의 실패에 대한 하나님의 해결책은 지상의 노력과 서로 맞물려 있다. 인간은 육신이기 때문에 연약해서 할 수 없는 것을 하나님께서는 여자에게서 난 그분의 아들을 보내셔서 성취하셨다. 예레미야는 우리의 의에 대한 필요와 하나님의 공급하심과 관련된 하나님의 놀라운 구원 행위에 관해 심오하지만 단순한 세 진리를 선언했다.

우리 의의 '근원'은 성부 하나님 안에서 발견된다. 예수 그리스도는 그 자신의 본성과 죄와 죄책이라는 우리 문제에 관해 유일하게 완전한 해결책이시다.

우리 의의 비결은 이 이름으로 우리에게 계시된 진리 안에 있다. 마틴 루터(Martin Luther)는 네 가지 종류의 의를 말했다. 즉 정치적인 의, 의식적의 의, 법적인 의, 도덕적이고 영적인 의다. 의의 외적 형식들이 내적인 상태에 변화를 가져올 수는 없지만 내적인 변화는 외적인 행동을 근본적으로 변화시킬 수 있다. 그 비결은 우리 안에 계신 예수 그리스도, 즉 하나님께서 우리로 하여금 원하시는 영광에 도달할 수 있게 하시는 소망되신 그분 안에 있다.

우리가 우리의 유일한 소망이신 예수 그리스도를 통해 하나님의 의를 얻게 될 때 우리는 현재적인 문제들뿐 아니라 궁극적인 문제들에 관해 놀라운 평온을 얻게 된다. 하나님과의 평화는 전쟁이 끝났다는 것을 의미한다. 하나님께서는 우리의 대속자로서 그리스도께 우리 죄를 전가하심으로 우리 죄를 심판하셨다. 그분은 그리스도의 희생 제사에 온전하고 완벽하게 만족하셨기 때문에 그 만족은 영원히 지속될 것이다. 이로 인해 우리는 하나님 앞에서 새로운 지위를 갖게 된다. 그분의 의로 우리는 의로운 자가 된다. 그분은 결코 다시 우리를 심판하지 않으실 것이다. 죄를 알지도 못하시는 분이 우리를 의롭게 하시기 위해 죄가 되셨다.

B. 참된 선지자들과 거짓 선지자들

학자들은 히브리적 예언 운동이 수세기가 흐른 후에도 세상에 미친 영향력 가운데 가장 놀라운 영향력으로 남아 있다고 밝힌다. 그러나 유다 문화 속에서 이 직분은 항상 위태로웠고 타락의 위험을 안고 있었다. 하나님의 직접적인 영감은 흔한 일이 아니었고 특별한 사람들에게만 허용되었으며, 종종 단기간 특별한 목적 때문에 허용되었기 때문이다. 특별한 계시가 있다고 주장하는 것은 쉽다. 하지만 그것은 자칫 이기적인 목적으로 사용될 수 있다.

예언자적 지위가 있다는 공언으로 얻을 수 있는 이득은 광범위하다. 그것은 어리석은 왕에게 아첨하거나 훨씬 더 어리석은 무리를 흥분시킬 수 있는 손쉬운 수단이다. 선지자의 이름과 영향력을 이용하려는 사람들에게 왕실 후원자들의 보상이나 너무나 달콤한 인기로 다가온다. 때로 그것은 개인적인 금전적 이득을 얻기 위해 이용되었고, 그보다 훨씬 더 추악하게 악용되는 경우도 있었다.

존 스키너와 조지 아담 스미스는 참된 선지자들과 거짓 선지자들의 대조적인 특징에 대해 흥미로운 주장을 했다.

- 참된 선지자는 하나님과 인격적인 관계를 가졌다. 거짓 선지자들은 그러한 관계가 전혀 없었다.
- 참된 선지자의 메시지는 백성들의 반응에 따라 결정되는 조건적인 것이었다. 거짓 선지자들은 국수주의자였다. 그들은 백성들의 인격이나 태도에 상관없이 하나님

께서 무조건 우방이 되어주신다고 생각했다.

- 참된 선지자들은 하나님의 윤리적이고 도덕적 성품을 선포하고 자기 백성들의 삶 속에 그 성품이 반영되어야 한다고 요구했다. 거짓 선지자들은 종교와 모든 일상 생활에 대한 윤리적 요구의 관계를 전혀 생각하지 않았다.
- 참된 선지자는 흠이 없는 성실과 신실함을 보여주었다. 개인적 욕망이나 야심에 휘둘리지 않고 자신이 계시받은 진리를 그대로 전달했다. 거짓 선지자들은 이중적인 성격의 사람이었고, 때로 실제로 부도덕하기도 했다. 그들은 시류에 영합하며 청중들의 환심을 사기 위해서 항상 기분 좋고 낙관적인 메시지를 전했다.

고안

A. 들어가는 글

1. '사담, 우다이 그리고 쿠사이' 를 읽으라.
2. 배경 설명: 시드기야 왕이 예레미야에게 사람들을 파견한 것을 계기로 하나님께서는 유다의 마지막 네 왕을 평가하셨다.
3. 적용: 정치인들과 백성들을 다스리는 통치자들이 직책에 따른 책무를 실행하고 의무를 이행하는 것을 하나님께서는 중요하게 생각하신다. 유다의 마지막 네 왕에 대한 평가는 정치 권력을 행사하는 자들에 대한 하나님의 기대와 그들이 직무를 이행하는 방식에 대한 그분의 판단 기준을 엿볼 수 있게 해준다.

B. 본문 이해

1. 시드기야의 첫 번째 질문(21:1-14)
2. 시드기야 왕에 대한 하나님의 대답(22:1-9)
3. 살룸 왕을 위해 애통하는 행위의 허망함(22:10-12)
4. 여호야김 왕의 탐욕(22:13-23)

5. 여호야긴의 무가치함(22:24-30)
6. 이스라엘의 장래를 위한 하나님의 준비(23:1-8)
7. 거짓 선지자들에 대한 정죄(23:9-40)

C. 결론

'네 명의 왕과 네 번의 판결' 을 읽으라.

토의 질문

1. 현대 세계의 정치적 과정과 정치인들에 대한 하나님의 기대와의 관계에 대해 이해한 것을 토론해보라.

2. 현대의 정치 과정 속에서 정치인들이 옳고 정의로움에 관한 하나님의 기준대로 살고 행동할 수 있다고 생각하는가? 그렇다면 그 이유는 무엇이며, 그렇지 않다면 그 이유는 무엇인가?

3. 예레미야 21-23장이 정치와 권력에 관해 우리에게 가르쳐주는 주된 교훈은 무엇인가?

4. 현대 사회에서는 개인적인 인품을 일을 수행하는 능력만큼 중요하게 생각하지 않는 것 같다. 이 문제에 대해 당신은 어떻게 생각하는가? 예레미야 21-23장은 이 문제에 대해 어떤 암시를 주는가? 당신의 생각이 정치 후보들에 대한 당신의 평가

그리고 선거 당일의 선택과 어떤 관련이 있겠는가?

5. 하나님을 대변한다고 주장하는 사람이 실제로 하나님께서 주신 메시지를 갖고 있는지 확인할 수 있는 검증 기준이 있다면 모두 이야기해보라.

예레미야 24:1-29:32

누가 하나님을 대변하는가?

"누가 덜컹거리는 기차를 맡겠는가? 차축은 삐걱거리고 연결기는 죄어져 있는… 속도는 빨라지고 선로를 바꾸는 지점은 가까워지고, 기관사는 졸음으로 잘 듣지 못하고, 밤의 신호등 불빛은 무용지물이라네. 죽음이 덜컹거리는 기차를 맞을 걸세!"

- 에드윈 밀리켄(Edwin Milliken)

연대기적 배열 순서가 뒤바뀐 두 장(24-25장)은 유대인들이 바벨론 포로로 끌려간 첫 두 사건이 일어난 후 예레미야가 겪은 경험을 차례로 배열하고 있다. 25장은 여호야김 통치기에 느부갓네살이 다니엘과 더불어 유다 귀족들 가운데 뛰어난 젊은이들을 포로로 잡아갔던 주전 605년의 첫 강제 이주 시점으로 거슬러 올라간다. 24장의 일은 여호야긴 왕, 그의 모친, 궁전 관리들, 행정관들, 기술공들, 지역의 지도자들과 선지자 에스겔이 포로로 끌려가고 요시야의 막내아들 시드기야가 왕위에 오르는 일련의 사건들이 일어난, 주전 598-597년의 두 번째 강제 이주 사건 이후에 있었던 일이다. 첫 번째 강제 이주 사건이 일어나기 전 23년 동안 예레미야는 백성들에게 임박한 심판에 대해 경고했지만 그들은 들으려고 하지 않았다(25:3). 그러고나서 거의 10년 후인 두 번째 강제 이주 사건이 일어난 후, 하나님께서는 예레미야에게 유다 백성들에 대한 생생한 그림을 보여주셨다. 하나님께서는 이미 포로로 끌려간 사람들을 보호와 돌봄을 받을 좋은 무화과에 비유하시고, 유다에 남은 이들은 버려질 썩은 무화과에 비유하셨다. 이 두 장은 바벨론 이주 이후 모두 유다 백성들(포로로 끌려간 이들과 유다에 남은 이들)의 미래와 바벨론 정복자들의 미래를 다룬다. 26-29장은 예레미야의 생애와 관련된 간단한 사건들을 기술하고 있다. 26장은 7장의 성전 설교를 더 자세히 기록한 것이다. 27-28장은 예레미야가 멍에를 만들고 부순 이야기를 소개한다. 이 상징적인 행동을 통해 예레미야는 바벨론에 항복할 것을 권했다. 29장은 바벨론 포로들에게 보내는 예레미야의 편지를 담고 있다. 이 장들의 공통된 주제는 하나님께서 주신 참된 말씀을 말하는 자가 누구인지 구별하는 방법이다.

들어가는 글

우리 시대의 평화

윈스턴 처칠(Winston Churchill)은 1930년대를 국민들에게 나치 독일의 일방적인 군국주의 위협 가능성을 경고하는 데 바쳤다. 독일의 군국주의는 베르사이유 조약과 로카르노 조약에 대한 명백한 위반이었다. 그의 수많은 경고와 연설에도 사람들은 귀 기울여 듣지 않았다. 처칠은 쓸데없는 말을 지껄이는 사람으로 취급받고, 조롱을 들었으며, 사람들의 외면을 받았다.

독일 총통이자 수상인 아돌프 히틀러(Adolf Hitler)는 세계 정복의 야심이 있었다. 1938년 3월, 그는 오스트리아를 합병했다. 다음으로 그는 300만 명 이상의 독일어 사용 국민들이 있는 체코슬로바키아에 눈독을 들였다.

영국 수상 네빌 챔버린(Neville Chamberlain)은 묵인, 화해, 유화 정책으로 평화를 추구하고자 했다. 예레미야 시대의 거짓 선지자들과 같이(6:14, 8:11) 챔벌린은 어떤 대가를 치르더라도 평화를 유지하고자 했고, 국민들에게 닥칠 참화와 오랜 혼란을 인정하길 거부했다. 두 번째 독일 방문 후 챔버린은 양국이 '결코 다시는 서로 전쟁을 하지 않을' 것이라고 언급한 공동 선언문을 흔들며 영웅으로 영국에 돌아왔다.

1939년 3월, 독일 군대는 프라하로 진격했다. 9월 1일, 독일군은 폴란드로 입성했고 폴란드 도시에는 독일군의 폭탄이 투하되었다. 이틀 후 영국과 프랑스는 독일에 전쟁을 선포했고, 세계는 다시 전쟁의 불길에 휩싸였다. 5월 10일 히틀러는 네덜란드, 벨기에, 프랑스를 공격했다. 챔버린은 사임했으며, 영국은 윈스턴 처칠을 수상으로 임명하고 새 정부를 이끌어달라고 부탁했다.

처칠과 마찬가지로 예레미야는 오랫동안 재앙과 파멸이 올 것이라고 예언했다. 그는 동족들에게 북왕국의 종교 중심지인 실로처럼(26:8-9) 예루살렘 성이 파괴될 것이라고 말했다. 타협과 평화를 말하는 하나냐에 맞서 그는 "평화를 예언하는 선지자는 그 예언자의 말이 응한 후에야 그는 진실로 여호와의 보내신 선지자로 알게 되리라"(28:9)고 말했다. 그러나 시간이 곧 알려주겠지만, 유다의 덜컹거리는 기차는 재앙으로 향하는 철로를 미친 듯이 달려가고 있었다. 영적 잠은 국가 지도자들의 귀를 멀게 했다. 선지자들, 제사장들, 정치 지도자들은 하나님께서 자기 선지자들을 통해 보내셨던 모든 경고 신호를 놓쳤고(28:7-8), 이제 죽음이 통제 불능에 빠진 민족을 지배하고 있다.

본문 이해

누가 하나님을 대변하는가?

Main Idea 상황이 아무리 절망적이라 해도 하나님께서는 자기 백성들과 함께 하신다. 충분히 어두워질 때 별들이 나타난다.

예레미야서를 연구하는 데 큰 어려움 가운데 하나는 연대기적 순서로 배열되어 있지 않다는 것이다. 또 이보다 더 큰 어려움은 현재처럼 배열된 이유가 무엇인지 확인하는 것이다. 기본적으로는 체계화하거나 인위적으로 조정하는 시도 없이 여러 독립된 두루마리들을 순서대로 배열했으리라고 생각한다. 하지만 한 가지 문제는 여전히 남는다. 한 두루마리가 끝나고 다른 두루마리가 시작되는 지점이 어디인가 하는 것이다.

본 연구의 이 시점까지 우리는 한두 가지 예외를 제외하면 자료를 체계적으로 정리한 두루마리들을 볼 수 있었다. 또한 체계적으로 연구할 수 있는 한 가지 주제를 인식할 수 있었다. 그러나 이제 우리가 살펴볼 장들은 지금까지 부딪힌 문제들 가운데 가장 어려운 문제를 제공한다. 앞의 두 단락(18-20장, 21-23장)은 쉽게 구분이 가능했다. 다음으로 다룰 단락(30-33장)은 예레미야서 전체 자료에서 가장 경계가 명확한 자료 가운데 하나다. 학자들은 거의 만장일치로 그것을 '위로의 책(Book of Comfort)' 이라고 부른다.

이 단락을 이해하기 위해 우리는 이 여섯 장을 전체적으로 살펴볼 필요가 있다. 이렇게 해서 우리는 이 단락의 이해에 도움이 될 개요를 알 수 있고, 가능하다면 주제의 통일성을 확인할 수 있다.

1인칭으로 쓰인 24장은 성전에서 예레미야가 겪은 경험을 기록하고 있다. 그는 두 개의 광주리, 즉 먹기에 좋은 훌륭한 무화과를 담은 광주리와 먹을 수 없는 나쁜 무화과를 담은 광주리를 보았다. 하나님께서는 이 환상을 통해 바벨론 포로들과 본국에 남은 사람들에 관한 중요한 사실을 전해주셨다. 이 장은 독립된 단락이며, 앞장이나 뒷장과는 뚜렷한 관련이 없는 장이다. 하지만 29장의 자매편으로서의 역할을 하고 있다.

25장은 24장보다 연대적으로 앞선다. 그것은 주전 605년 직후인 여호야김 통치 초기로 거슬러 올라간다. 1-7절에서 예레미야는 자신이 선포한 하나님의 말씀과 경고를 백성들이 23년 동안이나 듣지 않았음을 상기시킨다. 그러고나서 8-14절에서 그들이 70년 동안 포로 생활을 할 것이라고 경고한다. 15-29절에서는 잔을 쏟듯이 하나님께서 진노의 잔을 쏟아부으신다고 묘사한다. 30-38절에서 그 당시의 모든 민족들에 대한 하나님의 심판의 메시지를 마지막으로 이 장은 마무리된다.

26장 역시 여호야김 통치 시기를 배경으로 한다. 이 장은 7장 1절-8장 3절에 나타난 성전 설교와 유사한 기사를 담고 있다. 앞의 성전 설교는 설교 내용에 대한 긴 요약 내용을 제공하지만 역사적인 내러티브는 전혀 담지 않았다. 후자의 내러티브는 설교를 짧게 요약 기술하고, 설교의 결과에 대한 기사를 추가한다. 마무리 단락은 예레미야 시대의 또 다른 선지자인 우리야의 생애에서 일어난 한 사건을 다루고 있다.

27장과 28장은 연결된 하나의 단락으로 예레미야서에 기록된 예레미야의 행동 가운데 가장 긴 이야기를 제공한다. 이 두 장은 바벨론과, 바벨론이 곧 멸망한다고 예언하던 예언자들에 대한 예레미야의 태도를 보여준다. 27장은 하나의 집단으로서의 그 예언자들을 거론한 반면, 28장은 그 집단의 대표 한 사람과 예레미야의 대면을 기록한다.

29장은 대부분 예루살렘과 바벨론 사이에 왕래한 서신으로 구성되어 있다. 예레미야는 바벨론의 거짓 선지자들이 포로들에게 곧 고국으로 귀환될 것이라고 말한다는 소식을 들었다. 포로들은 새로운 환경에 적응하고 장기적으로 체류할 준비를 거의 하지 않고 있었다. 예레미야는 포로들에게 현실을 받아들이고, 거할 집을 짓고 식물을 심으라고 권유하는 편지를 썼다. 그 편지는 또한 포로들의 상황에 대해 잘못된 평가를 하고 있는 일부 개인들을 향한 내용을 담고 있었다.

A. 좋은 무화과나무와 나쁜 무화과나무 환상(24:1-10)

Supporting Idea	하나님께서는 거듭나지 못한 세상이 생각하는 대로 항상 행동하시지 않는다.

24:1-2. 유다는 포로 상태에 있다. 이제 남왕국 백성들은 1세기여 년 전에 북왕국의 동족 이스라엘이 당한 일을 적어도 어느 정도 알고 있다.

엄밀히 말해 유다의 포로 생활은 주전 605년, 바벨론의 새 왕 느부갓네살의 첫 공격으로 시작되었다. 그는 다니엘과 그의 세 친구를 비롯해(단 1:3) 여러 명의 포로들을 잡아갔다. 그러나 주전 597년, 왕은 유다의 심장부를 공격했다. 그는 '그 땅의 꽃'을 가져갔다. 열왕기 저자는 이렇게 말한다. "저가 여호와의 전의 모든 보물과 왕궁 보물을 집어내고 또 이스라엘 왕 솔로몬이 만든 것 곧 여호와의 전의 금 기명을 다 훼파하였으니 여호와의 말씀과 같이 되었더라 저가 또 예루살렘의 모든 백성과 모든 방백과 모든 용사 합 일만 명과 모든 공장과 대장장이를 사로잡아 가매 빈천한 자 외에는 그 땅에 남은 자가 없었더라"(왕하 24:13-14).

증거는 에스겔이라는 이름의 젊은이가 포로들 가운데 포함되었음을 암시한다(겔 1:1-2). 여러 면에서 이 공격은 전체 3회에 걸친 침략 가운데 가장 치명적이었다. 유다는 치명타를 입었다. 마지막 죽음의 조종이 울리기 위해서는 단 한 번의 공격이 필요할 뿐이었다. 이 일은 주전 586년에 일어났다.

주전 597년 예루살렘과 주변 지역에 남아 있던 백성들은 자신들이 하나님의 은혜로 구원을 받았다고 생각했다. 그들에 따르면 이것은 그들 자신이 하나님께 '특별한 존재'이기 때문이었다. 우리는 예레미야가 이것을 어떻게 생각했는지 모른다. 아마 그는 부분적으로는 동의했을 것이지만 하나님의 말씀을 듣고 그 생각이 바뀌었고 그는 그에 따라 반응했다.

예레미야가 성전을 걷고 있을 때 하나님께서는 그를 음식을 담은 광주리가 놓인 곳으로 인도하셨다. 그는 선지자의 관심을 무화과 두 광주리로 향하게 했다. 하나는 먹기에 좋은 무화과를 담고 있었고, 나머지 광주리의 무화과는 품질이 나쁠 뿐 아니라 먹을 수도 없는 것이었다. 먹을 수 없는 극히 악한 무화과가 있더라.

24:3-7. 하나님께서는 예레미야를 선지자로 부르실 때 두 번이나 사용하신 것과 동

일한 형태의 관심 끌기 방식을 사용하신다. 선지자는 이번에는 자신의 소명 환상 때보다 한 걸음 더 나간다. 그는 무화과가 보인다고 대답할 뿐 아니라 좋은 무화과와 나쁜 무화과를 구분까지 했다. 이것은 그가 대화를 통해 자신의 주장을 알리시는 하나님의 방식에 대해 진일보한 이해를 갖게 되었음을 암시하는 것인지도 모른다.

하나님께서 이것을 예레미야에게 설명하신 이유는 무엇인가? 통찰력 있는 사람이라면 '일등급' 시민들이 최근의 바벨론 침략으로 포로로 잡혀갔음을 즉각 인식했어야 했다. 아마 그가 그 주제에 대해 더 깊이 묵상하자 새로운 계시가 임했을지도 모른다.

예레미야는 이사야가 가르친 '남은 자' 개념에 대해 익숙했다. 유다가 회복될 때 하나님의 '참 이스라엘' 로서 존속할 이 작은 무리들 속에 속할 자들은 누구인가? 이미 포로로 잡혀간 상류층 시민들이었다. 하나님께서 사회의 상류층들을 더 사랑하셔서가 아니었다. 오히려 그것은 귀환해서 성도들의 공동체를 다시 재건할 자원이 그들에게 있음을 깨달았기 때문이다. 바벨론에 있는 그 무리들에게도 단점은 있겠지만, 유다 땅에 남은 무리들은 그야말로 쓸모없는 '비류들' 이었다. 하나님께서는 그들에게서 구속 목적을 이루는 데 필요한 백성들로 발전할 가능성을 전혀 찾지 못하셨다.

하나님께서는 자신의 '좋은 무화과' 를 위해 무엇을 하실 것인가? 그분은 그들을 보호하고 순결하게 지켜 아브라함과 후에는 이스라엘로 하여금 소명하신 그 사명을 행할 수 있도록 하실 것이다. 그들은 소명을 생생하게 유지했던 족장 시대의 이삭과 야곱의 씨를 영원히 이어갈 것이다.

하나님께서는 이 영광스러운 일을 어떻게 이루실 것인가? 그들의 마음을 변화시키실 것이다. 여기에 은혜가 확실하게 나타난다. 국가적 차원의 광범위한 회개가 있었다는 어떤 기록도 없다. 하지만 하나님께서는 남은 자를 보존하시기 위해 주권적인 능력으로 독립적으로 역사하실 것이다. 이것은 각 포로의 개인적인 구원 문제가 아니었다. 그것은 메시아에 대한 소망을 지속시키시기 위해 역사 속에 하나님께서 행동하신 한 가지 예였다. 하나님께서는 바벨론에 남은 자들을 귀환시키셔서 아브라함의 씨와 다윗의 후손들에 대한 약속이 유지되게 하실 것이다.

24:8-10. 당시 그 땅에 남아 있는 무리들은 어떻게 되는 것인가? 하나님께서는 그들을 은혜의 언약과 무관한 자들로 다루실 것이다. 그들은 열방을 향한 하나님의 계획에 아무 역할이 없었다. 예레미야는 그들에 대해 말할 때 치욕, 말거리, 조롱, 저주와 같은

단어들을 사용한다. 하나님께서는 우리가 썩어서 먹을 수 없는 음식을 처리하듯이 그들을 처리하실 것이다. 그들은 부정함 때문에 모세와 여호수아에게 약속하셨던 땅에 살 축복을 누리는 자격을 박탈당했다. 애굽 땅에 산다는 표현은 애굽으로 이미 도망쳤거나 예루살렘 함락 후 그곳으로 갈 사람들을 가리켜 말했을 수 있다.

B. 하나님의 징계와 진노(25:1-38)

Supporting Idea	죄는 인격과 신분을 막론하고 모든 사람에게 고통을 가져다준다.

이 장은 예레미야서 자료 편집자가 포로들에 대한 두 메시지 사이에 삽입한 네 장 가운데 첫 장이다. 이 장은 열방들을 징계하시고 심판하시는 하나님의 계획을 다루고 있다.

25:1-7. 예레미야서 편집자는 이 긴 신탁의 연대에 대해 상세하게 알려주고 있다. 이 신탁은 구속사적으로 의미가 깊은 해인 주전 605년에 주어진 것이다. 그해는 바벨론이 주전 612년, 니느웨 성 함락 후 애굽을 비롯해 앗수르의 남은 연합군들에 승리한 해였다. 바벨론의 승리로 여호야김은 충성의 대상을 애굽에서 국제 무대의 새로운 초강대국으로 바꿀 수밖에 없었다.

그 해에 또 다른 중요한 두 사건이 발생했다. 나보폴라살이 사망하고 그의 아들 느부갓네살이 바벨론의 공식적인 왕이 된 것이다. 또한 예레미야는 하나님의 명령으로 지난 23년 동안 선포했던 수많은 예언들을 구술하여 기록한다. 그는 예언들이 기록된 두루마리를 유다 왕 여호야김에게 보냈고, 그는 그것을 불태워버린다. 예레미야는 즉각 두루마리 내용을 다시 구술하여 적게 한 후 그 외 다른 내용들을 추가한다.

처음에 읽으면 3-7절은 지금까지의 예레미야의 사역이 실패한 것처럼 들린다. 하지만 결코 그렇지 않다! 성경의 선지자들은 항상 하나님의 메시지를 신실하게 전했다. 그들에 대한 어떤 비난의 암시도 발견되지 않는다. 백성들은 변명의 여지가 없었다. 그들은 고의적으로 하나님의 간곡한 호소와 심지어 경고를 무시하는 길을 선택했다. 백성들이 듣고자 아니할진대 선지자는 실패자가 아니다. 그가 하나님의 메시지를 전하지 않을 경우에만 실패자가 된다.

25:8-11. 여기에서 예레미야는 그 땅에 심판이 임할 것을 의심할 만한 어떤 여지도 주지 않는다. 하나님께서 심판을 내리실 것이다. 이것이 하나님께서 자기 백성이라 주장하는 사람들을 멸할 원수를 허락하신다는 의미인가? 그것은 정확히 그렇다. 또 그 이상의 의미를 가지고 있다. 그 적이 그분이 멸하시고자 하는 자들보다 더 악하다 해도 보내실 것이다.

"이것이 공정한가?" 그 대답은 분명한 "그렇다"이다. 밝은 빛 속에서도 죄를 짓는 사람들은 어두움 가운데 죄를 짓는 사람들보다 더 죄질이 무겁다. 나아가 하나님께서는 자기 백성을 징벌하시기 위해 어떤 수단도 사용하실 수 있다. 하나님께서 그 과정을 마치시면 도구를 치워버리시거나 심지어 파괴해버리실 수 있다. 북왕국과 앗수르에 대해 그분은 이미 그렇게 하셨다. 그분은 남왕국과 바벨론에 대해서도 이 과정을 반복하실 것이다. 하나님께서 심판하시면 유다 백성들은 이전의 영광을 완전히 빼앗김으로 이방 세계가 역겨워할 것이다.

25:12-14. 예레미야는 아직 본국에 남아 있는 '나쁜 무화과'에 대한 담대한 진술에서 한 걸음 더 나간다. 바벨론의 날 역시 헤아림을 받고 있었던 것이다. 70년 안에 제국으로 부상한 이 강력한 국가 역시 앗수르와 동일한 운명을 당할 것이다. 하나님께서는 이 신흥 정치 세력을 제거할 또 다른 정복자를 일으키실 것이다. 바벨론을 대체할 이 신흥 세력은 주전 539년, 고레스 대제가 이끈 바사였다.

학자들은 **칠십 년**을 어떻게 해석할 것인가를 두고 의견이 분분하다. 일부 주석가들은 '칠십 년'이라는 표현이 한 세대를 의미하는 비유적 표현이라고 주장해왔다. 이것은 시편 기자가 보통 인간 수명으로 허락하신 숫자라고 말한 '칠십 년'(90:10)과 일치한다. 어떤 이들은 포로 생활 기간을 문자적인 칠십 년으로 맞추기 위한 방법을 찾아야 한다고 주장한다. 주로 사용하는 계산 방법 가운데 하나는 주전 605년, 예루살렘 1차 침공으로부터 **스룹바벨** 지휘하의 1차 귀환까지로 보는 것이다. 또 다른 방법은 주전 586년, 성전 파괴부터 주전 약 516년, 두 번째 성전 봉헌까지로 해석하는 것이다.

14절에서 예레미야는 바벨론의 미래에 대해 더 상세히 예언하고 있다. 노예들의 주인이었던 그 거민들이 노예가 될 것이다. 이것은 예수님의 관찰과 경고를 떠올리게 해준다. "검을 가지는 자는 다 검으로 망하느니라"(마 26:52).

25:15-29. 이 단락에서 하나님께서는 예레미야에게 하나님의 심판의 술을 모든 나라

에 붓는 잔의 상징에 유의하도록 하신다. 민족들의 명단은 애굽으로 시작해 북쪽의 해안 평지로 이동하면서 이스라엘과 직접 인접한 민족들부터 소개되고 있다. 그러고나서 요단 강 동편의 이스라엘의 인접 국가로 건너갔다가 아래 지역의 북아라비아 반도 사막 민족으로 이동한다. 이 명단에는 또한 아주 먼 동쪽의 민족들도 포함되어 있다. 46-51장에 기록된 예레미야의 저주 신탁 대상 가운데 여기서는 오직 다메섹만 생략되어 있다.

시편 기자는 "구원의 잔"을 언급했다(시 116:13). 하나님의 백성들은 그분의 선하심에 감사하며 하나님께 잔을 들 것이라고 맹세했다. 그러나 현재의 이 문맥에서 그 심상은 뒤바뀌어 있다. 그것은 진노의 잔이다. 이것은 비유적 표현의 해석과 관련해 한 가지 교훈을 가르친다. 성경 저자들은 하나의 예를 전도시켜 그것으로 정반대의 교훈을 가르쳤다. 예를 들어, 예수님께서는 일할 수 없는 밤이 오기 때문에 아직 낮일 때 일해야 한다고 말씀하셨다(요 9:3-4). 하지만 바울은 그 심상을 뒤바꾸었다. 그는 밤이 깊고 낮이 가까웠다고 말한다(롬 13:12).

이 단락이 현대의 우리에게 무관한 것처럼 보이지만 중요한 메시지를 전달한다. 죄와 심판의 법은 각자의 인생에 대한 하나님의 요구를 깨닫든 깨닫지 못하든 모든 사람들에게 적용된다는 것이다. 죄는 그 자체에 처벌 능력이 내재되어 있다. 우리는 하나님의 법을 어기지 말아야 한다. 우리가 그 법들을 유효한 것으로 인정하지 않을 때 우리 스스로 그 법에 충돌해 파멸한다.

25:30-38. 25장의 이 마지막 소단락에서 하나님께서는 동일한 메시지를 계속 주고 계시지만, 예레미야에게 다른 비유적 표현을 사용해 그것을 전달하도록 하신다. 선지자는 30-31절에서 27-29절과 동일한 정서를 표출하고 있다. 차이점은 전자가 산문체라면 후자는 시어체라는 것이다. 포도의 즙이 사람들의 흘린 피를 암시하는 반면, 포효하는 소리(30절)는 사자를 암시한다. 그러고나서 예레미야는 민족과 다투시는 재판 장면으로 이동하고(31절), 다시 세계적 규모의 강풍을 언급하신다(32절). 심상의 연속적인 소개는 임박한 심판을 강조한다. 시체들이 너무 많아서 매장할 장소가 없을 것이다. 그래서 그들은 쓰레기처럼 지면의 이 끝에서 저 끝에 흩어질 것이다(33절).

34절은 정치 지도자들에게 곧 심판이 임할 것이라는 예레미야의 경고를 담고 있다. 35-36절은 이 사람들에 대한 진술을 담고 있다. 37절은 그 땅의 미래적 조건을 묘사하고, 38절은 사자의 심상을 다시 언급한다. 선지자는 이 모든 것을 하나님의 율법에 반발하고 그분의 땅을 더럽힌 사람들에 대한 하나님의 진노 때문이라고 주장한다. 심판이 오래 지체되었지만 이제 임할 것이다.

C. 성전 설교에 대한 두 번째 기사(26:1-24)

Supporting Idea	선지자들은 하나님의 메시지를 선언하고 그분이 안전하게 지켜주실 것을 신뢰하며 어떤 두려움도 가져서는 안 된다.

많은 학자들은 이 장을 예레미야서의 새로운 서술 형식인 내러티브와 전기적 자료 부분의 시작이라고 본다. 첫 단락은 26장부터 29장까지이며 거짓 선지자들에 대한 일반적인 주제를 다루고 있다. 30-33장에서 이 주제는 잠시 중단되었다가 45장까지 계속된다. 많은 학자들은 이 장들을 '바룩 내러티브' 혹은 '바룩의 전기'라고 말한다. 이 부분에서는 예레미야를 3인칭으로 언급하고 있으며, 바룩에게 주는 개인적 메시지로 마감하고 있다.

그러나 연대기적 순서가 여러 차례 뒤바뀌는 부분이 있기 때문에 이 명칭은 정확한 것이 아니다. 실제로 예레미야서 배열의 포괄적인 원칙이 있는지 찾아보고자 아무리 애써도 역부족임을 깨닫는다. 여러 두루마리들이 순서대로 배열되어 현재의 책 형태를 갖게 되었다는 이론이 우리가 할 수 있는 최선의 주장이다.

대부분의 주석가들은 성전 설교의 이 기사가 앞의 성전 설교(7:1-8:3)와 같은 사건을 기록한 것이라고 주장한다. 이 두 설교가 실제로 예레미야서에서 서로 떨어져 배치되어 있다는 사실은 아무것도 입증해주지 않는다. 예레미야서에는 연대기적 순서를 무시한 배열의 수많은 예들이 존재한다. 이 장들이 동일한 장소, 주제, 내용을 담고 있다는 사실은, 이것들이 동일한 사건을 다룬 두 개의 기사임을 반박하는 모든 주장을 압도한다.

26:1-6. 예레미야가 올바른 종교적 훈련을 받으며 성장했다 하더라도 그는 예배를 통한 영적 교제가 하나님에 대한 모든 형식적 접근을 대체한다는 것을 깨닫게 되었다. 이 영적 교제는 하나님에 대한 형식적 방식이 예배자의 마음이나 삶 속에서 이끌어내지 못한 내적 동기를 이끌어낸다.

26:7-11. 영적인 토대에 기초하지 않은 종교적 개념의 소유자들을 대상으로 할 때 예레미야의 설교와 같은 설교는 쇠귀에 경 읽기가 될 것이다. 성직자든 평신도든 예레미

야의 청중들은 유일하게 자신들이 할 수 있는 방식으로 반응했다. 힘과 심지어 물리적 공격으로 반응했다. 예레미야는 평화 유지를 책임진, 공평한 정부 고관들이 그 소요 소식을 듣고 저지하러 왔기 때문에 목숨을 유지할 수 있었다.

26:12-16. 자기 자신을 변호한 예레미야의 주장은 관리들을 만족시켰다. 위협 속에서도 침착한 그의 모습은 그들의 존경을 받았고 그들을 설득시켰다. 그들의 판결은 만장 일치였음이 분명하다. 이 사람이 우리 하나님 여호와의 이름을 의탁하고 우리에게 말하였으니 죽음이 부당하니라.

26:17-19. 모든 백성이란 표현은 흥미롭다. 7-9절에서 이 표현은 예레미야가 처음 하나님의 말씀을 전했던 청중을 가리킨다. 제사장들과 선지자들을 위시해 그 회중들은 선지자의 메시지에 분노해 그를 붙잡았다. 그 소동을 보고받고 성내의 치안을 맡은 관리들이 즉각 출동했을 것이다. 11절에서 선지자들과 제사장들은 그의 죽음을 요구한다. 그들은 '모든 백성들'과 관리들에게 그를 죽일 것을 요구했다.

예레미야의 자기 변호가 끝난 후 '모든 백성들'은 예레미야를 죽여서는 안 된다고 발한 관리들의 편을 들었다. 그들은 여호와의 이름으로 말하는 선지자를 존경했다. 게다가 그들은 오랜 세월 동안 말씀을 선포해온 예레미야에 대해 특별한 존경심이 있었다. 그 지방의 장로들은 이 시나리오에서 어떤 역할을 하고 있는가? 아마 미가의 말에 대한 장로들의 인용문은 관리들뿐 아니라 '모든 백성들'이 마음의 결심을 하는 데 강한 영향을 미쳤을 것이다. 폭발력이 강한 문제가 지혜로운 노인의 침착한 목소리로 잠잠해지고 해결되는 경우를 자주 볼 수 있다.

이 경우의 예레미야보다 더 분명하고 구체적으로 메시지를 전달할 하나님의 대변인은 찾기 어려울 것이다. 그 날 그 자리에 있던 모든 사람들은 그의 메시지가 그들 세대와 연관이 있음을 확실하게 깨달았을 것이다. 유일한 예외는 제사장들과 거짓 선지자들이었을 것이다. 그들은 예레미야의 메시지가 그들의 수입에 위협이 된다고 보았다. 전문적 종교꾼들이 한 공동체의 종교적 영역을 독차지한 채 영적인 것을 물질적인 것에 종속시킨다면 얼마나 비극적인 일인가. 영적 지도자들이 지속적인 수입을 보장받기 위해 의로움보다 외적 의식에 철저히 치중할 때 이런 일은 항상 일어난다.

26:20-24. 이 네 구절은 여호와의 참된 두 선지자가 주의 이름으로 신실하게 선포한 후 다른 반응을 보이고 다른 운명을 만난 것을 기록하고 있다. 우리야에 대해서는 이 구

절에 기록된 내용 외에는 아무것도 아는 것이 없다. 그는 두려워 애굽으로 도망했다. 여호야김은 사람을 보내어 그를 찾아 죽였다.

예레미야는 죽음을 모면했다. 그는 조금도 동요하지 않았고, 다행스럽게 아히캄의 도움을 받을 수 있었다. 선지자를 도와준 사람은 요시야 왕이 신임하던 신하인 사반의 아들이었다. 아히캄은 요시야 통치 초기에 성전 정화 운동을 감독했다. 성전에서 율법 책이 발견되자 제사장 힐기야는 그것을 사반에게 주었다. 그의 아들 아히캄은 여선지 훌다에게 그것의 진실성을 문의했던 무리들 가운데 한 사람이었다(왕하 22:1-14).

예루살렘 함락 후 느부갓네살은 사반의 아들 아히캄의 아들 그다랴를 그 땅의 총독으로 삼았다(왕하 25:22). 예레미야는 운이 좋게도 영향력 있고 경건한 이 집안의 지원을 받았다.

D. 바벨론에 대한 음모의 경고(27:1-22)

Supporting Idea	당신과 영적 신념을 공유하지 않는 사람들과 연합하지 않도록 주의하라.

바벨론이 주전 605년, 애굽과 앗수르 군대에 승리한 후 바벨론 제국에 인접한 모든 나라들은 공포감에 사로잡혔다. 애굽은 느부갓네살의 궁극적인 정복 목표였다. 그러나 그가 애굽을 진압하기 위해서는 이 소국들을 정복해서 수중에 장악할 필요가 있었다. 반대로 애굽은 이 작은 나라들이 미래 정복자에 맞서 완충 지대 역할을 해줄 연합 세력이 되기를 원했다.

한 나라(아마 애굽)가 바벨론에 맞서 연합군을 조직하는 데 앞장섰다. 그 나라들의 대표들은 예루살렘에서 회합을 가졌다. 이 사건은 시드기야 통치 초기에 일어난 일이다. 27장의 역사적 배경이 바로 이 사건이다. 우리는 이것이 실제로 그 모임의 목적이었는지 확실히 알 수 없다. 하지만 당시의 사건들은 아마 이것이 정확한 추측임을 암시해 준다.

이 시나리오에서 유다의 역할은 무엇인가? 그 상황은 1세기여 년 전 북왕국이 시리아와 연합했던 이사야 시대와 유사하다. 그 연합의 목적은 남서쪽으로 이스라엘과 유다를 거쳐 결국 애굽으로 진격하는 디글랏 빌레셋을 저지하는 것이었다. 그들은 유다 왕 히스기야에게 동의하지 않으면 무력을 쓰겠다고 위협하며 동참을 재촉했다. 이사야는 히스기야에게 시리아와 이스라엘 연합군과도 함께하지 말고 앗수르와도 연합하지 말라고 촉구했다. 그의 조언은 "하나님을 믿고 중립을 유지하라"는 것이었다(왕상 16:1-18, 대하 28:1-27, 사 7:1-15). 27장은 아래와 같이 분류된다. (1) 비유대인 국가들을 위한 말씀 (2) 시드기야 왕에게 주는 말씀 (3) 제사장들과 백성들을 향한 말씀.

27:1-11. 대부분의 고대 번역본에서 1절은 시드기야 대신 '여호야김'이라고 기록하고 있다. 학자들은 실제로 그것을 NIV와 HCSB처럼 해석해야 한다는 데 동의한다. 어떤 학자들은 27장 1절이 26장 1절을 복사한 것이라고 주장한다. 본서는 NIV와 HCSB 번역을 받아들일 것이다. 27장은 주전 597년의 포로 생활을 전제하고 있다. 또한 이 장의 나머지는 '시드기야'라고 읽고 있다.

예레미야에 대해 아는 사람들은 모두 그의 상징적인 행동에 익숙하다. 여기서 그는 소의 멍에를 상징 행동의 도구로 사용한다. 그것은 소의 목에 가죽 끈으로 나무 막대기를 묶은 것이었다. '멍에'로 번역된 히브리어는 복수로, 이 때문에 어떤 이들은 예레미야가 목에 멍에를 한 개 이상 메었다고 주장한다. 이것은 그가 항복하라고 조언하고 있는 여러 왕들을 상징했을 것이다. 어떤 이들은 유다를 방문한 각 대사들에게 멍에를 하나씩 주고 왕을 위해 본국으로 가져가게 했다고 주장한다. 또 다른 가능성은 그것이 여러 개의 막대기로 만든 멍에였다고 보는 것이다.

시드기야는 이 연합군과 관련하여 어떤 역할을 했는가? 어떤 이들은 그가 시시각각 다가오는 적에 맞서 연합군을 만들어 도와달라고 호소하기 위해 만남을 소집했다고 주장한다. 어떤 이들은 연합군에 동참하도록 시드기야를 설득할 목적으로 다른 나라들이 예루살렘을 찾았다고 추측한다. 기록이 전하는 한, 그 연합군이 구체적인 행동을 취하지는 않았다. 그들 사이에 통일된 합의가 도출될 수 없었거나 위험 부담이 너무 크다고 생각했을 것이다.

예레미야는 하나님의 주권성을 언급하며 이 외국 대사들에게 단호하게 말한다. 하나님께서는 온 세상을 통치하시는 절대적 지배자시다. 그분만이 땅을 만드셨기 때문에 원하시는 뜻대로 나라들을 허용하신다. 또한 하나님께서는 역사를 주관하신다. 모든 사건은 그분의 적극적인, 혹은 허용적인 뜻 때문에 일어난다. 이것은 모든 신들은 상대적이라는 당시 민족들의 전통적인 생각을 뛰어넘는 것으로 선지자가 자신의 하나님에 대해 내리는 대담한 선언이었다.

예레미야는 그 당시의 권력을 해체하겠다는 하나님의 결정을 알린다(6-7절). 그분은 열방 속에서 자기의 뜻을 실행할 종으로 바벨론을 선택하셨다. 이것은 1세기 전에 앗수르를 일으켜 북왕국 이스라엘에 진노를 내리실 때 하신 일과 유사하다. 하나님께서 앗수르의 생활 방식을 기뻐하지 않으셨던 것과 마찬가지로 바벨론의 생활 방식을 인정하지 않으셨다는 뜻은 아니다. 실제로 그분은 때가 되면 바벨론을 처리하시기 위해 또 다른 제국을 일으키실 것이다. 8절에서 예레미야는 동족에 대해 경고했던 것과 마찬가지로 강력하게 그 민족들에 경고한다. 하나님의 명령을 무시하면 재앙을 자초할 것이다.

예레미야는 9절에서 비유대인 나라들의 조언자 역할을 하고 있는 사람들에 대해 언급하기 위해 경고를 잠시 중단한다. 이 나라들의 백성들은 그들 자신의 영적 조언자들이 있었다. 그들은 유다의 제사장들이나 거짓 선지자들과 같이 거짓된 판단과 조언을 해주었다.

10절에서 예레미야는 다시 경고를 시작하며 이방 국가들의 이 멘토들에게 동족 이스라엘의 멘토들에게 준 것과 유사한 딱지를 붙인다. 그들은 거짓말쟁이였고, 그들의 메시지를 귀담아 들은 사람들은 자신의 땅에서 쫓겨날 것이다.

예레미야는 비유대인 나라들에 유다와 동일한 선택을 하라고 제안한다(11절). 그것을 요약하면 "바벨론의 통치를 수용하라. 그러면 너희 땅에 머물 수 있을 것이다"라는 내용이었다. 바벨론은 통치력이 미치는 곳에 세금을 거두는 것으로 만족할 것이다. 그들이 그것을 받아들이면 피지배민들은 적절한 평화를 누리며 살 수 있고, 심지어 안전을 위한 조치도 보장받을 수 있다. 그것은 그 당시에 거대한 제국들이 세워지고 유지되는 방식이었다.

27:12-15. 예레미야는 이와 동일한 메시지를 자신의 왕 시드기야에게 전한다. 이 구절들은 앞에서 여러 경우에 이미 했던 말을 담고 있다. 이 메시지의 요점은 "바벨론에 항복하십시오. 왜 죽으려 하며 당신의 백성들을 당신과 함께 나락으로 끌고 가려 하나이까? 하나님의 뜻을 선언하고 있다고 주장하는 이들에게 관심을 두지 마십시오. 그들은 거짓말을 하고 있습니다. 그들이 말하는 대로 하면 그들과 더불어 당신도 죽을 것입니다" 였다.

27:16-22. 이 구절들은 이 장의 다른 두 단락과 유사한 경고를 담고 있다. 예레미야

는 사역 초기에 유다 민족의 일부 문제들의 원인이 종교 지도자들에게 있다고 판단했다. 젊은 설교자로서 예레미야가 준 메시지의 일부에는 그 선지자들과 제사장들에 대한 신랄한 책망이 담겨 있다.

예레미야의 선포는 양 집단의 심기를 불편하게 만들었다. 그는 그들의 위선, 탐욕을 꿰뚫어 보았고, 그들을 공개적으로 공격했다. 예레미야는 제사장 가문 출신이었기 때문에 선지자가 되라는 하나님의 부르심을 깨달은 제사장의 한 예다. 따라서 그는 선지자와 제사장 모두의 시각에서 볼 수 있었다.

E. 예레미야와 거짓 선지자와의 충돌(28:1-17)

Supporting Idea	하나님의 선지자들은 열린 마음을 가져야 하지만 하나님의 메시지를 타협적으로 처리하려는 어떤 이에게도 흔들려서는 안 된다.

이 장은 앞장의 속편이다. 이 장은 여섯 장으로 된 거대 단락과 적절한 조화를 이루고 있다. 그 거대 단락은 이미 바벨론 포로로 끌려간 사람들에 대한 메시지로 시작하여(24장) 그들에게 보내는 편지로 마감한다(29장). 27장의 마지막 일곱 구절은 하나의 계층으로서 거짓 선지자들에 대한 예레미야의 책망을 담았다. 28장은 한 거짓 선지자와 그의 갈등을 기록하고 있다.

28:1-4. 예레미야처럼 하나냐는 베냐민 자손이고, 그의 이름은 '여호와께서는 은혜로우시다' 라는 뜻을 가지고 있기 때문에 어떤 이들은 그가 선량한 사람이지만 잘못된 생각을 한 사람이라고 주장한다. 필자 역시 그가 그 판결을 정당화시킬 정도로 교만하게 행했다고 생각한다. 그의 메시지는 예레미야가 수년 동안 선포해왔던 모든 내용과 배치되었다. 그는 유다가 처한 위기의 심각성을 축소했을 뿐 아니라 바벨론의 포로들이 포로 생활할 기간도 줄일 정도로 선을 넘었다. 그는 2년 내에 하나님께서 느부갓네살의 멍에를 꺾으시고 빼앗아간 성전 기구를 되돌려 오실 것이며, 여고니야를 왕으로 다시 회복시키실 것이라고 주장했다.

28:5-11. 예레미야는 하나냐의 예언을 믿고 싶었다. 조국 땅이 유린되거나 동족들이 이국 땅에 포로로 끌려가는 것을 보고 싶은 사람은 아무도 없다. 그의 아멘은 "좋습니다. 그렇게 되기를 원합니다. 당신이 한 말이 사실로 이루어지는 것을 보았으면 원이 없

습니다"라는 의미였다. 이것은 선지자의 정직성과 유연성을 보여준다.

그러나 다른 사람의 시각을 관찰한다는 것이 자신의 시각을 포기해버린다는 뜻은 아니다. 예레미야는 여전히 경고할 말이 있었다. 평화를 예언하는 이는 평화와 번영이 실제로 실현될 경우에만 참된 선지자로 선언될 수 있을 것이다. 예레미야의 말은 하나냐에 대한 도전이었다. 하나냐는 자신의 주장을 굽히지 않았다. 그는 예레미야의 목에서 멍에를 낚아채 그것을 꺾어버렸다. 코웃음을 치며 그는 낙관적인 예언을 반복했다. 2년 안에 여호와께서 바벨론의 멍에를 꺾으시고 포로들을 해방시켜주신다는 것이다. 예레미야는 아무 대답도 하지 않고 그를 외면했다.

28:12-17. 12절은 예레미야가 기도하고 자기를 돌아보는 일에 더 많은 시간을 보냈음을 암시한다. 아마 하나냐의 말이 너무나 확신에 차 있었기 때문에 예레미야는 그가 옳다고 거의 설득될 뻔했을 수도 있다. 아마 예레미야는 스스로에게 "주님, 제가 틀렸습니까? 당신의 말씀을 오해한 것입니까?"라고 물었을 것이다. 하나님께서는 그에게 필요한 재확신을 주시고, 또한 그의 마음속에 새로운 말씀을 주셨다. 그분은 쇠 멍에로 메시지를 더욱 강조하라고 말씀하시고, 들짐승에 대한 주권성이 자신에게 있다는 말씀도 새로 포함시키셨다.

예레미야는 즉각 하나냐와 청중들을 다시 찾아갔다. 이번에는 추호의 흔들림이나 불확실성이 없었다. 그는 두려움 없이 이전의 선언을 재확증해주었다. 2년 안에 돌아오기는커녕 오히려 하나냐가 그해에 죽게 될 것이다. 이 기사의 저자는 어떤 설명도 없이 선지자 하나냐가 그 해 칠월에 죽었더라는 말만 하고 있다. 이것은 구약에서 볼 수 있는 가장 놀라운 예언의 성취 가운데 하나다.

F. 바벨론 포로들에 대한 예레미야의 조언(29:1-32)

Supporting Idea	통제를 벗어난 역경 가운데 처할 때 우리는 주를 찾으며 그분의 말씀을 신뢰하고 인내해야 한다.

29:1-3. 이 구절들은 예레미야가 이미 바벨론에 포로로 잡혀가 있던 이들에게 보내는 긴 편지의 배경을 이룬다. 그는 두 사람 편에 편지를 보냈다. 그들의 부친들은 이전에 그에게 호의를 베풀어준 사람들이었다. 많은 구약 학자들은 그들이 시드기야가 느부

갓네살에게 바치는 조공을 전달했을 것이라고 주장한다.

29:4-9. 예레미야는 포로들에게 실제적인 조언을 제공한다. 그 조언의 핵심은 세 가지다. 첫째, 정상적인 생활을 유지하라. 본국에 돌아와서 할 일들을 그곳에서 하라. 주거지를 마련하고 식량을 준비하며 가질 수 있는 것으로 만족하라. 자식들에게 동일하게 하도록 권하여 가정을 꾸리도록 하라. 일상적으로 하던 가정생활을 계속하라. 둘째, 현재 살고 있는 땅의 정부에 맞서 반란을 일으키지 않도록 하라. 그곳 시민으로서 책임을 다하라. 그곳이 평안할 때 그들도 평안하다는 것을 인정하라. 셋째, 하나님께로부터 메시지를 받았다고 주장하며 비현실적인 꿈을 꾸도록 하는 거짓 선지자들의 말을 믿지 말라.

29:10-14. 이 구절들에서 하나님께서는 예레미야를 통해 백성들의 장래를 위한 계획을 선포하신다. 그분은 그 계획을 성취하실 것이지만 칠십 년이 지나야만 한다. 이 시간은 또 다른 초강대국에 무너지기 전까지 바벨론에 하나님께서 할당하신 시간이다.

하나님께서는 선지자와 백성들에게 이스라엘과 유다의 존재 이유를 잊으신 적이 없음을 확인해주신다. 현실적이고 영적인 현재의 필요를 모두 채워주실 것이다. 미래의 어느 때에 그들은 구원과 더 깊은 축복을 받을 준비가 되어 있을 것이다. 이런 일이 이루어질 때 그분은 그들의 기도에 귀 기울여 주실 것이다.

하나님께서는 그들이 본국으로 귀환하기 위해 그들의 전 국민적 헌신이 얼마나 철저하고 완벽해야 하는지 구체적으로 말씀하시지 않는다. 그들은 포로 생활을 하면서 변화를 경험하고 귀중한 교훈을 배웠다. 필자의 동료 교수 하나는 포로 생활의 세 가지 중요한 결과를 설명해주었다. (1) 우상 숭배적인 예배 의식의 철저한 정화와 일신론의 수용 (1) 교육 기관으로서 회당의 등장 (3) 메시아에 대한 더 간절한 갈망. 이것으로 유대인들이 그 후 아무 잘못을 저지르지 않게 되었다는 뜻은 아니다. 하지만 그들은 그 기간에 그러한 소중한 교훈들을 배웠다.

14절에서 하나님께서는 바벨론에 있는 사람들뿐 아니라 모든 나라들이라 부르신 곳의 사람들도 본국으로 귀환하도록 하시겠다고 약속하신다. 어떤 이들은 이 예언이 팔레스타인의 문이 세계 각국의 유대인들에 열렸던 1948년에서야 완성되었다고 본다. 어떤 이들은 이것이 예레미야 시대 당시 전체 세계로 인식된 곳에 흩어져 있던 유대인들만 언급한 것이라고 주장한다.

29:15-19. 예레미야는 그의 말이 어떻게 받아들여질지 예상하고 백성들에게 그와 다른 메시지를 전하고 있는 선지자들에 대해 경고한다. 바울 당시 완악한 유대주의자들처럼 거짓 선지자들은 그들의 주장을 굽히지 않았다. 이 경우에는 그들 가운데 일부가 심지어 바벨론으로 침투하기까지 했다.

포로들에 대한 예레미야의 메시지는 본국에 남아 있는 사람들에게 준 메시지와 동일하다. 그는 '나쁜 무화과' 라는 예까지 사용하고 있다. 19절에서 듣다로 번역된 히브리어는 단순히 '듣는' 것 이상의 의미를 지닌다. 그것은 '순종하는 마음으로 듣다' 라는 뜻이다. 선지자가 하나님의 말씀을 거부하는 자들에게 경고한 무서운 일들이 그들을 본받은 바벨론의 포로들에게도 임할 것이다.

29:20-23. 예레미야는 이 메시지를 더욱 분명하게 하기 위해 바벨론의 유다 백성들을 잘못된 길로 인도하고 있는 두 사람을 구체적으로 지적한다. 우리는 골라야의 아들 아합과 마아세야의 아들 시드기야에 대해 여기에 언급된 사실들을 제외하고는 아무것도 아는 것이 없다. 예레미야는 그들에게 하나님의 메시지를 전한다. 느부갓네살이 공개적으로 그들을 죽일 것이다. 이 사건을 계기로 그 백성들 사이에 한 가지 풍습이 생길 것이다. 누군가를 저주하고 싶을 때 "여호와께서 너로 바벨론 왕이 불살라 죽인 시드기야와 아합 같게 하시기를 원하노라"는 말로 저주하게 될 것이다.

29:24-28. 예레미야는 예루살렘에 남은 많은 제사장들과 좋은 관계를 맺었다. 그는 바벨론에 있던 거짓 선지자인 스마야가 부제사장으로 승진된 스바냐에게 편지를 보냈음을 알게 되었다. 스마야는 또한 모든 제사장과 모든 백성들에게 편지를 보냈다. 그 편지에서 그는 스바냐에게, 미친 사람처럼 행동하는 예레미야에게 나무 고랑과 목에 씌우는 쇠고랑을 채우라고 이야기했다. 그는 예레미야가 편지를 통해 포로들에게 지적했던 일(29:5)을 말하는 것이다.

29:29-32. 스마야는 스바냐에 대해 자신이 생각한 것처럼 영향력을 미치지 못했다. 스바냐는 예레미야에게 그 편지를 보여주었다. 예레미야는 하나님의 인도하심을 구했고, 아마 응답을 즉각 받았을 것이다. 하나님의 명령은 단순하고 예리했다. 이 백성 중에 거할 그의 사람이 하나도 없을 것이라는 표현은 거짓 선지자와 그의 가족들이 철저히 제거될 것을 암시한다. 선한 일을 그가 보지 못하리라는 말씀은 그가 곧 죽을 것임을 암시할 수 있다.

이 여섯 장에 대한 주석을 마무리하면서 진지하게 살펴본 결과 이중적 사상이 늘 자리하고 있다. 첫째, 하나님께서는 자기 백성들을 위한 장래를 준비하고 계신다. 그들을 쫓아내지 않으실 것이다. 아브라함에 대한 약속은 여전히 유효했다. 둘째, 그 동안에 백성들은 인내해야 한다. 하나님께서는 자기 자신의 뜻대로 움직이시며, 그 가운데는 그분의 시간표대로 움직이신다는 의미가 포함된다. 하나님을 기다리며 그분의 말씀을 신뢰하고 인내하라.

Main Idea 복습	상황이 아무리 절망적이라 해도 하나님께서는 자기 백성들과 함께 하신다. 충분히 어두워질 때 별들이 나타난다.

결론

당신이 누구의 말을 듣고 있는지 주의하라

삶이 혼란스럽고 힘들 때 우리는 항상 듣고 싶은 말을 해주는 사람에게 더 쉽게 귀를 기울인다. 바벨론 군대의 공격과 다윗 왕조의 몰락으로 유다가 처한 상황이 바로 이러했다. 거대한 두 집단의 핵심 지도자들, 고관들, 왕족들이 이미 포로로 끌려간 상황이었다. 포로들의 미래와 현재 상황이 얼마나 지속될 것인지에 대해 사람들은 궁금해했다. 거짓 선지자인 하나냐는 선지자에게 2년 안에 모든 것이 정상으로 돌아갈 것이라고 말했다. 예레미야는 포로 생활이 70년간 지속될 것이며 포로로 끌려간 사람들은 그 민족의 실제적인 미래이고, 포로들은 정착해서 새로운 환경에 적응해야 할 것이라고 백성들에게 말해주었다.

혼란스러운 환경 속에서 누가 최고의 조언을 제공하고 있는지 그리고 무엇을 해야 하는지 구별하기가 항상 쉽지는 않다. 듣고 싶은 이야기를 들려주는 사람들을 경계하라. 때로 듣기 쉽지 않은 조언을 통해서 하나님의 뜻이 표현된다. 우리를 위한 하나님의 계획이 그 당시 우리가 듣고 싶은 것과 다를 수 있지만 우리는 자기 백성들의 최선을 추구하신다는 주님의 약속을 의지할 수 있어야 한다. 아무런 희망이 없는 것처럼 보일 때도 그분은 소망과 미래를 보여주신다.

■ 진리 알기

- 난민이나 이주민들이 항상 새로 정착한 사회에 아무 기여도 하지 않는 것은 아니다. 때로 그들은 한 국가나 문화의 참된 본질을 대표한다.
- 한 국가의 현재 지도자들이 항상 그 민족의 미래를 대표하는 이들은 아니다.
- 참된 선지자들은 사람들이 하나님의 말씀을 듣고 귀 기울이려 하지 않는다 해도 주의 말씀을 신실하게 선포해야 한다.
- 하나님께서는 때로 자기 백성들을 책망하고 심판하시기 위해 그분을 인정하지 않는 사람들을 사용하신다.
- 모든 나라들은 주를 인정하든 인정하지 않든 자신들의 행동에 대해 책임을 지게 될 것이다.
- 회개는 주의 말씀을 들을 때의 올바른 반응이다.
- 주의 이름으로 말한다고 주장하는 사람들이 모두 주님께로부터 메시지를 받은 것은 아니다.
- 포로들, 추방된 사람들, 근거지를 잃고 이주한 사람들은 자신들의 유산과 자손들을 보호하기 위해 때로 그곳에 완전히 정착하고 새로운 나라와 고향, 새로운 문화와 풍습, 새로운 언어와 생활 방식에 적응해야 할 필요가 있다.

■ 적용하기

- 난민들과 이주자들에 대하여 논쟁이 되고 있는 문제들을 요약해보라. 이 문제들과 관련해 주요한 입장들을 이야기해보라. 하나님의 말씀은 이 논쟁에 대해 어떻게 이야기하고 있는가?
- 당신과 당신의 교회가 난민들과 이주민들과 관련하여 긍정적인 변화를 만들어낼 수 있는 구체적인 방식들을 적어보라.
- 국가 지도자들을 위해 기도하라. 그들의 삶과 그들이 내리는 결정들이 가능한 최선의 방법으로 우리 국가의 미래를 대표할 수 있게 해달라고 기도하라.
- 청중들이 듣고 싶어하지 않아도 주의 말씀을 신실하게 선포하는 이들을 격려하라.

• 하나님께서는 때로 자기 백성을 징계하시기 위해 그분을 인정하지 않는 사람들을 이용하신다. 나의 믿음의 고백과 일치하지 않는 어떤 행동에 대해 책임지라고 요구하는 사람은 없었는가? 자문해보라. 나는 그것에 대해 어떻게 생각했는가? 그런 지적을 듣고 나는 어떻게 행동했는가?

삶의 적용

수단의 잃어버린 아이들

오늘날 많은 사람들이 때로 자신들의 조국을 떠나 난민이 되어 떠돌고 있다. 이 난민 문제는 때로 자연 재해가, 때로는 전쟁과 침략이 원인이 되고 있다. 아마 근래에 '수단의 잃어버린 아이들' 처럼 세계의 주목을 끈 난민들은 없었을 것이다. 수단은 20세기에 발생한 가장 야만적인 내전의 하나를 경험했다. 200만 명이 넘는 사람들이 1970년대와 1980년대에 기근이나 질병으로 죽임을 당했다. 북부의 아랍인이 지배하는 이슬람 정부가 남부의 흑인 기독교 인구와 싸우면서 400만 명 내지 500만 명의 난민이 발생했다. 정부군은 수단 남부의 수백만의 마을을 불태우고 가축들을 훔치며 사람들을 무차별 학살했다.

고아가 된 7세에서 17세에 이르는 약 3만 명의 아이들은 그들의 고향 남부 수단 마을을 떠나 무리를 지어 걷기 시작했다. 2개월 동안 그들은 걸어서 수단을 지나 에티오피아로 갔다. 1991년 5월, 에티오피아 정부가 탱크와 군대를 동원해 그들을 몰아내기까지 그들은 에티오피아의 난민촌에서 3년 동안 살았다. 폭우로 인해 길로(Gilo) 강은 엄청나게 물이 불어 있었다. 도망갈 길을 찾던 그들 가운데 수천 명이 익사하거나 군인의 총에 맞거나 악어들의 먹이가 되었다.

대부분 딩카족과 누엘족인 살아남은 아이들은 수단으로 다시 돌아왔다. 그들은 다시 걷기 시작했다. 거의 1년 이상을 걸어 수단을 지나 케냐로 향했다. 도중에 수천 명의 아이들이 더 죽었다. 탈수와 굶주림에 살아남은 많은 아이들은 사자와 다른 맹수들의 먹이가 되었다. 아이들은 흙 속의 수분을 빨아먹고 나무 잎과 야생 딸기들을 먹었다. 겨우 1만 명의 아이들이 끝까지 살아남았다.

9개월 동안 아이들은 케냐의 난민촌에 살았다. 그리고 그 소년들 가운데 약 4천 명의 아이들이 미국의 영구 정착을 허락받았다. 딩카족과 누엘족의 이 목동들은 시애틀, 리키몬드, 그랜드 래피즈, 보스턴, 내쉬빌, 뉴 포트 리치 그리고 미국의 다른 도시에서 살게 되었다. 그들에게는 3개월간의 적응 기간이 주어졌다. 대부분 전기난로, 전자레인지, 지하철, 눈을 한 번도 본 적이 없었다. 요리를 하거나 직장을 찾거나 돈을 벌거나 차를 몰아본 적이 한 번도 없었다. 많은 아이들이 낙심하고 향수병에 걸리고 우울증에 빠졌다.

다행스럽게도 선량한 사람들과 그리스도인들, 그리고 자선 단체들이 도움의 손길을 내밀었다. 많은 소년들이 공부를 해서 GED(고졸 학력 인증 시험)를 통과했다. 어떤 아이들은 대학 학위를 따는 데 도전했다. 점차 그들은 미국 문화에 적응하게 되었다. 수단의 잃어버린 아이들은 새로운 문화에 적응했고, 그들 가운데 많은 이들이 잘 살아가고 있다.

수단의 잃어버린 아이들은 수세기 전의 예레미야가 바벨론으로 잡혀간 유대인 포로들에게 했던 말의 현대적 사례에 해당한다.

> "너희는 집을 짓고 거기 거하며 전원을 만들고 그 열매를 먹으라 아내를 취하여 자녀를 생산하며 너희 아들로 아내를 취하며 너희 딸로 남편을 맞아 그들로 자녀를 생산케 하여 너희로 거기서 번성하고 쇠잔하지 않게 하라 너희는 내가 사로잡혀 가게 한 그 성읍의 평안하기를 힘쓰고 위하여 여호와께 기도하라 이는 그 성이 평안함으로 너희도 평안할 것임이니라" (29:5-7).

때로 하나님께서는 어쩔 수 없이 살던 곳을 떠나야 하는 실직, 공장 폐쇄, 회사 이전, 이혼, 자연 재해 그리고 그 외 다른 위기들을 사용하셔서 우리를 보존하시고 우리 삶을 향한 그분의 계획을 이루신다. 그러한 모든 이동이 힘들고 고통스럽다 해도 우리는 가능한 한 빨리 새로운 곳에서 일상적인 삶을 되찾도록 해야 한다. 왜 우리에게 그러한 일이 일어나는지 이유를 이해할 수 없다 해도 우리는 "너희를 향한 나의 생각은 내가 아나니 재앙이 아니라 곧 평안이요 너희 장래에 소망을 주려 하는 생각이라"(29:11)는 주의 약속을 신뢰해야 한다.

기도

하늘에 계신 아버지, 때로 우리의 삶이 무너져내리고 치밀하게 짠 계획들이 완전히 수포로 돌아가기도 합니다. 우리 가정과 우리에게 익숙하던 모든 것이 송두리째 사라져버리고 바뀔 때도 있습니다. 분열, 이사, 강제 이주에 맞닥뜨리기도 합니다. 우리에게 이러한 경험들은 종종 더 이상 갈 곳이 없는 막다른 곳으로 보입니다. 신뢰가 흔들립니다. 마음이 동요합니다. 우리가 당신을 의지하고 삶의 환경, 상황, 자리 이동과 같은 모든 상황에서 우리가 어떻게 해야 하는지 당신의 지혜를 구하도록 해주소서. 소망과 미래를 주실 것이라는 당신의 약속을 붙들도록 도와주소서. 아멘.

심층 연구

A. 나무 멍에와 쇠멍에(28:13)

저명한 성경 주석가인 알렉산더 맥클라렌(Alexander Maclaren)은 이 구절에 대해 호기심을 불러일으키는 통찰력을 제공한다. 예레미야와 하나냐의 충돌의 배경을 간략히 소개한 그는 삼중적인 접근으로 몇 가지 훌륭한 교훈을 이끌어낸다.

비유이기는 하지만 맥클라렌은 실제 생활 속에서 '나무 멍에'와 '쇠 멍에'로 대표되는 진리들의 대비를 보여준다. 그의 기본적인 논제는 모든 사람이 어떤 식으로든 예속당해야 한다는 것이다. 그는 그것을 이렇게 설명한다. "합법적인 권위를 거부하면 더 악한 폭군에게 속박당하게 된다. 우리는 누구나 어떤 종류의 멍에를 목에 메야 하며 그 멍에를 벗어버리면 자유롭게 되는 것이 아니라 더 억센 멍에의 압력에 우리 자신을 내어주게 된다"(p. 323).

'율법의 나무 멍에와 불법의 쇠 멍에.' 우리는 할 수 있는 것과 할 수 없는 것을 제한하는 어떤 규정이 없다면 사회를 지탱할 수 없다. 맥클라렌은 벌집의 방들이 바로 옆방들의 압력을 받아 수축되어 원 모양이 육각형의 모양이 됨으로 서로 단단히 연결될 수 있다고 설명한다. 그 방들이 계속 원 모양으로 있으면 공간이 비고 자원이 낭비될 것이며 완벽한 연결성을 지닐 수 없을 것이다. 우리는 더 큰 유익을 위해 그러한 멍에를 받아들여야 한다. 그 법칙을 거부하면 훨씬 더 심각한 결과를 자초할 것이다.

'덕의 나무 멍에와 악덕의 쇠 멍에.' 모든 인간은 본성 속에 자신의 존재의 모든 조직을 묶고 그것에 영향을 미치는 법을 지니고 다닌다. 그것은 어떤 성문법보다 더 거대하다. 피라미드의 하단이 땅에 가장 가깝듯이, 이 갈망들은 주로 우리 본성의 저급한 부분들에 호소한다. 우리는 우리 욕망과 아픔과 육욕의 법에 예속되어 있다. 우리가 덕과 훈련의 법을 거부하면 그 악덕의 법에 메이게 된다. 우리는 각자 어느 법에 복종할 것인지 택해야 한다. 덕의 법인가, 악덕의 법인가? 둘 다 멍에다. 우리는 어느 멍에에 메일 것인지 택해야 한다.

'예수님의 나무 멍에와 불신앙의 쇠 멍에.' 이 대비가 너무 지나치다고 생각하는가? 그것을 다른 식으로 이야기해보자. 우리는 예수님을 하나님의 유일하고 온전하며 완전한 계시로 받아들이거나 불확실성과 상대성이라는 황무지에서 방황하는 것 가운데 하나를 선택할 수 있다. 예수 그리스도를 통한 하나님의 역사적 계시를 '우리의 모든 시야를 밝혀주는 최고의 빛' 으로 받아들이지 않는 유일신론은 언어적으로 결함을 안고 있다. 종교적 다양성으로 가득한 현재 세상에 전달해줄 메시지가 전혀 없다. 예수 그리스도께서는 죽은 자 가운데서 살아나셨거나 아니면 살아나지 않으신 것이다. 그것은 그토록 단순하면서 또한 심오하다. 엘리야는 "여호와가 만일 하나님이면 그를 좇고 바알이 만일 하나님이면 그를 좇을지니라" (왕상 18:21)라고 말했다.

당신은 '나무 멍에' 에 비유될 수 있는 예수님을 선택해야 한다. 그렇지 않으면 '쇠 멍에' 의 노예가 될 것이다. "내게로 오라… 나의 멍에를 메고… 내 멍에는 쉽고 내 짐은 가벼움이라" (마 11:28-30)는 예수님의 말씀을 기억하라.

B. 너희가 전심으로 나를 찾고 찾으면 나를 만나리라(29:13)

1940년 필자는 유니언 대학에 신입생으로 등록했고, 처음으로 채플 예배에 참석했다. 강사는 그 당시 멤피스의 제일 침례교회 목사님인 로버트 J. 베이트먼(Robert J. Bateman) 박사였다. 그는 "여러분, 종교와 기독교의 차이를 알고 있습니까? 한 문장으로 여러분들에게 알려드리겠습니다" 라고 말했다. 그리고 이어서 그는 "종교는 인간이 신을 찾는 것이라면 기독교는 하나님께서 인간을 찾으시는 것입니다" 라고 요약했다.

이 진리는 우리를 흥분하게 만든다. 하지만 우리는 그림의 또 다른 면을 볼 필요가 있다. 예수님께서는 초대받지 않으시면 절대 우리 마음에 오시지 않는다. 또 다른 사실 역시 우리의 관심을 요구한다. '온 마음으로 하나님을 구하는' 것은 단순히 예수님께서 '내 마음속에 오시도록' 피상적으로 기도하는 것 이상을 의미한다. '마음' 으로 번역된 단어는 우리 인격의 모든 부분, 전 삶을 의미한다. 온 맘으로 하나님을 구한다는 것은 그분의 삶과 죽음의 이유인 동일한 인생의 목표에 우리 자신을 헌신한다는 뜻이다.

온 마음으로 예수님을 구했는가? 그렇게 하지 않으면 결코 삶이 온전하고 영원한 행복을 누리지 못할 것이다.

고안

A. 들어가는 글

1. '우리 시대의 평화' 를 읽으라.
2. 배경 설명: 유대인 포로들의 두 차례에 걸친 바벨론 이주 이후 하나님께서는 끌려간 포로들을 통해 그 민족의 미래가 보호받을 것이라고 예레미야에게 계시해주셨다. 그분은 포로들을 '좋은 무화과' 라고 부르셨다. 예레미야는 포로들에게 편지를 써서 곧 고향으로 돌아갈 것이라고 예언하는 거짓 선지자들의 말을 듣지 말라고 일렀다. 선지자는 그들에게 새로운 환경에 정착하고 일상적인 생활을 영위하라고 조언했다. 70년 후에야 그들과 그의 후손들은 포로 생활을 끝내고 본국으로 귀환하게 될 것이다(25:11-12, 29:10).
3. 적용: 원인이나 이유가 무엇이든, 갑자기 모든 것이 바뀌고 강제로 다른 곳으로 떠나야 할 때 사람들은 "어째서 이런 일이 내게 일어나는 거지? 우리가 살던 도시, 마을, 우리 집으로 다시 돌아올 수 있을까? 다시 우리 삶이 정상으로 회복될 수 있을까" 라고 의심한다. 이러한 질문들은 예레미야가 예언하고 편지를 써 보낸 바벨론 포로들의 마음속에 있던 질문이었다.

B. 본문 이해

1. 좋은 무화과나무와 나쁜 무화과나무 환상(24:1-10)
2. 하나님의 징계와 진노(25:1-38)
3. 성전 설교에 대한 두 번째 기사(26:1-24)
4. 바벨론에 대한 음모의 경고(27:1-22)
5. 예레미야와 거짓 선지자의 충돌(28:1-17)

6. 바벨론 포로들에 대한 예레미야의 조언(29:1-32)

C. 결론

'당신이 누구의 말을 듣고 있는지 주의하라' 를 읽으라.

토의 질문

1. 하나님께로부터 메시지를 받았다고 주장하는 사람이 실제로 그런 사람인지(특히 서로 상충하는 메시지들을 전하고 있다면) 듣는 사람은 어떻게 구별할 수 있는가?

2. 난민이나 추방자는 어느 정도까지 새로운 문화에 적응하고 그들의 방식을 받아들여야 하는가? 또는 어느 정도까지 주변 환경과 거리감을 두고 그들 자신의 고유한 방식들과 전통들을 유지하고자 애써야 하는가? 예레미야가 유다 포로들에게 보낸 편지(29:4-7)를 통해 세상과의 관계에 대해 교회가 얻을 수 있는 원리는 무엇인가?

3. 하나님께서 세상 속에서 자기의 뜻을 이루시기 위해 세계적 사건들과 국가들의 침략 행위 이면에 역사하고 계신 때를 어떻게 분별할 수 있는가?

예레미야 30:1-33:26

새 언약

"우리가 무슨 일이든지 우리에게서 난 것같이 생각하여 스스로 만족할 것이 아니니 우리의 만족은 오직 하나님께로서 났느니라 저가 또 우리로 새 언약의 일꾼 되기에 만족케 하셨으니 의문으로 하지 아니하고 오직 영으로 함이니 의문은 죽이는 것이요 영은 살리는 것임이니라."

- 고린도후서 3:5-6

예레미야 30-33장은 '위로의 책'으로 알려져 있다. 예레미야는 이 장들을 통해 유다와 이스라엘 모두를 위한 소망, 치유, 회복의 메시지를 던진다. 그는 그들의 생각과 마음의 영적 쇄신, 하나님께서 그들의 죄를 더 이상 기억하지 않으심 그리고 본국으로의 귀환에 대해 말하고 있다. 언약의 하나님께서는 그들을 깨끗하게 해주고 선대하며 형통하게 해주겠다고 약속하신다. 30장과 31장의 신탁들은 시어체이며, 32장과 33장은 산문체로 기록되어 있다.

들어가는 글

나에게는 꿈이 있습니다

미국 민주주의의 기초가 되는 두 문서인 독립선언문과 헌법은 평등, 자유와 정의의 양도할 수 없는 권리, 미래 세대들에 대한 자유의 축복을 선언하고 있다. 그러나 이 서약은 출발부터 문제가 있었다. 모든 인간이 평등하게 창조되었다는 그 선언문의 '자명한 진리'는 전혀 자명하지 않았다. 헌법은 노예 한 명은 5분의 3명으로 계산된다고 선언했다. 나아가 미국 헌법은 노예 무역이 계속되도록 허락했으며, 그러한 사람들에 대한 수입세를 부과하도록 해주었다.

175여 년 후인 1963년 8월, 20만 명이 넘는 사람들은 자신들의 양도할 수 없는 권리를 주장하며 워싱턴에서 가두 행진을 했다. 마틴 루터 킹(Martin Luther King)은 "이 나라의 개척자들이 헌법과 독립선언문에 훌륭한 구절을 적어 넣었을 때, 그들은 모든 미국인이 상속받게 되어 있는 약속 어음에 서명한 것입니다. …오늘날 미국이, 시민의 피부색에 관한 한, 이 약속 어음이 보장하는 바를 제대로 이행하지 않고 있다는 것은 분명한 사실입니다"라고 선언했다.

킹 목사는 미국적인 언약 갱신을 촉구했다. 새로운 영, 마음의 새로운 정신을 반영하는 언약 갱신을 요구했다. 그는 사회가 변화되고 사람들이 더 이상 '피부 색깔이 아니라 그들의 인격과 인품에 의해 평가될' 날을 꿈꾸었다.

예레미야 시대에도 마찬가지였다. 이스라엘과 유다는 수백 년 전 하나님과 언약 관계를 맺었다. 그러나 백성들은 그 언약의 조건과 목적에 오랫동안 성실하지 않았다. 그들은 민족적 차원뿐 아니라 개인적 차원에서 언약적 의무들을 위반했다. 그러한 실패에 대해 대가를 지불해야 했다. 이제 채무를 갚아야 할 때가 된 것이다. 빚을 청산해야 할 때였다.

그러나 좋은 소식도 있었다. 예레미야는 새로운 언약을 선언했다. 언약의 참된 정신이 실현되는 언약, 백성들의 마음과 인격이 변화되는 언약, 그들을 참된 하나님의 백성들로 만들어줄 언약이었다. 이 선언은 구약의 계시의 최고 절정기였고, 신약의 성취로 우리를 곧장 인도할 선언이었다.

본문 이해

새 언약

Main Idea	무엇보다도 하나님께서는 위로의 하나님이시다. 그분은 필요하면 자기 백성을 징계하시지만 결코 그들을 버리시지 않는다.

과장되게 다루는 것은 항상 위험하다. 하지만 예레미야서 30-33장을 설명하기 위해서는 다른 방법이 전혀 없다. 이 네 장은 이스라엘과 유다의 미래에 대한 예레미야의 소망을 다룬 중요한 자료들을 담고 있다.

이 부분을 연구하는 사람은 이 단락이 두 개의 단락으로 구성되어 있다는 것을 인정해야 한다. 30-31장은 예언적 담화, 신탁, 혹은 설교를 담고 있다. 내용은 거의 대부분 시로 되어 있고, 이어주는 역할을 하는 구절들만이 산문체로 되어 있다. 32-33장은 거의 압도적으로 내러티브 형식의 역사적 자료를 담고 있으며 몇 개의 구절들만 시로 되어 있다. 두 단락에서 장 구분이 되어 있는 것은 매우 다행스럽다. 내용에 대한 간략한 개괄은 이후의 주석 작업의 배경이 되므로 매우 유익할 것이다.

30장은 이스라엘과 유다를 다룬 자료를 담고 있다. 이 장은 그들에게 임하는 심판에 대한 묘사로 시작한다. 8절부터 마지막 절까지 예레미야는 앞으로의 미래에 대한 하나님의 약속을 전한다. 하나님의 백성들은 후에 포로 생활에서 해방되어 고향으로 귀환할 것이며, 그들의 적들은 멸망할 것이다.

31장은 백성들의 영광스러운 미래에 대한 하나님의 보장을 담고 있다. 내용이 전개되면서 강조점은 백성들을 기다리고 있는 영적 축복으로 이동한다. 이 장의 후반부(27-40절)는 하나님께서 자기 백성들과 맺으실 새 언약을 다룬다. 많은 주석가들은 이 부분이 구약 계시의 절정이라고 생각한다.

32장과 33장은 30-31장에 대응하는 '산문 문단'이라 불리어왔다. 이 두 장은 예언적 신탁인 앞의 두 장과 대조적으로 내러티브다. 32장의 전반부(1-15절)는 예레미야가 아나돗에서 밭을 구입한 일을 기록하고 있다. 나머지 부분(16-44절)은 그 구매 행위의 이유와 의미에 대해 예레미야와 하나님의 대화를 담고 있다.

33장은 그 민족의 장래 회복에 관해 예레미야에게 주신 하나님의 말씀을 더 소개하고 있다. 하나님께서 선지자에게 이스라엘과 유다에 그 내용을 전달하라고 구체적으로 명령하지는 않으셨지만 그것이 그분의 뜻이라는 것은 명백하다.

A. 하나님께서 자기 백성들을 위해 베푸실 복된 일들(30:1-24)

Supporting Idea	하나님께서는 영원히 자기 백성들을 버리시지 않는다. 그분은 사명을 맡기기 위해 그들을 선택하셨고, 그분이 세우신 목표를 이루기 위해 계속 그들과 함께 일하실 것이다.

30:1-3. 이 세 구절은 30장의 도입부 이상의 역할을 하고 있다. 이 구절들은 33장까지 이어지는 전체 단락의 서문, 혹은 서론 역할을 한다. 하나님께서는 이 장들이 예레미야의 예언의 한 단락으로 구분되기를 원하셨다.

때가 이르리니라는 선언은 예레미야가 즐겨 사용하는 표현 가운데 하나다. 그는 다른 곳에서 심판을 선언하기 위해 이 표현을 사용했다(7:32, 9:25, 19:6, 48:12, 49:2, 51:52). 그러나 이 표현은 또한 미래의 축복을 암시할 때도 사용되고 있다(16:14, 23:5-7, 31:27, 31, 38, 33:14). 어떤 주석가는 예레미야가 중요한 사실을 소개할 때마다 이 표현을 사용한다고 주장한다. 포로를 돌아오게 한다는 약속은 이스라엘과 유다 모두에게 적용된다.

30:4-7. 야곱, 즉 이스라엘과 유다가 환난에서 구해진다 해도(7절) 그들은 끔찍한 일을 경험할 것이다. 5-7절은 소름끼치는 그림을 그리고 있다. 하나님께서는 백성들이 듣고 있는 소리는 평안함이 아니라 충격과 두려움과 경악이라고 경고하신다. 6절의 두 개의 수사학적 질문은 인상적인 비유를 사용하고 있다. 해산할 때의 고통만큼 고통스러운 경험은 거의 없다. 이것은 예레미야가 앗수르와 바벨론의 군대로 인해 이스라엘과 유다가 당한 고통을 묘사하는 방식이다.

30:8-11. 여기서는 이 약속을 확대하여 백성들을 기다리고 있는 축복을 다룬다. 네

목에서 그 멍에를 꺾어버리며라는 표현은 28장에서 예레미야가 하나냐와 충돌한 사건에서 차용한 비유적 표현이다. 그들의 왕 다윗을 세우겠다는 약속을 고인이 된 그 왕의 육체의 부활을 의미하는 것이라고 해석해서는 안 된다.

하나님께서 백성들을 적들에게서 해방시키신다고 해서 이스라엘과 유다가 그들을 착취한 적들을 정치적으로 지배하게 된다는 의미는 아니다. 최고의 목적은 이스라엘과 유다가 여호와를 그들의 하나님으로 인정하게 되는 것이다. 10절에서 야곱이 처음으로 나의 종으로 불리고 있고 이스라엘로 확인되고 있다. 학자들은 이사야의 예언 구절들과 몇 가지 유사성을 발견했다(사 41:8-10, 13-14, 43:1, 5, 44:1-2). 확실한 평행 구절들을 발견할 수 있다. 반면 11절은 예레미야서의 다른 곳에서 사용된 표현들을 담고 있다(1:8, 19, 4:27, 5:10, 18, 10:24, 25:29).

구약 전반에서 이스라엘 백성들은 하나님께서 함께 계시기 때문에 두려워할 필요가 없다는 사상이 여러 곳에서 반복적으로 나타난다(사 17:2, 미 4:4, 습 3:13, 겔 34:28, 39:26, 레 26:6, 욥 11:19). 하나님께서는 이스라엘과 유다를 포로로 끌고 간 민족들을 멸하실 때 이스라엘과 유다를 함께 멸하시지 않고 법에 따라 징계하시겠다고 약속하신다.

30:12-17. 하나님께서는 이스라엘과 유다의 상태를 설명하기 위해 의학적이고 법적인 용어를 사용하신다. 그들은 고칠 수 없는 상처와 낫지 않을 창상을 입은 것 같다. 그들은 변호도 받지 못한 채 법정에 선 피고와 같다. 도움을 의지할 수 있는 친구들은 어떤가? 단 한명의 친구도 보이지 않는다. 어떤 번역들은 14절에서 우방들, 혹은 '너를 사랑하던 자'에 대해 말하고 있다. 그러나 HCSB는 이것을 히브리어의 문자적 의미인 '연인들'로 번역하고 있다.

이 연인들 가운데 가장 확실한 우방은 애굽이었을 것이며 아마 에돔도 해당되었을 것이다(욥 9:14). 애굽은 유다가 바벨론에 맞서 반역을 하도록 끊임없이 권했다. 오랫동안 남쪽의 강대국은 이런 모습을 보여주었다. 그 제안은 정치적인 의도를 가진 것이었다. 유다는 실제로 앗수르나 바벨론과 같이 동쪽에서 접근하는 모든 침략군과 애굽 사이에서 완벽한 완충 역할을 해주었다.

이사야 시대에 산헤립이 예루살렘을 위협할 때처럼 애굽은 이번에도 바벨론에 맞서는 유다를 돕기 위해 군대를 보냈다. 그러나 두 경우 모두 효과가 없었다. 이사야 시대에는 히스기야가 하나님 앞에 엎드려 기도하자 하나님께서 개입하셨다. 하지만 이번의 경우 하나님께서는 유다의 악행과 죄가 많기 때문에 적이 승리하도록 하실 것이다.

16절에서 하나님을 대변하던 선지자는 갑자기 시각을 바꾼다. 그는 시시각각 폭풍이 다가오는 것을 보았지만 또한 그 너머를 바라보았다. 선지자를 통해 자기 백성들에게 주신 하나님의 최종적 말씀은 심판이 아니었다. 거의 모든 선지자들은 기록된 메시지를 미래에 대한 소망의 메시지로 마감한다.

16-17절은 유다의 적들이 잡아먹힐 것이며 포로가 될 것이고, 약탈당할 것이며 노략물이 된다고 선언하고 있을 뿐 아니라 그들이 고통당해야 하는 이유를 구체적으로 설명하고 있다.

첫째, 그들은 하나님의 백성들을 상하게 하려고 노력했다. 그들은 자신들이 하나님의 손에 들린 도구임을 자각하지 않았고, 오히려 스스로의 사욕을 채우고자 교만과 탐욕의 행위를 서슴지 않았다. 이 이기적인 사람들은 세계를 위한 하나님의 구속 계획에 대해 아무것도 몰랐다. 그들은 택함 받은 백성들을 징계하시기 위해 하나님께서 그들 자신을 사용하고 계심을 전혀 알지 못했다. 하지만 하나님께서는 역할이 끝나는 대로 그들을 버리실 것이다.

둘째, 그들은 예루살렘을 희롱했다. 하나님께서 메시아를 보내실 통로로 선택하신 백성들을 약탈하고 조롱하며 모욕했다. 그들은 또한 하나님의 백성들을 쫓겨난 자라 하며 찾는 자가 없는 시온이라고 조롱했다.

이 단락의 놀라운 진리는 하나님께서 자기 백성들의 건강을 회복시켜주신다는 것이다. 그분은 치유가 불가능하다고 했던 상처를 낫게 해주실 것이다. 신약의 위대한 의사가 이 예언적 약속에 예표되어 있다. 확실히 새로운 것이 옛 것에 숨겨져 있다. 옛 것은 새로운 것을 통해 드러난다. 그것이 주님의 역사다. 그리고 그분이 보시기에 영광스러운 것이다.

30:18-22. 30장의 나머지 부분(18-24절)은 백성들을 향한 하나님의 위로의 말씀을 담고 있다. 이스라엘과 유다에 대한 어떤 정죄나 책망도 찾을 수 없다. 이 소단락은 하나님께서 그들에게 베푸실 좋은 일들에 대해 말하고 있다. 마지막 두 구절(23-24절)에서는 하나님의 백성들을 약탈하고 유린한 자들에게 기다리는 운명에 대한 생생한 묘사로 시가 마감되고 있다.

예레미야는 어떤 거처에 대한 긍정적 확인으로 하나님의 은혜로우신 회복에 대한 아름다운 그림을 그리기 시작한다. 사람들의 행복에 필요한 첫 번째는 가족들과 함께 살 수 있는 공간이다. 구약의 저자들은 장막으로 번역된 단어를 문자적 의미 그대로의 장막 혹은 '족속' 에 해당하는 상징적 표현으로 사용했다. 유목 생활을 하는 이스라엘에는 둘 다 중요했다(민 24:5-6에서 발람이 한 말을 살펴보라).

예레미야는 선지자들이 자주 사용하는 사고 흐름을 따라 각 처소가 독립적인 실체라도 되는 것처럼 시적으로 표현한다. 하나님께서는 언덕에 황폐하게 버려져 있는 그것들을 보시고 다시 생명을 불어넣어주기를 원하신다. 폐허(개역개정)로 번역된 단어는 둔덕, 혹은 무더기를 의미하는 '텔(tel)' 이란 고대어에서 파생한 것이다. 그곳은 황폐하게 버려진 성의 폐허가 발견된 곳이었다. 이 용어는 동일한 장소가 세월이 흐르면서 거주지 위에 다시 거주지를 만듦으로 쌓인 언덕 같은 지역을 말한다.

많은 학자들은 **성읍**과 **궁궐**로 번역된 단어들이 예루살렘과 예루살렘 궁궐을 가리킨다고 주장한다. 예레미야가 뒤에서 왕과 **통치자**가 나올 것이라고 말하고 있기 때문에(21절) 이 가능성이 높다고 말한다.

거주지에 대해 다룬 예레미야(18절)는 다음으로 백성들의 회복된 생활에 대한 강렬한 그림을 보여주고 있다. 주요 부분이 종교적 배경에 뿌리를 둔 유대 문화는 풍성한 행복과 하나님에 대한 활발한 찬양이 있는 문화였다. 대부분의 경우 종교 절기들은 '축제' 혹은 '페스티벌' 이라고 불렸다. 하나님께서 자기 백성들의 재산을 회복시켜주시면 그들은 자발적인 감사와 찬양, 축제를 즐길 것이다.

그 당시의 유대적 사고에서 하나님의 인정을 받았다는 한 가지 증거는 자식들이 태어나는 축복을 받는 것이었다. 대가족은 땅을 경작하는 데 도움이 되었고, 많은 아들들은 침략자들과 충돌할 때 군사적 도움을 줄 수 있었다. 회복된 공동체가 얻게 될 보상 가운데 하나는 더 이상 이방의 정치적 지배를 받지 않는다는 사실이었다. 그들의 동족 가운데 한 사람이 그들의 지도자, 혹은 통치자가 될 것이다. 하나님께서 그 지도자를 선택해 주실 것이다.

어떤 주석가들은 이 내용이 왕과 제사장 직책이 결합될 시대에 대해 말하고 있다고 생각한다. 그렇다면 이 구절은 메시아의 암시를 포함한 것으로 보아야 한다. 이러한 주장이 제기되는 이유는 **내가 그를 가까이 오게 하므로 그가 내게 접근하리라 그렇지 않고 담대히 내게 접근할 자가 누구뇨**라는 구절 때문이다.

이러한 주장을 뒷받침하는 근거는 허락받지 않고 하나님의 존전에 나아가는 것은 죽음의 위험을 자초한다는 유대 신학과 관습이었다. 이 구절에 등장하는 통치자는 정치적인 역할보다는 제사장의 역할을 감당하고 있는 것으로 보인다. 하나님께서 허락하셨다는 확신 없이 누가 그러한 일을 감히 하려고 하겠는가?

22절의 요약 진술로 이 소단락은 마무리된다. 선지자가 선언한 사실들 때문에 백성들은 한 가지 진리를 확신할 수 있다. 장차 그들은 다시 한 번 하나님의 특별한 백성으로 은총을 받게 될 것이다. 그러면 그들은 자신들의 삶으로 되돌아가서 하나님을 섬길 수 있다.

30:23-24. 이 두 구절은 예레미야가 이전 메시지에서 했던 진술(23:19-20)을 반복하고 있다. 앞의 경우 그는 그것들을 거짓 선지자들에게 적용했지만 여기서는 이방의 적들에게 적용하고 있다. 많은 주석가들은 그가 특별히 악한 바벨론을 염두에 두었다고 주장한다. 수세기 동안 바벨론 성은 무소불위의 권세를 행사했다. 한때 알렉산더 대제가 그곳을 자신의 왕궁이 있는 도시로 만들고자 계획했다. 하지만 그 도시는 결국 폐허더미가 되었다. 기록된 예레미야의 메시지의 내용에서 이 구절만큼 인간의 악함으로 인한 파멸에 대해 그의 생각을 분명하게 표현한 곳은 없다.

결론에 해당하는 요약적인 이 사상은 심오하다. 하나님께서는 역사 속에 이루시고자 하는 한 가지 목표가 계시고, 그분은 그것을 결코 포기하지 않으실 것이다. 그분은 자기가 지은 피조물이 자기에게로 돌아오기를 원하신다. 교제와 섬김 속에 그분에게 가까이 갈수록 우리는 그 진리를 더욱 깨닫게 될 것이다. 그분의 목표를 우리의 목표로 택할 때 우리에게 일어나는 사건들이 견딜 만할 뿐 아니라 그것들을 누릴 수 있게 된다.

B. 하나님께서 자기 백성들과 맺으실 언약(31:1-40)

Supporting Idea	하나님께서는 구속 역사에서 자신을 계시하시기 위해 사용할 최후의 방법, 즉 성육신 전의 계시 가운데 최고의 방법을 보여주신다.

이 장은 성경에서 매우 중요한 장 가운데 하나다. 이것은 예레미야의 기록된 모든 메시지들의 절정이다. 이사야서 53장이 이사야서에서, 호세아서 11장이 호세아서에서 갖는 의미처럼 이 31장이 예레미야서에서 갖는 의미가 유사하다.

이 장은 두 개의 단락으로 전개된다. 첫 단락(1-26절)은 구약 학도들이 소위 새 언약이라 부르는 부분의 긴 서론 역할을 한다. 그 가운데서도 1-22절은 북왕국의 회복을 다룬 반면, 23-26절은 남왕국에 대해 말한다. 26절에 의하면 하나님께서는 꿈을 통해 예레미야에게 자기 메시지를 계시하셨을 수도 있다. 그러나 오늘날에는 백성들에게 성경과 거룩한 성령을 통해 대화하고 계신다.

둘째 단락(27-40절)은 거의 보편적으로 새 언약으로 인정받는 성경 단락이다. 이 단락은 이사야 53장의 고난당하는 종의 구절(실제로 52:13-53:12)을 보완하는 역할을 한다. 구약 성경에서 이 단락처럼 감동적이고 깊은 진정에서 나오는 호소로 심오한 영적 분별의 경지에 오른 구절은 없다. 이사야의 구절이 구원의 계약적이거나 외적인 측면을 제시한다면 예레미야서의 이 구절은 경험의 내면성을 강조한다. 어떤 구약 선지자보다 예레미야는 예수님의 심정을 미리 잘 파악한 사람이다.

31:1-6. 많은 구약 학도들은 1절이 앞장으로 분류되어야 한다고 주장한다. 히브리어 본문은 이 해석에 동의한다. 실제로 이 문제와 관련한 신학적 논쟁거리는 전혀 없다. 이 구절은 앞 메시지의 결론이 될 수도 있고, 혹은 이 장의 시작이 될 수도 있다.

일부 주석가들은 2절에서 예레미야가 출애굽을 거론한 것이라고 주장하기는 하지만 대다수의 주석가들은 이에 동의하지 않는다. 그는 먼저 패배를 당하고 앗수르에 의해 끌려간 북왕국 사람들을 염두에 두었다. 또한 그 메시지는 바벨론으로 끌려갈 유다 백성들에게도 적용된다. 각기 자비를 얻을 것이다. 이것은 하나님의 주권적인 은혜의 행위로 이루어졌다.

하지만 출애굽에 대한 암시라는 주장을 완전히 배제해서는 안 될 것이다. 2절의 히브리어 본문에서는 두 가지 비유가 발견된다. 이 구절은 출애굽을 회고하며 하나님께서 광야에서 자기 백성들의 필요를 어떻게 충족시켜주셨는지 암시하고 있다. 또한 바벨론 탈출을 예고하고 있다. 어떤 이들은 여기에 흥미로운 대조가 보이고 있다고 주장한다. 광야에서 은혜를 얻었나니라는 구절은 출애굽에 대해 말하는 것 같은 반면, 칼에서 벗어난이란 표현은 앞으로의 본국 귀환을 예고하는 것 같다.

일부 문법 학자들은 여기에 설명을 덧붙인다. 2절과 3절의 동사들은 완료 시제로 되어 있어서 완료된 행동을 암시한다. 역사적 과거를 의미하는 동사일 수도 있고, 혹은 미래에 완료될 행동을 암시하는 예언적 완료 시제일 수도 있다. 4절부터 동사들은 다시 미완료형을 사용하며 보통 영어에서는 미래 시제로 표현되는 아직 완성되지 않은 행동을 암시한다.

선지자는 심오하지만 단순한 생각을 강조했을 것이다. 하나님께서는 출애굽을 바벨론 대탈출을 통해 백성들에게 행하실 일의 한 방식, 혹은 원형으로 암시하고 있다. 그분은 광야에서 모세의 지도를 통해 그들을 돌보셨다. 마찬가지로 바벨론에서 구원을 받고 새롭게 광야 경험을 할 그들을 돌보실 것이다.

이 해석을 수용하면 내가 무궁한 사랑으로 너를 사랑하는 고로 인자함으로 너를 인도하였다는 구절은 시내 산 경험을 가리킨다. 내가 다시 너를 세우리니는 바벨론 탈출을 가리킨다.

4-6절에서 예레미야는 이스라엘에 기쁜 소식을 전한다. 하나님께서는 흩어진 백성들을 다시 본국으로 돌아오게 하실 것이다. 선지자의 말은 특별히 북왕국을 향한 것이다. 북왕국은 앗수르의 침략이 있기 전의 생활로 돌아갈 것이다. 그는 실제로 북왕국을 처녀 이스라엘이라고 말한다. 이것은 주로 시온과 관련되어 사용된 표현이었다. 예레미야는 심지어 북왕국이 예배를 드리기 위해 예루살렘으로 돌아올 날을 약속하고 있다. 그 나라는 다시 통일될 것이다.

31:7-14. 이 소단락은 돌아온 포로들이 하나님의 선하심으로 즐거운 마음과 기쁜 얼굴로 노래할 것을 묘사하고 있다. 다시 고향으로 돌아갈 것을 소망하며 백성들에게는 기쁨이 넘쳐흘렀다. 하나님께서 하신 약속들 가운데 더 큰 민족을 이루게 하시겠다는 약속이 있었다. 그분은 안전하고 평화로운 여행을 보장해주신다.

젊은 처녀와 모든 연령대의 청년이 회복된 나라에서 즐겁게 사람들과 교류할 것이다. 어둠이 사라지고 행복이 넘칠 것이다. 고통에서의 자유와 기쁨이 슬픔과 비참함을 대신할 것이다. 물질적 풍요와 새로운 종교적 활동 때문에 백성들이 관대해지므로 제사장들도 그 복을 함께 누릴 것이다. 요약하자면 백성들은 아무 부족함없이 풍요를 누릴 것이다.

31:15-22. 이 소단락에서는 백성들에 대한 선지자의 위로의 말이 계속되고 있다. 우선 예레미야가 이방 땅의 포로 생활로 얻은 깊은 상처를 표현하는 것으로 시작한다(15절). 그리고 그는 백성들에게 애곡을 멈추라고 재촉하며 확신을 주시는 하나님의 말씀을 전달한다. 하나님께서는 그들을 주목하여 보시고 끌려갔던 땅에서 돌아오게 하실 것

이다(16-17절). 18-19절에서 선지자는 하나님께서 주목하셨다고 말한 백성들의 회개에 대해 말한다. 그러고나서 예레미야는 백성들에 대한 사랑 때문에 그들을 구원하시겠다는 하나님의 약속을 다시 소개하고 있다(20-22절).

예레미야는 베냐민의 모친이자 에브라임과 므낫세의 조모인 라헬의 비유를 이용해 이 진리들을 소개한다. 이 세 소년들을 통해 북왕국과 남왕국 모두와 연관되기 때문에 그녀는 두 왕국에 하나의 상징적 역할을 한다.

라헬의 애통은 패역한 자식들이 포로로 끌려감으로 심판당하는 것을 지켜보는 부모를 상징한다. 그녀는 그들이 다시는 하나의 민족을 이루지 못할까 두려워한다. 역사적 인물인 라헬은 베냐민을 낳던 중에 죽었다. 그녀는 그의 이름을 벤오니 혹은 "내 슬픔의 아들"(창 35:18)이라고 지었다. 라헬이 베냐민을 출산하던 중 당한 고통은 후에 이방 땅에서 포로 생활을 하며 고통 가운데, 끈질기게 메시아를 기다리던 이스라엘의 상징이 되었다.

31:23-26. 이 부분에서 예레미야는 31장에서는 처음으로 유다가 그 회복에 동참할 것임을 알리고 있다. 23절의 내가 그 사로잡힌 자를 돌아오게 할 때에라는 표현은 예레미야가 이 말을 할 당시에 유다가 황폐한 상태에 있었음을 암시한다. 26절은 예레미야의 예언들 가운데 최고의 절정과 이어주는 다리 역할을 한다.

잠이 깨었다는 26절의 예레미야의 언급에 대해서는 어떻게 판단해야 하는가? 하나님께서는 1-25절을 꿈을 통해 밝히셨는가? 아니면 27-40절의 내용이 꿈으로 그에게 계시하신 내용인가? 둘 다인가, 아니면 둘 다가 아닌가? 계시된 사실과 영감으로 주신 사실은 진실하다. 하나님께서 진리를 전달하시는 방법이 항상 밝혀져 있지는 않다.

31:27-30. 이 장의 나머지 부분(27-40절)은 구체적으로 새 언약을 다루고 있다. 이것은 세 개의 소단락으로 구분되며(27-30절, 31-34절, 38-40절) 두 번째 소단락과 세 번째 소단락 사이에 막간 기사(interlude)가 삽입되어 있다(35-37절). 이 기사에서 예레미야는 하나님의 말씀이 이루어질 것임을 확인시켜주는 하나님의 맹세를 소개하고 있다.

이 소단락은 각기 동일한 진술로 시작하고 있다. NIV 번역자들은 어떤 이유인지 두 번째 소단락을 약간 다르게 표현했다. 히브리어 본문에서는 세 번 모두 표현이 동일하다. HCSB는 그것을 모두 동일한 표현으로 번역하고 있다. "날이 이르리니."

예레미야는 이렇게 세 단락으로 된 하나님의 언약의 첫 단락을 그 땅에 사람들과 짐승들로 다시 붐비게 하시겠다는 하나님의 뜻에 대한 진술로 시작한다. 소명의 경험(1:10)을 생각해보라. 선지자는 자신이 이중적 소명을 받았다고 선언했다. 첫째, 하나님께서는 그에게 뽑으며 훼파하며 전복하며 멸하는 일을 맡기셨다. 여기서 예레미야는 소명 기사에서는 기록되지 않은 표현인 곤란케 하다라는 내용을 추가하고 있다. 이것은 성취되었다. 하나님께서는 이제 두 번째 소명을 성취하실 준비가 되어 있다. 세우며 심으리라.

29절은 이 언약의 1부에 대한 핵심을 기록하고 있다. 그것은 개인적인 책임을 다룬다. 이스라엘에는 죄에 대해 부모, 자식 관계와 관련된 속담이 있었다. 하나님께서 그 민족을 회복시키기 원하시는데, 그러기 위해서는 먼저 그들이 중요한 문제를 해결해야 한다. 예레미야는 그것을 동시대인인 에스겔처럼(겔 18:2) 정면으로 다룬다. 딜레마는 이스라엘과 유다가 출애굽기 20장 5하반절과 같은 구절을 잘못 해석함으로 생긴 속담에 매달린다는 사실에서 비롯되었다. "나 여호와 너의 하나님은 질투하는 하나님인즉 나를 미워하는 자의 죄를 갚되 아비로부터 아들에게로 삼사 대까지 이르게 하거니와."

백성들은 이 구절에 대한 해석을 자신들의 악한 생활에 대한 구실로 이용하고 있었다. 그들은 "우리는 그 제도의 희생자이므로 우리 죄에 대한 책임이 없다"고 변명했다. 예레미야는 이러한 태도를 거부했다. 우리에게는 그러한 태도가 우스꽝스러워 보인다. 하지만 예레미야 시대에는 그러한 태도가 횡행했다. 그러한 태도는 가정생활의 공동 책임이라는 사고 방식에서 비롯되었다. 그러나 예레미야는 앞으로는 죄를 지은 당사자만이 벌을 받을 것이라고 주장한다. 더 이상 공동체 내의 한 개인의 죄에 대해 전 민족이 책임을 지지 않을 것이다.

31:31-34. 이 구절들은 언약의 세 소단락 가운데 두 번째 단락이다. 예레미야의 주제는 하나님께서 자기를 계시하는 새 시대의 종교적 신앙의 내면성과 관련이 있다. 그것은 출애굽 직후 시내 산에서 맺은 언약과 다를 것이다. 하나님께서는 그들에게 지켜야 하는 율법과 의식들을 주시는 것이 아니라 각 신자의 마음이 변화되도록 하실 것이다. 우리의 기독교적 신앙과의 유사성이 명백하게 드러난다. 선지자의 말 속에는 예수님께서 니고데모와 대화하실 때 말씀하신 거듭남의 개념(요 3장)이 내재되어 있다.

다시는 각기 이웃과 형제를 가리켜 이르기를 너는 여호와를 알라 하지 아니하리니 이는 작은 자로부터 큰 자까지 다 나를 앎이니라는 구절은 종교의 교육적 기능이 더 이상 불필요하다는 뜻으로 쓰인 것이 아니다. '알다' 라는 단어는 친밀한 경험을 의미한다. 새 시대에는 모든 사람이 각자 구원에 대한 순수한 경험과 죄 용서에 대한 확신을 가질 것이기 때문에 스스로 자신의 제사장이 될 것이다. 이 영역에서 하나님과의 평화는 그분과의 교제에 필수적이다. 신학적인 용어로 표현하자면 칭의는 중생에 선행해야 한다. 그렇지 않으면 둘 다 진실이 아니다.

31:35-37. 자기 백성들에 대한 하나님의 사랑의 확실성과 보호하시는 능력의 확실성을 강조하기 위해 예레미야는 확신을 주는 말씀을 삽입한다. 이스라엘의 생존은 하나님께서 정하신 자연의 법칙들만큼이나 확실하다. 예레미야는 이스라엘을 보호하시겠다는 하나님의 결정의 두 번째 증거를 추가한다. 하나님께서 이스라엘을 버리시는 것은 사람이 하늘을 측량하거나 땅의 깊이를 찾아낼 수 없는 것과 마찬가지로 불가능한 일이다.

이스라엘 자손의 행한 모든 일을 인하여라는 표현은 이스라엘의 악행을 가리킨다. 그러한 악행에도 불구하고 하나님의 사랑이 보장된다. 이스라엘은 여전히 그분의 백성이며 영원히 그러할 것이다. 그분의 새 피조물인 "하나님의 이스라엘"(갈 6:16)은 그분의 씨 예수 그리스도를 통해 탄생했고, 꺼지지 않는 하나님의 사랑의 영원한 증거가 되고 있다.

31:38-40. 피상적으로 읽으면 이 구절들은 이 장 전체에서 가장 무의미해보이는 부분이다. 그러나 더 깊이 살펴보고 묵상하면 이 단락에 나오는 예레미야의 예언들 가운데 가장 중요해보인다. 본문의 내용은 단순한 내용을 담고 있는 듯하다. 하나님께서 이스라엘이 멸망하지 않도록 보장해주신다는 것이다. 그러나 어떤 학자들은 이 구절을 다르게 해석할 수 있다고 믿는다.

어떤 학자들은 이 구절의 문자적 성취를 강조한다. 바벨론 포로 생활에서 벗어나 고향으로 귀환하는 것이 38-40절의 요건으로 만족되지는 않는다는 것이다. 그러므로 이것은 미래에 성취될 것이다. 이 관점을 견지하는 사람들의 대부분은 또한 그리스도께서 예루살렘에 보좌를 정하시고 천 년 동안 땅에서 다스리실 것을 믿는다. 이 시각을 지지하는 주장은 하나님께서 결코 완전히 성취된 적이 없는 약속을 이스라엘에 하셨다는 것이다. 이들은 나아가 아브라함에게 주신 하나님의 약속이 무조건적이며 결코 취소된 적이 없었다고 주장한다. 그러므로 이스라엘이 아브라함에게 약속된 땅을 완전히 소유할 때가 한 번 더 온다. 이것은 유례없는 물질적 번영과 번성함이 동반될 것이다. 하지만 이 구절들의 문자적 성취를 주장하는 이들에 대해 모든 주석가들이 동의하는 것은 아니다.

C. 절망적인 시대의 희망(32:1-44)

Supporting Idea	이스라엘과 유다의 현재적 상황이 아무리 암울해보여도 하나님께서는 자기 백성들의 미래에 대해 더 나은 날을 준비하고 계신다.

예루살렘이 18개월 동안 바벨론 군대에 포위당한 상태에서 구원의 희망은 거의 다 사라졌다. 완고하고 강경한 국수주의자 집단은 완강하게 버텼지만 일반 백성들은 곧 그들의 저항이 곧 끝날 것임을 알았다. 유다는 주전 722년, 이스라엘이 당한 것과 같은 운명에 처해 있었다. 자산 가치가 수직으로 추락했다. 모든 사람들이 앞다투어 가진 재산을 팔려고 내놓았지만 살 사람이 없었다. 예레미야는 믿음을 잃지 않은 소수의 사람들 가운데 한 사람이었다. 그는 언제라도 바벨론의 차지가 될 땅을 기꺼이 구매했다. 이 장의 내용은 바로 그것에 관한 것이다.

32:1-15. 예레미야는 시위대 뜰에 갇혀 있었다. 이것은 오늘날의 표현으로 하면 '가택 연금' 상태다. 이곳은 그다지 위험 인물로 여겨지지 않거나 지하 토굴 감옥에 가두기에는 지위가 높은 죄수들을 두는 곳이었다. 그가 처한 상황은 로마에서 재판을 기다리며 '자기 셋집' 에 머문 바울의 상황(행 28:30)과 유사하다. 하나멜의 방문에서 증명되듯이 예레미야는 방문객들을 받을 수 있었다(8절).

시위대 뜰에 갇힌 예레미야를 방문한 시드기야가 호소했지만 그는 자기 입장을 굽히지 않았다. 그는 시드기야에게 성이 무너질 것이며 왕 자신도 죄수로 끌려갈 것이라고 경고했다.

하나님께서는 예레미야에게 그의 사촌 하나멜이 방문할 것이라고 일러주셨다(7절). 여호와의 말씀같이 하나멜이 예레미야가 구금되어 있는 곳을 찾아왔고, 예레미야에게 아나돗 고향 마을의 밭을 사라고 제의했다. 예레미야는 사촌의 말을 듣고 이것이 여호와의 말씀임을 인정했다. 9-15절은 실제적인 부동산 거래 과정에 대한 상세한 내용을 소개한다. 그 부동산을 취득하는 행위가 얼마나 꼼꼼하게 기록되고 보존되는지 유의해서

보라. 이 행동은 참으로 암울한 시간에 희망을 주는 행동이었다. 그것은 하나님의 백성들이 그 땅으로 다시 돌아오고 정상적인 경제 행위가 재개될 때를 예고하고 있다.

32:16-25. 예레미야는 기도의 형식으로 하나님의 말씀에 반응한다. 이 기도는 전 민족에 대한 열망과 간절함을 드러내고 있다. 이 기도는 예레미야가 받은 소망의 말씀에 관심을 갖게 하고 그 소망에 대한 감사를 표현하도록 해주었다.

예레미야는 자기 민족을 대표해 하나님께서 베푸신 기적들을 열거하면서 한 가지 사실에 초점을 맞춘다. 이스라엘이 거두었던 승리들은 군사들의 용맹함 때문이 아니라는 것이다. 그것은 하나님께서 주권적 능력으로 자기 백성들을 대신해 싸워주셨기 때문이었다. 그분은 그들을 애굽에서 건져내셔서 그들의 조상, 곧 아브라함과 이삭과 야곱에게 약속하셨던 이 땅으로 올 수 있게 하셨다. 하나님께서는 역사를 주관하시며 자기 뜻대로 그것을 움직여가신다.

그러고나서 예레미야는 현재로 눈길을 돌린다. 한 가지 질문이 그를 괴롭힌다. 그는 바벨론에 유다 민족을 넘겨주시는 하나님의 행위가 의로우시다는 것을 알았다. 하나님께서는 백성들을 축복하셨지만 그들은 계속 그를 배척했다. 하지만 하나님께서는 왜 예레미야에게 바벨론 군대에 의해 정복될 운명인 땅의 밭을 사라고 말씀하시는가?

32:26-44. 이 구절들은 예레미야의 질문에 대한 하나님의 대답을 담고 있다. 하나님께서는 수사적인 질문으로(27절) 예레미야의 고백(17절)을 재확인해주신다. 하나님께서는 제한을 받지 않는 분이시며 전능하신 분이다. 백성들은 여러 죄악으로 그분을 격노케 했으므로 심판을 받아야 한다. 그러나 하나님께서는 또다시 하실 말씀이 있었다. 심판은 그분의 최종 메시지가 아니다. 하나님께서는 은혜로우심 때문에 자기의 모든 백성들을 모아들이실 것이다. 이것은 바벨론에 있는 자들뿐 아니라 쫓겨간 모든 곳의 백성들을 포함할 것이다. 돌아올 포로들에게 기쁨과 형통함이 기다릴 것이다. 그들은 결국 넓은 땅에서 살게 될 것이다.

D. 두려워 말라, 하나님께서 그곳에 계실 것이다(33:1-26)

Supporting Idea	자기 백성들에게 주신 하나님의 약속은 여전히 유효하다. 죄악으로 인해 일시적으로 하나님과 멀어졌지만 그들은 여전히 그분의 언약 백성이며, 그분은 장차 그들을 회복시켜주실 것이다.

33:1-9. 시위대 뜰에서의 이 두 번째 메시지는 이스라엘의 임박한 파멸과 미래의 구속이라는 이중적 주제를 다룬 네 장 가운데 절정에 해당한다. 이 자료는 예레미야가 여러 차례 강조했던 두 가지 사실을 다루고 있다. 첫째, 그 성은 멸망할 운명이다. 둘째, 하나님께서는 그들을 구원하시고 치유해주실 것이다. 2절에서 예레미야는 하나님의 창조 행위를 묘사하기 위해 짓다(made)와 성취하다(formed)라는 두 단어를 사용한다. 이와 동일한 단어들은 창세기의 창조 기사에 등장하고 있다(창 2:4, 7). 세상을 만드신 하나님께서는 그것을 파괴하실 권리도 갖고 계신다.

3절에서 부르짖다와 응답하다라는 표현은 하나님께서 진리를 계시하신다 하더라도 그것을 받는 사람이 올바른 생각을 해야 함을 암시한다. 자발적으로 받아들일 의사가 없는 사람에게 하나님께서는 일반적으로 자기 뜻을 알려주시지 않는다. 비밀한으로 번역된 단어는 '잘라내다' 혹은 '가지치기를 하다' 라는 뜻의 동사에서 파생한 것이다. 이 동사의 수동형 분사는 '다가갈 수 없는', '무적의', '강한' 이라는 뜻을 가진다. 그것에 대한 접근이 차단되었다는 것이다. 이 맥락에서는 "아이디어가 아직 밝혀지지 않았다" 혹은 "진리가 아직 알려지지 않았다"는 뜻이다. 이런 종류의 진리는 오직 기도로 구하는 사람만 얻을 수 있다.

4-5절에서 하나님께서는 백성들의 악을 인하여 그 성의 사람들이 학살될 것임을 묘사하신다. 그러나 6-9절에서는 내용이 달라져서 백성들에게 더 나은 미래를 확인해주신다. 그분은 치유와 평안과 진실을 주실 것이다. 백성들에게 베푸신 하나님의 축복이 너무나 거대해서 다른 민족들이 두려워하며 존경할 것이다.

33:10-13. 예루살렘에 대한 예레미야의 그림과 그 성과 주변 지역의 미래에 대한 하나님의 환상이 대조를 이루고 있다. 이 구절들은 33장 전체 메시지 가운데 첫 단락의 적절한 결론을 제공하고 있다. 이 구절들은 유다 민족의 장래의 물질적인 측면들을 주로 다룬다. 하나님의 최종적 말씀은 예레미야의 메시지가 아니라 우리 구주시며 주이신 예수 그리스도 안에 있다.

33:14-26. 예레미야는 14절에서 앞으로 일어날 사건들을 익숙한 구절로 표현한 후 바로 유다의 왕권에 대한 이중적 진술을 한다. 15-16절은 23장 5-6절과 평행을 이루지만 상당한 차이가 있다. 23장 5-6절에서는 '여호와 우리의 의' 가 통치자의 이름인 반면, 33장 15-16절에서는 여호와 우리의 의가 예루살렘 성의 이름으로 주어진다.

두 구절 모두 하나님께서는 다윗에게서 난 공의로운 가지로 그 왕조를 회복시키겠다고 약속하신다. 두 구절 모두 장차 올 이 사람이 의로 행하고 그 땅에 공의를 베풀 것이라고 말하고 있다. 또한 두 구절 모두 유다에 대해 동일한 것을 말한다. 유다가 구원을 받고 안전하게 산다는 것이다. 후자의 구절은 예루살렘의 구원과 안전에 대한 내용을 추가한다.

17-18절에서는 두 가지 약속이 더 추가되고 있다. 17절에서 하나님께서는 이스라엘 집 위에 앉을 사람이 다윗에게 영영히 끊어지지 아니할 것이라고 말씀하신다. 18절에서는 또 다른 사상이 추가된다. 내 앞에서 번제를 드리며 소제를 사르며 다른 제를 항상 드릴 레위 사람 제사장들도 끊어지지 아니하리라.

하나님께서는 맹세를 강조하시기 위해 이전에 사용하신 두 가지 예를 사용하신다 (20-23절). 첫째, 다윗의 자손이 영원히 왕위에 앉을 것이라는 그분의 약속은 밤에 이어 낮이 온다는 하나님의 선언만큼이나 확실하다. 둘째, 하나님께서는 다윗의 후손들과 레위인들이 하늘의 만상과 바다의 모래알처럼 많아질 것이라고 약속하신다.

이 장은 하나님의 신실하심에 대한 또 다른 강한 확증으로 마무리된다. 그분은 백성들에게 일부 사람들이 그에 대해 하는 말에 신경을 쓰지 말라고 촉구하는 것으로 이 확증을 시작한다. 어떤 이들은 그분이 자기 백성들을 버리셨다고 주장하고 있었고, 어쩌면 그분이 그들을 쫓아내기로 작정하셨다고 말했을 수도 있다. 이들은 이방 민족들이나 심지어 유다와 이스라엘 내의 일부 사람들이었을 것이다. 혹은 양쪽 다일 수도 있다! 하나님께서는 그분의 약속이 성취될 것이라는 보증으로 언약을 신실하게 지키셨던 지난 일들을 다시 한 번 환기시키신다.

이 약속들은 우리 구주의 오심으로 성취되었다. 아브라함과 다윗의 후손인 그분은 이제 다윗의 보좌에 앉아 계신다. 그분의 왕국은 정치적인 것이 아니라 영적인 것이다.

Main Idea 복습	무엇보다도 하나님께서는 위로의 하나님이시다. 그분은 필요하면 자기 백성을 징계하시지만 결코 그들을 버리시지 않는다.

결론

희망이 모든 차이를 가른다

1927년 12월 27일, S-4로 알려진 미국 잠수함은 메사추세츠 해안에서 정해진 거리의 항해를 막 끝냈다. S-4는 근접 선박이 있는지 확인한 후, 잠망경을 내리고 수면으로 올라오고 있었다. 그때 미국 해안 경비대 '폴딩(Paulding)'에 탑승중인 대원은 갑자기 S-4가 후미에 바짝 접근하고 있는 것을 발견했다. 경보가 울리고 모든 엔진을 역추진한 채 선미를 급히 좌현으로 돌렸다.

하지만 너무 늦었다. 폴딩은 S-4를 들이받았고 바다 밑으로 밀어넣었다. 시꺼멓고 차가운 물이 잠수함 안으로 밀려 들어왔고 승조원들은 방수 구역을 닫고 그 안에서 구조를 기다렸다. 구조는 시도되었지만 잠수함을 들어올릴 방법이 없었다. 해군 다이버들은 잠수함의 방수 구역 안에 여섯 명이 살아 있다는 것을 발견했다. 사흘 동안 이들을 구하기 위한 노력이 백방으로 전개되었다. 구조가 가능한 시간이 거의 다 되어가고 있을 때 갇혀 있던 사람들은 손으로 잠수정 벽을 통해 가슴이 찢어지는 호소의 메시지를 보냈다. "희망이… 없는… 건가?"

인간은 희망을 필요로 한다. 희망은 모든 차이를 가른다. 희망은 인생의 사나운 비바람과 폭풍을 극복하게 한다. 예레미야 30-33장에 기록된 신탁에서 예레미야는 이스라엘과 유다 백성들에게 희망을 보여준다. 심판이 임할 것이지만 심판이 끝나면 희망이 찾아올 것이다. 용서와 깨끗하게 됨에 대한 희망, 하나님과의 관계 회복의 희망, 본국으로 돌아가 다시 한 나라를 이룬다는 희망, 의로 통치할 다윗 계보의 왕에 대한 희망, 마음을 변화시키는 하나님과의 새 언약에 대한 희망이다.

사람들은 희망이 필요하다. 예레미야는 그들에게 희망을 이야기했다. 그것은 주님 안에 있는 희망이었다. 듣는 자들에게 그것은 참된 위로였고, 예레미야의 메시지는 오늘 그의 메시지를 읽는 자들에게 여전히 희망의 책으로 남아 있다.

▣ 진리 알기

- 주님께서 자기 백성들을 징계하실 때 공정하게 일을 처리하신다.
- 하나님께는 미래의 희망이 있다. 아무 치료법도 해결책도 희망도 없어 보일 때도 주님께서는 치료하시며 구원하시고 회복시키실 수 있다.
- 하나님께서는 자기 백성들과 마음에서 우러나온 관계를 갖기를 원하신다. 이 소원이 너무나 강렬해서 그분은 그들과 언약을 맺으신다. 자기 백성들이 그 언약을 지키지 못할 때 하나님께서는 그들과의 언약 관계를 회복시키시고 새롭게 갱신하신다.
- 하나님께서 우리 죄를 용서하신다는 것은 그것들을 더 이상 기억하지 않기로 결정하신 것이다. 그러므로 그분은 우리와 관계를 맺으실 때 우리 죄로 우리를 더 이상 판단하시거나, 혹은 우리가 저지른 잘못을 기억하지 않으신다.
- 믿음의 사람들은 긴 안목으로 바라본다. 현재 상황을 보고 낙담한 사람들에게는 어리석어 보인다 해도 그들은 미래에 투자한다.
- 하나님께서는 그분을 사랑하고 신뢰하며 높이는 사람들에게 선한 일 행하기를 기뻐하신다.
- 하나님의 약속은 변함이 없는 자연계의 법칙보다 더 확실하다. 날마다 태양이 뜰 것이라는 사실보다 하나님께서 약속을 지키신다는 것을 더 신뢰할 수 있다.

▣ 적용하기

- 어린 시절에 억울하게 벌을 받은 경험이 있는가? 부당하게 벌을 받고 있다고 생각될 때 부모에게 공정하게 처리해줄 것을 요구한 적이 있는가? 예레미야 30장 11절의 하나님의 말씀이 용기를 잃게 하는가, 아니면 위로를 얻게 하는가? 그 이유는 무엇인가?
- 난치병이나 깨어진 관계 혹은 반항하는 자식의 문제처럼 하나님이라도 바꾸실 수 없고 치료하실 수 없다고 생각되는 일을 겪고 있는가? 30장 12-15절의 말씀이 바로 당신을 위해 하신 말씀이라고 생각되는가? 그러면 예레미야 32장 27절을 읽어보라. 이제 30장 17-19절로 돌아가서 나머지 하나님의 말씀을 읽으라. 이 구절들이 어떻게 당신의 마음에 힘을 주고, 희망을 줄 수 있는가? 바로 지금 시간을 내어 당신의 상황에 대해 기도하라.
- 오늘날 사람들이 맺는 여러 종류의 계약이나 언약들에 대해 열거해보라. 당신과 이전에 맺은 계약을 어긴 사람과 또 다른 계약을 맺고 싶은 마음이 생기겠는가? 그렇다면 전능하신 하나님께서 언약을 지키지 않은 사람들과 언약을 회복하고 갱신하실 것이라고 생각하

는 이유는 무엇인가?

- "그 사람이 한 짓을 용서했지만 잊어버릴 수는 없다"라고 말한 적이 있는가? 과거에 그 사람이 했던 일 때문에 현재 관계를 맺는 데 어려움이 있는 사람을 알고 있는가? 당신이 예레미야 31장 34절의 하나님을 닮아가며, 과거에 당신에게 잘못을 저지른 사람들을 용서할 뿐 아니라 그것을 더 이상 기억하지 않기로 했다면 당신의 삶과 관계들이 어떻게 바뀔 것인가?
- 주식에 장기적인 투자를 한 사람과 단기 투자를 한 사람들의 의식, 태도, 기대는 어떻게 다르겠는가? 32장의 예레미야는 어떤 면에서 장기 투자자와 유사한가? 믿음의 사람으로서 우리가 이 예에서 배울 수 있는 교훈은 무엇인가?
- 기뻐서 높이 뛰시는 하나님을 상상해보라. 인간이 기뻐하고 행복해하는 소리에 즐거워하시는 하나님, 그분을 높이고 경외하는 자들에게 아낌없이 베푸시는 데서 기쁨을 느끼시는 하나님을 상상해본 적이 있는가? 예레미야 32장 40-41절과 33장 6-11절을 읽고 알 수 있는 하나님에 대한 이 그림이 평상시에 하나님에 대해 상상하는 모습과 어떻게 다른가?
- 하나님의 약속이 변치 않는 자연 법칙보다 더 확실하다고 믿는가? 매일 태양이 떠오를 것이라는 믿음보다 하나님께서 그분의 약속을 지키시리라는 우리의 믿음이 더 확실한가? 예레미야 31장 35-36절과 33장 19-26절을 읽으라. 그분의 신실하심과 변치 않으심에 대해 하나님을 찬양하라.

삶의 적용

토네이도

1998년 4월 16일 목요일, 강력한 폭풍 전선이 알칸사스 북동부와 테네시 서부를 휩쓸고 지나가면서 아홉 개 내지 열 개의 토네이도가 발생해 수많은 사람들이 죽었다. 오후

3시 45분, 그 전선은 내쉬빌 시내를 할퀴고 지나갔다. 나는 7층 사무실에 앉아 폭풍이 다가오는 것을 보았다. 전력 변압소의 수많은 밝은 불빛들이 완전히 꺼져 있는 장면이 먼저 내 눈을 사로잡았다. 곳곳에서 파편들이 날고 있었다. 수십 개의 마천루에서 창문들이 날아왔다. 주 의회 의사당을 비롯해 300개의 건물들이 손상당하거나 파괴되었다.

그러고나서 그 폭풍은 쿰벌랜드 강으로 불어가 내쉬빌 동쪽으로, 우리 집 쪽으로 방향을 틀었고 이제 F-3 등급의 트위스터로 발달해 있었다. 많은 집의 지붕이 뜯겨 날아가고 백 년 된 나무들이 성냥개비처럼 넘어졌다. 우리 아이들은 어렸고, 그 가운데 둘은 막 학교에서 돌아와 있었다. 그들은 폭풍이 다가오는 것을 보고 지하실로 달려가 폭풍이 지나갈 때까지 그곳에 숨어 있었다. 지하실에서 나왔을 때 온 세상은 달라져 있었다.

우리 동네는 그 폭풍에 정면으로 공격당했다. 물론 우리 집도 그랬다. 경찰은 폭풍 후 일주일간 그 지역을 봉쇄했다. 복구 요원들이 전깃줄들을 치우고 나무들을 잘라 정리하며 길을 다시 열기 위해 구슬땀을 흘렸다. 시 당국은 재산세를 잔존가치액 수준으로 낮추어주었다. 토지 투기자들과 부동산업자들이 나타나 집을 처리해주겠다고 했다. 어떤 이웃들은 어디든 빨리 정리해서 팔고 이사를 갈 수 있다는 것만으로도 기뻐했다.

주전 587년, 예루살렘과 인근 지역은 바벨론 군대에 공격을 당하고 있었다. 상황은 절망적이었다. 이것은 예루살렘의 마지막 포위 공격이었다. 사람들은 절망적이었고, 굶어 죽어가고 있었다. 역병이 발발해 있었다. 마침내 성벽을 뚫고 성안으로 들어온 바벨론 군대는 완전히 모든 것을 불태웠다. 인간적으로 말해, 전혀 희망이 없었다. 이때 예레미야의 사촌이 그를 찾아와 예루살렘 바로 밖에 있는 아나돗의 밭을 사라고 제안했다. 하나님의 지시로 예레미야는 모든 공식 절차를 밟아 증인이 동석하고 문서를 기록하고 보관하는 과정을 거쳐 그 밭을 구입했다(32:6-12).

내쉬빌 동부 주민들의 집을 구입하겠다고 온 부동산 업자들과 땅 투기꾼들은 미래에 대해 그 위기의 한가운데 있던 우리들이 알지 못하는 것을 알고 있었다. 그들은 복구 후에 그곳의 재산 가치가 극적으로 올라갈 것이라는 것을 알았다. 이 투기꾼들은 미래를 길게 바라보는 안목이 있었고 그들은 옳았다. 2년 내에 우리 동네는 다시 살고 싶은 곳이 되었다.

예레미야는 땅 투기꾼이 아니었다. 부자가 되기 위해 불행한 상황을 이용하지도 않았다. 그러나 그는 선지자였고, 그의 행동은 상징적이었다. 하나님께서는 예레미야에게 유다의 현재 상황이 지나갈 것이라고 말씀하셨다. 백성들은 그곳으로 돌아오고 집들이 다시 재건되며 밭과 포도원에 다시 곡식과 포도가 자랄 것이다. 하나님께서는 또한 백성들을 선대하시고 그들과 그들의 나라가 다른 민족들이 놀랄 정도로 번성하게 될 미래가 다가오고 있다고 말씀하셨다(32:13-15, 36-44, 33:1-13).

예레미야는 하나님께 순종했다. 그는 믿음으로 고향의 땅을 샀다. 예레미야는 우리에게 믿음의 사람들은 미래를 바라보며 긴 안목을 가져야 함을 가르친다. 믿음의 사람들은 하나님께서 궁극적으로 행하실 일에 초점을 맞추며, 그 순간 일어나는 일과 현재적 상황이 아니라 그 사실에 근거해 결정을 내린다.

기도

오, 주님. 모든 인류의 하나님, 우리에게 소망을 주셔서 감사합니다. 새로운 기회와 당신과 새로운 관계를 맺을 수 있도록 해주셔서 감사합니다. 당신께는 모든 것이 가능하며 당신의 말씀을 알고 사랑할 수 있도록 우리 마음을 변화시키시는 일을 비롯해 당신께는 어려운 일이 아무것도 없음으로 인해 감사합니다. 당신을 사랑하고 찬양하는 자들을 선대하시는 하나님이신 데 대해 감사합니다. 그러므로 우리의 기도를 들으실 것을 알고 당신의 이름을 부릅니다. 우리를 위해 준비해놓으신 크고 비밀한 일을 우리에게 보여주실 것을 기도합니다. 아멘.

심층 연구

A. 히브리 시

오래 된 성경 번역들은 히브리 시를 산문과 다를 바 없이 취급했다. 이것은 18세기가 되어서야 학자들이 히브리 시의 기본 구조의 성격을 인식하기 시작했기 때문이다. 1753년 로스(Robert Lowth) 주교는 히브리 시와 산문을 확인하고 구분하는 일차적인 방식으로 평행법의 개념을 처음으로 제시했다. 또한 학자들은 이 현상의 필수적인 특징으로 히브리 단어의 운율을 조사하고 이해하기 시작했다. 운율은 구조상 실제 시에 속하는 글의 주된 특징인 반면, 심상과 묘사는 이 다른 요소들을 보완해준다.

B. '위로의 책' 의 위치

'위로의 책' 이 예레미야의 자료의 이 부분에 삽입된 이유는 무엇인가? 남부 침례신학교와 남동 침례신학교에서 오랫동안 교수로 재직한 레오 그린(Leo Green)은 이 책이 '바룩의 전기' (26-45장) 중간에 갑자기 삽입된 것처럼 보이지만 바룩의 전기와 연결시켜줄 여러 가지 연결 고리들이 문맥 속에 실제로 존재한다고 주장한다.

그린은 자신의 주장을 상술하고 설명하면서 이렇게 말한다.

> 첫째, 32장은 전기적이다. 이 장에는 예레미야가 시위대 뜰에 갇혀 있는 동안 하나님의 뜻의 미래를 신뢰하는 가운데, 불굴의 신앙을 구체적으로 표현한 상징적 행동에 대한 이야기를 열거하고 있다. 어떤 학자들은 30-31장이 원래 하나의 독자적 단락으로서 32장 앞에 위치하여 32-33장의 서론 역할을 한다고 주장한다(그린, 144-145).

또 다른 요소인 29장은 이 장들이 현재 위치에 배열된 또 다른 이유를 제시한다. 그것은 구원에 대한 예언들을 포함하며 '내가 내 백성에게 행하려 하는 선한 일' (29:32)에 대한 하나님의 언급으로 마무리된다.

그린은 이렇게 지적한다.

> 어떤 이들은 이것이 30-33장의 현재 배열 위치의 이유를 설명해준다고 생각한다. 30-33장의 예언들은 27-29장에 언급된 거짓 선지자들의 윤리적인 조건을 강조하지 않는 신탁들과 의도적으로 대조하기 위해 여기 배열되었을 가능성이 있다. 중요한 점은 그 내용들이 전기적이고 신학적인 관계들이 있다는 것이다(그린, 145).

교안

A. 들어가는 글

1. '나에게는 꿈이 있습니다' 를 읽으라.
2. 배경 설명: 30-33장의 시와 산문체의 신탁 모음은 예레미야 설교의 다른 측면을 소개해준다. 하나님의 심판 너머에는 치유와 회복이 있다. 하나님과의 새로운 관계와 새 언약이 있다.
3. 적용: 사람들은 위로의 말을 필요로 한다. 심판이 유일한 말이 아니라는 것을 들을 필요가 있다. 미래의 소망이 있다. 인생이 항상 부정적일 수 없다. 그렇다면 사람들은 완전히 절망에 빠질 것이다. 예레미야 30-33장은 '위로의 책' 이라고 불린 예레미야의 신탁 모음을 소개한다. 이 신탁들은 그 희망이 예레미야의 설교의 필수적인 부분임을 보여준다. 그것은 우리 삶에서도 반드시 필요하다.

B. 본문 이해

1. 하나님께서 자기 백성들을 위해 베푸실 복된 일들(30:1-24)
2. 하나님께서 자기 백성들과 맺으실 언약(31:1-40)
3. 절망적인 시대의 희망(32:1-44)
4. 두려워 말라, 하나님께서 그곳에 계실 것이다(33:1-26)

C. 결론

'희망이 모든 차이를 가른다' 를 읽으라.

토의 질문

1. 예레미야는 31장에서 하나님에 대해 여러 가지 비유를 사용한다. 9절에서 하나님께서는 이스라엘의 아버지로 불린다. 10절에서는 양 떼를 돌보는 목자에 비유된다. 15-22절에 어머니의 심상이 암묵적으로 하나님께 적용된다. 32절에서 하나님께서는 자신을 그들의 남편으로 부르신다. 아버지, 목자, 어머니, 배우자라는 심상 가운데 하나님의 어느 심상이 당신에게 가장 의미 있게 여겨지는가? 이러한 각 심상들에 대해 당신은 어떤 특징들이 연상되는가(보호, 필요를 채우심, 위로, 돌보심, 긍휼, 함께하심 등)?

2. 30장 9절에서 미래에 대해 말하면서 예레미야는 하나님께서 다윗을 이스라엘과 유다의 왕으로 세우실 것이라고 약속한다. 하지만 다윗 왕은 예레미야보다 약 400년 전에 살았던 인물이었다. 예레미야가 이 내용을 통해 의미한 것은 무엇인가? 30장 9절의 그의 말은 33장 14-26절의 하나님의 신탁들과 어떤 관계가 있는가? 다윗의 어느 후손이 왕과 제사장 두 역할을 모두 감당할 것인가?

3. 예레미야는 31장 31-34절에서 새 언약을 선포했다(32:36-40, 33:6-9 참고). 이것은 노아에게서 시작되어(창 9:9-11) 아브라함(창 15:18-21), 모세와 이스라엘 백성들(출 19:3-6, 24:3-8), 레위인들(민 25:10-13)로 이어져 다윗에게서 마무리되는(삼하 7:11-16, 23:5) 여러 가지 구약 언약들 가운데 마지막 언약이다. 이 새 언약이 나머지 성경 언약들과 어떻게 비교되는가? 예레미야 31장의 새 언약은 새 언약에 대한 예수님의 선언(마 26:28, 막 14:24, 눅 22:20, 고전 11:25)과 어떤 관련이 있는가?

예레미야 34:1-39:18

영원한 진리

"성경은 사납게 으르렁대는 시간의 폭풍 속에서 흔들리지 않고 서 있는 바위와 같다. 성경은 영원한 진리로 불타고 있으며 숭고한 빛으로 빛난다. 성경은 인간의 모든 노력보다 더 높이 솟아 있는 산과 같다. 그 진리는 절대 반박에 흔들린 적이 없다. 아무도 그것을 무너뜨릴 수 없다. 산이 흔들려도 성경은 흔들리지 않으며, 땅이 무너져도 굳건히 서 있을 것이다. 성경이 굳건히 서 있으므로 나는 그 굳건한 기초 위에 내 발을 디딜 것이다."

- 할더 릴레나스(haldor Lillenas)

예레미야 34-39장은 주전 587년 예루살렘 함락의 현장으로 우리를 데려간다. 연대기적 순서는 아니지만 이 단락은 유다의 마지막 왕 시드기야로 시작해서 끝난다. 34장에서 노예들을 풀어주었다가 그 약속을 어기는 시드기야의 불성실과 변덕스러운 행동은 35장에서 여호야김 시대의 레갑 사람들의 변치 않는 헌신과 성실함과 대조된다. 여호야김에 대한 언급을 계기로 주전 605년 예레미야가 그의 사역의 첫 20년간의 메시지와 예언들을 기록한 두루마리의 내용을 들은 여호야김 왕이 그것을 불태운 36장의 이야기로 이어진다. 37-39장은 유다가 멸망한 해로 다시 우리를 데려간다. 시드기야는 세 번에 걸쳐 예레미야의 조언을 구했다(37:1-16, 37:17-38:13, 38:14-28). 예레미야는 유다가 망하기 전 다섯 번에 걸쳐 투옥되었다(37:15-16, 37:21, 38:6, 38:13, 39:14). 시드기야, 예레미야, 에벳멜렉의 운명과 더불어 예루살렘 최후의 공격과 함락이 39장에 소개되어 있다.

들어가는 글

다시 쓰다

작가가 원고를 잃는 것은 큰 비극이다. 마치 자신의 일부를 잃는 것과 같다. 유명한 스코틀랜드 작가인 토마스 칼라일(Thomas Carlyle)은 존 스튜어트 밀(John Stuart Mill)이 보관하고 있던 프랑스 혁명의 제1권 원고가 사고로 불타버렸을 때 그러한 비극적 경험을 했다. 칼라일은 프랑스 역사 연구에 심취했다. 그리고 그 책을 집필하기 위해 혼신의 노력을 기울였다. 자금은 사실상 거의 고갈되었다. 마침내 책이 완성되었다. 그렇게 해서 탄생한 책이 한 줌 재로 사라진 것이다. 어떤 사람은 "칼라일이 그 끔찍한 소식을 받아들이고 모진 마음으로 자리에 앉아 그 책을 다시 쓰기로 결심했을 때 보여준 태도보다 '문학가로서 영웅'의 자질이 아름답게 빛난 경우는 없었다"고 말했다.

예레미야 두루마리 첫 판(아마 현 예레미야서의 첫 25장에 수록된 내용일 것)이 낭송되는 것을 듣자마자 여호야김은 그 두루마리를 잘라 불태워버렸다(36:21-26). 하나님께서는 예레미야에게 그 두루마리를 다시 쓰라고 말씀하셨다. "첫 두루마리의 모든 말을 기록하고" 그것에 "많은 것을" 더했다(36:28, 32). 예레미야가 다시 쓴 두루마리인 현재의 예레미야서는 불에 타버린 두루마리보다 더 유명하게 되었다. 사실상 구약에서 가장 유명한 책 가운데 하나가 되었다.

본문 이해

영원한 진리

Main Idea	하나님의 말씀에 대한 끊임없는 배척은 개인이든 한 국가든 파멸을 자초할 것이다.

예레미야서의 다음 열두 장(34-45장)은 거의 전부 내러티브 방식으로 기록된 내용을 담고 있다. 34-39장은 예루살렘 포위 공격 직전까지와 포위 공격을 당한 기간의 사건들을 기록하고 있다. 성경 본문을 꼼꼼하게 살펴보면 연대기적 흐름을 쉽게 확인할 수 있지만 완전히 연대기적 순서대로 쓰여 있지는 않다.

34장 1-7절은 유다가 바벨론 군대와의 전투가 진행되고 있는 동안에 주신 것이었다. 그 뒷부분인 8-22절은 예레미야가 종들에 대한 백성들의 태도에 대해 예레미야가 지적한 말을 기록하고 있다. 잠시 포위 공격이 중단된 동안 유다 백성들은 노예를 풀어주었지만, 나중에 그 결정을 철회하고 그들을 다시 노예로 삼았다. 이 구절들에서 예레미야는 왕의 미래에 대한 특별한 예언과 함께 그 문제를 거론한다.

35장은 레갑 자손들의 충성스러움에 대한 내러티브를 수록하고 있다. 그들은 요나답의 후손들이었고 그들의 조상에게 했던 맹세를 성실하게 지켰다. 예레미야는 그 맹세를 지킨 그들을 칭찬한다. 36장은 지금까지 전부는 아니더라도 예레미야가 선포한 대부분의 예언을 기록한 두루마리를 준비해서 낭독한 후 불태워지자 그것을 다시 쓴 내용을 상세하게 기록하고 있다. 이 사건은 많은 부분에서 그 민족이 선택한 미래의 방향을 암시했다.

이 연구 단락의 나머지 세 장(37-39장)에서는 예루살렘 함락과 관련된 사건들이 전개된다. 37장과 38장은 예레미야가 감옥에 갇힌 동안 그와 시드기야와의 관계에 주로 초점을 맞춘다. 39장은 예루살렘이 바벨론에 함락된 사건을 서술하고 있다. 예레미야가 감옥에 있을 때 우호적인 태도를 보여주었던 에벳멜렉에게 감사를 표현하라는 하나님의 명령에 대한 기록이 추가되어 있다.

이 장들의 통일된 주제는 무엇인가? 34-39장은 예루살렘 성이 멸망되기까지의 사건들을 소개한다. 40-46장은 기록상에 남은 예레미야의 생애의 마지막까지의 이야기를 계속 이어가고 있다.

A. 시드기야에 대한 경고의 말씀(34:1-22)

Supporting Idea	예레미야는 예루살렘 성의 운명과 왕의 미래에 대해 시드기야에게 솔직히 이야기한다. 그러고나서 노예들에 대한 그의 정책에 관해 신랄하게 비판한다.

34:1-7. 예레미야는 21장의 사건 직후 예루살렘이 포위 공격을 당한 기간에 시드기야를 방문한다. 바벨론 군대가 유다 수도를 치고 있었고, 유다의 요새화된 도시 가운데 라기스와 아세가 두 성만 바벨론에 넘어가지 않은 상황이었다. 예레미야는 아직 자유의 몸이었다. 예레미야가 다가오는 애굽 군대의 위험을 언급하는 것으로 보아 바벨론의 포위 공격이 일시 중단되기 전에 시드기야에게 이 말을 했을 것이 분명하다.

바벨론 군대는 바벨론의 모든 봉신 국가에서 차출된 전사들의 지원을 받았다. 그 당시의 조약 협정에 의하면 바벨론은 피정복 국가들에게 이러한 지원을 요구할 권리가 있었다. 바벨론의 군사 전략은 동시에 양면 공격 작전을 실시하는 것이었다. 첫째, 느부갓네살의 군대는 유다의 군대를 작은 요새화된 성벽 도시들로 몰아넣었다. 그러고나서 그 도시들을 한 번에 한 곳씩 정복했다. 둘째, 동시에 바벨론 군대는 예루살렘을 에워싸고 철저히 봉쇄했다.

2절과 3절은 이 당시 하나님께서 예레미야에게 주신 명령을 기록하고 있다. 그분은 예루살렘이 멸망할 것임을 분명하게 전달하도록 시드기야에게 선지자를 보내셨다. 벗어날 길이 없을 것이다. 바벨론 왕이 그 성을 불사를 것이고 시드기야 자신은 사로잡혀 느부갓네살에게 넘겨질 것이다. 예레미야는 시드기야에게 개인적으로 바벨론 왕을 만날 것이며, 둘이 마주 대하여 만날 것이라고 경고한다. 그러한 만남은 자연스럽게 이런 역사의 시점에 이와 같은 상황에서 이루어졌다.

4절과 5절을 처음에 읽자마자 예레미야가 일관성이 없다는 느낌을 바로 받게 된다. 하지만 범위를 더 넓혀 살펴보면 이 약속이 조건적이라는 것을 깨닫는다. 예레미야 18장 5-10절을 다시 살펴보라. 이것은 조건적인 예언에 관한 전형적인 예를 보여주는 구절이라고 생각한다.

대부분의 약속이나 심판의 선언들은 선택에 대한 기회를 함께 제공한다. 하나님께서 한 국가에 대해 복을 주시겠다고 선언하신다 해도 그 국가는 범죄함으로 그 약속을 무효로 만들 수 있다. 하나님께서 어떤 민족에 저주나 심판을 선언하신다 해도 그 백성들이 회개하면 하나님께서는 그 선언의 결과를 바꾸실 것이다. 하나님께서는 도덕적 선택에 기초해 개인들과 집단들을 다루신다.

4절과 5절은 조건적인 약속이다. 시드기야는 약속된 축복을 받기 위해서 회개해야 한다. 선지자의 메시지를 지킨다면 행복한 미래가 그를 기다린다. 그는 비참한 죽음이 아니라 평화로운 삶을 누릴 것이다. 유대인들은 왕이 사망하면 방부 처리를 하지 않고 향을 태웠다. 이러한 풍습에 대한 설명은 역대기하 16장 14절과 21장 19절에 나타난다. 시드기야는 선지자의 요청을 받아들여 실천했는가? 그는 그렇게 하지 않았다. 그의 죽음에 대한 기록은 없지만 그가 바벨론 군대에 잡힌 사건은 확실히 비극적이었다.

시드기야는 그 땅의 왕이었고 선택에 직면해 있었다. 하나님의 말씀을 전하는 선지자의 말에 유의할 것인가, 아니면 무시해버릴 것인가? 우리는 선지자의 메시지에 대한 그의 반응에 대해 어떤 기록도 갖고 있지 않다. 하지만 무슨 일이 일어났는지에 대한 기록은 분명하게 남아 있다. 왕이 끔찍한 일을 당한 것을 볼 때 우리는 그가 예레미야의 간절한 호소를 거부하는 편을 택했음을 알 수 있다.

34:8-22. 예레미야가 이 단락에서 언급한 사건은 예루살렘 포위 기간 중에 일어났다. 바벨론 군대를 총지휘하는 장군에게 애굽 군대에 관한 보고가 들어왔다. 그들은 애굽이 바벨론 군대를 치려고 오고 있다는 소식을 들었다. 이로 인해 바벨론 군대의 장군은 일시적으로 예루살렘에 대한 포위 공격을 해제했다.

바벨론 군대의 이러한 조치는 예루살렘 성내의 악하고 탐욕스러운 사람들에게 끔찍한 일을 저지를 기회를 주었다. 그러나 애굽 군대가 철수한다는 소식을 듣자 그들은 곧 부리던 노비들을 풀어주었다. 그들이 이렇게 '고귀한 행동'을 한 이유는 무엇인가? 여러 가지 동기들이 그들의 마음을 움직였던 것으로 보인다.

첫째, 음식과 다른 일용품들을 포함해 노비들의 필요를 공급하는 비용이 노예 주인들에게 큰 부담을 주었다. 그들은 그 부담을 덜고 싶었다. 둘째, 그들은 자신들의 복지에 대한 순수한 관심을 갖고 그런 행동을 했을 수 있다. 셋째, 그들은 이 행동으로 하나님께 은혜를 입고자 애를 쓰고 있었던 것일 수 있다. 아마 그 노예 주인들에게 이 세 가지 동기가 모두 얽혀 심경의 변화로 나타났을 것이다.

언약을 맺은 모든 사람들은 종들을 풀어주었다(8-11절). 이제 자유가 된 종들은 이전 주인들이 '다시 계약을 강행할' 것을 예상하지 못하고 그대로 예루살렘에 머물렀다. 성경 기사는 그 종들이 복종하기로 승낙하고 주인들이 다시 그들을 종으로 삼도록 허용한 이유에 대해 전혀 설명해주지 않는다. 하나님께서는 그들이 저지른 일에 분노하셨다(12-16절). 그것은 이기적이고 탐욕에 가득한 뻔뻔스러운 행동이었다. 예레미야는 성적인 죄를 정죄했듯이, 물질적인 것에 대한 탐욕도 정죄했다.

이스라엘의 초기 율법은 빌려준 돈 대신 그 사람을 종으로 삼는 것을 허용했지만 그들을 인간적으로 대우하도록 규정했다. 예레미야 당시에 종을 풀어줄 정도로 힘을 가진 부유한 사람들은 율법의 요구대로 종들을 풀어주지 않았다. 하나님께서는 자기 선지자들을 통해 강력한 정죄의 말씀을 전했다.

하나님께서는 자유라는 단어의 언어 유희로 백성들에 대한 마지막 선언을 시작하신다(17-22절). 그분이 의도하신 것은 실제로 정반대였다. 오늘날로 말하면 조롱의 말이라 할 수 있다. 다르게 표현해서 하나님께서는 "너희들은 그들을 풀어주었다. 나는 심판을 너희들에게 풀어놓을 것이다"라고 말씀하신 것이다.

18-20절에서 선지자는 언약을 맺는 고대 의식으로 임박한 심판을 설명한다. 세 개의 구약 구절들(창 15:9-17, 삿 19:29, 삼상 11:7)은 예레미야 선지자가 자기 백성들에게 한 말을 이해하는 데 도움이 된다. 이스라엘 백성들이 짐승을 여러 조각으로 쪼개고 의식에 참여하듯이 하나님께서는 자기 백성들을 포악한 자들에게 넘겨주실 것이다. 이 원수들은 유다 백성들을 무자비하게 대하며 죽일 뿐 아니라 그들의 시체를 매장하지 않은 채 그대로 버릴 것이다.

왕은 어떻게 되는가? 바벨론 군대가 일시적으로 물러가고 포위를 푼다 하더라도 그들은 돌아올 것이다. 그렇게 될 때 시드기야와 신하들은 파멸당할 것이다(21-22절). 이것으로 하나님께서 시드기야에게 주신 말씀이 마무리된다.

B. 레갑 자손들에 대한 예레미야의 인정(35:1-19)

Supporting Idea	선지자는 그들의 조상들에게 요구된 덕에 대해 길게 설명하지 않고 약속에 신실한 레갑 자손들에 대해 서술한다.

35:1-19. 예레미야서 편집자는 왜 여호야김 시대의 이 사건을 예루살렘의 최후의 날

을 다루는 예언들에 삽입한 것인가? 어떤 이들은 그것이 예레미야 선지자에 관한 남은 내러티브 단편으로 어딘가에 꼭 삽입해야 했던 자료라고 주장해왔다. 하지만 백성들에게 실물 교육을 시키기 위해 비슷한 연대의 36장과 더불어 이 부분에 배치된 것으로 보인다. 이제 시간이 촉박했고, 아마 과거에 있었던 이 두 내러티브는 그들로 회개하도록 인도하는 데 도움이 되었을 것이다.

레갑 자손들은 누구인가? 열왕기하 10장 15-17절에서 예후가 아합의 집을 뒤엎을 때 그를 지지한 사건에서 그들은 처음 등장한다. 그들은 조상들이 물려준 전통을 성실하고 변함없이 지키며 놀라운 일관성을 보여준 작은 공동체였다. 생활 방식은 그들 조상의 핵심적인 신념이 그대로 반영되었다. 레갑 자손들은 성안에서 살지 않았으며 포도주를 입에 대지 않았다. 그들은 조상에게 결코 이러한 금지 조항들을 어기지 않겠다고 약속했다. 예레미야는 자신의 맹세를 성실하게 지켜야 함을 실물 교육으로, 혹은 예시로 보여주기 위해 그들을 예로 들었다. 그는 그들을 야아사냐의 아들의 방으로 데려가서 포도주를 권했다. 그들은 조상에게 한 맹세를 인용하며 포도주를 마시지 않았다.

예레미야는 지도자들과 일부 백성들에게 이것을 지적했다. 그가 지적한 요점은 레갑 자손들이 그들의 전통이 가르치는 대로 성실하게 사는 반면, 유다 백성들은 하나님의 계시에 충실하지 않았다는 것이다.

C. 예레미야의 두루마리가 불타다(36:1-32)

Supporting Idea	글로 기록한 것이든 구전 형식이든 하나님께서 자기 백성들에게 주신 말씀은 결코 사라지지 않는다.

이 장은 예레미야의 사역에서 가장 전략적인 순간으로 보이는 때를 기록하고 있다. 예레미야는 처음으로 자신의 예언들을 따로 기록으로 남긴다. 이 구절의 연대는 주전 605년 여호야김 재위 사 년째로 바벨론이 갈그미스에서 앗수르에 이긴 때다. 이 승리로 바벨론은 근동에서 승리의 지배자가 될 수 있었다. 그로 인해 유다는 바벨론의 봉신 국가가 되었고, 예루살렘 함락할 때까지 이 관계는 유지되었다. 여호야김이 예레미야의 두루마리를 거부한 것은 아마 유다의 운명을 확정 지은 행동이었을 것이다. 이 사건 후 예레미야는 그 민족에 대해 더 이상 아무 희망도 갖지 않았다.

36:1-8. 예레미야는 왜 하나님께서 메시지를 글로 기록하도록 인도하신다고 느꼈을까? 그는 인생의 위기를 겪고 있었다. 일찍이 그는 국수적인 성격으로 변질되기 전까지 요시야의 개혁 운동을 지지했다. 요시야가 므깃도 전투에서 사망하고 바벨론이 갈그미스에서 앗수르에 승리하자 그는 중요한 교훈을 배웠다. 더 명료하게 현실을 꿰뚫어보았다. 여호야김이 왕이 되었고, 그의 두루마리는 왕에게 주는 경고였다. 그가 왕위에 오른 지 사 년이 되었다.

예레미야는 이전에 전했던 메시지의 전부, 혹은 대부분을 글로 옮겼다. 그는 개인적으로 전한 메시지들이 소기의 성과를 내지 못했지만 그것을 기록 형식으로 요약하면 성과가 있을 것이라는 희망을 가졌다. 예레미야는 개인 비서인 바룩에게 도움을 요청했다.

5절에 기록되어 있듯이 예레미야는 감금을 당해 여호와의 집에 갈 수 없었다. 그 이유는 무엇인가? 가장 설득력 있는 설명은 아마 바스훌과의 충돌 때문이었을 것이다(20:1-6). 45장에서 예레미야는 바룩을 위로하고 격려한다. 바룩은 이 일을 당하고 '낙오자' 충격을 겪었기 때문에 낙심과 우울증에 시달렸던 것 같다.

36:9-26. 왜 바룩은 성전에서 두루마리를 낭독하는 일을 제 오년 구월까지 기다렸던 것인가? 학자들은 여러 가지 이유를 제시했다.

히브리 달력과 바벨론 달력 사이에 6개월의 차이가 있다는 존 스키너의 주장은 새롭지만 학자들이 실제로 진지하게 수용하지는 않는다. 어떤 이들은 예레미야가 두루마리 내용을 구술하기 시작했을 때 갈그미스 전쟁이 아직 일어나지 않았고 단순히 기미만 보이고 있었다고 주장한다. 어떤 이들은 아마 바룩이 가능한 많은 사람들이 참석해 메시지를 들을 수 있는 때를 기다렸다고 주장한다. 또 어떤 이들은 두루마리를 준비하는 데 수많은 주, 혹은 수많은 달이 걸렸을 것이라고 주장한다.

그 이유가 무엇이든 바룩은 두루마리를 낭독할 최적의 시간을 택했다. 왕이 기도와 금식의 날을 선포한 것이다. 왕과 백성들 모두 메시지를 받아들일 마음이 준비되어 있을 것이다. 성경은 그러한 특별한 날이 왜 선포되었는지 이유를 말해주지 않는다. 어떤 이들은 가뭄으로 인한 위기 때문에 금식을 했다고 주장한다. 하지만 왕이 나라가 적군의 침략을 받을 위험에 처해 있음을 깨달았기 때문이었다는 설명이 더 설득력 있다. 레갑 자손들도 보호를 받기 위해 예루살렘에 와 있었다. '북방에서 올 새 적' 이 오고 있었다. 분명히 유다는 예레미야의 경고를 듣고 주의할 것이다.

이 두루마리에 현재의 예레미야서가 어느 정도 수록되어 있었는가? 36장을 문자 그대로 엄격히 해석할 경우 우리가 현재의 예레미야서에서 여호야김 사 년 이전에 전해진 메시지가 무엇인지 확인할 수 있다면 그것들이 원래 두루마리에 있었다고 분명하게 말할 수 있다는 뜻이다. 하지만 문제는 그렇게 단순하지 않다.

모든으로 번역된 히브리어는 구체적인 용어라기보다 일반적인 용어다. 예레미야는 지금까지 전한 메시지를 모두 남김없이 다 수록하지는 못해도 전반적으로 고른 메시지가 담긴 두루마리를 준비할 수 있었을 것이다. 그 두루마리는 하루에 세 차례 낭독되었으며, 중간에 쉬는 시간을 두지 않고 세 번 모두 연달아 낭독되었던 것으로 보인다. 이것은 그것이 특별히 긴 내용이 아니었음을 암시한다. 23절은 삼편 사편이라는 표현을 사용하고 있다. 그러므로 두루마리 낭독은 그 두루마리가 많은 양의 필사본이 아니라 예언적 메시지들의 요약본이었을 가능성을 암시한다.

두루마리의 내용을 결정하기가 어려운 또 다른 요인은 첫 두루마리가 불에 탄 후 하나님께서 예레미야에게 주신 명령이다. 이 장의 마지막 절은 "유다 왕 여호야김의 불사른 책의 모든 말을 예레미야의 구전대로 기록하고"(32절)라고 말하고 있다. 그러고나서 "그 외에도 그 같은 말을 많이 더 하였더라"는 내용을 추가한다. 이 후자의 진술을 고려할 때 두루마리의 정확한 양을 확인하는 것은 불가능할 것이다. 각 개별 메시지에 다른 내용이 추가된 것인가, 아니면 완전히 새로운 메시지들이 추가된 것인가? 아니면 둘 다인가?

나는 첫 두루마리의 많은 부분이 1장 1절-8장 3절, 13장 1-17절, 18장 1절-23절, 19장 1절-20장 18절, 22장 1-9, 13-23절, 25장 1-38절의 장들로 이루어졌으며, 또한 이방 나라에 대한 예언들의 일부 혹은 전부가 포함되었을 것이라고 생각한다. 이 단락들에서는 심판에 대한 엄중한 위협뿐 아니라 수많은 경고들이 기록되어 있다. 바룩이 읽어주는 두루마리 내용을 들은 백성들과 고관들이 느낀 충격을 설명하기에 충분할 것이다.

유다에 엄중한 날이 왔다. 상황이 너무 심각해서 금식이 선포되었다. 백성들은 자신들에게 닥쳐올 수 있는 위험을 생각하고 있었다. 적이 예루살렘 성을 침략하고자 시도하면 하나님께서 그들을 보호해주실 것인가? 바벨론이 유다로 오고 있다는 소문이 이미 파다하게 퍼진 상태였다.

바룩은 이때를 예레미야의 예언을 낭독할 때로 잡았다. 그는 성전 문 근처에 있는 그마랴의 방으로 갔다. 이때 그마랴는 자신의 아들 미가야에게 일을 맡겨놓았다. 바룩이 두루마리를 낭독하자 유다의 죄와 그들로 의로운 생활을 회복하게 만들기 위한 하나님의 반복된 노력이 그들에게 전해졌다. 그 민족이 회개해야 하며 그렇지 않으면 하나님의 무서운 진노를 받게 될 것이라는 선언으로 바룩이 낭독을 마치자 백성들은 무거운 침묵에 휩싸였다.

미가야는 이 예언이 핵심을 정확히 짚고 있으며 결코 무시되어서는 안 된다는 것을 깨달았다. 그는 왕궁으로 달려가 서기관인 엘리사마의 방으로 갔다. 이곳에는 미가야의 부친 그마랴와 모든 고관들이 모여 있었다. 그들은 아마 갈그미스에서 승리한 느부갓네살이 유다를 전면 침략해올 가능성을 의논하고 있었을 것이다. 미가야는 예레미야의 예언에 대해 자신이 떠올릴 수 있는 내용을 모두 알려주면서 바룩이 낭독한 사실을 알렸다. 그 무리들은 여후디를 보내어 바룩을 그곳으로 데려오게 했다.

고관들의 요청에 따라 바룩은 그들에게 두루마리를 낭독해주었다. 두려움과 불안한 마음으로 서로를 바라보던 그들은 바룩에게 두루마리의 출처를 물었다. 그들은 왕에게 즉각 알리기로 결정했지만 먼저 바룩에게 너는 가서 예레미야와 함께 숨고 너희 있는 곳을 사람에게 알리지 말라고 경고했다(19절).

고관들은 즉각 여호야김 왕에게로 갔다. 그러나 어떤 이유에선지 바룩의 두루마리를 가져가지 않았다. 아마 황급하게 서두르는 와중에 두루마리를 잊어버렸거나, 혹은 왕이 그들의 보고를 받아들일 것을 바랐을 가능성도 높다. 그러나 여호야김은 여후디를 보내어 두루마리를 가져오게 했다. 그러고나서 여후디는 여호야김과 나머지 사람들이 듣도록 두루마리를 낭독하기 시작했다.

왕은 화로 근처에 앉아 있었다. 여후디가 서너 쪽 정도를 읽었을 때 왕은 그것을 가로채서 면도칼로 베어 화로에 던져버렸다. 여후디가 더 읽어주려고 하자 왕은 그것을 잘라 불 속에 집어넣고 두루마리를 모두 태워버렸다. 고관들 가운데 몇 명이 여러 차례 두루마리를 태우지 못하도록 왕을 만류했지만 허사였다. 두루마리를 모두 태우자 그는 시종들과 함께 있는 아들에게 예레미야와 바룩을 잡으라고 명령했다.

성경은 여호야김이 두루마리를 태우면서 노를 격발했다는 암시를 주지 않는다. 단지 선지자의 메시지를 냉담하고 차갑게 거부했을 뿐이었다. 그가 두루마리를 한꺼번에 불태운 것이 아니라 단락단락 나누어 태웠다는 사실은 하나님의 말씀에 대한 그의 고의적인 반항을 암시한다.

36:27-32. 하나님의 말씀이 두 번째로 예레미야에게 임했다. 선지자는 여호야김이 태워버린 두루마리 속의 메시지를 또 다른 두루마리에 그대로 적으라는 명령을 들었다. 그러고나서 하나님께서는 왕에 대한 경고를 추가하셨다. 예레미야는 그대로 그것을 적었다.

> 그러므로 나 여호와가 유다 왕 여호야김에 대하여 이같이 말하노라 그에게 다윗의 위에 앉을 자가 없게 될 것이요 그 시체는 버림을 입어서 낮에는 더위, 밤에는 추위를 당하리라 또 내가 그와 그 자손과 신하들을 그들의 죄악을 인하여 벌할 것이라 내가 일찍 그들과 예루살렘 거민과 유다 사람에게 선포하였으나 그들이 듣지 아니한 그 모든 재앙을 내리리라 하셨다 하라(36:30-31).

일부 자유주의 학자들은 예레미야의 선언에 대해 두 가지 이의를 제기한다. 첫째, 여호야김에게 "다윗의 왕위에 앉을 자손이 없을 것이다"라는 말은 문자적으로 성취된 적이 없다는 것을 지적했다. 그의 아들 여호야긴은 삼 개월 십 일 동안 다스렸다. 이것은 영적 진리의 문자적 성취를 믿는 우리가 부딪히는 수많은 예들 가운데 또 하나의 예다. 여호야긴이 짧은 기간 동안만 통치했기 때문에 예레미야의 예언은 영적인 면에서는 확실히 성취되었다. 그는 바벨론으로 끌려갔고, 그곳에서 37년 동안 죄수로 살았다.

그러나 모든 예언의 문자적 성취를 주장하는 자들을 위해 우리는 히브리 본문의 엄격한 문자적 번역을 주장한다. 그것은 "그러므로 하나님께서는 유다의 왕 여호야김에 대해 이렇게 말씀하신다. '그에게 다윗의 보좌에 앉는 자가 결코 없을 것이다' "라고 읽을 수 있다. '결코 없을 것이다' 는 미완료형 히브리어 동사 형태이며, 미완료형 동사 형태는 반복되거나 지속적인 행동을 의미할 수 있다. 이것은 여호야김의 씨가 유다의 보좌에 계속 앉을 수 없다는 뜻이 될 것이다.

이러한 접근은 예레미야의 메시지 내용과 의미를 정확히 그대로 드러내준다. 여호야김의 씨는 다윗의 보좌에 영원히 앉지 못할 것이다. 예레미야의 예언은 이러한 의미에서 문자적으로 성취될 것이다. 삼 개월 십 일이라는 여호야긴의 통치는 과도기적 왕권과 같다. 그 다음 왕은 요시야의 또 다른 아들이며 여호야김의 형제인 시드기야였다. 시드기야의 통치 후 유다 왕국은 멸망했고, 그들은 포로로 잡혀갔다. 유다에서 다시는 왕이 다스리지 못했다. 바벨론에서 귀환한 후 유다는 정치적으로 그리고 영적으로 제사장들과 서기관들과 종교 지도자들이 이끄는 나라가 되었다.

자유주의 학자들이 이 예언에 대해 반대하는 또 다른 이견은 여호야김의 매장과 관련이 있다. 선지자는 여호야김의 시체가 어떤 대우를 받을지 묘사한다. **그 시체는 버림을 입어서 낮에는 더위, 밤에는 추위를 당하리라**(36:30). 이 표현은 동일한 시기에 쓰인 것이 확실한 것으로 여호야김에 대해 유사한 생각이 드러난 기록과 비교해야 한다. "그가 끌려 예루살렘 문밖에 던지우고 나귀같이 매장함을 당하리라"(22:19). 이 후자의 내용은 예레미야의 별도의 두루마리에서 발견된 여호야김에 대한 예언(22:1-23:8)의 일부다. 이 두루마리는 유다 왕들(22:1-23:8)과 거짓 선지자들(23:9-40)에 대한 일련의 예언들을 담고 있다.

여호야김의 죽음과 매장의 문제가 선지자의 예언과 일치하는가란 문제도 제기된다. 역대기 저자는 그의 죽음과 매장에 관해 아무 언급도 하지 않으며, 열왕기하 저자도 오직 "열조와 함께 잤다"(왕하 24:6)라고만 언급한다. 중요한 핵심은 어느 역사가도 그의 매장에 관해 자세한 기사를 전혀 제공하지 않는다는 것이다. 여호야김 이외의 모든 왕들의 매장에 관한 기록이 있다는 것을 생각하면 이것은 그의 매장과 관련해 특별한 점이 있었다는 강한 암시다.

D. 감옥에 갇힌 예레미야(37:1-21)

Supporting Idea	한 개인의 삶과 하나님에 대한 증언이 악한 권력자의 생활 방식과 맞부딪히면 핍박을 예상할 수 있다.

예레미야서의 다음 세 장은 예루살렘이 함락될 때까지 선지자와 유대 공동체의 마지막 나날을 다루고 있다. 선지자는 사역 기간 중에서 가장 가혹한 반대와 고난에 직면한다. 조국의 배신자로 매도당함으로 인한 상처와 비교하면 육체적 불편과 괴로움은 아무리 심각하다 해도 사소한 고통에 불과했다. 사실 그는 그 성의 가장 열정적인 애국자였다.

37:1-5. 이 구절들은 결론에 해당하는 내러티브 단원의 나머지 자료(37-44장)의 서론 역할을 한다. 시드기야가 자신을 위해 예레미야에게 기도를 요청하도록 보낸 두 사람을 유의해보라. 첫 번째 사람은 여후갈로 예레미야의 친구가 전혀 아니었다. 그는 나중에 예레미야 선지자의 죽음을 요구한 여러 사람 가운데 한 명이었다(38:4). 스바냐는 앞에서 왕의 심부름으로 예레미야를 찾았던 사람들 가운데 한 사람이었다(21:1).

어떤 번역자들은 유다가 애굽의 도움으로 안전을 보장받을 수 있다고 예상한 시드기야가 그를 조롱하기 위해 이 사람들을 보냈다고 믿는다. 그러나 이것은 가능성이 낮다. 애굽은 일시적으로 희망을 주었지만 제대로 분별력이 있는 사람이라면 이 나라가 이전에 그랬던 것처럼 도움이 될 것이라고 믿지 않았을 것이다.

37:6-10. 시드기야의 군대에 한 줄기 희망의 빛이 어둠을 뚫고 비치는 것 같지만 예레미야는 자신의 메시지를 고수한다. '북방에서 온 적' 이 이제 실제로 모습을 드러냈다. 20년 전에 선지자는 심판의 도구로 사용하시기 위해 정확히 어느 민족을 선택하셨는지 알지 못했다. 그 적이 오고 있다는 것만 알았을 뿐이었다. 하지만 이제 그는 그 적을 확실히 안다. 유다의 일시적인 집행 유예 기간이 얼마 남지 않았다.

37:11-15. 예레미야는 바벨론 군대의 포위 공격이 일시적으로 해제된 틈을 타 집안일을 처리할 기회로 이용했다. 베냐민 문으로 나가서 고향으로 갈 작정이었던 예레미야는 뜻밖의 제지를 당했다. 시위대 대장이며 28장의 거짓 선지자 하나냐의 손자인 이리야는 그를 붙잡아 당국으로 넘겼다.

예레미야가 자기 할아버지와 충돌했던 사건을 알고 있던 이리야는 그 선지자를 가장 잔인하고 가혹하게 탄압하기 위해 자신의 지위를 이용했다. 공평하게 이야기해서, 이리야가 시드기야와 그의 관리들에게 제시할 설득력 있는 건수를 잡았음을 우리는 인정해야 한다. 예레미야는 시드기야가 항복해야 한다고 말했고, 그가 성문을 나선 상황은 의심을 살 만한 것이었다. 하지만 이것은 이리야의 본심이 아니었다. 그는 오직 예레미야가 대표하는 모든 것을 반대했고 그를 파멸시키고자 결심했다. 그의 행동의 동기는 증오와 복수심이었다.

37:16-21. 음실로 번역된 히브리어는 문자적으로 '그 구덩이들의 집' 이라는 뜻이다. 20절을 통해 우리는 이 토굴이 요나단의 집의 일부라는 것을 추측할 수 있다. 예레미야가 주장한 대로 시드기야에게 선처를 호소할 수 없었다면 그곳은 죽어가도록 방치되었

을 곳이었다.

시드기야와 예레미야가 주고받은 대화는 왕의 실제 면모를 드러낸다. 그는 악한 사람이 아니라 권력을 장악한 자들의 손아귀를 벗어나지 못한 유약한 사람이었다. 유다에는 하나님과 그분의 선지자를 대적하기로 결심한 초강력 민족주의자들이 득세했다. 왕이 선지자의 호소를 허락해 시위대 뜰로 그를 이송한 것에서 왕의 경건한 면모가 드러난다. 이 단락에서 가장 가슴을 아프게 하는 것은 예언한 왕의 선지자들이 이제 어디 있나이까라는 외침이다. 하나님의 말씀을 타협하는 모든 설교자들처럼 위기가 닥치자 그들은 코빼기도 보이지 않았다.

E. 예루살렘 멸망 전 예레미야의 마지막 위기(38:1-28)

Supporting Idea	하나님의 참된 선지자는 신실함을 지키기 위한 대가가 아무리 크다 해도 자신이 전해야 할 메시지를 타협하지 않는다.

이 장은 예루살렘 성이 멸망하는 시점까지 예레미야의 인생에 일어난 사건들을 계속해서 기록하고 마무리한다. 이것은 기록으로 남은 선지자들의 생애에 대한 기록 가운데 가장 고통스러운 경험을 담고 있다. 오직 예수님만이 그보다 더 고통당하셨다.

38:1-5. 예레미야는 시위대의 뜰에 갇힌 후에도 여전히 동일한 메시지를 전한다. 그의 말을 듣고 왕에게 그것을 보고한 네 사람은 예레미야를 싫어하는 다양한 동료들이었다. 적어도 그들 가운데 일부는 이전에 그와 대적한 사람들이었다. 그다랴를 나중에 예루살렘 총독이 될 인물과 혼동해서는 안 된다. 그는 이전에 예레미야를 감금한 적이 있는 사람(20:1-3)의 아들일 것이다. 스바댜란 이름은 이곳 외에 구약의 어디서도 찾아볼 수 없다. 여후갈(37:3)과 바스훌(21:1)은 확실히 예레미야에게 우호적인 인물들이 아니었다.

4-5절은 왕으로서 시드기야의 무기력함을 보여준다. 그는 강성 민족주의 집단의 입김에서 자유롭지 못했다. 지도자의 자리에 앉은 사람이 강력한 권위로 자신의 입장을 관철시킬 수 없는 유약한 사람이라는 것이 얼마나 비극적인가? 왕은 조금도 너희를 거스를 수 없느니라는 표현은 국가 지도자로서 섬기기에 자신이 무능하다는 시드기야 자신의 인정이었다.

38:6-13. 예레미야의 대적들은 왜 예레미야를 바로 죽이지 못하고 더럽고 진창 투성이인 구덩이에 던져 넣기로 선택했는가? 그들은 그의 고통을 가중시킬 뿐 아니라 그에게 굴욕을 가하고 싶었을 것이다. 그로 천천히 굶어죽게 함으로써 실제로 칼에 피를 묻히지 않고 죽이고자 했다. 예레미야를 위해 에벳멜렉이 개입한 일은 자기에게 순종하는 자들에게 베푸시는 하나님의 큰 은혜와 확실한 보호하심을 보여준다.

38:14-23. 시드기야가 은밀히 예레미야를 방문한 것은 무능한 왕의 좌절을 보여준다. 그는 주님을 섬기기를 원했지만 또한 다른 사람들의 칭찬도 원했다. 서로 상충하는 두 목소리에 끼인 그가 예레미야에게 "하나님께 받은 말씀이 있느냐?"고 묻는 모습은 처량했을 것이다. 예레미야는 사역 초기부터 선포해온 동일한 메시지를 조금도 양보할 의사가 없었다.

38:24-28. 시드기야의 애처로운 하소연에 대한 마지막 그림은 그의 성격적 유약함을 다시 한 번 보여준다. 예레미야와 시드기야의 마지막 장면은 두 주인을 섬기고자 하는 사람에 대한 생생한 그림을 보여준다. 예레미야는 유약한 왕을 보호했다. 우리는 이것을 거짓말 혹은 '상황 윤리'의 실천 사례로 간주해서는 안 된다. 선지자가 시드기야를 비판한 이유는 악해서가 아니라 그의 약함 때문이었다. 그 성이 함락되기 전 예레미야에 대한 마지막 그림은 하나님께서 그분의 신실한 종들과 함께하심을 우리에게 보여준다.

F. 세 번째, 마지막 예루살렘 침공(39:1-18)

Supporting Idea	오래 지체되더라도 하나님의 때가 되면 심판은 임할 것이다.

예루살렘의 결산의 날이 왔다. 예수님께서 예수님 당시의 그 성에 대해 말씀하신 것은 이 당시의 예루살렘에도 적용된다. 우리 주님께서는 그 성의 종교 지도자들에게 호된 저주의 말씀을 하신 후 이렇게 말씀하셨다. "예루살렘아 예루살렘아 선지자들을 죽이고 네게 파송된 자들을 돌로 치는 자여 암탉이 그 새끼를 날개 아래 모음같이 내가 네 자녀를 모으려 한 일이 몇 번이냐 그러나 너희가 원치 아니하였도다 보라 너희 집이 황폐하여 버린바 되리라"(마 23:37-38).

39:1-10. 예레미야는 예루살렘 함락에 대한 사실들을 매우 상세하게 기록한다. 성벽이 뚫린 정확한 날짜를 언급한 후 그는 바벨론 지도자들의 모임이 성안의 정확히 어떤 장소에서 이루어졌는지 언급한다. 그는 심지어 세 바벨론 지도자들의 이름도 거론한다. 선지자는 계속해서 시드기야가 정확히 예루살렘을 어떻게 빠져나갔는지 세세하게 알려준다. 바벨론 군대는 여리고 근방에서 그를 붙잡아 바벨로니아와의 경계가 있는 근처인 오른테스 강변 도시인 립나로 끌고 갔다.

잔인한 바벨론 지도자는 먼저 시드기야 왕이 보는 데서 그의 아들들을 죽인다. 그러고나서 느부갓네살은 왕의 눈을 빼고 사슬에 채워 바벨론으로 그를 끌고 갔다. 왕은 완전히 불구가 되었고 유다의 왕위는 공석이 되었으며 유다 왕국은 이제 더 이상 존재하지 않았다. 우리는 바벨론에서 사망했다는 것 외에 시드기야의 최후가 어땠는지 모른다(52:11). 이 패역한 젊은 왕에게 매일은 아마 천 년 같았을 것이다. 가장 큰 죄가 악함이 아니라 선지자의 조언대로 적극적으로 순종하지 않은 이 사람의 운명이 얼마나 끔찍한가.

8절은 예루살렘 내의 건물들이 파괴된 것을 알린다. 예레미야 52장 13절은 이때 성전도 파괴되었다고 말한다. 이 기사의 정확성은 고고학자들에 의해 입증되었다. 그들은 현재의 성벽 남쪽으로 이어지는 동쪽 경사지의 폐허 속에서 이 기사가 사실임을 확실하게 입증해주는 충분한 증거를 발견했다.

바벨론 군대의 사령관인 느부사라단은 마지막으로 아무 소유가 없는 빈민들을 제외한 나머지 백성들을 끌고 갔다. 그는 '약자'라고 생각한 이 빈민들에게 그 땅을 돌보도록 했다. 이것은 반역을 꾀할 자가 남지 않도록 확실히 하기 위한 바벨론식 방침이었다. 성경은 구체적으로 언급하지 않지만 바벨론은 아마 그 땅의 모든 재산을 다 강탈했을 것이다. 유다와 한때 영광스러운 나라에 속한 모든 다른 지역들은 바벨론의 영토가 되었다. 이제 '이가봇' 이 문자적으로 사실이 되었다. 하나님의 영광이 떠났다(삼상 4:21, 겔 11:22-23). 유다의 죄악이 유다를 파멸시켰다.

39:11-14. 예레미야는 어떻게 되었는가? 그가 말한 모든 것이 그대로 이루어졌다. 하지만 그 승리는 쓰라린 것이었다. 사랑하던 조국이 망했기 때문에 그는 이겼지만 마음은 무거웠다. 바벨론으로 가기보다 유다에 남겠다고 한 예레미야의 결정은 그의 고귀한 정신을 보여준다. 가난하고 비천한 사람들만 남은 그 땅에서 하나님의 사역자로 계

속 섬기기기를 선택하는 사람은 아마 거의 없을 것이다. 이것은 예레미야가 그 어떤 사람보다 우리 주님과 닮았다고 보는 또 다른 부분이다.

39:15-18. 바룩으로 보이는 성경 저자는 한 가지 추가적인 내용을 덧붙인다. 그것은 아나돗 출신 예레미야의 순수한 인품을 보여준다. 에벳멜렉에 의해 구조된 후 아직 시위대의 뜰에 있을 때 왕과 선지자는 하나님께서 주신 말씀의 형식으로 바룩을 시켜 그에게 감사의 말을 전하도록 한다. 하나님께서는 적이 와서 그 땅을 유린한다 해도 이 고귀한 '왕의 종' 은 아무 해도 입지 않을 것을 약속하신다. 이 구절은 에벳멜렉이라는 이름의 문자적인 뜻이다. 이것은 목숨을 걸고 예레미야를 변호한 사람에게 위로가 되었을 것이다.

감사치 않는 태도가 너무나 팽배한 시대에 은인에 대한 예레미야의 단순한 '감사' 는 신선함을 준다. 여기에 예레미야의 덕의 목록을 추가해보라. 그는 그의 친구들에게 감사하고 풍성하게 감사를 표현하는 사람이었다.

Main Idea 복 습	하나님의 말씀에 대한 끊임없는 배척은 개인이든 한 국가든 파멸을 자초할 것이다.

결론

한 국가의 몰락

얼마나 슬픈 최후인가! 유다가 멸망했다! 거룩한 성과 성전이 파괴되었다! 40년 동안 하나님의 신실한 선지자 예레미야는 그분의 백성들에게 임박한 재앙을 경고하며 회개와 개혁을 호소했다. 그러나 바벨론 군대가 그 땅을 구석구석 약탈하고 수도를 포위할 때조차 정치 지도자, 종교 지도자 모두와 백성들은 말로만 약속할 뿐 행동으로는 엉뚱한 짓을 저지르며 하나님과 게임을 벌이고 있었다. 하나님의 백성들은 음식과 생활 방식에 대한 고대 조상의 교훈을 성실히 존중하는 한 무리의 원칙적인 행동과 비교되는 수치를 당했다. 그러나 유다 백성들은 하나님의 명령을 어긴 것을 자랑하고 있었다. 실제로 그 백성들의 마음은 말로 선언된 것이든, 기록된 것이든 하나님의 말씀에 너무나 냉담해져서 하나님의 메시지와 메신저를 다 파괴시켜버리고자 했다.

■ 진리 알기

- 주의 백성들은 약속을 지켜야 한다. 하나님께서는 약속을 한 후 지키지 않는 사람을 미워하시며, 또한 약속을 한 후 약속을 지키지 않기 위해 허점을 찾는 이들을 미워하신다.
- 하나님께서는 그분의 계명을 지키고 경건한 전통들을 지속하고 존중하며 자손들에게 그렇게 하도록 가르치는 사람들을 축복하신다.
- 하나님의 말씀은 존중과 경외하는 맘으로 대해야 한다. 들으면 순종해야 한다. 인간은 아무리 애를 써도 하나님의 말씀을 무너뜨릴 수 없다. 하나님의 말씀을 어떻게 대하는가는 중요한 문제다. 그 말씀을 듣고 반응할 때와 그것을 실천할 때 모두 말이다.
- 때로 사람들은 하나님의 종들의 행동을 오해하고 잘못 해석하며 잘못 판단한다.
- 진리가 항상 듣거나 말하기에 기쁜 내용은 아니다. 누군가에게 특별히 권력자에게 진실을 이야기하는 것은 큰 용기가 필요하다.
- 누군가가 신뢰를 잃지 말라고 요구하면 가능한 그 사람의 요청을 존중해야 한다.
- 주님께서는 우리가 그분과 그분의 종들을 위해 하는 일을 잊지 않으신다.

■ 적용하기

- 누군가가 약속을 지키지 않았던 때를 생각해보라. 어떤 느낌이 들었는가? 약속과 관련해 당신 자신의 모습을 평가해보라.
- 어릴 때 당신의 부모님이 강조하며 실천했던 가족 전통들의 목록을 만들어보라. 이 전통들 가운데 어느 것이 아직도 당신에게 중요한가? 당신의 자녀들에게 전해주어야 할 전통은 어떤 것인가? 당신의 집에 어떤 전통들을 추가했는가? 이 전통들 가운데 당신이 아는 다른 가정들과 구별되는 전통은 무엇인가?
- 역사 속에서 독재자와 폭군들이 하나님의 말씀을 말살하고자 시도했던 사건들을 말해보라. 그들이 왜 성공하지 못했는지 이유를 이야기해보라. 그리고 생각해보라. 하나님의 말

씀을 말살하려고 하는 것과 무시하는 것 가운데 어느 것이 더 나쁜가? 당신은 하나님의 기록된 말씀을 어떤 방법으로 존중하는가?

- 누군가의 행동을 잘못 판단하고 그 판단으로 그 사람을 대하며, 그 사람이 한 일을 친구들에게 험담해본 적이 있는가?
- 불쾌한 상황에 대해 누군가와 맞서 본 적이 있는가? 앞으로 이런 불쾌한 일을 맡을 수도 있는 이들을 돕기 위해 당신이 나눌 수 있는 지침은 무엇인가?
- 다른 사람의 개인적 상황과 대화를 비밀로 해달라는 요청을 받을 때 그것을 지키는 것이 얼마나 중요한가? 교인들에게 상담을 해주는 목회자나 지도자들에게 이것이 중요한 이유는 무엇인가? 비밀로 하지 않고 공개하는 것이 현명한 때는 어떤 상황인가?
- 보상을 전혀 바라지 않고 하나님의 종이나 당신의 교회에 도움이 되는 일을 했다가 뜻밖에 그 도움에 대한 인정을 받고 보상을 받았을 때 놀랐던 경험이 있는가? 그때 기분이 어땠는가?

삶의 적용

원칙의 사람

에릭 리델(Eric Liddell)은 스코틀랜드 최고의 단거리 선수였다. 그의 출전 종목은 100미터 달리기였다. 그는 또한 100미터 달리기에서도 우수한 성적을 거두었다. 1923년 7월 런던에서 열린 영국 챔피언십 경기와 올림픽에서 에릭은 모든 예선 경기와 결승전에서 이겼을 뿐 아니라 100미터 경기에서 9.7초로 영국 신기록을 세웠다. 100미터 경기에서 에릭은 자신의 가장 좋은 기록을 세웠고, 영국 올림픽 팀에 소속될 수 있었다. 그는 100미터와 200미터 경기에 모두 참가했다.

파리 올림픽이 개최되기 삼 개월 전 에릭은 경기 일정표를 받았다. 에릭은 그 일정표를 보고 충격으로 멍하니 있었다. 100미터 경기의 예선전 일정 옆에 일요일이라는 단어가 써 있었던 것이다. 에릭은 주일을 철저히 지켜야 한다는 원칙을 갖고 있었다. 주일에는 달리기를 하지 않을 것이다. 그날은 하나님의 날이며 안식의 날이었다. 이 경기들에 출전하지 않겠다고 밝히자 에릭을 존경했던 영국과 스코틀랜드 국민들은 비난과 질타를 퍼부었다. 많은 이들은 그가 스코틀랜드를 대표해 경기에 출전할 자격이 없다고 생각했다. 어떤 이들은 심지어 그를 조국의 배신자라고 불렀다.

파리에서 올림픽 위원회와 만났지만 경기 일정을 재조정하는 데 실패한 영국 올림픽 위원회는 에릭에게 일요일에 열리지 않는 두 경기, 200미터와 400미터 경기에 출전하도록 요청했다. 이 경기들은 그가 잘하는 종목이 아니었다. 에릭은 동의했다.

에릭은 200미터 결승전에서 두 명의 미국 선수에 이어 동메달을 땄지만, 1924년 7월 그 금요일 저녁 400미터 경기를 이길 기회는 아무도 주지 않았다. 그것은 그가 출전할 종목이 아니었다. 그는 예선전을 거쳐 겨우 결승전 진출권을 따냈다. 더욱이 그는 선수들이 가장 꺼리는 바깥 코스를 돌게 되었다. 더 최악은 두 명의 세계 기록 보유자와 경쟁하게 되었다는 것이다. 에릭은 경기에 출전하기 위해 호텔을 떠나면서 주머니에 손을 넣었을 때 영국 팀 마사지사가 그의 주머니에 슬쩍 넣어준 작은 쪽지를 발견했다. 거기에는 "그 옛 책은 '나를 높이는 자를 내가 높이리라' 라고 말씀합니다"라고 써 있었다.

남은 이야기는 다 알 것이다. 에릭은 400미터 경기에서 우승했다. 그는 새로운 세계 신기록을 세웠고 금메달을 받았다. 그는 국가적 영웅으로 존경을 받았다. 1925년 즈음에 스코틀랜드에서 에릭 리델을 모르는 사람은 거의 없었다. 그가 선교사로 중국에 갈 꿈을 이루기 위해 준비를 하고 있다는 것을 모르는 사람도 거의 없었다. 아카데미 영화상을 받은 〈불의 전차〉라는 영화 때문에 그 이후의 세대들도 당당히 원칙을 지켰던 그의 이야기를 알고 있다.

옛날 레갑 자손들도 이 진실을 알고 있었다. 예레미야 35장에 의하면 그들은 문화적으로 용인되고 정치적인 면에서도 그렇게 하는 것이 그들에게 이익이었지만, 그들의 삶을 지배하는 원칙들에 굴복하기를 거부했다. 그로 인해 하나님께서는 그들을 높여주셨다(35:18-19).

기도

하늘에 계신 아버지, 우리로 약속을 지키는 신실한 자들이 되게 도와주소서. 스스로 한 약속을 빈말로 만들지 않도록 하시고 약속한 것에서 빠져나갈 허점을 찾지 않게 해주소서. 주변 사람들이 원칙과 타협하고 다수의 문화에 굴복한다 하더라도 우리는 하나님을 높이며 삶 가운데 당신의 주재권을 증거하는 원리들을 충실히 고수할 용기를 주소서. 사랑하는 하나님, 우리가 말씀을 대하는 태도에서뿐 아니라 말씀이 우리를 다스리도록 내어드리는 태도에서도 당신의 말씀을 존중하도록 우리를 도와주소서. 아멘.

심층 연구

A. 레갑 자손들(35:1-19)

이 사람들은 예후가 아합 집안을 무너뜨릴 때 그를 지원한 레갑의 아들 요나답의 자손들이었다(왕하 10:15-17). 주전 약 599년 레갑 자손들은 느부갓네살을 피해 예루살렘 성으로 피했다(렘 35장). 하나님께서는 예레미야에게 그들을 성전으로 데려가서 포도주를 마시게 해보라고 제안하셨다. 그들에게 그 제안을 하자 그들은 조상 요나답(여호나답)이 포도주를 마시지 말고 거처할 집을 짓지 않고 농사도 짓지 말라고 명했다고 말하며 거절했다. 이러한 규정들은 가나안 종교에 대한 항의나 정착 생활을 반대하기 위한 의도였을 수 있지만, 레갑 자손들의 생활 방식과 순회 금속세공업자들로서의 영업 비밀을 보호하기 위해서일 가능성이 더 높다. 예레미야는 조상의 명령을 성실하게 지키는 그들의 모습과 하나님께 불충성한 유다 백성들의 모습을 대조한다.

B. 에벳멜렉(39:16)

하나님의 선지자를 위해 자신의 목숨의 위협을 무릅쓴 이 이상한 사람은 누구인가? 그의 이름은 그의 지위를 암시한다. 그는 시드기야의 왕궁 내시였다. 학자들은 에벳멜렉이 흑인이었다는 데 기본적으로 동의한다.

세 가지 사실은 그가 큰 존경을 받았고 신실하며 용기 있는 사람이었음을 강력 증거한다. 첫째, 그는 노예였지만 왕인 시드기야를 자유로이 접촉할 수 있었다. 이것은 그가 자신의 왕, 아닥사스다를 자유로이 접견할 수 있었던 느헤미야와 같은 사람들과 동등한 지위였음을 암시한다. 둘째, 그는 그 당시 정부 내의 유력자들의 잔인함과 불의에 대해 왕으로 하여금 관심을 갖게 할 용기가 있었다. 셋째, 시드기야는 자신을 방문한 이 사람의 말을 들었고, 그의 말에 설득되어 예레미야에게 호의를 베풀었다.

이 사람은 예레미야를 치도록 충동질한 편협한 왕의 자문관들보다는 '왕의 종' 이라는 직위를 가질 자격이 훨씬 있는 사람이었다. 그들이 예레미야 선지자에 대해 정죄할 수 있는 유일한 것은 그가 그 당시의 영적 문제들에 대해 솔직하고 두려움 없이 말했다는 것이었다.

에벳멜렉 같은 사람들은 오늘날 우리 교회 속에서도 존재한다. 그들은 조용하며 사람들의 필요에 늘 귀를 열어놓고 어려움이 있는 사람들을 도울 수 있도록 항상 눈으로 살피는 겸손한 사람들이다. 그러한 사람들의 가치는 많은 작은 마을과 시골의 교회들에서 인정을 받는다. '미친 듯한 헤드라인의' 세계는 그들을 눈여겨보지 않지만 하나님께서 보시기에 그들은 참으로 멋진 사람들이다. 그들은 인생에 한 가지 목표를 갖고 있다. 그들은 다른 사람들의 고통과 고난을 덜어줌으로써 그들을 돕기를 원한다. 세상에서 참으로 중요한 사람들이다.

고안

A. 들어가는 글

1. '다시 쓰다' 를 읽으라.
2. 배경 설명: 이제 남왕국 유다의 종말인 주전 587년이 다가왔다. 34-39장의 초점은 변덕스럽고 신앙심이 없는 유다 마지막 왕 시드기야와 자신의 신념을 끝까지 고수하다가 박해당하는 예레미야에게 맞추어져 있다. 거의 20년 전의 여호야김의 통치 시절에 대한 두 번의 과거 회상을 통해 신실한 레갑 자손들을 소개하고, 여호야김 왕이 최초의 예레미야서를 어떻게 없애버렸는지 알려준다. 확실히 유다의 마지막 왕들은 하나님의 메시지와 그분의 사자를 없애 버리기를 원했던 같다.
3. 적용: 이 장들은 하나님께서 자기 백성들에게 그들 자신의 말을 실천하고 하나님의 말씀을 존중하기를 원하셨음을 이해하는 데 도움이 된다. 주의 백성들은 자신들의 약속을 지켜야 한다. 주의 명령과 그 명령과 부합하는 모든 것들을 지지하고

그것들을 삶으로 실천해야 한다. 경외하는 마음으로 거룩한 성경 말씀을 듣고 주의해야 한다.

B. 본문 이해

1. 시드기야에 대한 경고의 말씀(34:1-22)
2. 레갑 자손들에 대한 예레미야의 인정(35:1-19)
3. 예레미야의 두루마리가 불타다(36:1-32)
4. 감옥에 갇힌 예레미야(37:1-21)
5. 예루살렘 멸망 전 예레미야의 마지막 위기(38:1-28)
6. 세 번째, 마지막 예루살렘 침공(39:1-18)

C. 결론

'한 국가의 몰락' 을 읽으라.

토의 질문

1. 전통의 역할에 대해 이야기해보라. 전통이 유익하고 좋은 경우는 언제인가? 전통이 방해가 되고 유익하지 못한 경우는 언제인가? '전통' 과 '전통주의' 의 차이는 무엇인가?

2. 어떤 사람들은 낡아 너덜너덜해진 성경책을 버리길 거부한다. 대신 경건한 마음으로 그것들을 불에 태운다. 폐기 방법과 결과가 동일한 이 행동과 여호야김의 행동의 차이는 무엇인가? 성경책에 대해 우리는 얼마나 많은 존경심을 보여야 하는가?

예레미야 40:1-45:5

반역자들의 최후

"하나님을 섬겨온 방식 때문에 완전히 지치고 기진해버린 적이 있는가? 그렇다면 당신의 갈망과 사랑을 새롭게 회복하고 다시 불붙도록 하라. 하나님을 섬기는 이유들을 점검해보라. 당신의 자원은 당신 자신의 이해에 기초한 것인가? 혹은 예수 그리스도의 구속에 근거한 것인가? 끊임없이 당신의 사랑과 애정의 근원을 되돌아보고 당신의 힘의 원천이 어디 있는지 기억하라. '오, 주님, 저는 너무 지쳤습니다' 라고 불평할 권리가 당신에게는 전혀 없다. 그분은 당신이 지칠 때까지 섬기게 하시기 위해 당신을 구원하시고 거룩하게 하셨다. 하나님을 위해 모든 것을 소진하라. 하지만 그분이 당신의 공급자이심을 기억하라."

- 오스왈드 챔버스(Oswald Chambers)

오랫동안 선포해오던 예언의 끝이 드디어 왔다. 예루살렘이 함락되었다. 바벨론이 승리했다. 40-44장은 파멸에서 살아남아 유다와 근방 지역들에 머물렀던 사람들에게 초점을 맞춘다. 예레미야 자신은 바벨론 관리들에 의해 풀려나서 바벨론으로 가든지 아니면 원하는 곳으로 가든지 선택하라는 제안을 받았다. 바벨론 군대는 사반의 손자이며 예루살렘 왕궁의 고관이고 예레미야의 메시지에 공감하는 그다랴를 총독으로 삼았다. 이러한 우호적인 상황의 진전으로 모압과 암몬과 에돔으로 도망간 많은 유대인들이 유다로 돌아왔다. 그러나 암몬 왕은 왕가와 친족 관계인 유대인 이스마엘과 더불어 그다랴를 살해할 음모를 꾸몄다. 요하난은 그 음모를 알고 총독에게 고변했다. 그다랴는 그 정보를 믿지 않았고, 조치도 취하지 않았다. 그리하여 그다랴와 그의 부하들, 바벨론 주둔군 그리고 많은 사람들이 살해되었다. 예레미야와 유대 왕의 딸들을 비롯해 많은 이들이 포로로 잡혀 암몬으로 끌려갔다. 요하난은 그 끔찍한 소식을 듣고 이스라엘을 추격해 포로들을 풀어주었다. 불행하게도 이스마엘과 그의 가장 최측근들은 그 추격을 벗어났다. 바벨론의 보복이 두려웠던 피난민들은 애굽으로 도망갔다. 그들은 예레미야에게 어떻게 해야 하는지 그리고 어디로 가야 하는지 하나님께 여쭈어달라고 부탁하며 하나님의 뜻대로 순종하겠다고 약속했다. 하나님께서는 예레미야에게 남은 자들은 유다에 머물러야 한다고 말씀하셨다. 그러나 백성들은 예레미야가 전한 하나님의 계시를 거부하고 또다시 그를 배신자로 비난하며 하나님의 말씀에 불순종했다. 예레미야의 경고에도 불구하고 그들은 예레미야 선지자와 그의 서기관을 데리고 애굽으로 도망갔다. 이것은 치명적인 실수였다(42:20). 이 단락은 애굽에서 우상 숭배와 배교의 죄에 대해 예레미야가 유대인들에게 마지막으로 경고하는 것으로 마무리된다(44장). 45장은 여호야김 재위 사 년인 주전 605년으로 잠시 되돌아가서(배경에 대해서는 36장을 참고하라) 서기관 바룩이 정신적, 영적으로 완전히 지쳐 있을 때 그의 불평을 듣고 예레미야가 한 말을 요약해 싣고 있다.

들어가는 글

브루투스 너마저

셰익스피어(Shakespeare)는 비극 「줄리어스 시저」에서 로마의 황제라는 지위로 만족할 수 없어 로마 제국의 왕이 되고 사실상 육화된 신으로 높임과 경배를 받고자 원하는 시저를 소개한다. 그러나 주전 44년 시저가 폼페이에 승리했음에도 불구하고 모든 상황이 형통하게 풀리지 않았다. 그에게 불만을 품은 귀족들 가운데 막강한 세력을 가진 자들이 그에 대해 음모를 꾸미고 3월 15일 원로원에서 그를 암살하기로 계획했다. 시저가 원로원으로 향하자 여러 사람들이 암살 음모를 알리고 만류했다. 하지만 그는 그들의 말을 모두 일축했다. 자만심 때문에 그는 파멸에 이르고 말았다.

무엇이 지도자들로(그리고 더 잘 알고 있어야 할 우리들 가운데 일부로) 하여금 위협이 닥칠 때 그토록 미숙하게 대응하도록 하는 것인가? 자만심과 교만 그리고 허영심이 수많은 사람들의 몰락에 기여했다. 어떤 이들에게 파멸의 원인이 되었던 것은 자신이 신성불가침의 대상이라는 의식이나 자신들은 다른 사람들의 공격의 대상이 되지 않는다는 자만이었다. 과도한 자신감은 수많은 사람들의 눈을 멀게 했다.

바벨론이 임명한 유대 총독인 그다랴의 경우, 인간 본성에 미치는 질투와 시기의 파괴력에 대한 순진한 무지 때문에 본인의 관대한 성격과 태도를 다른 악한 사람들의 실제 동기와 구분하지 못했던 것 같다. 모든 사람들이 다 선을 위해 노력하지 않는다. 모든 사람들이 다 평화와 협력과 성공을 원하지는 않는다. 어떤 사람들은 자신이 지배자가 될 수 없다면 혼란과 불화와 무질서를 야기하고 거기에 기생한다. 그들은 파괴가 지배하는 것을 보기 위해 필요한 모든 수단을 동원할 것이다. 그다랴가 암살되지 않았다면 유다 재건이 어떤 성과를 내었을 것인가? 그다랴에게 자신의 소임을 다할 기회가 주어졌다면 애굽으로 도망갔던 남은 공동체와 자손들이 당하지 않았을 비극은 무엇인가? 그것은 오직 하나님만이 아신다. 그러나 우리는 지도자를 제거할 음모를 꾸미는 자들은 그 지도자가 추구하는 일 또한 끝장내고자 노린다는 것을 분명히 알고 있다. 신빙성 있는 위협에 주의를 기울이지 않음으로써 우리는 우리 자신을 위험하게 할 뿐 아니라 하나님께서 우리에게 맡기신 일도 위험에 빠뜨린다.

본문 이해

반역자들의 최후

Main Idea	하나님의 성령으로 마음이 변화되지 않은 사람들은 여전히 반역자들이다. 하나님의 역사 외에는 그 어떤 것도 그들을 변화시킬 수 없다.

예레미야 40-45장은 바벨론이 예루살렘을 유린하고 거의 모든 사람들을 노예로 끌고 간 이후의 예루살렘의 마지막 나날들을 다루고 있다. 남은 소수의 사람들은 그 땅의 '하층민들' 이었다.

A. 유다 총독으로 임명된 그다랴(40:1-16)

Supporting Idea	하나님의 뜻이라고 생각되는 일을 행할 때 하나님께서는 그 결과가 그 사람에게 선한 방향으로 작용하게 해주실 것이다.

40:1-6. 느부갓네살은 예루살렘 3차 공격을 마치고 성전을 불태운 후 그 성과 전 지역을 철저히 유린했다. 그 땅의 극빈자들, 교육받지 못하고 가진 것이 없어서 무언가를 이루어본 적이 없는 사람들 외에는 아무도 남아 있지 않았다. 그러한 사람들은 강력한 카리스마를 지닌 지도자라면 누구에게든지 쉽게 동요한다.

이 3차 침략 후 예레미야는 어디에 있었는가? 그는 사람들의 관심에서 멀어져 있었던 것 같다. 느부갓네살은 느부사라단에게 선지자를 친절하게 대하라고 지시했다. 39장 14-16절과 40장 1-6절, 두 소단락은 동일한 사건이지만 세부 내용에 약간 차이가 있는 두 편의 기사다. 두 부분을 피상적으로 읽으면 내용이 서로 모순되는 것 같다. 하지만 주의 깊게 읽으면 모순이 존재하지 않음을 알 수 있다.

무슨 일이 일어난 것인가? 아마 혼란스러운 와중에 두 가지 가운데 한 가지 일이 일어났던 것 같다. 아마 바벨론 군사들은 실수로 예레미야를 나머지 포로들과 함께 취급하여 그를 예루살렘 밖 몇 마일 거리의 작은 성읍인 라마로 데려갔을 것이다. 나머지 가능성은 예레미야가 예루살렘에서 석방되었지만 포로들과 함께 동행하면서 이 전쟁 포로들을 격려하기로 결심했으리라는 추측이다. 누군가가 예레미야를 알아보지 못하고 왕이 그를 풀어주었다는 것도 알지 못한 채 체포했으며, 그로 인해 그는 또다시 죄수의 몸이 되었을 것이다. 그를 본 느부사라단은 다시 해방시켜주었다(40:1). 양쪽 설명 모두 두 기사의 모순되는 내용을 해결해준다.

느부사라단이 제안한 내용들을 생각해보고 예레미야의 선택을 살펴보라. 오늘날 큰 교회에서 좋은 복지와 사례비를 주겠다고 제안할 때, 과연 작은 교회에서 생활고와 싸우는 공동체와 함께 있으려고 할 목회자가 얼마나 되겠는가? 얼마나 많은 목회자들이 자신을 합리화시키며 "더 큰 교회에서 하나님을 위해 더 많은 영향력을 미칠 수 있는 기회야"라고 말하겠는가? 예레미야도 그렇게 말할 수 있었지만 그렇게 하지 않았다. 그는 동족과 함께 머물며 양 떼의 목자가 되는 편을 택했다.

몇 가지 사실에 유의해 본문을 살펴보라. 첫째, 말씀이 임했다라는 표현은 예언의 말씀이 이어질 것임을 암시한다. 그러나 예언의 말씀은 세 장 뒤에서야 주어진다(43:9). 그러므로 우리는 그 표현을 더 광의의 의미로 받아들여야 한다. 하나님의 말씀은 선지자의 입으로 전해진 말씀뿐 아니라 역사까지도 포함한다. 그 당시의 유대인들은 그러한 개념에 아무 문제가 없었다. 그들에게 역사는 예언이었다. 그들이 정경을 율법서, 예언서, 성문서로 분류하고 역사서들을 '예언서'라고 부른 단원에 포함시킨 이유가 여기에 있다.

느부사라단이 예레미야에게 한 말 때문에 일부 주석가들은 편집자가 이 본문을 재편집했다고 주장한다. 그들은 바벨론 장군이 이런 말을 할 사람이 아니라고 주장한다. 하지만 이것은 잘못된 주장이다. 바벨론 사람들은 세계의 주류였고, 주변 세계의 현황을 정확하게 파악하고 있었다. 그들의 신 마르둑을 헌신적으로 섬겼지만 유대인들이 야훼를 예배하는 민족임을 알고 있었다. 이 바벨론 장군은 타민족들의 문화에 대해 무지하지 않았다. 그는 타종교를 가진 사람들의 마음을 사고 설득하기 위해 어떻게 말해야 하는지 알고 있었다.

예를 들어, 과거에 예루살렘을 포위했던 앗수르 왕 산헤립의 장군 랍사게는 유다 지도자들을 선동하기 위해 장황한 연설을 했다. 그는 히스기야가 그들의 왕에게 항복해야 하는 이유를 큰 소리로 떠들었다. 유다 백성들이 들을 수 있도록 전략적인 지점에 높은 단상을 설치하고 그 위에 서서 히스기야가 보낸 대표들에게 말했다. 대표로 파견된 유대 관리들은 랍사게에게 히브리어가 아니라 아람어로 말해 달라고 부탁했다. '풀뿌리인' 백성들이 예루살렘 성이 항복해야 할 이유에 대한 앗수르 측의 주장을 듣기를 원치 않았기 때문이다.

랍사게의 주된 주장들 가운데 하나는 유다의 하나님 여호와께서 그 성을 파괴하도록 자기를 보내셨다는 것이었다(사 36:10). 그는 또한 예배 장소를 둘러싸고 백성들 간에 날카로운 의견 대립이 있다는 것도 알았다. 예배가 성전을 중심으로 집중되어야 하는 것인가, 아니면 성읍들의 작은 제단에서 예배드리는 것을 허용해야 하는 것인가(사 36:7-8)?

느부사라단이 말한 거의 모든 내용은 신명기의 사상에 포함된 내용이었다. 그가 이런 말을 한 것이 놀랍지는 않다. 힐기야가 성전 재건 사업 중 성전에서 모세의 율법 책을 발견한 후로 그 땅은 이 율법의 영향력 아래 있었다. 그것은 지난 30년간 종교적 열정으로 진행된 모든 활동의 기초가 되었다. 느부사라단은 예레미야에게 거취를 선택할 자유를 주면서 그가 바벨론에 포로로 잡혀가는 동족들과 함께할 것이라고 예상했을 것이다. 그는 선지자의 마음을 이해할 수 없어 매우 당혹스러웠을 것이다. 그의 옛 친구 아히감의 아들 그다랴가 이끌었기 때문에 예레미야는 유다에 남아 있는 사람들과 함께 있는 것을 편안하게 생각했다. 바벨론 장군은 선지자에게 호의의 표시로 음식과 또 다른 선물을 주는 것으로 그와 그의 결정을 존중했다.

40:7-12. 느부갓네살이 유다를 점령한 후 유대인인 그다랴를 그 땅의 총독으로 세웠다는 사실은 유다 땅에 남은 대부분의 유대인들에게 호의적인 반응을 이끌어냈다. 그러나 일부 호전적인 강경파들은 패배를 인정하길 거부했다. 그들 가운데는 유다 국가의 '고위직 장군들' 이 일부 포함되었다. 그들을 추종하는 사람들의 수가 얼마나 되었는지 모르지만 그들은 모두 타협을 거부하는 강경파들이었다.

그다랴가 총독으로 임명되자 이 집단은 기뻐했고, 미스바에 있는 그에게 나아갔다.

구약에는 미스바라는 이름의 수많은 성읍들이 언급되어 있다. 이 문맥에서 거론되는 미스바는 아마 베냐민 지파에 할당된 땅 가운데 예루살렘 북쪽 수마일 지점에 위치한 곳으로 보인다. 이 성읍은 사울이 이스라엘 초대 왕으로 추대된 사건을 비롯해(삼상 10:17-24) 여러 중요한 사건들이 있었던 곳이다.

느부갓네살은 예루살렘 파괴 후 미스바에 행정부를 세웠다. 그곳은 예루살렘처럼 파괴되지 않았다. 또한 이 작은 성읍은 백성들에게 종교적이고 정치적으로 깊은 의미를 지닌 곳이었다. 그것은 정치적으로 그리고 심리적으로 탁월한 선택이었고, 유다 백성들은 만족한 것 같았다.

미스바로 찾아온 유대 장군들을 살펴보라. 그들은 8절에 소개되어 있다. 첫 두 사람인 이스마엘과 요하난은 매우 중요한 인물로 보인다. 전자의 사람은 뒤에서 그다랴와 수많은 그의 수하들을 살해한다(41:1-3). 41장 1절에 따르면 이스마엘은 왕족 출신이었다. 아마 그는 그다랴가 아니라 자신이 그 땅의 총독이 되어야 한다고 생각했을 것이다.

요하난은 '여호와께서 자비로우시다' 라는 뜻의 고유 명사의 축약된 이름이다. 요하난은 이스마엘에 대해 시기하는 마음이 있었을 것이다. 이스마엘에 관해 그다랴에게 보고한 내용의 이유를 설명해준다(13-14절). 나머지 사람들은 그다지 중요한 인물들은 아닌 것 같다. 평행 구절(왕하 25:23)은 요나단의 이름을 빠뜨리고 있다.

스라야는 오직 이 구절과 열왕기하 25장 23절의 평행 구절에서만 언급되고 있다. 에배의 아들들은 그들의 아버지와 마찬가지로 베들레헴 근방의 작은 마을인 느도바 출신이었다. 여사냐는 헬몬 산 남쪽의 골란 고원에 위치한 마아가(창 22:24) 출신 사람의 아들이었다. 본문은 이 지도자들이 자신들의 부하들을 함께 데리고 왔다고 말한다. 하지만 이들이 얼마나 되었는지는 전혀 언급하지 않는다.

새 총독인 그다랴는 사람들이 의심이 많고 은신처에서 나오길 꺼린다는 것을 깨달았다. 그는 첫 조치로 그들에게 바벨론 섬기기를 두려워 말아야 한다고 설득했다. 느부갓네살은 그다랴에게 자격이 된다고 판단하면 유다의 어떤 백성이든 사면할 권한을 준 것으로 보인다. 신임 총독은 자신의 계획을 설명했다. 그는 미스바에 머무르며 바벨론과의 관계에서 백성들을 대변할 것이다. 그들을 사로잡고 성을 파괴한 자들과의 교섭에서 최선의 이익을 이끌어내며 그들의 중재자 혹은 변호자가 될 것이다.

그다랴는 백성들에게 농작물들을 수확하고 곡식들을 저장하자고 제안했다. 이 작물들은 포도주와 여름 실과와 올리브 기름이었다. 이미 재배되어 있던 이 작물들은 포위 공격에도 손상되지 않았다. 그다랴의 조언은 "정상적인 생활을 되찾자. 나는 미스바에 머무르며 바벨론과 여러분의 이익을 도모할 방법들을 찾아보겠다"라는 것이었다. 백성들은 이 제안에 만족했다. 심지어 이스마엘도 마찬가지였다. 소문이 모압, 암몬, 에돔과 같은 다른 곳에 있는 유대인들에게 전해지자 그들은 다른 지역에 흩어졌던 이들과 더불어 유다로 돌아왔다. 일이 잘 풀려가는 것 같았다.

40:13-16. 행정에 능하면서 자기 입장을 강요하는 사람들이 함께 모이면 곧 권력 투쟁이 시작된다. 여기에서는 이스마엘과 요하난의 갈등이라는 양상으로 나타난다. 그들은 서로에 대해 경쟁 의식이 있었고, 지도자 자리를 노리고 있었을 수 있다. 더 큰 가능성은 느부갓네살이 그다랴에게 준 지위를 이스마엘이 탐내고 있었을 가능성이다. 암살 계획은 이스마엘이 그다랴의 자리를 노렸음을 보여준다.

이스마엘은 선량한 사람이었던 것 같다. 그는 바베론인들이 유다의 신앙을 파괴하거나 하나님의 백성들을 해치는 것을 원치 않았다. 그의 방법은 원색적이고 잔인하지만 그의 동기에 대해서는 인정해주어야 한다. 그는 그다랴가 지나치게 친바벨론적이어서 유대의 신앙을 희석시킬 것이라고 진지하게 믿었을 수 있다. 그러나 그가 시도한 모든 행동에는 이기심이라는 불순한 동기가 여전히 숨겨져 있었다.

요하난에 대해서는 어떻게 평가해야 하는가? 역시 우리는 그다랴를 지지한 이 사람의 양면성을 인식해야 한다. 그는 총독의 새 정부 조직에서 '2인자'가 되기를 원했다. 하지만 이스마엘에 대한 그의 지적은 정확했다.

암몬 족속의 왕 바알리스가 그다랴와 유대 정부의 남은 흔적을 완전히 없애기 위해 이스마엘과 음모를 꾸몄다는 것을 아무도 의심할 수 없다. 그는 유다 땅을 빼앗아 자기의 땅으로 병합하기를 원했다.

암몬은 27장에서 바벨론의 강성해지는 힘을 차단할 방법을 논의하기 위해 유다에서 열린 모임에 참석한 나라들 가운데 하나로 기록되어 있다. 예레미야는 하나님께서 바벨론이 패권 다툼에서 승리하도록 이미 결정하셨다고 말하며 이 연합에 반대했다. 암몬과 예레미야 사이에는 아무런 우호적인 끈이 존재하지 않았다. 요하난은 예레미야의 생각에 동조하는 사람이었다.

그다랴가 요하난의 조언을 받아들이지 않은 이유는 무엇인가? 모든 증거는 그의 예측이 옳았고 그의 조언이 타당했음을 암시한다. 그다랴가 그의 조언을 수용하지 않고 거절한 이유에 대해 모든 해석들을 고려한 후 우리는 한 가지 해석을 받아들이게 된다. 총독은 사람들이 그러한 악과 악의를 품을 수 있다는 것을 이해할 수 없었고, 그러한 자들이 실제로 존재한다는 사실을 믿지 않았던 것이다.

요하난은 이스마엘이 심각한 위해를 가하기 전에 자신이 주도적으로 나서서 이스마엘을 암살할 수 있도록 권한을 달라고 요구했다. 그다랴는 그에게 그런 권한을 허락하지 않았다. 아마 그는 이스마엘이 그런 일을 시도할 정도로 어리석은 자가 아니라고 믿었거나 자신이 그러한 위기 정도는 충분히 다룰 수 있다는 자신감이 있었을 것이다. 그의 무대응은 파멸로 이어졌다. 브루투스와 나머지 부하들이 음모를 꾸밀 것이라고 믿지 않았던 시저처럼, 그는 죽음으로 자신의 순진한 태도에 대한 대가를 지불했다.

B. 그다랴를 살해한 이스마엘(41:1-18)

Supporting Idea	하나님에 대한 반역의 길은 위험한 길이다.

이 장에서는 사건들이 급박하고 극적으로 진행된다. 기자는 요하난의 주장이 옳았음을 입증하는 사건에 대해 말하고 있다. 유대 군대 장관이 그다랴에게 고한 이스마엘의 암살 음모는 사실이었다.

41:1-3. 고대 셈족 세계에서 한 가정의 방문객은 존귀한 손님으로 대우를 받았다. 주인은 그러한 사람을 예의를 다해 대우하고 보호하는 것을 필수적인 의무로 생각했다. '구체적으로 기록된' 또 다른 그들의 관습은 다른 이와 음식을 나누는 것이었다. 이것은 가장 중요한 교제 형태였다. 누군가와 식사를 함께 나눈다는 것은 특별히 돈독한 유대 관계를 맺은 사이임을 암시했다. 이러한 정신을 모독하는 것은 매우 악의적인 행동이었다.

그러나 이스마엘은 바로 이러한 짓을 저질렀다! 그와 그다랴는 분명히 단순한 지인 이상의 친한 친구였음이 분명하다. 더구나 이스마엘은 열 사람을 '음식을 나누는 교제'에 함께 데려갔다. 1-3절에 따르면 이스마엘과 그의 추종자들이 그다랴와 그와 함께한 사람들을 죽였다. 본문은 또한 갈대아 군사를 언급한다. 우리는 죽임을 당한 사람이 총

몇 명인지, 혹은 이스마엘의 부하들이 어떻게 그 일을 그토록 신속히 해치울 수 있었는지 모른다.

41:4-10. 장면이 갑자기 바뀐다. 각기 다른 세 도시에서 사람 팔십 명이 미스바에 왔다. 그들은 소제물을 들고 있었다. 아마 초막절을 지키기 위해서였을 것이다. 그들은 성전이 파괴되었기 때문에 애곡했을 것이다. 유대인들은 이 비극적 사건을 이미 체념한 채 받아들인 상태였다. 이 사람들은 이미 폐허가 되어버린 성전 터에서 제사를 드리기 위해 가고 있었을 것이다.

이스마엘은 억지로 애곡하는 모습을 하고 이 순례자들을 마중하기 위해 미스바를 나섰다. 아무 의심도 하지 않는 이 순례자들을 미스바로 유인한 그와 그의 부하들은 열 명을 제외한 모든 사람들을 죽이고 그들의 시체를 구덩이에 던져 넣었다. 이 열 명의 사람들이 가까스로 목숨을 구한 이유는 더 많은 식량을 숨겨놓은 밭을 이스마엘에게 보여주기로 약속했기 때문이었다. 확실히 이스마엘은 음식이 필요했다. 아마 바알리스와 합류하기 위해 가능한 빨리 암몬으로 가기로 계획했기 때문일 것이다.

이스마엘은 바벨론 왕이 유다의 총독으로 세운 자를 공격한 자신을 응징하러 올 것을 알았다. 그래서 그는 미스바에 남은 모든 사람들을 모아 암몬으로 향했다. 이 사람들 가운데는 아직 그곳에 있던 시드기야의 딸들도 있었다. 그의 아들들은 죽임을 당했지만 그들은 바벨론 왕에게 죽임을 당하지 않았다. 아마 느부갓네살은 유대인들의 환심을 사기 위해 그들의 목숨을 살려주는 관용을 베풀었을 것이다.

왜 이스마엘은 느부갓네살에게 반역 행위가 보고되는 것을 막아야 함에도 포로들을 죽이지 않고 데려간 것인가? 아마 이 사람들을 노예로 팔거나 남은 이스라엘 백성들이 그를 공격할 경우에 대비해 인질로 사용하고자 했을 것이다. 예레미야는 이 포로들 가운데 포함되었을 가능성이 있다. 암살 사건이 발생했을 때 미스바에 있었을 것이기 때문이다(40:6).

41:11-18. 드디어 영웅이 등장한다! 요하난은 왜 이스마엘의 그런 살육을 저지하고자 미리 손을 쓰지 않고 그 정도로 상황이 악화될 때까지 두고 본 것일까? 확실히 알 수는 없다. 이스마엘은 요하난이 자신을 의심한 것을 이미 알고 있었다. 아마 그는 요하난이 공격을 시작하기 위해 미스바를 떠날 때까지 기다렸을 것이다. 하지만 요하난은 이스마엘이 저지른 짓을 안 즉시 그를 추격했다.

요하난이 이스마엘을 추격해 따라잡은 장소는 구약 역사에서 중요한 곳이었다. 그곳은 피비린내 나는 인상을 풍기는 곳이었다. 사울이 죽은 후 사울의 추종자들과 다윗 추종자들 사이에 왕위를 쟁탈하기 위한 싸움이 시작되었다. 기브온에서 다윗의 군대 가운데 요압이 이끄는 열두 명의 군사가 책략을 써서 사울의 남은 군사 가운데 열두 명을 죽였다(삼하 2:12-16).

최근의 고고학적 유물들은 기브온이 한때 생각했던 것처럼 암몬 방향으로 동쪽에 있는 것이 아니라 미스바 남서쪽 약 5킬로미터 거리에 있었음을 암시한다. 이스마엘은 왜 이 방향으로 갔던 것인가? 아마 모든 추격자들을 따돌리기 위해 그런 식으로 빙빙이를 돌았을 가능성이 있다. 거리상으로 보면 그는 포로들을 데리고 그렇게 멀리까지 가지 못했다. 요하난은 그들을 추격하면서 사람들에게 이스마엘과 포로들을 보았는지 탐문하던 중 이스마엘의 전략을 짐작했을 가능성이 있다.

포로들은 요하난과 그의 부하들을 보자마자 이스마엘에게서 도망쳐 요하난에게로 달려왔다. 이스마엘과 그의 부하들은 목숨이 위급하다는 것을 알고 암몬으로 피하기로 결정했다. 그와 그의 부하 여덟 명은 탈출에 성공한다. 이것이 이스마엘에 대해 우리가 들은 마지막 소식이다. 요하난은 어떻게 되었는가? 미스바로 돌아가야 하는가? 이것이 그가 해야 할 적절한 선택이었음이 분명하다. 그러나 그는 느부갓네살의 귀에 그 사건이 알려질 것임을 알았다. 느부갓네살은 자초지종을 알아보지 않은 채 이스마엘과 마찬가지로 요하난도 자신에 대한 반역에 가담했다고 생각할 것이다.

요하난은 자신의 희망이 바벨론의 지배에서 자유로운 유일한 근방 국가인 애굽이라고 결정했다. 그래서 피난민들은 요하난의 지도 아래 남쪽 베들레헴 방향으로 갔다. 그들은 그 도시 근방의 게롯김함에 잠시 머물렀다.

C. 애굽으로 가지 말라고 경고하는 예레미야(42:1-22)

Supporting Idea	사람들은 위기에 봉착하면 하나님의 인도하심을 구한다.

42:1-6. 예레미야에게 나아온 이 사람들은 이미 애굽으로 가기로 결정을 내린 상태였다. 사실상 게롯김함에 머물렀을 때 그 나라로 가는 도중이었다. 이후의 사건들이 증

명하듯이 그들은 예레미야가 무슨 말을 하든지 자신들의 계획을 바꿀 의사가 전혀 없었다.

예레미야는 생애 처음으로 사람들에게 정중한 대우를 받고 있었다. 이것은 그에게 새로운 경험이었다. 선지자로서의 사역 기간 대부분 그는 자신의 확신과 책망 때문에 무시당하고 배척당하며 박해당했다. 그 사람들의 요청을 들은 예레미야는 그들을 위해 하나님의 뜻을 구해보겠다고 확답을 준다. 그는 그들을 위한 하나님의 뜻을 알게 되면 숨김없이 고하겠다고 강조한다. 그들은 경건한 투로 장황하게 당신의 하나님 여호와께서 우리의 마땅히 갈 길과 할 일을 보이시기를 원하나이다라고 장담한다.

42:7-22. 십 일 동안 예레미야는 하나님의 뜻을 보여주셔서 사람들에게 그것을 전달할 수 있도록 간절히 기도했다. 하나님의 응답에 대한 확신이 생기자 그는 분명한 어조로 말했다. 하나님의 메시지는 "이 땅에 남으라. 죄로 인해 너희들이 겪고 있는 어려움을 내가 함께하겠다. 너희들의 패역함으로 이런 재앙을 보낼 수밖에 없었던 것을 후회한다. 느부갓네살을 두려워하지 마라. 너희들과 함께하며 너희들이 약속한 땅으로 다시 돌아오게 하겠다"는 것이었다.

이 호소는 '양면성'이 있었다. 백성들이 선지자의 메시지 듣기를 거부하면 동족인 이스라엘 백성들이 당한 것과 같은 운명이 그들을 기다릴 것이다.

D. 애굽에서의 또 다른 경고(43:1-13)

Supporting Idea	사람들이 계획한 일을 밀고 나가기로 작심하면 어떤 영적 조언도 쇠귀에 경 읽기다.

43:1-7. 구약 학자들은 2절의 아사랴가 42장 1절의 여사냐와 같은 인물인지에 대해 서로 의견이 분분하다. 두 사람 다 호사야의 아들로 확인되고 있기 때문이다. 또한 칠십인역이 두 사람 다 아사랴로 기록하고 있기 때문에 대다수는 그들이 동일 인물이라고 본다. 이 사람은 예레미야의 조언에 거칠게 대들었고, 실제로 거짓말을 하고 있다고 비난했다. 예레미야의 조언이 바룩의 영향 때문이라고 말할 때는 어조를 약간 누그러뜨렸을 것이다.

예레미야의 서기관 바룩에 대한 아사랴의 비난이 정당하다는 것을 입증할 기록은 전혀 없다. 그와 선지자는 함께 사역했다. 그들은 많은 면에서 동일한 시각을 공유했고, 유다의 영적 곤경에 대해 수차례 의논했을 것이다. 그러나 예레미야의 생애를 잘 아는 사람은 누구나 그가 하나님의 뜻이라고 믿는 것을 쉽게 포기하는 사람이 아님을 알고 있다. 실제로 그는 더 기도하고 하나님께 묻기 위해 칩거를 한 경우도 있었다(28:5-16). 이것은 신앙인의 상식으로 볼 때 훌륭한 신앙인임을 보여준다. 하나님께서는 정신적 진공 상태에서 일하시지 않는다.

그러나 무엇보다 이 두 사건은 주의 말씀을 선포할 때 예레미야의 공정성과 객관성을 보여주는 것 같다. 그는 하나님의 뜻을 정확히 분별하는 데 실패할 수 있다는 사실을 열린 마음으로 수용했지만, 이것이 그가 유약한 성품을 가졌다는 의미는 아니다. 실제로 사실은 정반대다. 자신이 실수할 수도 있음을 인정하기 위해서는 정신적이고 영적인 안정감뿐 아니라 강인한 성격을 요구한다. 예레미야는 바룩의 영향을 받았을 수 있지만 그에게 '세뇌되어' 잘못된 결정을 내리는 사람은 결코 아니었다.

하나님의 뜻과 상관없이 독자적인 결정을 내린 요하난과 그의 무리들은 그것을 행동으로 옮겼다. 그와 동료들은 사람들을 애굽으로 이끌고 갔다. 이 사람들 가운데는 남자와 여자와 유아들뿐 아니라 왕의 딸들도 포함되어 있었다.

그 여행은 분명히 쉽지 않았을 것이다. 음식과 다른 필수품들이 모자랐을 것이다. 사람들이 병에 걸리기도 했을 것이다. 많은 사람들은 본국으로 돌아가서 그들의 운명을 바벨론 사람들에게 맡겨버리기를 원했을 것이다. 하지만 그 여행을 계속하자고 주장하는 목소리가 더 강경했다. 그들이 처음으로 멈춘 곳은 다바네스였다. 그곳은 애굽 동쪽 경계에 위치한 변경 성읍이었다.

43:8-13. 다바네스는 '펜하세 요새' 혹은 '누비안족의 집'이라는 뜻을 가진 애굽 지역을 음역한 것이다. 고고학자들은 기원전 7세기 중반 이전에 그곳에 많은 인구가 거주했다는 증거는 거의 없다고 말한다. 9절의 집으로 번역된 단어는 실제로 바로가 자신을 위해 지었던 집이다. 그곳은 왕이 대부분의 시간을 보내는 궁전이 아니라 관공서와 성읍을 방문할 때 머물렀던 별궁으로 사용되었을 것이다.

성경 기록은 예레미야가 스스로 그 무리들과 함께 동행했는지, 혹은 강제적으로 함께 하게 되었는지에 대해 말해주지 않는다. 필자의 개인적인 판단으로는 그들이 함께하고 영적으로 인도해주기를 원해서 갔을 것으로 보인다. 그는 하나님께서 이러한 방향으로 인도하신다고 느꼈을 것이다. 선지자는 상징적 행동으로 자신의 메시지를 계속 설명한다. 그는 궁궐과 약간 떨어진 거리에 돌들을 묻는다. 유대 피난민은 애굽인들이 건축한 도로를 절대 파헤쳐서는 안 되었을 것이다. 그러나 백성들은 선지자의 단순하지만 확고한 말에 상징적 행동이 동반되었기 때문에 그 메시지를 이해했다.

느부갓네살은 후에 갈그미스 전투 후 완성하지 못하고 두었던 일을 마무리하기 위해 애굽으로 돌아올 것이다. 이번에는 '왕자' 가 아니라 바벨론의 강력한 왕으로 찾아올 것이다. 11-13절의 바벨론의 침략에 대한 묘사는 침략한 나라를 군대가 약탈하는 전형적인 모습을 그린 것이다. 느부갓네살은 어렵지 않게 애굽을 정복했다.

목자가 몸에 옷을 두른다는 그림은 느부갓네살이 어려움 없이 애굽 정복이라는 과업을 이루었음을 알려준다. '두르다' 라는 단어는 이중적 의미를 지닌다. '이를 잡을 때' 이 단어를 사용한다. 이 번역은 목자가 옷에서 이를 잡듯이 바벨론 왕이 애굽의 재물을 빼앗아간다는 것을 암시한다. 애굽은 저항하지 못할 것이다.

이 예언은 성취되었는가? 느부갓네살은 주전 568년 애굽을 침공했다. 구체적인 기록을 입수할 수 없지만 그 결과가 바벨론의 승리로 끝났다는 것을 의심할 아무 이유가 없다. 그러나 느부갓네살은 애굽의 공동 왕이었던 아마시스가 계속 왕으로 다스리도록 허용했다. 나중에 바벨론과 애굽은 우호적인 관계를 맺었다. 예레미야의 예언이 확실히 성취되었다.

E. 유다 백성들에게 주는 예레미야의 마지막 메시지(44:1-30)

Supporting Idea	사람들이 하나님께 반역을 멈추지 않을수록 그분의 분노와 심판을 더욱 더 실감할 것이다.

44:1-14. 요하난의 지도 아래 애굽으로 들어간 유대인들이 애굽에 거주한 최초의 유대인들은 아니었다. 일부 유대인들이 수년 동안 이미 그곳에 거주하고 있었다. 어떤 가족들은 모세가 이스라엘을 이끌고 출애굽할 때 애굽에 남았던 사람들일 것이다. 요하난과 그의 무리들이 도착했을 때 애굽에 자리잡고 살고 있던 사람들은 그들의 후손들이었을 것이다.

예레미야 같은 사람은 유명 인사였기 때문에 요하난과 함께 애굽으로 온 유대인들과 같이 소수의 무리에만 알려진 것이 아니었다. 선지자의 명성은 요하난의 명성을 압도했고, 곧 예레미야가 더 많은 유대인들을 향해 사역하게 되었다. 이 장의 내용은 그 지역의 모든 유대인들, 아마 한 집결지에 모인 지도자 무리에 한 말이었을 것이다.

예레미야는 먼저 현재 상황에 대해 그 사람들에게 이야기한다. 이미 애굽에 있는 사람들을 비롯해, 느부갓네살이 예루살렘을 공격하고 유린하며 포로들을 끌고 간 사건을 모두가 알고 있었다. 유대인들은 동족 유대인들이 무슨 일을 당했는지 알고 있었다. 선지자는 그 사람들에게 지난 역사 동안 그들의 조상들이 하나님께 불순종한 사실을 상기시켜주었다. 이 모든 내용은 그의 다음 메시지의 서론이다.

예레미야는 단도직입적으로 최근 애굽에 온 무리들을 하나님께서 어떻게 처리하실지에 대해 말한다. 겨우 도망칠 수 있는 소수의 사람들을 제외하면 유다로 돌아갈 자가 아무도 없을 것이다. 예레미야는 요하난의 지도 아래 애굽에 온 그 패역한 무리들을 향해 어떤 희망의 메시지도 주지 않았다.

44:15-30. 이 구절들은 무리들의 항변과 선지자의 논박을 담고 있다. 남자나 여자를 막론하고 모두 다 자신들이 살던 그대로 계속 살겠다고 주장한다. 그들은 하나님을 섬길 때보다 자신들이 예배하던 신을 섬길 때 더 형통했다고 주장한다.

백성들이 분향하고 전제를 드린 하늘의 여왕이라는 이 여신은 누구를 말하는가? 구약학자들과 고고학자들은 이 여왕이 어떤 신을 가리키는지 단정하지 못한다. 그 여신을 숭배하는 의식중에 과자를 만드는 의식이 있었다. 아마 여신의 형상대로 과자를 만들었을 것이다. 그 가운데 일부가 고고학자들에 의해 발견되었다. 여신을 섬기는 신도들은 전제를 바치고 향을 태웠다.

학자들은 두 이방 신이 이러한 숭배 의식에 큰 영향을 미쳤을 것이라고 주장한다. 첫째, 그 여신은 바벨론의 여신인 이스타르였을 가능성이 있다. 그들은 이 여신을 '하늘의 여왕' 으로 불렀고, 므낫세가 이 여신을 이스라엘로 들여왔다. 둘째, 이 여신은 이스라엘이 가나안을 침략했을 때 보았던 가나안 여신 아스다롯일 가능성이 있다. 고고학자들은 이스라엘의 신전에서 나체의 여신들을 많이 발견했다. 그 여신들의 유적은 선지자가 이런 종류의 예배 의식을 정죄했던 이유를 보여준다.

예레미야는 자신의 메시지를 입증할 수 있는 확실한 예언으로 이 메시지를 마무리한다. 하나님께서는 그 당시 애굽의 왕, 아리에스라고 불리는 바로 호브라(주전 589-570

년)를 대적에게 넘기실 것이다. 그 대적이 반드시 느부갓네살이 아닐 수도 있다. 이 바벨론 왕은 그 당시 바벨론과 싸우는 시드기야를 돕고자 했던 호브라의 생명을 노리고 있었다.

예레미야의 예언이 성취되었는가? 역사적 사실들은 그것을 입증하고 있다. 호브라의 통치 마지막 무렵에 그의 군대에서 왕에 대한 반란이 일어났다. 그는 장군 가운데 한 명인 아마시스를 보내어 그 반란을 진압하도록 했다. 그러나 아마시스는 스스로 자신을 왕이라 선포하고 호브라와 함께 일부 지역을 분할 통치했다. 3년이 지나지 않아 호브라는 처형당했다. 그리하여 예레미야의 예언이 성취되었다.

F. 바룩을 위한 격려의 말(45:1-5)

Supporting Idea	우리가 하나님을 섬기고 그분의 뜻대로 살기 위해 감수하는 모든 희생에 대해 하나님께서는 항상 우리가 기대하는 방식은 아니지만 꼭 보상해주실 것이다.

45:1-3. 이 구절들에서 바룩에게 한 예레미야의 말은 그가 여호야김 넷째 해에 두루마리를 구술한 때에 전한 것이다. 그때 선지자는 바룩에게 성전에서 그 두루마리를 백성들에게 낭독해주라고 지시했다. 그 일로 그 신실한 비서는 한바탕 소동을 겪었다(36:1-32). 바룩은 낙심에 빠져 예레미야를 원망하고 있다. 바룩은 선지자처럼 예민한 사람이었다.

45:4-5. 예레미야는 하나님을 섬김으로 인한 어려움을 결코 축소하지 않는다. 그는 자신의 서기관에게 자신의 예언 사역 초기에 하나님께서 해주신 말씀을 알려준다. 백성들의 죄악 때문에 그는 자신이 세운 것을 헐어야 하며 심은 것을 뽑아야만 했다. 예레미야는 그분의 메신저로서 섬기기 위해 강인해야 했다. 마찬가지로 바룩은 예레미야의 동지가 되기로 선택했다. 그 역시 선지자와 동일한 강도는 아니지만 동일한 박해를 견뎌야 한다.

5절의 뜻을 볼 때, 예레미야가 바룩이 너무 개인적인 야심을 가졌다고 비난하는 것인가? 반드시 그렇지는 않다. 아마 그는 하나님과 긴밀한 관계를 누리는 사람이 스스로에 대해 마땅히 생각할 그 이상의 보상을 기대하지 못하도록 단지 서기관에게 예방 주사를 놓았을 뿐일 것이다. 예레미야의 말과 같은 내용은 주의 뜻에 완전히 복종한 사람에게 '위대함' 의 정의가 어떤 것인지 점검하게 한다.

Main Idea 복습	하나님의 성령으로 마음이 변화되지 않은 사람들은 여전히 반역자들이다. 하나님의 역사 외에는 그 어떤 것도 그들을 변화시킬 수 없다.

결론

압박에 눌린 사람들

때로 재앙의 여파로 발생하는 일은 인간 속에 있는 가장 선한 것과 악한 것을 드러낸다. 예레미야 40-45장에서 우리는 이 진실을 설명해주는 여러 개인들을 만난다.

바벨론 제국의 근위대장인 느부사라단은 잔인하고 가학적인 지도자가 아니라 올바르고 사려 깊은 정복자임을 보여주었다. 그는 포로로 끌려가는 예레미야를 풀어주고, 예레미야의 예언들의 진실성을 인정하며, 하나님께서 유다에 재앙을 내리신 참된 이유를 인정하고, 예레미야에게 그의 미래에 대해 전혀 손색없는 두 가지 선택권을 주며 그에게 필요한 것들과 선물을 주었다.

바벨론이 임명한 유다 총독인 그다랴는 동족들이 자신감을 회복하고 하부 구조를 재건하는 일에 착수하도록 유다 사람들을 인도했다. 하지만 포용력 있는 성품에도 불구하고 그는 인간 본성의 악함에 대해 순진할 정도로 무지했고, 자신처럼 선량하지 않은 일부 동족들의 악한 의도를 믿지 않으려고 했다.

유대 군대 장군인 요하난은 믿을 수 있는 정보망을 가진 예리한 판관형의 인물이었다. 그는 조언이 받아들여지지 않았음에도 불구하고 어려움에 빠진 많은 사람들을 구조했다. 선지자 예레미야를 통해 하나님의 조언을 구하는 지혜로움을 보였지만 자신이 듣고 싶은 내용이 아닐 때에는 예레미야를 통해 주시는 하나님의 명령에 귀를 기울이지 않는 치명적인 실수를 범했다.

이스마엘은 배신자, 살인자, 테러리스트, 반역자임을 보여주었다. 그는 총독인 그다랴를 살해하고 총독과 함께한 모든 유대인들을 죽였으며 파견된 바벨론 군사들을 죽였다. 그는 아무 의심도 하지 않는 무고한 사람들을 살해하고 수많은 사람들을 인질로 끌고 갔다.

암몬 왕 바알리스는 살인자들과 테러리스트들과 반역자들을 부추기고 지원하며 보호하는 것으로 그치지 않았다. 그는 이웃 국가에 분열과 혼란을 야기하여 약해져 있는 그들의 상태를 이용하고자 했다.

예레미야의 충실한 서기관인 바룩은 45장에서 그다지 우호적이지 않은 시선을 받으며 우리 앞에 나서고 있다. 그는 하나님을 섬기다가 완전히 낙심한 상태였고 그러한 상태에서 하나님을 원망한다. 하나님께서는 하나님 역시 백성들에 대한 사역에 크게 낙심하셨음을 가르쳐주셔야 했다. 그러나 바룩의 원망의 근저에는 자신의 야심이 좌절당한 데 대한 낙담이 숨어 있었다. 이 일 후, 바룩은 피난민들과 강제로 애굽으로 동행하는 와중에 무고한 정죄를 당함에도 불구하고(43:3, 6) 예레미야와 함께 흔들림 없이 사역을 감당하는 모습을 보여준다.

그리고 마지막으로 예레미야가 있다. 예레미야는 선지자로서 자기 동족보다 바벨론 사람들에게 더 호의적인 대우를 받았다. 예레미야는 중보자로서 하나님의 뜻을 물어보려는 피난민들에게 늘 필요한 존재였다. 예레미야는 메신저로서 유다에 남은 자들을 대신해 하나님의 뜻을 물었지만, 오히려 그들은 그가 거짓말을 하고 있으며 주님께서는 그에게 아무 말씀도 하지 않으셨다고 비난했다. 예레미야는 설교자로서 70세가 넘는 나이에 상징적인 행동으로 그의 메시지를 생생하게 전달했다. 예레미야는 신실한 증인으로서 주의 말씀을 생애가 다할 때까지 계속 선포했고, 이스라엘 역사 속의 참담한 결과에 눈과 귀를 닫은 사람들에게 우상 숭배를 하지 말하고 선언했다.

이 개인들이 각기 압박에 눌리고 삶이 혼돈으로 치달을 때 어떻게 반응하고 행동하는지 살핀 후 우리도 각기 우리 자신의 됨됨이를 검증해보아야 할 것이다. 이 인물들 가운데 당신과 가장 흡사한 사람은 누구인가? 가장 다른 사람은 누구인가? 당신이 알고 있는 주변 세계가 무너져내릴 때 당신이 표출할 수 있는 유사한 성향들이 그들에게서 보이는가? 하나님의 신실한 종들의 가장 밝은 면을 닮아갈 수 있게 해달라고 기도하라.

■ 진리 알기

- 어떤 사람들은 타국에 정복되어 국가를 재건설하는 기간에 안정되고 평화로운 상태가 유지되는 것을 인정할 수 없다. 반란을 통해 혼란을 야기하고 점령군에 의해 그들 자신과 동족들이 보복당하는 일을 자초한다.
- 때로 이웃 국가가 정복당한 후 주변국의 지도자들은 정복 군대와 합리적인 국민들에 의해 재건 활동이 전개되는 동안 불만을 가진 저항군을 지원하고 필요한 것들을 공급하며 안전한 피난처를 제공함으로써 이웃 국가를 더욱 혼란에 빠뜨리고자 시도한다.
- 국가를 재건하고자 애쓰는 정치 지도자들은 그들에게 제기되는 위협을 순진하게 대처해서는 안 된다. 자기 자신과 자신의 업무를 위협하는 모든 위협들을 진지하게 고려해야 한다. 종종 관용적인 지도자들은 대적들이 자신과 동일한 관용을 지녔을 것이라고 생각하는 순진함을 보일 때가 있다.
- 사람들이 하나님께 인도하심을 구할 때 설령 그것이 듣고 싶었던 내용이 아니라 해도 그분이 말씀하신 것을 순종해야 한다.
- 이전의 습관과 선택으로 무서운 대가를 치르고나서도 사람들은 그러한 습관들을 포기하는 것이 쉽지 않다. 때로 그러한 습관들이 더욱 견고해지기도 한다.
- 주를 섬기다가 완전히 자원이 고갈되어 버리는 경험을 할 경우가 있다. 종종 그러한 시기에 겪는 낙심과 원망의 이면에는 그들 자신의 좌절된 야망이 자리할 때가 있다.

■ 적용하기

- 나는 혼란과 위기를 즐기지 않는가? 내 주변이 혼란과 무질서와 분열로 치닫는 것을 즐기지 않는가? 그렇다면 나는 가장 큰 원수를 위해 일하고 있는 것이다(고전 14:33).
- 테러리스트와 반란군들을 지원하고 필요한 장비를 제공하며 보호하는 나라로 어느 나라를 꼽을 수 있는가? 잠깐 멈추어서서 이 나라들의 지도자들이 자신의 잘못을 깨닫고 그러한 행동을 포기하게 해달라고 기도하라.
- 모든 사람들은 자신에게 가해지는 위협을 심각하게 받아들일 필요가 있다. 어떤 사람이 다른 사람에 대해 음모를 꾸미는 것을 듣고 그것을 알려주지 않은 적이 있는가? 당신은 그러한 일을 어떻게 처리하겠는가?
- 준비가 되어 있지 않으면 하나님께서 당신에게 바라시는 일을 순종하겠다고 결코 약속하

지 말라.

- 영적으로 변화되지 않으면 사람들은 자신들의 삶을 재앙과 불행으로 몰아넣은 오래된 습관과 행동들을 포기하지 않을 것이다. 자신에게 "내가 포기하지 않으려고 하는 죄악 된 습관과 행동은 무엇인가?"라고 질문해보라. 이것들을 지금 하나님께 내어드리라.
- 당신이 소중히 여기는 개인적인 야심 열 가지를 이야기해보라. 이러한 야심들이 이기적인 것인지, 아니면 거룩한 것인지 이야기해보라. 예레미야 45장 5절을 읽고 당신의 모든 야심을 하나님께 내어드리라.

삶의 적용

B. C. 와 바룩

아침마다 전 세계의 많은 그리스도인들은 마음과 생각을 하나님께 집중하도록 도와주는 작은 묵상집을 읽는다. 이 그리스도인들은 고전적인 묵상집인 「주님은 나의 최고봉(My Utmost for His Highest)」이라는 책을 잘 알고 있다. 실제로 이 책 제목을 언급하는 순간 보통 오스왈드 챔버스라는 저자를 떠올릴 수 있다. 하지만 오늘날 사랑을 받는 이 작가에 대해 제대로 알고 있는 사람은 거의 없다.

스코틀랜드 출생인 오스왈드 챔버스는 침례교 목사의 아들이었다. 하나님의 부르심을 깨달은 후 그는 23세에 에딘버그 대학을 떠나 기독교 사역을 위한 훈련을 받기 시작했다. 학생으로서 그리고 강사로 칠년간을 보낸 챔버스는 일본과 미국으로 복음 전도 여행을 시작했다. 런던으로 돌아오자 그는 바로 기도 연맹(League of Prayer)과 함께 영국 제도를 다니며 복음 전도 사역을 계속했다. 몇 년 후 그는 런던의 초교파적 성경 훈련 학교의 교장직을 수락했다.

제1차 세계 대전의 발발로 오스왈드와 그의 아내는 어린 딸을 데리고 이집트 사막 지대로 이주했고, 그곳에서 영국 연방군대의 군목으로 섬겼다. YMCA를 설립하고 식사를 준비하며 그 캠프를 통과하는 수천의 영국군들에게 위로와 격려와 성경적 가르침을 주었다. 그리고 1917년 그곳 이집트에서 오스왈드 챔버스는 긴급한 맹장 수술로 인한 합병증으로 43세의 나이에 사망했다.

그러나 많은 독자들의 사랑을 받는 책 「주님은 나의 최고봉」의 저자인 오스왈드 챔버스는 그 책을 쓰지 않았다. 그의 이름으로 출간된 30권이 넘는 다른 기독교 저서들과 수천 권의 소책자, 핵심 사고 요람, 설교 전단지도 그가 쓴 것이 아니다. 챔버스의 책에 'B. C.' 라는 이니셜 영문이 있다는 것을 아는 독자는 별로 많지 않다.

B. C.는 무엇인가? B. C.는 거트루드 홉스(Gertrude Hobbs)의 약자다. 거트루드는 24세 때 비서직 자리가 있는지 찾아보기 위해 리버풀에서 뉴욕으로 대서양을 항해하고 있었다. 오스왈드와 알고 지내던 거트루드의 어머니는 마침 딸이 그와 같은 배에 타고 있다는 것을 알고 챔버스에게 편지를 써서 항해 기간 동안 자신의 딸을 잘 돌봐달라고 부탁했다. 챔버스는 홀로 여행하는 이 여행자와 함께 식사를 하고 그 배에 적응하도록 도와주는 것이 예의라는 생각이 들었다. 둘이서 함께 이러한 시간을 보내면서 오스왈드는 이 젊은 처녀에 대해 점점 더 알게 되었고 자연스럽게 사랑의 감정이 싹트기 시작했다.

거트루드는 어릴 때부터 몸이 약했다. 병 때문에 정상적인 학업을 마치지 못해서 그녀는 집에서 피트만 속기법을 배웠고 타자 치는 법을 독학했다. 전임으로 일을 할 수 있는 나이가 될 즈음에 그녀는 1분당 250자의 글자를 칠 수 있는 수준이 되었다. 하지만 그녀는 기계처럼 불러주는 대로 단어를 기록하는 사람이 되고 싶지 않았다. 그녀는 표현된 생각의 의미와 뜻이 무엇인지 찾아내고자 애썼고 그것들을 글로 기록했다. 여행 중에 오스왈드는 그 젊은 여성을 거트루드라고 부르는 것이 너무 딱딱하다는 생각이 들었다. 더구나 그에게는 그 이름을 가진 여동생이 있었다. 이유는 무엇인지 알 수 없지만 오스왈드는 그녀를 '비디' 라 부르기로 결정했다. 3년이 채 지나지 않아 오스왈드와 비디는 남편과 아내가 되었다.

오스왈드가 이른 나이로 사망한 후 비디 챔버스는 영국으로 돌아왔다. 그녀는 옥스퍼드에 집 한 채를 구입하고 대학생들의 하숙집으로 바꾸었다. 그녀는 매일 아침 여섯 시에 일어나 학생들을 위해 식사를 준비해서 먹이고 어린 딸을 돌보았다. 그후 그녀는 책과 오스왈드가 남긴 자료들이 담긴 박스로 가득한 지하실로 내려갔다. 그곳에서 오스왈드가 성경 훈련 학교 시절에 했던 설교들과 강의들을 옮겨 적고 원고들을 정리했다.

그녀는 매일 식료품점, 푸줏간, 빵집 그리고 통조림 가게를 거쳐 집으로 돌아와 세탁을 끝내고 저녁 식사를 준비했다. 그 일이 다 끝나면 다시 책이 있는 지하실로 내려가곤 했다. 3년이 넘는 기간 동안 비디가 수백 편에 달하는 오스왈드의 설교들을 옮겨 적고, 필기한 것을 추려 365일 매일 묵상집을 편찬한 곳이 바로 그 지하실이었다. 그 묵상집이 바로 「주님은 나의 최고봉」이라는 책이다.

오스왈드 사후 10년만에 그 고전적인 묵상집이 출판되자 비디는 서문에 'B. C.' 라는 자신의 첫 글자만 서명했다. 그 책의 어디에서도 자신의 이름을 언급하지 않았다. 저자는 오스왈드 챔버스였다. 그녀는 단순히 저자의 말과 생각이 그 책을 읽는 독자에게 전달되는 통로의 역할만 할 뿐이었다. 50년 동안 'B. C.' 는 그 작업을 계속하며 기독교 세계가 자신이나 자신의 노력이 아니라 오스왈드 챔버스에게 관심을 집중하도록 했다.

비디 챔버스와 예레미야의 신실한 서기관 바룩은 사람들의 관심이 없어도 묵묵히 섬기는 사역자의 모범이다. 대부분의 그리스도인들, 심지어 예레미야서의 많은 독자들 역시 바룩의 이름을 결코 주목하지 않았다. 하지만 그 책을 기록한 이는 그다. 적어도 그가 26-29장과 34-45장의 '바룩 내러티브' 를 쓴 것은 분명하다. 여기서 예레미야가 3인칭으로 언급되어 있다. 예레미야의 서기관인 바룩은 또한 예레미야의 나머지 메시지들을 글로 기록해 우리를 위해 보관해주었다.

바룩의 형제 스라야가 시드기야 왕 시대에 고위직 관리였지만(51:59) 바룩은 예레미야와의 친분 때문에 고통을 겪었다. 예레미야가 감옥에 갇힌 상태에서 밭을 구입할 때 그는 그와 함께 있었다(32:1-16). 예레미야가 구술하는 대로 그는 예레미야서 첫 판을 기록해 성전 위 뜰에서 예배하러 성전으로 오는 모든 사람들에게 그것을 읽어주었다. 그러고나서 바룩은 왕의 자문관들에게 다시 그 예언을 담대하게 읽어주었고, 그후 그와 선지자 두 사람 다 여호야김 왕에게 체포당하지 않도록(그리고 아마 죽임을 당하지 않도록) 숨어야 했다. 그들이 숨어 있는 동안 바룩은 예레미야의 두루마리를 다시 썼다(36장). 이 시기에 바룩은 크게 낙담했고, 하나님의 격려가 필요했다(45장). 후에 바룩은 유다의 남은 공동체로부터 예레미야를 선동했다는 부당한 비난을 들었다(43:1-3). 그리고 예레미야와 함께 강제로 애굽으로 가야 했다(43:6). 그러나 바룩은 자신의 일을 계속했다.

비서들에 대해 하나님께 감사하라. 그들의 일을 하기 위해서는 특별한 기술을 가진 사람이 필요하다. 그러나 성과를 내기 위해 자신도 너무나 열심히 노력했지만 그 성과에 대해 자신이 아닌 다른 사람이 인정과 칭찬을 받도록 하기 위해서는 특별한 사람이어야 한다. 사람들의 관심을 받지 않고 묵묵히 일하는 자들의 사역을 부르심으로 인정한 사람들만이 사람들이 알아주든 알아주지 않든 자신들의 몫을 성실히 감당했다는 것을 아는 것에서 만족한다. 신자로서 우리는 모두 바로 그런 일을 하도록 부르심을 받은 자가 아닌가(요 3:30, 갈 2:20, 골 3:1-3)?

기도

오, 주님. 증오를 사랑하고 폭력과 분열을 획책하는 자들로부터, 죽이고 살해하며 암살하는 폭도들로부터 우리를 건져주시고 보호해주소서. 우리와 우리 나라와 전 세계 나라들 가운데 그리고 국가 간에 평화와 안전이 임하도록 해주소서. 우리로 우리 자신의 개인적 야심보다 우리 나라의 발전과 후퇴에 더 많은 관심을 가지도록 해주소서. 아멘.

심층 연구

A. 느부사라단

이 이름은 '느보가 후손을 얻다' 라는 뜻을 가지고 있다. 그는 느부갓네살 왕의 통치기에 바벨론 군대의 장군으로 섬긴 사람이었다. 그의 직책은 '시위대 장군' (렘 39:13)으로 소개되어 있지만 정확한 호칭은 아니다. 그는 주전 587년 예루살렘 포위 공격 때 군대를 이끌었고(왕하 25:8-9) 예루살렘 성 건물들을 불태우고 성벽을 무너뜨리고 유다 백성들을 포로로 끌고 갔다. 4년 후 그는 다시 돌아와 더 많은 백성들을 끌고 갔다(렘 52:30).

B. 그다랴

이 이름은 '여호와께서 위대한 일을 행하셨다' 는 뜻이다. 그는 아히감의 아들로 주전 587년 바벨론의 느부갓네살에 의해 유다의 통치자로 임명되었다(왕하 25:22). 예루살렘은 바벨론 군대에 함락되었고 유다의 많은 거주민들이 끌려갔다. 그다랴의 아버지 아히감은 선지자 예레미야의 친구였고(렘 26:24, 39:14), 그다랴 역시 예레미야의 정치적 견해에 동조했을 수 있다. 이것은 느부갓네살이 그다랴를 총독으로 선택한 이유를 설명해줄 수 있다. 그다랴의 재위 기간은 짧았다. 겨우 두 달 후 그는 이스마엘이 이끄는 열렬한 국수수의자들에 의해 살해되었다(렘 40:1-41:18).

C. 요하난

이것은 '여호와는 자비로우시다' 는 뜻의 여호야난이라는 이름을 줄인 것이다. 그는 주전 586년 포로 생활이 시작된 직후 유다에 남아 있던 유대인들 가운데 한 사람으로 군대 장군이었다(왕하 25:23). 그는 바벨론이 유다를 다스리도록 임명한 총독 그다랴를 암살한 이스마엘에 맞서고자 주도적으로 노력했다. 요하난은 바벨론의 보복을 피하기 위해 사람들을 애굽으로 데리고 갔다. 그는 예레미야를 강제로 동행하게 했고, 하나님께 받은 예레미야의 조언을 따르길 거부했다(렘 40-43장).

고안

A. 들어가는 글

1. '브루투스 너마저'를 읽으라.
2. 배경 설명: 예루살렘 함락 후 바벨론은 유다를 다스릴 유대 총독을 임명했다. 작은 무리의 반란군이 그다랴를 암살하자 바벨론의 보복을 두려워한 남은 유대인들은 애굽으로 도망갔고, 예레미야와 바룩도 데리고 갔다. 예레미야는 그들에게 애굽으로 가지 말라고 경고했지만 그들은 선지자의 메시지 듣기를 거부했다.
3. 적용: 40-45장은 예루살렘 멸망 후 예레미야가 당한 일들을 일러주며 예레미야의 마지막 예언들을 소개해준다. 하나님의 말씀이었던 예레미야의 메시지는 그의 사역 시작부터 끝까지 청중들에게 배척당했다. 이 장들은 사람들이 새로운 출발을 할 기회가 주어지더라도 재앙을 당하게 한 원인들인 옛 방식들과 생각들과 습관들을 그대로 고집할 때가 많음을 이해하도록 도와준다.

B. 본문 이해

1. 유다 총독으로 임명된 그다랴(40:1-16)
2. 그다랴를 살해한 이스마엘(41:1-18)
3. 애굽으로 가지 말라고 경고하는 예레미야(42:1-22)
4. 애굽에서의 또 다른 경고(43:1-13)
5. 유다 백성들에게 주는 예레미야의 마지막 메시지(44:1-30)
6. 바룩을 위한 격려의 말(45:1-5)

C. 결론

'압박에 눌린 사람들' 을 읽으라.

토의 질문

1. 어떤 사람들이 상호 협력하는 평화적인 국가 재건 방식보다 반란을 더 선택하는 이유는 무엇인가? 40장 7절-41장 15절에 근거해서 볼 때 그러한 사람들이 애국자인가, 아니면 자기 동족들을 더 힘든 상황으로 몰고 가는 자들인가?

2. 예레미야 44장을 읽고, 많은 사람들이 재난에서 벗어나 새로운 출발을 할 기회가 주어진 후에도 그들을 재난으로 몰고 간 습성과 습관들을 고집하는 이유가 무엇이라고 생각하는지 말해보라.

3. 많은 사람들은 하나님께서 자신들을 돌보고 계신다는 생각에서 위로를 얻는다. 예레미야 24장 6절과 44장 27절을 비교해보라. 하나님께서 자기 백성들을 돌보시는 방식에 차이가 있는가? 이 차이의 이유가 무엇이라고 말할 수 있는가?

4. 전임 사역자가 기진하는 것이 위험한 이유는 무엇인가? 기독교 사역자들에게 '거룩한 야심' 이 허용되는가? 예레미야 45장을 읽으라. 하나님께서 인정하신 야망과 자기 자신의 희망과 욕망에 뿌리 내린 야심을 어떻게 구별할 수 있는가?

예레미야 46:1-52:34

하나님과 열국

"법정 역사상 전체 대륙을 포함하고, 수십 개 국가와 수많은 개인들과 사건들이 관련되어 있으며, 십 년간에 걸쳐 전개된 사건을 단일 소송의 범위로 다루고자 한 노력은 단 한 번도 시도된 적이 없었다. …이 재판은 내가 알기로 사법 역사상 시도된 적이 있는 모든 재판을 철저히 능가하는 범위를 다루고 있다."

- 대법원 판사, 로버트 잭슨(Robert Jackson, 뉘른베르크 재판의 미국 검사)

예레미야 46장 1절은 46-51장을 요약 진술하고 있다. 이 단락은 유다의 인근 나라들에 대한 예레미야의 심판 신탁들을 수록하고 있다. 하나님의 특별한 메시지를 받을 대상으로 선정된 나라들은 애굽(46:2-28), 블레셋(47:1-7), 모압(48:1-47), 암몬(49:1-6), 에돔(49:7-22), 다메섹(49:23-27), 게달과 하솔(49:28-33), 엘람(49:34-39), 바벨론(50:1-51:64)이다. 이 신탁들의 시기는 예레미야의 사역 기간의 여러 시점에 걸쳐 있다. 이 신탁들은 예레미야서의 끝에 함께 배열됨으로써 예레미야가 열국들의 선지자로도 임명받았음을 생생하게 상기시키는 역할을 한다(1:5, 10). 52장은 39장 1-10절에 기록된 기사에 비해 주전 586년의 예루살렘 함락 기사를 더 상세히 다루고 있다. 예레미야서의 이 마지막 장에서 우리는 예레미야의 끊임없는 예언적 경고들, 즉 유다 나라가 멸망하고 수도 예루살렘 성과 그 성벽이 파괴되며, 위대한 솔로몬 성전이 약탈과 유린을 당하고 유다 왕들이 감옥에 갇히고 처형되며, 제사장들과 남은 국가 지도자들이 처형되고 백성들은 포로로 이방 땅에 흩어질 것이라는 예언적 경고의 성취를 생생히 마주하게 된다.

들어가는 글

심판받는 열방

그와 같은 것은 처음 있는 일이었다. 역사상 처음으로 한 국가와 지도자들이 전시에 저지른 일을 해명하기 위해 국제 재판소의 법정에 서게 된 것이다. 장소는 독일의 뉘른베르크였다. 기간은 1945년 11월부터 1946년 10월까지였다. 나치 독일의 패배 이후 미국, 영국, 소비에트 연방, 프랑스의 4개 연합국은 제3제국의 지도자들을 단죄하기 위해 국제 재판소를 열었다.

국제 군사 재판소는 단순히 패전국에 대한 승전국의 약식 판결을 선언하기 위한 법정이 아니었다. 또한 나치 주범들에게 그들이 자행한 범죄와 만행을 단순히 재판하기 위한 목적도 아니었다. 그 재판소는 또한 인종주의와 전체주의라는 나치 교리에 기초한 범죄 음모가 독일 국민들의 지원으로 이루어졌으며, 그들에 의해 이웃 국가들도 강제로 동참하게 되었음을 입증하고자 했다. 독일은 침략 전쟁을 했다. 그들은 전쟁 법을 위반하고 전쟁 범죄를 저질렀다. 또한 살인, 테러리즘, 강제 이주, 대량 학살, 평화로운 시민들의 삶을 무차별 파괴하는 반인륜적인 범죄를 저질렀다. 이 때문에 독일 국가 자체가 유죄와 책임에서 자유롭지 않게 되었다.

뉘른베르크 법정은 나치 독일과 그 지도자들을 인간 법정에 세웠다. 예레미야 46-51장에서 우리는 예레미야 시대의 열방이 하나님의 법정에 선 것을 본다. 하나님께서 구체적으로 각 신탁 이면의 주인공으로 확인되고 있다. 하나님께서는 하나님께 반항하여 이웃 국가들을 침략하고 착취, 무차별 파괴, 교만, 오만, 약탈, 폭력, 악행, 강제 이주의 범죄를 행한 고대 민족들을 정죄하신다.

예레미야의 신탁들은 옛날의 것이지만 현재와 아무 관련 없는 것은 아니다. 현재의 국가들은 하나님의 법정에서 선고한 이 선언들을 경청하고, 오늘날 우리와 모든 나라들이 심판대에 서 있음을 깨닫고 경성해야 한다.

본문 이해

하나님과 열국

Main Idea	하나님께서는 전 세계와 그 안에 있는 모든 것을 만드셨다. 세계의 열방은 하나님의 저울에서 먼지에 불과하다. 그분은 열방의 등록부에 "이 사람이 거기서(시온에서) 났다"(시 87:6)라고 쓰실 것이다.

이 마지막 단락은 아홉 개의 메시지, 또는 게달과 하솔에 대한 신탁을 각기 독자적인 것으로 간주하면 열 개의 메시지를 담고 있다. 비이스라엘 민족들에 주는 메시지, 혹은 그 민족들에 대한 메시지다(렘 46-51장). 여기에 시드기야 통치 시대에 예레미야의 예언의 정치적 배경이 되는 중요한 역사적 사건들을 요약 기술한 장이 추가되어 있다. 구약에서 이 제목이 사용된 적이 없지만 학자들은 이 단락을 '이방에 대한 예언(Foreign Prophecies)' 으로 부르는 데 실질적으로 거의 동의한다. 그러나 어떤 이들은 '열국에 대한 심판 예언(Prophecies against the Nations)' 으로 불러야 한다고 주장한다.

이 메시지들을 연구하면 두 가지 의문이 생긴다. 이 의문이 결정적으로 중요한 것은 아니지만 그 내용에 대한 우리의 이해를 풍성하게 하므로 간략히 살펴볼 필요가 있다. 첫째, 그 설교들이 단순히 기록만 된 것인가? 아니면 공개적으로 전달되기도 했는가? 나아가 후자의 경우라면 오직 히브리 청중들만을 대상으로 한 것인가? 아니면 예레미야가 실제로 여러 나라들을 다니면서 선언한 것인가? 둘째, 이 메시지들의 의도는 무엇이며 세상을 위한 하나님의 구속 계획과 어떤 관련이 있는가?

이 메시지들이 단순히 기록으로만 그친 것인지 혹은 실제로 선포된 것인지와 관련해, 선지자가 이것을 선포하지 않았다고 믿기에는 큰 어려움이 있다. 예레미야가 시인이었지만 이와 같은 메시지를 기록하기만 하고 결코 선포하지는 않았다고 생각되지 않는다.

그렇다면 예레미야는 어디서 이 메시지들을 선포했는가? 히브리 선지자들은 순회 여행을 다녔다. 하나님께서는 요나를 니느웨로 보내셨다. 아모스는 남유다의 드고아에서 북왕국의 벧엘로 갔다. 엘리야와 엘리사 둘 다 비이스라엘 국가들을 찾아갔다. 하나님께서는 예레미야를 유프라테스 강으로 보내셔서 허리띠를 파묻게 하셨고 다시 그것을 찾아오도록 하셨다(이 사건을 다르게 해석하는 일부 주석가도 있다). 그러나 선지자가 이 메시지들을 열국들에 전하기 위해 여행을 했는지는 확실히 모른다.

두 번째 질문에 대답을 하다보면 이 예언들이 주어진 여러 가지 이유들이 드러난다. 첫째, 예레미야는 이 예언들을 선포하면서 그의 말을 듣는 모든 사람들에게 하나님께서는 이스라엘뿐 아니라 모든 열국과 열방들에게도 거룩하신 하나님이심을 분명하게 밝힌다. 모든 열국들이 그들의 행위에 책임이 있다는 유사한 진리가 존재한다.

둘째, 이방 나라들에 대한 이 메시지는 유다 백성들과 그의 말을 들은 다른 이들에게 위로와 확신을 주게 될 것이다. 이 열국들은 대부분 이런 저런 시기에 하나님의 백성들을 학대했던 민족이었다. 유다를 괴롭힌 열국이 심판을 받을 것이라는 선지자의 예언은 후자의 사람들에게 하나님께서 그들의 악행을 심판하실 것임을 알려줄 것이다.

셋째, 하나님께서는 이 메시지를 열국이 그분의 구속 계획에 포함되어 있음을 알리는 데 사용하셨다. 그분의 구속 계획의 범위는 전 세계적인 것이었다. 하나님께서 아브람을 새 땅으로 부르실 때 여섯 가지 메시지를 주셨다. 그분은 아브람을 통해 세상의 모든 열국이 축복을 받을 것이라는 약속으로 메시지를 마무리하셨다. 예레미야가 글을 쓰고 있는 이 나라들은 모두 그 약속에 포함되었다.

또 다른 위대한 선지자는 "네가 나의 종이 되어 야곱의 지파들을 일으키며 이스라엘 중에 보전된 자를 돌아오게 할 것은 오히려 경한 일이라 내가 또 너로 이방의 빛을 삼아 나의 구원을 베풀어서 땅 끝까지 이르게 하리라"(사 49:6)고 말했다. 뒤에서 그는 또다시 "열방은 네 빛으로, 열왕은 비취는 네 광명으로 나아오리라"(사 60:3)고 말했다.

예수 그리스도를 통해 이 약속들과 예언들은 궁극적으로 성취되었다. 그러나 열국들에 보내는 예레미야의 편지에서 우리는 하나님의 구속 계획이 어떤 부분에서는 희미하지만 미리 예시되어 있음을 본다. 이 진리는 열국들에 대한 메시지에서 가장 중요한 부분이다.

A. 애굽에 대한 두 편의 시(46:1-28)

Supporting Idea	오만한 나라 애굽은 자기를 의지하는 자들을 결코 도울 수 없다. 애굽을 의지하는 것은 허망한 일이다.

애굽의 장구한 역사는 최고의 역사가들에게조차 벅찬 도전이다. 「홀만 성경 사전(Holman Dictionary)」의 다니엘 C. 브라우닝(Daniel C. Browning)이 쓴 탁월한 글은 수세기에 걸친 애굽의 역사를 간결하면서 포괄적으로 요약한다. 이 장에서 예레미야의 두 편의 시는 이 고대 제국이 국제 정치에 개입해 그 대가를 치른 때에 나온 것이다.

46:1. 제목의 역할을 하는 이 구절은 이방 민족들에 대한 전체 메시지들의 서론으로 기능한다. 다른 두 대선지서들인 이사야와 에스겔은 예레미야서처럼 도입부에 해당하는 구절은 없지만 이와 유사한 내용의 메시지들을 전하고 있다. 아모스서 역시 다른 민족들에 대한 메시지들을 수록하고 있지만 위의 세 선지서에 비해 그 내용이 적다.

46:2-12. 예레미야의 첫 번째 시(2절)는 최근 니느웨를 빼앗은 바벨론 왕과 싸우기 위해 준비하고 있는 애굽에 전한 메시지다. 그의 말 가운데 많은 내용은 조롱조가 묻어 나온다. 그는 하나님을 대변하면서 바벨론과 같은 강력한 적과 대적하기에 애굽의 노력이 미약하다고 비웃는다.

예레미야는 부하들에게 결정적인 전쟁에 대비하도록 명령하는 장군의 역할을 하고 있다. 3절은 너희는 큰 방패, 작은 방패를 예비하고 나가서 싸우라고 말한다. 히브리어 본문은 두 가지 다른 형태의 방패를 가리킨다. 후자는 모양이 작고 원형이었다. 전자는 길이가 긴 것으로 전체 몸을 방어하는 데 사용되었다.

말에 안장을 지운다는 표현(4절)은 전투를 앞두고 전차를 사용할 수 있도록 준비한다는 뜻이다. 탄다는 표현은 어떤 번역에서는 "그대 마병들이여, 말에 올라타라"로 번역되어 있지만 NIV 번역이 더 좋다. 어떤 주석가는 투구가 오직 전투가 벌어질 때만 쓰는 것이기 때문에 투구를 쓰라는 명령은 실제로 전쟁을 시작하라는 명령이라고 주장한다.

4절에서 갑옷으로 번역된 단어는 KJV와 어떤 다른 번역들에서는 '장수(brigandines)'로 번역되어 있다. 이 명사는 또한 '미늘 갑옷(scale-armor)'으로 번역되기도 했다(NASB). '장수'라는 단어는 군대 '여단(brigade)'과 연관이 있고 '여단장(brigadier)'은 그러한 여단의 지휘자였다. 이 갑옷은 아마 가볍게 무장한 척후병이 사용했을 것이다.

5절에서 갑작스러운 변화가 일어난다. 예레미야는 전쟁을 준비하던 교만하고 자신만만한 군대가 패해서, 굴욕을 당한 전사들이 공포에 질려 뿔뿔이 흩어져 물러가는 것을 묘사하고 있다. 선지자는 전투 과정을 묘사할 정도로 애굽의 전쟁 노력을 존중해주지 않는다. 그는 단순히 이사야가 "가만히 앉은 라합"(사 30:7)이라고 부른 자의 비극적 최후를 말해줄 뿐이다. 예레미야는 당혹스러움을 표현한다. 그러한 멋진 군대가 그토록 쉽게 그리고 처절하게 패배하고, 심지어 노략질당하고 파멸당할 수 있다는 것이 믿어지지 않았다. 재앙이 너무 갑작스럽고 처절하기 때문에 가장 빠르고 신속한 용사도 그것을 피해 집으로 돌아갈 수 없다(6절).

한 학자는 예레미야 선지자의 지리적 묘사의 정확성을 입증해주었다. 그는 앗수르와 바벨론 군대가 충돌한 갈그미스가 북위 32도인 예루살렘과 비교할 때 북위 36도 지점에 위치했음을 지적한다. 근방에서 전투가 벌어진 그 도시는 애굽보다 더 먼 북쪽 지점에 있었을 것이다.

우리는 예레미야가 말하고 있는 나라에 대해 한 가지 암시를 얻는다(7절). 이 암시는 애굽이 해마다 홍수가 일어나서 근방 지역을 덮는 나일에 비유된 8절에서 확인이 된다. 나일 강이 범람하듯이 애굽은 기세등등하게 일어나 땅을 덮고 성읍들을 무너뜨리겠다고 위협한다. 종종 애굽을 상징하는 이름으로 불린 이 '나일의 선물'은 온 땅을 덮어버리고자 하는 노력으로 자신의 은인, 즉 나일 강을 모방하고자 노력하지만 군사적 무력을 이용해서 이 일을 시도한다. 물론 위협적인 강과는 반대로 그들이 그것을 시도한 의도는 파괴적이었다. 그들의 군대가 그 시도를 성공한다 해도 더 나아지거나 더 생산적인 결과는 전혀 없을 것이다.

애굽의 딱딱 끊어지는 듯한 명령이 군인들에게 계속 하달된다. 9절은 주변 삼 개국에서 고용된 용병들이 있음을 보여준다. 본문은 이 비애굽 군대가 제2전선의 병사들을 말하는지 혹은 주력군에 대한 구체적인 확인인지 명시하지 않는다.

10절은 더 큰 문맥을 이해하는 데 열쇠가 된다. 애굽은 세계 제패를 달성하기 위한 수단으로 갈그미스 전투를 고대했다. 그러나 그 결과는 애굽의 기대와는 딴판이었다. 갈그미스는 애굽이 꾼 모든 꿈을 무너뜨렸다.

갈그미스 전투의 승자는 누구인가? 바벨론인가? 아니다. 하나님께서 그 전투의 승자셨다. 그분은 느부갓네살을 크게 기뻐하지 않으셨다. 오히려 애굽과 앗수르에 대해 '지겹고 싫증이 나신' 것뿐이었다. 전쟁에 승리한 나라는 아무도 없다. 전쟁에 진 다른 나라들만 있을 뿐이다. 군사력과 인간의 재간으로 승리를 얻는 것이 절대 아니다. 항상 하나님께서 더 큰 목적과 계획들을 성취하기 위해 사건들을 이용하신다.

그날에 대한 예레미야의 묘사는 여호와께서 대적에게 보복하시는 일에 대한 묘사였다. 하나님께서는 사랑이시지만 또한 거룩하신 분이다. 10절은 하나님의 거룩하심에 대한 입증이다. 그분의 백성들과 사자들은 자신들이 헛되이 수고하는 것이 아니라는 증거가 주기적으로 필요하다. 종종 하나님께서는 땅에서 그분의 주권성과 공의가 시행되고 있다는 증거를 보도록 하신다. 이것은 그러한 예들 가운데 하나다.

11-12절은 하나님을 무시하고자 하는 모든 이들에 대한 경고다. 이 길을 좇는 것은 지혜롭지 못할 뿐 아니라 또한 자기 파괴적이다. 예레미야가 애굽을 부를 때 사용한 호칭은 하나님께서 예루살렘을 처녀 딸이라고 부르신 때를 상기시킨다. 이 문맥에서 그는 두 가지로 추정되는 이유로 애굽을 이런 식으로 호칭하고 있다. 첫째, 애굽은 전쟁으로 인해 전 국토가 유린당한 적이 없었다. 패배한 적이 있다고? 그렇다. 패배한 적은 있다. 하지만 완전히 정복당한 적은 한 번도 없었다. 둘째, 그 당시의 젊은 처녀가 부모님의 집에 안전하게 거주했던 것처럼 애굽인들은 안전한 삶을 영위했다.

길르앗으로 올라가서 유향을 취하라는 명령은 그 당시의 풍습을 반영한 것이다. 치료 효과가 있는 이 식물이 정확히 무엇인지는 확실하지 않다. 하지만 길르앗은 아픈 사람들에게 고통을 덜어주는 일종의 약품 생산지로 유명했다. 학자들은 그것이 의학적 성분이 있는 연고라고 믿는다. 그것은 광범위하게 사용되었다. 예레미야는 이전에 자기 동족들에게 "길르앗에는 유향이 있지 아니한가 그곳에는 의사가 있지 아니한가 딸 내 백성이 치료를 받지 못함은 어찜인고"(8:22)라고 외친 적이 있다. 선지자는 애굽인들이 인간적인 노력으로 그들의 문제를 풀 수 있으리라는 희망을 행여 품지 않도록 바로 일격을 가한다.

예레미야는 이 시를 이중적인 지적과 선언으로 마무리한다. 첫째, 애굽이 갈그미스에서 굴욕을 당했다는 소식이 열국들에게 알려질 것이다. 둘째, 애굽 군사들이 혼란에 사로잡힐 것이다. 이 메시지는 우울하고 비관적인 어조로 마무리된다. 애굽이 경악과 혼란과 충격에 사로잡혀 있는 동안 열국들에게 얻었던 애굽의 모든 명성이 심각하게 훼손될 것이다.

46:13-26. 애굽에 대한 두 번째 신탁은 직접적인 속편이다. 어떤 주석가들은 이 신탁이 거의 동시기에 쓰였을 것이라고 믿는다. 사려 깊은 이스라엘 백성이라면 지금쯤 예레미야의 '북방에서 오는 대적' 에 대한 원래 메시지가 참된 선지자의 예언이라는 것을

알았을 것이다. 오래 지체되기는 했지만 그 예언들은 패권 국가로서 바벨론의 부상으로 궁극적으로 성취되고 있었고, 유다를 징계하시는 하나님의 계획의 일부로 인식되고 있었다.

느부갓네살은 확실하게 애굽 정복을 완료할 수 있었지만 일시적으로 지체될 수밖에 없었다. 갈그미스에서 애굽에 승리한 그 해에 그는 부친 나보폴라살이 사망함으로 바벨론으로 돌아가야만 했다. 하지만 그 일 이후에 느부갓네살은 다시 돌아왔다. 그가 애굽으로 가기 전 블레셋의 일부, 특별히 아스글론을 정복했기 때문에 학자들은 정확한 일자에 대해 의견이 분분하다.

14절에 언급된 세 도시는 그들의 영토에서 전쟁이 벌어질 것임을 알았다. 예레미야는 그들에게 전쟁에 대비하라고 경고한다. 그 결과는 의심할 여지가 없다. 용병들은 상황이 너무나 절망적임을 깨닫고 안전한 자국으로 도망갈 것이다. **그가 시기를 잃었도다**라는 그들의 외침은 애굽 왕에게 모욕일 것이다. 아무도 패자의 편이 되기를 원치 않는다.

그 당시 세속 사람들의 눈에는 그 승리가 군사적으로 우세한 세력의 승리로 보였겠지만 하나님의 선지자는 그 이상을 알고 있었다. 이것은 하나님께서 예레미야를 사역으로 소명하실 때 선언하신 신적 계획의 실현이었다. 예레미야는 18절에서 그 승리가 하나님의 개입으로 인한 것임을 명확히 천명한 후, 여호와 하나님을 **다볼 산**과 **갈멜 산**에 비유한다. 이 두 산은 시야에 들어오는 모든 것을 압도하며 우뚝 솟아 있는 거대한 산이었다.

다볼과 갈멜은 하나님의 능력과 힘에 대한 이상적인 예시다. 선지자는 인상적인 비유에 이어 19절에서 **놉**(멤피스)이라는 중요 도시에 대해 경고한다. 그 도시의 파멸이 임박했기 때문이다. **황무하다**로 번역된 동사는 문자적으로 '화재가 나다' 라는 뜻이다.

20절에서 은유와 21절에서는 직유가 예레미야의 충격적인 메시지에 추가되어 있다. 예레미야 선지자는 애굽을 **아름답다**고 이야기하면서 아마 황소인 애굽 신 아피스를 교묘하게 그리고 빈정거리듯이 언급하고 있는 것 같다. **쇠파리**로 번역(개역개정역)된 히브리어는 'to hip(허리를 빼게 하다 - 역주)' 라는 뜻의 동사에서 파생한 것이다. 이 성가신 작은 생물은 시끄럽게 윙윙거리며 사람을 쏘기도 하지만 생명에 위협을 주지는 않는다. 바벨론의 공격도 마찬가지였다. 애굽은 살아남을 것이다.

애굽 군대의 **고용군**들은 전쟁에서 지는 편에 서서 싸운다는 것을 감지하고 '빠지려고 할 것이다.' 외양간의 송아지라는 표현은 아마 전투의 대가로 받은 돈으로 홍청거렸던 생활을 가리킬 것이다.

예레미야는 다가올 재난에 대한 자신의 설명을 강조하기 위해 세 가지 그림을 사용한다(22-23절). 나무꾼이 숲을 벌목하듯이 적이 다가오면 뱀은 숨는다. 그리고 몰래 빠져나간다. 뱀의 소리가 위협적이지만 실제로 아무 힘이 없다. 또다시 선지자의 메시지는 애굽의 종교적 제도에 도전하고 있다. 뱀은 그들에게 중요한 신이었고, 종종 왕의 기장에 사용되었다.

황충이라는 비유적 표현이 예레미야의 생생한 경고에 추가된다. 팔레스타인과 주변지역에서는 종종 메뚜기로 인한 재앙이 찾아왔다. 다른 그림인 처녀가 수치를 당하는 그림에서(24절) 선지자는 성폭행을 의미하는 동사를 사용했다.

예레미야는 하나님의 심판에 대한 요약 진술로 애굽에 대한 신탁을 마무리한다(25-26절 상). 그는 특별히 백성들이 숭배하고 보호받기 위해 의지한 신들을 언급한다. 애굽이 수많은 신들을 숭배했지만 아몬은 상이집트의 수도인 노(테베)에서 특별히 숭상한 신이었다. 하이집트의 수도인 놉(멤피스)을 언급했던 선지자는 상이집트의 수도에 대해 예언하고 있다. 카르낙 신전에서 숭배된 이 신은 후에 태양신인 레에 흡수되어 모든 애굽의 최고 신이 되었다.

애굽에 대한 마지막 메시지를 끝내기 전에 예레미야는 희망의 메시지를 제공한다. 그 위대한 왕국은 멸망하지 않을 것이다. 장차 애굽은 다시 사람 살 곳이 될 것이다. 그러나 예레미야는 애굽의 미래에 대해 더 상세하게 말하지 않는다. 그의 예언의 목적은 그들의 현재 위험을 경고하는 것이었다. 그러고나서 그는 하나님의 백성들에게 마지막 메시지를 던진다. 이 메시지는 다음 두 구절에 수록되어 있다.

46:27-28. 선지자들이 열국들에 대해 어떤 예언을 하건 그들의 주된 초점은 항상 하나님의 구속 계획에 집중되었다. 하나님께서는 이스라엘에서 시작하셔서 세계로 시야를 확대하셨다. 이스라엘의 오랜 숙적이며 대적인 애굽에 대한 이 신탁이 하나님께서 그분의 뜻을 실행하기 위한 도구로 선택하신 자들에게 주는 확신으로 마무리되는 것은 매우 적절하다.

27절과 28절은 아름다운 평행을 이루고 있다. 그러나 두 번째 구절은 새로운 내용이 추가되어 성격상 보완하는 역할을 해주고 있다. 두 구절 모두 두려워 말라는 위로의 권면으로 시작한다. 이것은 이 시기에 하나님의 백성들에게 가장 필요한 말이었다. 하나님의 약속은 애굽으로 도망간 남은 자들을 위한 약속의 말씀일 뿐 아니라 포로로 살고 있는 모든 이스라엘에게 주시는 약속의 말씀이다.

B. 블레셋에 대한 하나님의 메시지(47:1-7)

Supporting Idea 하나님의 백성들의 오랜 원수였던 블레셋이 침묵할 것이다.

블레셋은 세계 역사에서 결코 주도적 역할을 한 적이 없지만 여러 세기 동안 패권 국가가 되고자 하는 나라들에 '옆구리의 가시' 같은 존재였다. 그들의 원래 고향은 갑돌로 일반적으로 학자들은 크레테로 간주한다(암 9:7). 이 '이스라엘의 할례 받지 못한 대적' 은 성경 역사에서 아브라함 시대에 처음 등장했다. 그들은 주전 1188년에 애굽을 침공하고자 시도했지만 람세스 3세에게 대패했다. 그러고나서 그들은 가나안 남서부에 정착했다. 가나안에 정착한 이스라엘 역사 초기에 블레셋 족속들은 무서운 적이었다. 그들은 결국 다윗에게 정복되었다.

예레미야 시대에 블레셋 족속은 위험할 정도로 위협적인 존재는 아니었다. 하지만 그들은 항상 북쪽이나 동쪽에서 애굽으로 군사 원정을 가고자 하는 자들에게는 잠재적인 '방해물' 이었다. 블레셋은 다섯 주요 도시, 즉 가사, 가드, 아스글론, 아스돗, 에그론을 중심으로 이루어졌다.

47:1. 블레셋과 바벨론, 애굽 그리고 나머지 나라들과의 관계와 관련된 모든 연대들에 대해 학자들 간의 의견이 일치하지 않는다. 우리는 연대에 대한 주장을 모두 검토하지 않고 예레미야의 이 설교의 배경과 관련해 두 개의 연대만 한정해 살펴볼 수 있을 것이다.

첫째, 예레미야는 바로가 갈그미스 전투에 참전하러 가는 도중 므깃도에서 요시야를 죽인 후 감행한 공격을 언급하고 있을 가능성이 있다. 이 시기는 주전 608년이나 609년이었을 것이다. 둘째, 예레미야는 주전 약 601년의 나중 공격을 염두에 두었을 수도 있다. 이것은 애굽이 느부갓네살과 만나 그에게 심각한 타격을 입힘으로 바벨론 왕이 자기 나라로 후퇴해 군대를 재정비한 사건 이후일 것이다. 승리에 도취된 애굽은 그 여세를 몰아 가사를 치기 위한 원정에 나섰다.

다른 연대들이 제시되기도 했지만 필자의 판단으로는 이 두 연대가 가장 설득력이 있는 것 같다. 예레미야 선지자가 전달한 영적 진리는 우리에게 이 진리를 전한 시기를 한 치 오차 없이 정확하게 밝혀내야 할 것을 요구하지는 않는다.

47:2-3. 예레미야는 이 구절에서 바벨론이 블레셋을 공격한 것을 말하고 있다. 이것은 남쪽에 위치한 블레셋 도시인 가사가 애굽의 공격을 받은 후에 감행된 것이다. 선지자는 이사야가 당시의 앗수르를 묘사하기 위해 사용했던 동일한 비유(사 8:7-8)를 사용해 바벨론 군대를 묘사하고 있다. 그는 바벨론에 대해 언급하면서 나일 강과 연중 일어나는 그 강의 범람을 떠올렸던 것 같다. 그러나 바벨론의 공격과 나일 강의 범람 사이에는 한 가지 뚜렷한 차이점이 있다. 나일 강의 홍수는 메마른 긴 여름이 지난 후 땅에 물과 영양이 풍부한 흙을 대지에 새롭게 공급해주는 역할을 했다. 하지만 바벨론식 홍수는 블레셋 족속을 고통과 공포로 울부짖게 만들 것이다. 바벨론 군대는 너무나 무자비해서 부모들도 자신들의 안전을 위해 자식들을 버리고 도망갈 것이다.

47:4. 이 구절은 바벨론 군대를 보내신 하나님의 뜻과 그들이 하나님의 구속 역사에서 어떻게 적절한 역할을 하는지를 지적한다. 예레미야가 바벨론을 변호하는 것은 그가 이 나라에 대해 우호적이거나 그들의 목표를 역사적으로 인정해서가 아니었다. 오히려 그는 이스라엘의 운명을 비롯해 국제적 역사의 사건들을 바벨론이 주도하는 것이 현재적인 하나님의 뜻이라고 확신하고 있었다. 나중에 하나님께서는 바벨론도 처리하실 것이다. 그러나 그 당시에는 이 나라가 당신의 백성들에 대한 그분의 뜻을 성취하는 종이었다.

47:5-7. 예레미야가 가사와 아스글론을 특별히 언급하기로 결정한 것은 이 도시들이 다섯 도시 연합의 대표이며, 따라서 블레셋 전체의 대표였기 때문일 것이다. 머리를 밀고 자신의 몸을 자해하는 것은 수치와 굴욕을 나타내는 애곡의 상징이었다. 멸망되다로 번역된 히브리 단어는 잠잠하다로 번역될 수도 있다. 예레미야는 블레셋이 하나님께 울부짖으며 형벌을 멈추어달라고 애걸하는 모습을 그리고 있다(6절). 그러나 다음 구절에서 그는 이것이 하나님의 뜻이었음을 그들에게 알려준다.

죄는 응당 치러야 할 대가를 치르게 되어 있다. 백성들은 여호와의 칼에 항의하고 있다. 그들은 스스로의 내면을 들여다보고 참된 잘못을 깨닫거나 자신의 불성실함을 회개하기를 거부한다. 오히려 하나님의 칼이 칼집으로 되돌아가게 해달라고 간청한다.

C. 모압에 대한 하나님의 메시지(48:1-47)

Supporting Idea	어떤 사람들은 하나님의 계시에 가까이 다가간다 해도 영적 문제들의 참된 본질을 절대 이해하는 것 같지 않다.

역사상 이스라엘과 모압의 관계는 때로 평화로웠지만 때로 적대적이기도 했다. 주전 600-598년 여호야김이 주도해 바벨론에 맞섰을 때 모압은 바벨론의 편에 섰다. 후에 모압은 시드기야가 바벨론에 마지막으로 반란을 일으켰을 때도 그의 편에 서지 않았다. 이 반란은 예루살렘의 완전한 파멸을 초래했다. 주전 581년 모압은 바벨론에 의해 정복되었다. 몇 년 후 동쪽의 아랍인들의 침공으로 모압은 완전히 멸망했다.

예레미야는 바벨론을 제외하면 모든 다른 '이방 민족들' 가운데 모압에 가장 많은 지면을 할애하고 있다. 모압에 대한 이 치우친 관심은 이스라엘에 대한 모압의 반대가 대부분의 학자들이 생각하는 것보다 더 심했음을 암시한다.

48:1-10. 이 단락은 침략자가 다가오고 있다는 모압의 여러 지역들에 대한 예레미야의 긴급한 경고를 담고 있다. 지면 부족으로 이 여러 지역들에 대한 자세한 설명은 하지 않을 것이다. 고대 모압의 지리에 대한 정보가 제한되어 있기 때문에 최고의 주석가들의 결정을 따르면 적은 북쪽에서 남쪽으로 이동했다. 이로 인해 모압 족속들은 사막으로 피할 수밖에 없었다.

느보는 사해 동쪽 약 19킬로미터 거리에 위치한 동일한 이름의 산과 혼동해서는 안 된다(서로 근방에 위치했을 수 있다). 헤스본은 모압의 중요 도시들 가운데 하나로 사해의 북동쪽에 위치했다. 그것은 모압과 암몬의 북쪽 국경을 이루고 있었다. 여러 주장들이 제기되었지만 학자들은 맛멘의 위치가 어디인지 확실하게 밝혀낼 수 없다. 그곳이 마사다 동쪽, 사해에서 약 13킬로미터 거리에 위치한 현재 마을의 부근이라는 것이 일반적으로 수용되는 견해다.

전쟁으로 인한 가장 끔찍한 비극 가운데 하나는 아이들이 당하는 고통이다. 어떤 번역들은 그들의 울부짖음이 아마 사해 극단에 있었을 평지 도시들 가운데 하나인 소알까지 들렸다고 묘사한다(4-5절). 루힛의 위치는 알려져 있지 않지만 예레미야가 호로나임으로 이르는 길을 아이들이 내려갔다고 하는 것으로 보아 고지대에 위치했을 것이 분명하다. 슬프고 고통스러운 그림이다.

예레미야는 몇 도시들을 자세히 언급하고 특별한 경고를 준 후 6-8절에서 일반적인 경고의 메시지를 전한다. 6절의 **광야의 떨기나무같이 될지어다**라는 비유적 표현은 아마 모압 족속들이 사람들에게 들키지 않는 외딴 곳으로 도망가야 한다는 뜻으로 사용되었을 것이다. 7절에서 예레미야는 모압의 임박한 파멸에 대한 구체적인 이유들을 소개한다. 자기 충족과 탐욕이었다. 이 두 가지 죄는 샴쌍둥이와 유사하다. 서로가 서로에게 기생한다.

예레미야는 자신의 입장을 타협하길 거부했다. 그는 오랫동안 자신을 내몰았던 인생의 비전을 반복했다. 죄는 파멸의 형태로 심판받을 것이다. 모압의 민족 신 **그모스**와 같이 손으로 만든 신들은 그 백성들을 돕거나 구원해줄 수 없으며 그들과 동일한 운명에 처할 것이다. 모압 신의 주된 역할은 아마 백성들이 땅을 얻도록 도와주는 능력이었을 것이다. 그러나 그 신은 그 능력을 증명해주지 못할 것이다.

모압의 모든 부분이 임박한 파멸을 경험할 것이다(8절). 예레미야는 성에 **소금**을 뿌리는, 그 당시에 익숙한 비유를 사용한다(9절). 이것은 그 성의 철저한 파멸을 암시했다. 다시는 그곳에서 어떤 것도 자라지 못할 것이다(삿 9:45).

어떤 학자들은 10절의 선지자의 언급을 편집자가 추가한 내용이라고 생각하지만 이 주장을 확인해줄 어떤 증거도 존재하지 않는다. 예레미야는 개인적인 의견을 표현하는데 익숙했다. 하나님의 백성들이 중요한 대의를 추구하도록 돕지 않는 것은 무서운 죄악이다. 우리는 그 죄를 아무것도 하지 않는 죄라고 부른다.

48:11-17. 이 단락의 대부분의 지면에서 선지자는 모압의 행동하지 않음과 무관심을 정죄한다. 술이라는 비유는 주의해서 해석해야 한다. 감식가들은 **포도주**를 찌끼와 함께 오래 두면 맛이 좋아진다고 주장한다. 하지만 그것을 너무 오래 두면 포도주가 너무 달거나 끈적거려 마시기에 좋지 않다고 말하는 사람들도 있다. 예레미야는 후자의 이 관찰에서 얻은 교훈을 강조하고자 했다. 개인이나 국가가 너무 부유해지고 형통하게 되면 허약해지고 부패하기 시작한다. 자기 만족은 붕괴와 파멸로 이어진다. 이것이 모압의 심각한 약점이었다.

이 비유에 이어 예레미야는 12절에서 다시 모압에 대한 경고를 시작한다. 이스라엘이 벧엘에서 이방신을 섬긴 것이 허망함을 알았듯이 적이 오면 모압은 자신의 신을 섬긴 것이 무익함을 깨달을 것이다. 대부분의 주석가들은 이것이 여로보암이 북왕국을 위해 세운 거짓 예배 장소에 대한 암시라고 믿는다. 어떤 이들은 이 언급이 시리아에서 숭배한 우상에 대한 것이라고 주장한다.

이 단락의 나머지는 임박한 심판에 대한 그림을 강화한다. 마지막 일격이 가해질 때 그 일이 갑자기 일어날 것이다. 주변 민족들은 한때 영화로웠던 모압이 약하고 무능한 국가가 되는 것을 보고 충격에 빠질 것이다.

48:18-25. 예레미야는 한때 영화로움을 자랑했고 그 지역의 왕, 메사의 왕궁이 있던 도시인 디본을 향해 선포한다. 선지자는 전 민족의 대표로서 그 성과 백성들에게 선포한다. 오늘날 아이들이 행진을 구경하듯이, 선지자는 디본의 주민들이 성을 탈출해 길로 내려가는 그림을 그린다. 예레미야는 아무 희망도 보지 못한다. 그는 모압 족속들의 운명에 동참할 수많은 성들을 거론한다.

48:26-30. 여기서 새 단락이 시작된다. 예레미야가 사용하는 비유(비록 역겹고 혐오스럽지만)는 그의 요점을 전달한다. 그는 하나님의 진노를 묘사하기 위해 25장 15-16절과 27-29장에서 이와 동일한 비유적 표현을 사용했다. 모압 족속들은 하나님의 진노와 분노의 잔을 마시게 될 자들의 명단에 포함되어 있었다. 선지자는 침략군이 올 때 모압이 겪을 놀라움과 혼란을 묘사했다.

훨씬 더 역겨운 또 다른 그림은 모압이 토한 것에서 뒹구는 것이다. 이것은 모압이 빠진 부패와 타락의 심각성을 보여준다. 하나님께서는 이전에 이스라엘을 조롱하신 적이 있지만 예레미야가 지적하듯이, 이스라엘이 모압처럼 그런 역겨운 행동에 가담하지는 않았다. 그러고나서 예레미야는 모압 족속들에게 숨을 곳이 있다면 찾아서 피하라고 경고한다. 예레미야는 다시 한 번 모압의 중대한 죄를 지적한다. 교만이 오만으로 이어지고 거만이 그야말로 최고조에 달한다(29-30절).

48:31-39. 참된 하나님의 선지자라면 사람들이 정죄를 받아 마땅한 죄를 지었다 해도 그들을 정죄하는 것을 즐기지 않는다. 이 구절들은 모압의 파멸이 임박한 것 때문에 깊은 슬픔을 표현하는 예레미야의 참된 마음을 보여준다. 우리 구세주의 심정이 예레미야의 말 속에 드러난다.

48:40-47. 이 단락에서 모압에 대한 예레미야의 메시지가 마무리된다. 이 장을 읽으

면 때로 이 장이 긴 하나의 담화인 것처럼 보인다. 그러나 어떤 때는 수많은 별개의 시들이 하나로 묶여 있는 듯한 느낌을 준다. 어느 것이 사실이든, 이 마지막 단락은 적절한 마무리 역할을 해준다. 선지자는 모압의 운명에 대해 잊을 수 없는 한 가지 마지막 그림을 그린다. 하나님의 진노를 피하고자 하는 모든 시도는 더 무서운 재앙을 가져다줄 것이다.

예레미야는 모압에 대한 희망의 메시지로 마무리한다. 하나님께서는 모압의 미래를 예비하고 계셨다. 이것이 어떻게 성취되었는지는 확실하게 알 수 없다. 아마 우리 연구에 관련지어 참고할 수 있는 내용은 유다에 대한 위로의 사상에서 발견된다. 하나님께서 후대에 모압을 회복하시고자 하실 마음이 있다면 그분의 언약 백성들에 대해서도 분명히 마찬가지일 것이다. 결론은 하나님의 나라는 한 민족에 국한된 것이 아니라 우주적이라는 사실이다. 하나님께서는 회개하며 헌신하는 마음으로 기꺼이 하나님 앞으로 나아오고자 하는 사람이라면 누구든지, 언제라도 어디서나 사용하실 수 있다.

D. 암몬에 대한 심판의 메시지(49:1-6)

Supporting Idea	다른 사람들의 소유를 강탈하는 사람들은 정반대되는 상황을 당할 때 원망하거나 놀라지 말아야 한다.

모압처럼 암몬도 그 기원이 롯에게로 거슬러 올라간다(창 19:38). 암몬은 사사 시대부터 이스라엘과 전쟁을 했지만 이스라엘에게서 자신의 땅을 결코 되찾을 수 없었다. 그러나 앗수르가 주전 722년 이스라엘을 정복하자 암몬은 갓 지파가 차지한 땅을 빼앗아갔다. 암몬은 앗수르의 부유한 봉신 국가가 되었다. 느부갓네살이 앗수르에 승리하자 암몬은 승자에게 빌붙었다. 암몬은 바벨론을 도와 유다의 반란을 진압했지만 유다가 다시 반란을 일으키자 바벨론을 배신했다. 결과 느부갓네살의 응징의 대상이 되었다. 후에 암몬은 다른 세력에 의해 멸망하여 한 국가로서의 수명을 다하고 만다.

49:1-2. 이 구절들에서 하나님께서는 여호수아를 통해 갓 지파에 허락하신 땅을 빼앗아간 암몬을 정죄하신다. 예레미야의 메시지는 두 가지 내용을 담고 있다. 암몬에 대한 책망과 이스라엘에 대한 확신의 말. 그는 그 일이 성취될 시간을 전혀 알리지 않고 오직 하나님의 재량에 맡긴다.

49:3-6. 예레미야가 언급한 아이는 이스라엘이 여리고 성에 대해 승리를 거둔 후 패배를 맛본 여호수아서의 그 성이 아니다. 예레미야는 헤스본 근방에 위치한 것으로 보이는 또 다른 아이를 언급하고 있다. 아마 아이는 그 큰 도시, 즉 헤스본의 마지막 방어선이었을 것이다.

랍바는 암몬의 수도다. 예레미야는 랍바 백성들에게 회개하고 참된 회개의 증거를 보이라고 촉구한다. 그렇지 않으면 그들과 그들의 신이 사로잡혀 갈 것이다. 암몬 사람들은 자신들이 안전하다고 생각하고 안심하며 자신만만했다. 예레미야는 그들이 포로로 잡혀갈 것이라고 경고한다. 하지만 이 단락의 마지막 구절은 미래의 어느 시점에 암몬 자손들이 회복될 것을 약속한다.

E. 에돔은 교만으로 파멸을 자초할 것이다(49:7-22)

Supporting Idea 자기 충족성에 대한 착각은 파멸을 당하고 말 것이다.

이삭의 아들들인 야곱과 에서의 경쟁 관계는 역사 속에서 그들의 후손들을 통해서도 끈질기게 계속되었다. 에서는 자신의 장자권과 축복을 빼앗긴 후 사해의 남동쪽 땅으로 가서 나라를 세웠다. 그 나라가 바로 에돔으로 알려지게 되었다. 형제 사이의 경쟁으로 시작된 일이 증오와 수세기에 걸친 계속되는 전쟁으로 발전했다.

49:7-11. 하나의 지방이었을 데만은 에서의 손자의 이름을 본 따 지은 것이다. 초기 시절에 에돔 족속은 지혜로 명성을 날렸지만 세월이 흐르면서 그들의 지혜는 퇴색해갔다. 7절에서 예레미야가 에돔에 제기한 세 가지 수사학적 질문은 실제로 빈정거리는 조소였다.

드단이라는 성은 에돔의 일부가 아니지만 예레미야가 예언을 할 당시에 그곳 출신의 많은 사람들이 에돔에 살고 있었다. 선지자는 그들에게 에돔 사람들과 결별하라고 경고한다. 그들과 결별하면 침략군으로 인한 심판이 임할 때 그들과 함께 고통당하는 일을 피할 수 있을 것이다. 그는 드단 사람들에게 그들의 고아와 과부들이 돌봄을 받을 것임을 약속한다. 아마 이삭을 다 거두지 말고 남겨두라는 율법을 가리키는 것 같다(레 19:9-10, 신 24:21).

49:12-18. 예레미야는 에돔에 임박할 재앙을 강조한다. 16절에서 그는 에돔의 문제를 지적한다. 이 백성들은 바위틈에 안전하게 둥지를 틀고 있기 때문에 외적이 절대 침입할 수 없다고 생각했다. 하지만 선지자는 거민들이 하나님의 명령에 맞서 반역하며 윤리법을 무시할 때 안전한 나라는 하나도 없다고 경고한다. 롯과의 관계 때문에 유명해진 도시들처럼 에돔은 오직 수치 속에 오명을 뒤집어쓰고 살 것이다.

49:19-22. 에돔에 대한 이 마무리 메시지에서 예레미야는 여러 가지 비유적 표현을 사용한다. 첫째, 에돔을 침략한 자들은 먹이를 찾아 은신처에서 튀어나온 굶주린 사자와 같을 것이다. 선지자는 하나님을 대신해 한 가지 질문을 제기하지만 그것에 대답하지는 않는다. 추론하면 바벨론이 하나님께서 그 일을 하도록 선택하신 민족이라는 것이다. 일반적으로 목자들은 자신들의 양을 보호하지만 에돔을 보호할 수 있을 정도로 강한 통치자는 없을 것이다.

선지자는 게걸스럽게 먹이를 먹어치우는 사자의 은유를 다시 사용한다(20절). 그는 에돔에 어떤 희망의 메시지도 주지 않는다. 21절은 파멸이 덮칠 때 나타날 소란스러운 효과를 묘사한다. 에돔이 작은 나라이기는 하지만 굶주린 사자 앞에서 무너져내릴 때 멀리 떨어진 곳까지 그 소리가 들릴 것이다.

22절에서 예레미야는 두 가지 새로운 비유로 이 단락을 마무리한다. 그는 여전히 그 침략자가 누구인지 밝히지 않는다. 하지만 48장 40절과 비교해 솟구쳐오르는 독수리의 그림은 하나님의 심판 도구가 바벨론이라는 것을 암시한다. 선지자는 에돔의 고통을 가능한 한 가장 예리한 비유 가운데 하나인 해산하는 여인의 고통에 비유해 묘사하는 것으로 메시지를 마무리한다.

F. 다메섹에 임박한 심판(49:23-27)

Supporting Idea	하나님의 응징의 손길을 피할 수 있을 정도로 역사 속에 깊숙이 뿌리를 내리고 생존할 수 있는 도시나 문명은 존재하지 않는다.

49:23-27. 대부분의 역사가들은 어느 다른 도시보다 더 오랫동안 사람들이 지속적으로 거주한 도시라는 의미에서 다메섹이 세계에서 가장 오래된 도시라는 데 동의한다. 구약에서 두드러지게 등장하는 다메섹은 한때 하맛과 아르밧을 포함해 세 개의 시리아

국가들의 수도였다. 다메섹은 앗수르가 북왕국 이스라엘 전체를 멸망시키기 직전 앗수르에 함락되었다. 주전 605년 다메섹은 갈그미스 전투 이후에 바벨론의 봉신 국가가 되었다. 이전에 시리아와 이스라엘은 영토를 둘러싸고 끈질기게 싸웠지만 어느 쪽도 분쟁 지역의 땅에 대해 결정적으로 승리하지 못했다.

예레미야는 다메섹의 죄에 대해 자세히 언급하지 않는다. 1세기 전 아모스는 다메섹의 포악함에 대해 지적했다(암 1:3-5). 예레미야는 이 거대 도시의 절대적인 파멸을 예언하지는 않는다. 어떤 도시도, 혹은 어떤 문명도 하나님의 명령과 인간의 윤리법을 무시할 수 있을 정도로 역사에 깊이 뿌리내리고 생명을 유지할 수는 없다.

G. 게달과 하솔이 심판을 피하지 못할 것이다(49:28-33)

Supporting Idea	하나님의 심판은 가장 먼 곳까지 미친다.

수많은 아랍계 유목민들은 팔레스틴 동쪽의 시리아 사막 지역에서 살았다. 때로 그들은 사람들이 거주하는 지역을 급습하기 위해 원정을 가곤 했다. 이것은 매우 이질적인 문화들과 생활 방식 사이의 끝없는 갈등의 일부였다.

49:28-33. 게달의 거민들은 양을 먹이고(사 60:7), 무역을 했으며(겔 27:21), 능숙한 궁수들이 많았다(사 21:16-17). 학자들은 하솔이라는 단어에 대해 합치된 견해에 도달하는 데 어려움을 겪었다. 이것은 수세기 동안 존재했던 중요한 지역인 갈릴리 북쪽의 성읍을 말하는 것이 아니다. 하솔은 동쪽 사막 지대의 한 장소였다. 게달은 특정한 한 성읍일 수도 있지만 성벽이 없는 촌락들의 군락일 수도 있다.

예레미야는 게달과 하솔 모두 파멸당할 것이라고 선언한다. 31절은 바벨론에 그 일을 실행하라는 명령을 담고 있다. 그리고 그 원정의 결과에 대한 내용이 이어진다. 게달은 29절에서 다루어졌고, 그들은 구체적으로 하솔을 언급한다. 이 두 민족에게 주는 메시지는 하나님께서 그들을 심판할 도구로 바벨론을 선택하셨다는 것이다.

H. 엘람에 대한 하나님의 메시지(49:34-39)

Supporting Idea	하나님께서는 민족들이나 사람들을 멸망시킬 시기를 결정하신다.

49:34-39. 엘람의 역사는 노아 시대로 거슬러 올라간다(창 10:22). 셈의 아들들의 명단에서 엘람이 가장 먼저 등장한다. 아마 그가 장자라는 것을 암시하는 것 같다. 이 민족 집단은 길고 변화 무쌍한 역사를 가지고 있으며 때로 강대국으로 등장하기도 하지만 강대국의 동맹으로서 약소국 신세를 면치 못할 때가 많았다.

엘람은 현재의 이란인 고대 페르시아의 서쪽 가장 자리에 위치했다. 엘람은 앗수르와 바벨론 양국 모두와 군사적으로 충돌했다. 34절은 예레미야가 엘람을 심판하고 처벌한다는 계획에 대한 하나님의 말씀을 받은 때를 밝히고 있다. 35-38절은 그 심판에 관한 세부적인 내용을 다루고 있다.

39절은 엘람의 장래에 대한 희망의 말씀으로 메시지를 마무리하고 있다. 이것은 아마 주전 539년 이후에 부분적으로 성취되었을 것이다. 그때 수도인 수사는 페르시아 제국의 중심지가 되었다. 하지만 가장 위대한 성취는 엘람 출신의 한 무리들이 오순절에 참석해(행 2:7-9) 복음을 들었을 때 이루어졌다. 그들 가운데 일부는 아마 그리스도를 주로 받아들이고, 기독교 공동체를 세우기 위해 고향으로 돌아갔을 것이다.

I. 바벨론에 대한 심판의 메시지(50:1-51:64)

Supporting Idea	하나님께 맞서는 나라들에는 멸망이 기다린다.

바벨론에 관한 이 긴 장의 메시지는 단순하면서 직접적이다. 이 강대한 제국은 결국 전쟁에서 패하고 황폐한 황무지가 될 것이다. 문학적 구조와 내용은 이 자료가 하나의 긴 담화라기보다는 짧은 여러 설교들을 모은 것임을 암시한다.

50:1-10. 바벨론에 대한 메시지의 이 첫 소단락은 두 부분으로 구성되어 있다. 먼저 1-3절은 누구에게나 어느 곳에서나 선포해야 할 하나님의 말씀을 제공하고 있다. 바벨론은 확실한 심판을 받을 것이다. 그 나라는 황폐해질 것이며 치욕과 수치를 당할 것이

다. 한 나라가 북방에서라는 표현은 일반적인 표현으로 백성들에게 이해되었을 것이다. 이 표현은 비유적 표현으로서 침략자를 가리킨다. 침략군은 항상 '북쪽에서' 접근했다. 다른 나라들이 돕기는 했지만 하나님께서 바벨론을 응징하시기 위해 파멸의 도구로 사용하신 나라는 실제로 바사, 곧 페르시아였다.

예레미야는 포로로 잡혀갔던 이스라엘과 유다가 울며 그 길을 행하며 그 하나님 여호와께 구할 때를 예언한다(4절). 바벨론의 패망은 그들에게 "그 땅에서 나오라. 하나님께서 너희들을 고향으로 돌려보낼 준비가 되셨다"라는 메시지를 던져줄 것이다. 이 단락은 이스라엘을 향해 포로로 잡혀 있는 땅에서 나오라는 새로운 부르심으로 마무리한다. 하나님께서는 이스라엘을 포로로 삼은 자들을 멸하시기 위해 연합군을 올라오게 할 준비를 하고 계신다.

50:11-20. 이 구절들은 먼저 바벨론을 향한 하나님의 말씀을 소개하고(11-13절), 이어서 바벨론을 심판하시기 위해 일으켜세운 자들에게 주시는 하나님의 말씀을 담고 있다(14-16절). 17절은 먼저 앗수르에 먹히고 다음으로 바벨론에 짓밟힌 이스라엘의 비참한 신세를 묘사한다. 이어서 하나님께서 자기 백성들에게 주시는 은혜로운 약속이 소개된다. 그분은 그들을 용서하시고 그들의 땅으로 돌아가게 하실 것이다.

50:21-32. 이 소 단락에서 예레미야는 바벨론에 대한 하나님의 진노를 예언한다. 방식을 바꾸어, 그 일을 시키시기로 하나님께서 선택하신 자를 언급한 후 바벨론을 향해 말한다. 21절에서 언급된 장소인 므라다임과 브곳은 바벨론 내의 지역들이다. 전자는 바벨론 남부, 유프라데스 강 입구 근방에 있었다. 브곳은 더 구체적으로 말하면 바벨론 동부에 자리잡은 족속이었다(겔 23:23).

50:33-40. 이 단락은 바벨론의 압제 때문에 이스라엘이 처한 현재적인 비참한 상황에 대한 묘사로 시작한다(33절). 34절에서 예레미야는 이스라엘의 무기력과 하나님의 능력을 대조시키고 있다. 이 단락의 나머지는 이스라엘을 노예로 삼은 자들을 무너뜨리라고 그 미래의 정복자에게 주시는 하나님의 명령으로 구성된다. 선지자는 생생한 비교로 요약하고 마무리한다. 바벨론은 소돔과 고모라처럼 완전히 망할 것이다.

50:41-46. 이 구절들은 예레미야의 유연성을 보여준다. 41-43절에서 그는 바벨론을 향해 이전에 유다에 선포했던 내용(6:22-24)과 거의 같은 경고를 하고 있다. 44-46절에서는 에돔에 대한 경고(49:19-21)와 거의 같은 내용의 경고를 하고 있다. 하나님께서는

선지자의 마음에 유다와 나머지 민족에게 주셨던 그대로 바벨론을 위한 메시지를 주고 계신다.

51:1-14. 이 소단락은 세 부분으로 구성되어 있다. 첫째, 하나님께서는 자기 백성들에게 말씀하신다(1-8절). 둘째 이스라엘이 말한다(9-10절). 셋째, 하나님께서 바벨론을 멸하도록 위임하신 자들에게 말씀하신다(11-14절).

나를 대적하는 자(Leb Kamai, 레브 카마이)라는 표현은 갈대아를 가리키는 암호다. 갈대아는 아마 바벨론보다 더 거대한 집단을 포함할 것이다. 하나님께서는 유다에 대한 심판의 도구로 바벨론을 사용하셨다. 하지만 그를 위한 그들의 봉사 기간은 완료되었다. 회계해야 할 날이 왔다. 하나님께서는 북왕국에 대한 자신의 뜻을 완성한 앗수르처럼 바벨론을 처리하실 준비가 되셨다.

8절과 9절은 하나님과 이스라엘의 대화다. 하나님은 이스라엘을 향해 바벨론의 파멸을 위해 울며 그들의 치유를 위해 애쓰라고 초청하신다. 이스라엘 포로들 가운데서 의로운 자들은 바벨론을 올바른 길로 인도하고자 노력했지만 그것이 역부족임을 발견했다. 그들은 그들의 땅으로 돌아가서 하나님의 놀라운 은혜의 증인이 되기로 결심한다(10절).

그리고 마무리 부분에서 하나님께서는 바벨론에 주시는 말씀을 통해 가능한 가장 강력한 방식으로 맹세하신다. **만군의 여호와께서 자기로 맹세하시되.** 이것은 자신의 말이 성취될 것임을 맹세할 대상으로 더 큰 존재가 없기 때문이었다.

51:15-19. 이 소단락과 10장 12-16절은 거의 정확히 동일하다. 이 시가 전하는 진리는 우상의 무능함과 대비를 이루는 하나님의 절대적인 풍성함과 무한한 능력이다. 자기 앞의 모든 선지자들처럼 예레미야는 참된 이스라엘의 토대가 되는 믿음을 인정한다. 하나님께서는 주권자 하나님이실 뿐 아니라 유일하신 하나님이시다.

51:20-26. 이 시는 각기 다른 세 청중들에게 주어진 것이다. 고레스(20-23절), 이스라엘(24절), 바벨론(25-26절). 하나님께서는 **멸망의 산**으로 묘사된 이 대제국을 반대하신다. 하나님의 심판이 임하면 바벨론은 영원한 **황무지, 불탄 산**이 될 것이다.

51:27-48. 27-32절에서 예레미야가 말하고 있는 대상은 누구인가? 아무도 확신할 수 없다. 그는 바벨론의 영향을 받은 모든 이들에게 말씀하시는 것 같다. 거대하고 포악한 압제자의 날이 계수되고 있다. 선지자는 심지어 이 이기적인 폭군을 심판하기 위해 하

나님께서 사용하실 도구를 구체적으로 언급한다. 아마 그 당시 메대의 왕 고레스는 아직 페르시아를 정복하지 못했을 것이다.

33-35절은 대조적인 두 시각, 하나님의 시각과 유다의 시각을 하나로 연결하고 있다. 첫째, 하나님께서는 심판이 바벨론에 임할 것이라고 말씀하신다. 유다는 아직 이것을 보지 못한다. 그들은 바벨론이 그들을 무자비하게 유린했기 때문에 울부짖으며, 그 악한 제국이 악행에 대한 책임을 지게 해달라는 호소로 마무리한다.

하나님께서는 자기 백성들에게 바벨론을 그들의 악행에 맞게 처리하실 것이라고 확인해주신다(36-44절). 그분은 바벨론이 어떻게 심판을 받고 패망할 것인지 알리시는 비유를 차례로 사용하신다. 그러면서 바벨론의 우두머리 우상인 벨에 대한 내용으로 마무리되고 있다. 그 우상은 수치를 당할 것이며, 그 거대한 제국의 백성들은 더 이상 그를 섬기지 못할 것이다. 바벨론의 영광의 날이 끝날 것이다. 그러고나서 하나님께서는 자기 백성들에게 바벨론을 떠나라고 명령하신다(45-48절). 유대인들은 바사의 고레스 대제가 바벨론을 정복한 이후에야 그곳을 떠나 본국으로 돌아갈 수 있었다.

51:49-58. 바벨론에 대한 이 짧은 두 신탁으로 선지자가 이 악한 제국에 대해 말한 모든 내용이 끝난다. 49-53절에서 하나님께서는 바벨론에 대한 심판의 도덕적 정당성을 제시하신다. 이 부분은 하나님과 자기 백성들 사이의 짧은 대화로 구성되어 있다. 그는 바벨론이 심판을 받아야 할 기본적 이유를 언급하신다. 백성들은 하나님의 말씀에 반응하며 하나님의 거룩한 성전이 부정하게 되었으므로 수치를 당하게 되었다는 사실을 추가한다.

바벨론의 운명에 대한 마지막 그림은 54-58절에 나타난다. 그들이 영영히 자고 깨지 못하리라는 표현은 그들의 최후에 대한 표현이다. 바벨론의 운명은 결코 되돌릴 수 없을 것이다. 이 교만한 제국이 한때 누렸던 영광은 시간의 무덤 속에 파묻혀 있다.

51:59-64. 예레미야의 메시지에 추가된 이 산문은 예레미야가 바룩의 형제이며 시드기야의 시종장인 스라야에게 한 요청을 말해주고 있다. 선지자는 바벨론의 백성들에게 그의 긴 말씀 선포 사역 가운데 전한 구절들을 뽑아 적은 글을 크게 읽어주라고 요청한다. 또한 그는 스라야에게 그 메시지가 적힌 책에 돌을 묶어 유브라데 강에 던지라고 요청한다. 예레미야는 마지막으로 한 가지 요청을 더 한다. 두루마리가 물에 가라앉듯이 바벨론이 몰락하여 다시는 일어서지 못할 것임을 전하라는 것이었다. 이 책은 이렇게

해서 엄중한 경고로 끝난다.

J. 역사 기록의 부록(52:1-34)

Supporting Idea 하나님께서는 예루살렘을 심판하신다.

52:1-3. 시드기야는 자신의 형 여호야김의 전철을 밟아 하나님께 범죄했다. 그 결과 예루살렘에 마지막 심판이 임했다.

52:4-11. 시드기야가 바벨론에 대해 마지막 반역 행위를 한 후 바벨론 군대가 예루살렘을 포위했고, 그것은 대략 18개월간 지속되었다. 시드기야는 포위 공격을 더 이상 버틸 수 없게 되자 몰래 성을 빠져나갔다. 결국 그는 붙잡혔고 죽는 날까지 감옥에 갇혔다.

52:12-23. 느부사라단의 지휘 아래 바벨론 군대는 성전과 왕궁과 관련된 예루살렘의 모든 것을 파괴했다. 값어치가 있는 것들은 바벨론으로 가지고 갔다.

52:24-30. 느부사라단은 남은 관리들을 포로로 붙잡아 립나에 머물고 있는 느부갓네살에게로 끌고 갔다. 왕은 그들을 죽이라고 명령했다. 느부갓네살은 세 번에 걸쳐 예루살렘에서 바벨론으로 포로들을 끌고 갔다. 그것은 예루살렘 파괴 후 5년에 일어난 또 다른 포로 이주 사건을 포함한다.

52:31-34. 예레미야서는 주전 597년 느부갓네살에게 항복하고 바벨론으로 끌려간 젊은 왕 여호야긴에 대한 언급으로 마무리하고 있다. 그가 항복한 지 37년 후 그는 느부갓네살의 후임자에 의해 석방되었다. 또한 그 새 왕은 여호야긴의 위를 높여주었다. 그는 항상 왕의 앞에서 먹게 되었고, 종신토록 정기적으로 연금을 받았다.

예레미야서 편집자들이 이 사건을 포함시킨 이유는 무엇인가? 그들이 예레미야서 전체 기록의 마지막을 이것으로 마무리한 이유는 무엇인가? 어떤 주석가는 흥미로운 의견을 제시한다. 그는 마지막 장은 선지자의 사역의 중요한 두 주제를 설명하기 위해 포함되었다고 주장한다. 첫째, 예레미야는 그 땅에 대한 심판을 강조했고, 이 장은 그의 예언이 성취되었음을 보여준다. 둘째, 그는 심판 너머 미래의 소망을 바라보았다. 여호야긴의 석방은 이스라엘 민족의 미래의 회복을 예고한다.

그 이유가 무엇이든 하나님께서는 예레미야서 편집자가 이 기록을 포함시키도록 인도하셨다. 암울하고 비참한 내용이 가득한 이 책은 밝은 어조로 마무리되고 있다. 하나님께서는 한 이방 왕의 마음을 감동시키셔서 한 이스라엘 사람을 풀어주도록 하셨다. 포로들은 이 사건에서 그가 또 다른 왕을 통해 그보다 더 이상의 일을 하도록 인도하실 수 있다는 희망을 보았을지도 모른다. 이 일은 후에 그분이 고레스 왕의 마음을 움직이셔서 유다 민족에게 고향으로 귀환하도록 허락하는 칙령을 선포하게 하신 때에 실제로 이루어졌다. 우리 주님께서는 위대하시다! 악인들을 심판하시는 위대한 심판의 하나님이시다. 하지만 그분은 더 놀라운 자비로 자기 백성들을 돌보아주신다. 그분에게 영광이 영원하기를!

Main Idea 복습	하나님께서는 전 세계와 그 안에 있는 모든 것을 만드셨다. 세계의 열방은 하나님의 저울에서 먼지에 불과하다. 그분은 열방의 등록부에 "이 사람이 거기서(시온에서) 났다"(시 87:6)라고 쓰실 것이다.

결론

열국에 대한 심판

인류 역사에서는 두 번째로, 1946년 5월에서 1948년 11월까지 한 국가와 그 지도자들이 세계의 재판 법정에 섰다. 무장 공격 정책, 살인, 강제 이주, 마약 밀매, 강제 동원, 대량 학살, 생물학전, 화학전, 무차별 파괴, 공포 정치를 지원한 28명의 일본 군국주의 지도자들이 동경 전범 재판으로도 알려진 극동 국제 군사 재판에 회부되었다.

재판관들은 세계 인구의 4분의 3이 넘는 이들을 대표하는 11개국의 사람들로 구성되었다. 재판은 세계에 법과 정의가 살아 있음을 알리는 모범이 되도록 치밀하게 계획되었다. 공정하며 정치적인 승자의 보복이 아님을 보여주기 위한 것이었다. 25명의 지도자가 유죄로 인정되었고 16명이 종신형, 7명이 교수형을 선고받았다. 후대의 재판들은 전쟁 법규와 관습을 위반했던 사람들을 기소할 것이며 상급자들의 지시에 따라 고문과 살인을 자행한 자들을 기소할 것이다.

세계의 11개국이 인간에 반하는 범죄로 일본과 그 지도자들을 처벌했듯이 예레미야 46-51장의 열국에 대한 각 심판 신탁에서 하나님께서는 각 악한 나라를 심판하시기 위해 또 다른 나라, 혹은 나라들을 사용하셨다.

애굽을 향한 심판의 도구는 북에서 오는 쇠파리, 즉 바벨론 군대였다(46:20, 24, 26). 블레셋을 향한 그 도구는 역시 북에서 오는 홍수였다(47:2). 모압은 음모로 인해 급습하는 바벨론의 독수리에 의해 멸망할 것이다(48:2, 40, 45). 다메섹은 먼저 앗수르에 병합되었다가 후에 바벨론에 복속될 것이다(49:23-27). 게달과 하솔도 마찬가지로 바벨론에 멸망할 것이다(49:28, 30). 사방의 바람이 엘람에 불어올 것이며 엘람은 바사 제국에 흡수될 것이다(49:36-37). 그리고 강대국 바벨론도 메대가 주도하는 북방 대국들의 연합군에 망할 것이다(50:2-3, 41-42, 51:1-2, 11, 27-29, 48, 55-56).

하나님께서 땅 위의 나라들을 심판하시기 위해 땅 위의 나라들을 사용하신다는 사실은 역사만큼이나 오래된 진실이며, 오늘날 땅의 열국들이 명심해야 할 진리다.

▣ 진리 알기

- 모든 나라들은 자신들의 행실에 대해 하나님 앞에 책임을 져야 한다.
- 하나님께서는 모든 민족을 주권적으로 다스리시는 재판관이시며, 심지어 그분의 존재나 주재권을 인정하지 않는 민족들에게도 마찬가지다.
- 전능하신 주 하나님께서는 죄를 응징하시는 하나님이시다.
- 착취, 팽창주의, 공격 전쟁, 세계 지배의 시도, 다른 나라들에 대한 무차별 파괴와 유린, 과도한 교만, 자만, 오만, 비전투병들과 민간인들에 대한 잔악 행위, 국내적이고 국제적인 폭력, 하나님과 그분의 율법에 대한 도전은 민족들과 제국들의 붕괴의 원인이다.
- 하나님께서는 때로 세상 속에서 자신의 뜻을 이루시기 위해 한 민족이 다른 민족을 공격하고 착취하는 행위를 이용하신다.

■ 적용하기

- 하나님의 기준으로 당신의 나라를 평가해보라.
- 당신의 나라의 적으로 공식 선언된 나라들 가운데 하나를 생각해보라. 그 적국의 일에 하나님께서 어떻게 개입하고 계시는가?
- 당신의 나라를 심판하시기 위해 하나님께서 적을 사용하신 적이 있는가? 그분이 미래에도 그렇게 하실 가능성이 있는가? 그렇다면 그 이유는 무엇이며, 그렇지 않다면 그 이유는 무엇인가?
- 모든 사람이 당신처럼 생각하고 행동한다면 당신의 나라는 어떻게 되겠는지 이야기해보라. 하나님께서는 그러한 나라를 어떻게 생각하시는가?
- 당신의 나라의 행위와 하나님의 기준에 거리가 존재한다고 생각되는 부분이 있다면, 하나님 앞에 그 죄를 가져가서 당신과 당신의 나라에 자비를 베풀어달라고 기도하라.
- 매일 하나님의 기준을 기억하고 그분의 길로 걸으라.
- 당신의 나라와 세계의 다른 나라들의 지도자들을 위해 매일 기도하라.

삶의 적용

퇴장 성가

1897년 영국의 루디야드 키플링(Rudyard Kipling)은 빅토리아(Victoria) 여왕 즉위 60년 기념일을 기념해 명작시 '퇴장 성가'를 지었다. 키플링은 그의 시에서 제국이 교만의 유혹에 빠질 수 있음을 지적하고 국가적 책임과 의무를 강조했다. 키플링은 그의 조국이 교만하고 오만하며 신을 모독하는 지경에 이르렀다고 생각하고 하나님께 자비를 베풀어달라고 구했다. 그의 시는 대영 제국이 제국의 전성기를 맞았으며, 이제 퇴보를 향해 나아가고 있다고 경고하는 역할을 했다.

자기 나라의 정책과 집행을 지원하는 것은 애국적인 행위다. 시민들은 자신들의 조국에 충성해야 하며, 그 전통과 관습과 가치에 대해 자긍심을 가져야 한다. 하지만 애국자들과 성실한 시민들은 또한 역사 속에서 그들의 나라들이 갖는 실제적 역할을 현실적으로 평가해야 한다. 예레미야서의 이 마지막 장들은 하나님께서 자신의 의와 공의의 기준으로 민족들을 판단하시며 각 나라가 그 기준에 부합하는 정도도 평가하심을 보여준다. 그러므로 우리 민족이 '하나님 아래' 있다거나 '우리는 하나님을 신뢰한다' 라고 선언하는 것만으로 충분하지 않다. 각 나라는 하나님의 뜻에 순종하기 위해 지속적이고 적극적인 노력을 해야 한다.

필자의 조국, 미국의 그리스도인들은 주님께서 자신의 나라를 통치하신다고 주장한다. 이것은 사실이다. 하지만 주님께서는 세상의 모든 나라들을 통치하신다. 그리고 그 이유로 열방들은 그분 앞에서 두려워하며 떨어야 한다. 미국의 그리스도인들은 국민들에게(그리고 다른 나라의 시민들에게도) '하나님 아래' 있다는 것은 그분의 심판 아래 있는 것임을 일깨워주어야 한다.

기도

오, 주권자이시며 모든 열국의 심판자이신 주님! 겸손히 당신 앞에 꿇어 엎드려 '하나님 안에 있는 나라' 라고 자처하는 우리 민족이 세계 열방에 대한 당신의 바람과 기대에 부응하지 못할 때가 자주 있음을 고백합니다. 우리가 우리의 결점을 고치도록 도와주소서. 우리가 다시 한 번 우리의 자유가 당신의 율법을 따르는 자유임을 깨닫도록 인도해주소서. 아멘.

심층 연구

A. "드단 거민"(49:8)

드단은 향료 무역을 위한 상인들의 중심지였다(사 21:13). 드단 거민은 긴 대상들의 행렬을 이루어 그 땅을 왕래하며 당시의 무역상이 되었던 사막 사람들이었다. 그들은 중간 거래상들로 스스로 제품을 직접 생산하는 것이 아니라 이윤을 남기고 물건을 교환하는 일을 했다.

하나님의 심판이 그 땅에 곧 임할 것이기 때문에 예레미야는 이 백성들에게 특별히 할 말이 있었다. "너희들의 상거래를 멈추어라. 곧 닥칠 파멸에서 빠져나오라. 굴에 숨으라. 멀리 떨어진 안전한 곳, 정복자의 행렬과 광포에서 멀리 떨어진 곳으로 가라." 현대적인 표현을 빌리면 우리는 "지형을 이용해 숨으라"고 말할 것이다.

B. "바벨론은 온 세계로 취케 하는 금잔이라"(51:7)

세계 속의 한 도시가 완전히 독립적이라고 주장할 수 있는 곳이 있다면 바로 바벨론이었다. 이 거대한 메트로폴리탄 중심지는 거의 예술의 경지에 이른 시설을 갖추었고 최고의 행정력이 지배했으며 당대 최강의 군대를 자랑했다. 바벨론은 그 자체의 신들을 섬겼고 다른 민족들, 특별히 이스라엘의 '야훼'라 불리는 신을 멸시의 눈으로 바라보았다. 엄청난 권력을 지닌 바벨론 왕의 눈에 이 미약한 지배자는 너무 약해서 자기 백성들을 보호할 힘이 없어 보였다. 예레미야는 바벨론을 제대로 묘사했다. 손에 금잔을 든 바벨론이라는 존재가 다른 이들에게는 공포의 대상이었다.

그러나 예레미야는 바벨론에 대한 또 다른 그림을 보여준다. 바벨론이 손에 든 그 금잔은 하나님의 것이었다. 그 잔이 자신의 것이었기 때문에 하나님께서는 자기 선지자를 열국들에 맞서 '던지셨던' 것처럼 그것을 '던지실' 수 있다.

C. 다볼과 갈멜(46:18)

다볼 산은 팔레스타인의 동쪽에 위치했고, 갈멜 산은 서쪽에 자리하고 있었다. 나사렛 동쪽 약 139킬로미터 지점에 위치한 다볼 산은 이스르엘 골짜기의 동쪽 끝 지점에 자리했고, 높이는 해발 약 588미터다. 납달리와 잇사갈과 스불론 지파들의 경계선 역할을 했다(수 19:22). 이 지파들은 예전에 그곳에서 예배를 드렸다(신 33:18-19). 한때 학자들은 그곳이 변화산이라고 주장했지만, 오늘날 많은 학자들은 변화산이 헬몬 산이라는 의견을 더 선호한다.

엘리야가 바알 선지자들과 대결을 벌였던 갈멜 산은 약 48킬로미터에 달하는 석회암 산지로 유명하다. 지중해 연안 근방에 있으며 높이는 약 144미터에서 531미터에 이른다. 구약은 종종 이곳을 경관이 뛰어나고 비옥한 땅이라고 말한다.

두 산 다 그리 높은 산은 아니지만 주변에 다른 산들이 없기 때문에 높은 산처럼 보인다. 주변의 평지들 때문에 두 산이 매우 두드려져 보인다.

고안

A. 들어가는 글

1. '심판 받는 열방' 을 읽으라.
2. 배경 설명: 하나님께서 먼저 예레미야를 선지자 사역으로 부르시고 소명을 맡기실 때 그를 열국에 대한 선지자로 임명하셨다(1:5, 10). 주전 605년 여호야김 왕 사 년(46:2)에서 시작해 최소한 주전 594년 시드기야 왕 사 년에 이르기까지(51:59) 예레미야는 사역 기간 내내 초강대국이든 부족 국가든 가리지 않고 민족들에게 주시는 하나님의 메시지를 계속해 선포했다. 그의 책 마지막 부분에 한꺼번에 소개되어 있는 열국들에 대한 예레미야의 신탁들은 하나님께서 열방을 어떻게 통치하시며 그들의 행동을 주시하시는지를 보여준다.
3. 적용: 하나님께서는 열국이 어떻게 처신하는지 관심을 가지시는가? 어떤 특정 문

화권의 태도와 한 국가의 행동에 대해 그분은 어떻게 생각하시는가? 이보다 훨씬 더 중요한 질문은 하나님께서 자국민들과 다른 국가의 백성들을 각각 대하는 우리의 태도와 행동에 대해 대응하시는가의 여부다. 예레미야 46-52장은 이러한 질문들에 대해 대답하는 데 도움을 준다.

B. 본문 이해

1. 애굽에 대한 두 편의 시(46:1-28)
2. 블레셋에 대한 하나님의 메시지(47:1-7)
3. 모압에 대한 하나님의 메시지(48:1-47)
4. 암몬에 대한 심판의 메시지(49:1-6)
5. 에돔은 교만으로 멸망할 것이다(49:7-22)
6. 다메섹에 임박한 심판(49:23-27)
7. 게달과 하솔이 심판을 피하지 못할 것이다(49:28-33)
8. 엘람에 대한 하나님의 메시지(49:34-39)
9. 바벨론에 대한 심판의 메시지(50:1-51:64)
10. 역사 기록의 부록(52:1-34)

C. 결론

'열국에 대한 심판' 을 읽으라.

토의 질문

1. 예레미야 이외의 다른 선지자들도 열국에 대한 심판의 신탁을 전했다. 이사야 13-23장, 에스겔 25-32장, 아모스 1-2장, 매우 짧은 책인 오바댜와 나훔을 살펴보라. 하나님께서 한 국가의 행동에 대해 어떤 점을 칭찬하시고 어떤 부분을 정죄하시는가?

2. 자신의 국가에 대해 성실하고 책임을 다하는 애국심과 맹목적인 애국주의의 차이는 무엇인가? '옳든 그르든 내 나라가 최고' 라는 어구를 수용할 때 따르는 위험은 무엇인가?

3. 한 국가가 '하나님 아래 있는 한 나라' 라고 주장하고 '우리가 당신을 신뢰하나이다' 라는 말을 좌우명으로 고백할 경우, 그것이 지니는 국가적이고 신학적인 함의들은 무엇인가?

4. 하나님께서는 때로 팽창주의를 목표로 삼고 공격적인 제국주의를 추구하는 한 국가를 사용해서 다른 나라를 징계하시고 심판하신다. 그렇다면 이것이 오늘날의 세계에서도 이루어지고 있는 것인지의 여부나 그 때를 어떻게 판단할 수 있겠는가?

5. 51장 56하반절에서 예레미야는 "여호와는 보복의 하나님이시니" 라고 선언했다. 50장 35-38절에서 예레미야의 '칼의 노래' 와 51장 20-23절에서 '병기의 노래' 를 읽으라. 이 구절들 가운데 하나님에 대한 당신의 이해와 시각 면에서 일치하는 부분은 무엇인가?

예레미야애가 서문

예레미야애가로 알려진 이 자료는 예루살렘 함락과 관련된 자료를 수록한 다섯 장으로 구성되어 있다. 각 장은 독자적인 하나의 시로 보인다. 이 다섯 장의 영적인 문학적 명작의 저자는 예루살렘 주민들이 경험했던 가장 처참한 비극을 배경으로 글을 쓰고 있다. 강성하던 성은 바벨론의 강력한 전쟁 기계에 유린당한 채 폐허가 되어 방치되었다. 성경 학자들은 주전 597년과 586년, 느부갓네살의 침략이 파멸의 원인이었음을 거의 만장일치로 동의한다.

본문에 그의 이름이 등장하지 않지만 대부분의 구약 학도들은 애가서 전체가 예레미야에 의해 작성된 것이라고 생각한다. 눈에 보이듯이 생생하고 마음을 건드리는 묘사는 그 당시 사람이 일어난 사건들을 직접적으로 목격하지 않으면 쓸 수 없는 내용이다. 아나돗의 선지자가 아니면 누가 그 사건에 대해 그토록 거침없이 쓸 수 있겠는가? 그는 자신의 눈으로 직접 마음이 찢어지는 고통스러운 사건들을 하나하나 목격했고, 긴 사역 기간에 예언한 내용이 하나하나 이루어질 때마다 비통한 눈물을 흘렸다. 백성들에게 그러한 비극이 다가오고 있다고 경고해왔음에도 불구하고 실제로 그 일이 일어나자 그는 엄청난 고통을 겪었다.

명칭과 정경상의 위치

히브리 성경에서 예레미야애가는 '어찌하여' 라는 의미의 에카(eka)라 불린다. 이것은 의문 대명사가 아니라 깊은 탄식을 표현하는 단어다. 특이한 이 명칭은 유대인들의 관습에서 기인한 것이다. 그들은 본문의 첫 글자나 중요한 표현을 정경의 제목으로 삼았다. 에카라는 단어는 애가를 시작할 때 습관적으로 사용되던 단어였다. 후대의 유대 기자들은 이 책을 키놋트(Qinot)나 '만가' 로 불렀다. 이것은 '만가, 혹은 애가' 라는 뜻의 히브리어 단어에 기초한 것이었다.

종교적 의미

수세기 전 완전히 다른 배경의 사람들에게 쓴 이 책이 우리의 현대 세계와 연관성이 있는가? 그 대답은 확실한 '예' 다. 외부적인 상황들과 조건이 다르다 해도 인간의 필요는 여전히 동일하다. 어떤 것들은 일시적이며 지나가는 것일 수도 있지만 영구하며 절대 변하지 않는 것들이 있다. 영적 가치는 영구하며 이 책은 현세뿐 아니라 영생과 관련된 문제들에 대해 생생하게 이야기하고 있다.

하나님께서는 죄를 심판하시는가? 예레미야애가는 예레미야의 사역 기록을 통해 우리가 알고 있는 내용을 강조한다. 죄가 일시적으로 번성할 수 있지만 그 자체적으로 심판의 씨앗을 포함하고 있다. 또한 하나님의 대변인들은 살아 생전이 아니라 해도 하나님과 함께 있도록 본향으로 부르심을 받는다면 그들이 옳았음을 증명받게 될 것이다. 예레미야는 그의 예언이 유다에 성취되는 것을 살아서 보았다. 모든 선지자들이 다 이 세상의 보상을 받지는 못한다.

예레미야애가가 불행하게도 가장 인기 있거나 자주 읽는 책 가운데 하나는 아니지만 한 가지 중요한 진리를 전달한다. 역사는 불의의 세력이 아니라 의의 세력의 것이다. 이 책을 진지하게 연구하면 수많은 진리들을 발견한다. 그것들 가운데 몇 가지를 유의해보라.

공의를 포기하는 사회나 민족은 타락하고 결국 멸망할 것이다. 위대한 사람들과 위대한 문명들의 명부는 이 진리를 확인해준다. 대중적인 연설가와 작가들은 종종 로마를 거론하지만 이 거대한 제국은 번성하다가 사라져버린 수많은 제국들 가운데 하나일 뿐이다. 역사를 읽는 자들은 이것이 반복적으로 되풀이되는 것을 본다.

또 다른 진리는 모든 것이 다 절망적인 것은 아님을 확인하게 해준다. 믿음으로 하나님과 그분의 뜻에 닻을 내린 사람들은 어떤 위기도 감당할 수 있는 자원을 소유하고 있다.

이 위대한 책에서 얻는 세 번째 메시지는 예레미야의 생애에서 직접 얻는 것이다. 위기가 닥치면 지혜로운 사람들은 하나님의 사자들에게 귀를 기울인다. 왕과 백성들이 예레미야의 조언에 기꺼이 귀를 기울였더라면 예루살렘은 처절한 비극을 피할 수 있었을 것이다.

마지막 메시지는 마음을 감동시키는 시들로 된 이 놀라운 정경에 관한 것이어야 한다. 하나님의 참으로 위대한 종들은(여기에는 선지자 예레미야가 포함된다) 그들의 백성들이 고난당할 때 동일하게 고난을 당한다. 예언들이 성취될 때 기뻐하는 사람이라면 누구도 임박한 심판을 정죄하고 경고할 자격이 없다. 영국 버밍햄의 저명한 설교자인 데일(Dale) 박사는 종종 자신이 아는 한 드와이트 L. 무디(Dwight L. Moody)만이 지옥에 관해 설교할 수 있는 자격이 있는 유일한 사람이라고 말했다. 누군가가 그 이유를 묻자 그는 "무디는 항상 눈물을 흘리며 지옥에 관해 설교하기 때문입니다"라고 대답했다.

예레미야의 사역은 요시야 통치기에 시작되었다. 두 사람 다 젊고 좋은 친구들이었다. 요시야는 유다에서 마지막 경건한 왕이었고 유다가 멸망하기 전 마지막 국가적 개혁 운동을 주도했다. 그것은 많은 긍정적 영향을 미쳤지만 '피상적 운동'에 불과할 뿐이라는 것이 드러났다. 그는 잘못된 정치적 결단을 내렸고 애굽의 바로 느고를 저지하기 위해 므깃도에서 전투 중 사망했다.

요시야의 사후에 유다는 도덕적이고 영적으로 급격히 타락하기 시작했고 결코 회복하지 못했다. 예레미야는 요시야 이후의 왕들, 특별히 여호야김과 시드기야 통치 때 심한 고통을 당했다. 그는 유다와 예루살렘의 최후의 몰락을 목격했고 성전이 불타는 것을 보았다. 그는 뺨 위로 뜨거운 눈물을 흘리며 재를 뒤집어썼다.

자기 백성들을 향한 연민과 염려 면에서 예레미야를 능가한 사람은 오직 한 분 우리 구세주시며 주님밖에 없었다. 그분은 새 언약에 대한 예레미야 선지자의 언약을 성취하기 위해 오셨고, 예레미야처럼 그분의 백성들로 인해 눈물을 흘리셨다.

예레미야 1:1-5:22

죄악에서 고통으로

"나의 끝이 나의 시작이다."

- 스코틀랜드 메리(Mary) 여왕

예레미야애가는 예레미야 선지자가 주전 586년 바벨론 군대에 의해 유다가 폐허가 되고 예루살렘이 멸망한 사건을 서술하고 탄식한 다섯 가지 만가, 혹은 애가다. 그러나 이 시 모음은 유대인들에게 가해진 공포와 잔혹 행위의 낭송 이상이다. 그것은 남왕국의 몰락의 진정한 원인이 그 민족의 배교였다는 인정이다. 다섯 개의 애가는 각기 본서의 한 장씩을 이루고 있다.

첫 번째 애가는 예루살렘의 곤경에 초점을 맞춘다. 두 번째 애가는 하나님의 진노를 강조한다. 가장 긴 세 번째 애가는 삼중시의 형태로 된 예레미야 자신의 애가다. 다섯 가지 시 가운데 이 중심 시의 중앙에는 예레미야서의 영적 핵심, 즉 소망이 자리하고 있다. 네 번째 애가는 예루살렘 성민들이 포위 공격 때 경험한 공포를 서술한다. 다섯 애가 가운데 마지막 애가는 예루살렘의 심각한 상황에 관해 하나님께 드리는 기도다. 이 기도는 하나님께서 영원히 다스리실 것이며, 그분의 보좌가 영원할 것이라는 확언과 그분의 백성들을 회복하시고 새롭게 해달라는 간구로 끝난다.

들어가는 글

과부 메리

스코틀랜드의 제임스 5세(James V)의 유일한 자손이었던 메리 스튜어트(Mary Stuart)는 갑작스러운 아버지의 사망으로 태어난 지 엿새 만에 스코틀랜드 여왕이 되었다. 그리고 프랑스의 프란시스 2세(Francis II)와의 결혼을 통해 메리는 프랑스의 황태자비가 되었다가 프랑스의 왕비가 되었다. 남편이 이른 나이에 사망하자 18세의 나이에 태후가 되었다. 자신의 카드를 제대로 사용했더라면 메리는 잉글랜드의 여왕이 될 수 있었을 것이고, 스페인의 여왕이 될 가능성도 있었을 것이다.

남편이 사망한 후 메리는 스코틀랜드로 돌아와 영국 왕위에 대한 자신의 권리를 확보하기 위해 사촌인 단리(Darnley) 경 헨리 스튜어트(Henry Stuart)와 결혼했다. 단리와의 열정적인 사랑이 식자 메리는 이탈리아 음악가와 사랑에 빠진다. 그러나 질투심을 이기지 못한 단리와 그의 친구들 몇 명이 그 음악가를 죽인다. 곧 메리는 자신의 충성스러운 귀족 가운데 한 사람인 보스웰(Bothwell)의 네 번째 백작과 사랑에 빠진다. 몇 달 후 단리 경은 그의 저택 밖에서 목이 졸려 죽은 모습으로 발견되었다. 보스웰은 살해 혐의로 재판정에 섰지만 메리는 그를 석방시킨다. 판결을 받은 지 2주일만에 보스웰은 아내와 이혼하고 바로 두 번 이혼한 여왕과 결혼했다. 여왕의 뻔뻔스러운 행각에 질린 스코틀랜드 신하들은 반역을 일으켰다. 그녀는 사촌 엘리자베스(Elizabeth) 여왕이 통치하는 잉글랜드로 도망가서 19년간을 살았다.

처음에 엘리자베스 여왕은 메리를 환영했다. 영국 여왕은 그녀의 사촌을 스코틀랜드 정부에 넘겨주기를 거부했을 뿐 아니라 메리를 스코틀랜드의 합법적인 군주이자 자신의 손님으로 대우해주었다. 엘리자베스는 메리가 스코틀랜드 여왕에 복권되도록 애쓰기까지 했다. 하지만 메리는 시간이 흐르면서 엘리자베스와 잉글랜드에 맞서 스페인과 일부 잉글랜드 귀족들과 함께 음모에 가담했다. 마침내 엘리자베스는 메리가 더 안전한 장소에 유폐되어야 한다는 명령을 내린다. 하지만 새로운 기회가 찾아왔고, 메리는 엘리자베스를 죽이고 영국 왕위에 대한 자신의 계승권을 확보하기 위해 마지막 음모에 가담하게 되었다. 그 음모와 메리의 공모 사실이 발각되었다. 그녀는 재판을 받고 유죄를 선고받았다. 몇 달 동안 번민하던 엘리자베스는 메리의 사형을 승인하는 서류에 서명했다. 스코틀랜드의 메리 여왕은 1587년 2월 참수되었다.

예레미야애가 1장의 첫 애가에서 예레미야는 바벨론의 포위 공격 이후의 예루살렘 성을 과부에 비유한다. 한때 열국 가운데서 위대한 여왕이었던 과부다. 과부였던 여왕의 상황은 변했다. 한때 다른 이들의 질투와 많은 구혼자들의 구애 대상이던 그녀는 배신을 당하고 노예의 신분으로 전락했다. 이제 다른 이들이 그녀의 운명을 좌우하고 있으며 비통한 그녀를 위로해줄 자는 아무도 없다. 그녀의 보물과 영광은 과거의 것이 되었다. 그녀의 적들뿐 아니라 가장 가까운 우방들도 모두 그녀의 몰락을 즐거워한다. 이 과부에게 무슨 일이 생길 것인가? 그녀는 지금 무엇을 할 수 있는가? 예레미야애가로 돌아가 살펴보도록 하자.

본문 이해

죄악에서 고통으로

Main Idea	하나님에 대한 계속된 죄와 반역은 외로움과 재앙을 가져다주지만 하나님을 찾는 자에게 그분은 항상 손을 내미신다.

A. 고립, 황폐화, 비참함(1:1-22)

Supporting Idea	강고한 악은 고통으로 이어진다.

이 첫 번째 시는 두 개의 소단락으로 나눌 수 있다. 먼저 1-11절은 예레미야가 이 글을 쓸 때 예루살렘이 당하고 있던 고통에 대해 애도하고 있다. 이 부분에는 두 번(9, 11절)

예루살렘 성 자체가 큰 소리로 통곡하며 애도하는 내용이 나온다. 이 애도는 이 장의 두 번째 소단락(12-22절)으로 연결된다. 여기서 백성들의 고통은 죄의 결과라고 지적하고 있다. 그리고 이것으로 재앙의 이유가 주된 내용을 차지하는 두 번째 시가 연결된다.

1:1-11. 한때 활동의 중심지였지만 이제 거의 텅 비어버린 교회 건물이나 마을 한가운데를 걸어가본 적이 있는가? 이것이 예레미야가 마음으로 가장 소중하게 여기던 두 대상, 성전과 예루살렘 성을 바라보며 느꼈던 감정이다.

적막하다(1절)로 번역된 단어는 '고립되다, 고독하다'의 뜻을 지닌 히브리 동사에서 파생한 것이다. 이 구절에서 이 단어는 '고독하다'라는 의미의 형용사로 사용되고 있다. 황무한 채 버려진 예루살렘 성을 바라보면서 예레미야는 그곳을 고립되고 폐기되었으며 사람들에게 잊혀진 곳으로 보고 있다. 그의 생각은 남편이 죽고 세상에 홀로 남은 한 여성으로 향한다. 우리는 이 비유를 조심스럽게 이해해야 한다. 그의 강조는 이전의 친구들을 잃음으로 인해 사회의 주류와 단절되고 높은 지위에서 멀어진 예루살렘에 있다.

예레미야는 여러 가지 생생한 대조를 통해 자신의 그림을 제시하며 말하고자 하는 바를 전달한다. 열방 가운데 한때 공주였던 예루살렘이 이제는 조공 드리는 자가 되었다. 한때 사람들로 넘쳐났던 유대의 성이 사실상 아무도 없는 텅 빈 곳이 되었다. 한때 국가들 가운데 위대한 존재였던 그들이 권위와 영향력을 상실했다.

2절에서 예레미야는 밤에 슬피 우는 과부를 묘사한다. 밤의 어둠과 침묵은 처절한 외로움을 더욱 절실하게 만들어준다. 선지자가 말한 사랑하던 자들은 가나안의 다산의 신들이 아니다. 그들은 유다가 두 강력한 원수들, 즉 앗수르와 바벨론에 맞서 동맹을 맺었던 국가들이다.

예레미야가 슬퍼한다고 묘사한 도로들은 한때 여행과 교역을 하던 대상들로 붐볐다. 유월절, 오순절, 성막절, 이 세 개의 중요한 종교 절기들이 개최될 때 그 길들은 예루살렘으로 여행하는 순례자들로 넘쳐흘렀다. 그 모든 것이 변했다. 파괴되어버렸기 때문에 아무도 성전을 찾지 않는다.

성문들(4절)은 보통 상업적 거래가 이루어지던 곳이었다. 그래서 그곳은 부산했고 사람들이 넘쳤다. 제사장들은 이제 비통함으로 탄식한다. 그들은 아마 파괴된 성전으로 고통스러워했다기보다는 수입원이 사라진 것이 더 근심스러웠을 것이다(이 둘이 서로 관련이 있었지만). 처녀들은 종종 종교 의식에 참여했던 젊은 처녀들이었다(출 15:20-21, 삿 21:19-21, 시 68:25). 종종 젊은 남자들은 아내로 삼을 처녀들을 만나기 위해 이 축제를 사용했다. 이 기회가 다 사라져버렸다.

5절은 그 상황을 평가하고 유다의 죄가 원인임을 정면으로 지적한다. 종종 우리는 오늘날 죄가 우리를 예속한다고 말한다. 예레미야 시대의 유다의 경우 이것은 글자 그대로 사실이었다. 백성들은 그들 자신의 욕망뿐 아니라 원수 국가에도 노예가 되었다.

6절의 직유적 표현은 문자 그대로 해석되어야 한다. 예루살렘의 지도자들은 실제로 음식을 먹지 못해 쇠약해져 있었다. 그 성은 18개월 동안 포위 공격을 받고 있었다. 식량이 다 떨어졌다. 백성들이 끼니를 제대로 먹을 때도 식량은 제한적이었다. 지도자들은 수개월 동안 제대로 음식을 먹지 못했을 것이기 때문에 쇠약했다. 그들은 안전을 위해 도망갈 처지가 아니었다. 그들이 적에게 쉽게 잡힌 것이 전혀 놀랍지 않다.

8절과 9절은 이중적 적용점을 담고 있다. 유다 백성들은 의식적이고 도덕적인 부분에서 모두 부정하게 되었다. 한때 다른 나라들은 유다를 존경했지만 그것은 이제 옛날 이야기가 되었다. 누군가의 적신, 곧 벌거벗음을 보는 것은 그 가식 아래 숨어 있는 수치와 위선을 인식하게 되었다는 뜻이다. 여자에게 적용하면 그녀를 매혹적으로 돋보이게 하는 몸의 장식물 아래의 실체를 본다는 개념을 담고 있다. 일단 그 옷이 벗겨지고 벗은 몸이 드러나자 신비스럽고 매혹적인 모습이 사라져버렸다.

10절에서 보물이라는 단어는 성소의 귀중품들을 가리킨다. 다른 값비싼 것들이 많이 있겠지만 이것은 예배에서 사용되던 거룩하고 비싼 그릇들을 포함했다. 외부인이 성소에 들어오는 것보다 유다 민족에게 더 굴욕적이거나 하나님을 모독하는 것은 없을 것이다.

11절에서 보물로 번역된 히브리어는 10절의 단어와 동일하다. 그러나 이번에는 적용이 달라져 있다. 백성들은 실제로 굶주림으로 죽어가고 있었기 때문에 한 조각의 양식이라도 구하기 위해 그들의 보물들을 팔거나 바꾸었다. 이 열한 절 전반에는 한 가지 주제가 관통하고 있다. 뿌린 대로 거둔다는 것이다.

1:12-22. 여기에서는 예루살렘이 화자다. 이 소단락은 세 부분으로 이루어져 있다. 먼저 12-17절에서 예루살렘 성은 다른 집단들에 긍휼을 베풀어달라고 호소한다. 12절에 대해서는 학자들이 여러 다른 번역들을 제공해왔다. 그러나 필자의 판단으로는 번

역들 가운데 한 번역만이 진지하게 고려해볼 만한 가치가 있는 것 같다.

많은 유대인 해석자들은 12절의 첫 진술을 "지나가는 모든 이들이여 당신들에게는 그것이 일어나지 않도록 하라"고 번역한다. 이 번역은 히브리 본문에서 약간의 지지를 받을 수 있고 일부 비유대계 학자들이 선호하고 있다. 이 표현은 예루살렘 성의 입구에서는 논리적으로 타당하다. 그들은 유대인들이 통행하는 것과 동일한 방향으로 이동하고 있을 모든 사람에 대한 경고의 말을 제시한다. 그러나 대부분의 주석가들은 전통적인 번역을 선호한다.

예루살렘 성은 염려와 이해뿐 아니라 관심을 기울여줄 것을 호소한다. 백성들의 곤경과 그 성의 황폐함을 보고 있는 자들은 둘 다를 무관심하게 대한다. 그들은 비웃지도 않고 울부짖지도 않으며 단순히 그 성을 무시할 뿐이었다.

13절은 하나님께서 패역한 자기의 성을 다루는 세 가지 방식들을 언급한다. 유대 미드라쉬는 첫 번째, 하나님께서 성전에 불을 보내셔서 그 일을 한 것이 이방 나라들 자신이라고 자랑할 수 없도록 하셨다는 뜻이라고 해석한다. 이 비유적 표현은 또 다른 용례(렘 20:9)와 매우 다르게 사용되고 있다. 그 구절에서 예레미야는 하나님의 말씀이 "뼈 속에 갇힌 불"처럼 자신 안에서 불붙는다고 말했다. 이 때문에 그는 자신의 사역을 포기할 수 없었다.

두 번째, 비유적 표현과 관련해 선지자는 그물을 치는 비유를 바벨론에 적용한 적이 있다(렘 50:24 참고). 세 번째, 그림에서 전달하는 메시지는 하나님의 백성들이 구석으로 몰려 빠져나갈 길이 봉쇄되고 물러가게 되었다는 것이다.

14절에서 선지자는 그 성의 죄악이 함께 얽혀 멍에가 되었다고 묘사한다. 그러고나서 그 멍에가 목에 올려졌다. 이것은 그들을 짓누르고 에너지를 빼가며 공격하는 자들에게 저항하지 못하도록 한다.

15절은 예루살렘 성민들을 치도록 외국 군대들을 보낸 데 대해 탄식한다. 히브리어 본문은 성회를 모아(소환하다)란 구절을 보통 즐겁고 행복한 성격의 성회가 비극적인 목적을 지닌 엄중한 모임의 성격으로 달라진 의미라고 해석한다. 선지자는 피 흘림을 포도에서 포도즙을 짜는 것과 비교한다. 그가 유다를 처녀 딸이라고 부르는 이유는 예루살렘이 한 번도 유린된 적이 없고 더럽혀지지 않았기 때문이다. 그는 결혼 적령기가 된 젊은 숙녀를 가리키는 단어인 알마(almah)보다는 처녀를 의미하는 특별한 단어인

베툴라(betulah)를 사용한다.

예루살렘의 고통은 위로할 자가 아무도 없기 때문에 더 가중된다. 내 영을 소성시킬 자가 멀리 떠났음이로다(16절). 선지자는 예루살렘이 했던 말을 반복한다(17절). 예루살렘의 부정함에 대해 지적할 때 그는 여자의 월경과 관련된 표현을 사용한다. KJV는 "예루살렘이 그들 가운데 월경을 하는 여자와 같다"고 번역한다.

이어지는 18-20절은 백성들의 죄에 대한 고백을 담고 있다. 그들은 하나님의 성품에 대한 언급으로 시작하며 하나님의 심판이 의로우시다고 고백한다. 하나님만이 의의 기준이시기 때문에 모든 죄는 일차적으로 하나님에 대한 범죄다. 패역이 심히 크니이다로 번역된 표현은 '저항하다, 다투다, 거칠게 숨을 쉬다' 의 뜻이다.

마지막 두 구절은 백성들이 하나님께 보응을 요청하는 내용을 소개한다. 그들에게는 도움을 요청할 사람이 한 사람도 없었을 뿐 아니라, 그들의 원수들은 그들의 비참한 상황을 살피고 그들이 고통당하는 것을 기뻐했다. 백성들은 그들의 어려움에 대해 기뻐한 자들을 동일한 운명에 처하게 해달라고 하나님께 요청한다.

B. 백성들의 탄식과 간구(2:1-22)

Supporting Idea	하나님의 백성들은 계속 범죄함으로 하나님의 진노를 자초한다. 이로 인해 그들은 고통을 당하고 기도하게 된다.

이 시는 단순히 그들이 당하는 비참한 상황에 대한 새로운 서술 이상의 내용을 담고 있다. 이 시는 그 고통을 범죄의 결과로서 하나님께서 보내신 심판의 관점에서 바라본다. 1-10절은 예루살렘이 겪은 심판을 상세히 묘사한다. 11-17절은 백성들이 집단적으로 당하는 고통과 그들의 비참한 상황을 바라보는 자들의 잔인한 태도를 상세히 서술한다. 18-19절에서는 위기에 처한 백성들 자신들을 위해 하나님의 도우심을 구하는 기도를 하라고 예루살렘에 촉구하고 있다. 20-22절은 하나님을 향한 그들의 부르짖음을 기록하고 있다.

2:1-9. 1절의 히브리어 본문은 진노하사… 구름으로 덮으셨는고의 동사를 미완료 시제로 번역한다. 이것은 어떤 행동이 지속적이거나 반복되고 있다는 의미를 전달해준다. 땅에 던져진 이스라엘의 아름다움은 유성처럼 내동댕이치듯 떨어진 성전이나 예루

살렘 성을 가리킬 것이다(사 14:12).

어떤 번역가들은 예레미야가 성전을 가리키기 위해 발판이라는 단어를 사용한 것이라고 주장한다(시 132:7, 사 60:13). 어떤 이들은 그것이 예루살렘 성 자체나 언약궤를 의미한다고 주장한다(대상 28:2). 이어지는 구절들에서 예레미야는 하나님께서 진노를 쏟아부으시는 모습을 묘사하기 위해 수많은 강한 동사들을 사용하고 있다. **삼키시고… 헐어 땅에 엎으시고… 모든 뿔을 자르셨음이여… 오른손을 거두시고… 사르셨도다.**

이 단락 전반에 걸쳐 예레미야는 그 고통이 하나님께서 주신 것임을 여러 차례 반복한다. 그는 하나님께서 그 성의 파멸을 계획하고 실행하셨음을 백성들이 이해할 수 있도록 이것을 강조한다. 성벽은 한때 유다 백성들에게 안전감을 주었다. 하지만 이제 더 이상 그렇지 않다. 하나님께서는 자기 백성들을 보호하기를 거부하셨다.

율법이 더 이상 없다는 표현(9절)은 백성들이 더 이상 율법에 순종할 필요가 없다는 뜻이 아니다. 성전이 파괴되었기 때문에 제사장들이 성전 의식을 수행할 수 없게 되었다는 뜻이다.

마찬가지로 선지자들 역시 하나님과의 만남을 경험하지 못했다. 이 표현은 빈정거리는 투의 조롱일 수 있다. 예레미야는 거짓 선지자들을 가리키고 있다. 이들은 모든 것이 형통하고 심판이 절대 없을 것이라고 주장하며 백성들에게 경고를 하지 않았던 자들이었다.

2:10-17. 예루살렘이 황폐하게 되자 **장로들**, 혹은 그 성의 지도자들은 공식적인 애도의 자세를 취했다. 그들은 할 일이 없었고, 따라서 할 말도 없었다. **티끌과 굵은 베**는 깊은 슬픔의 상징이었다. 10절의 처녀들은 단순히 **젊은 여자들**이 아니라 결혼하지 않은 처녀들이었다. 예레미야는 알마(almah) 대신 베툴라(betulah)라는 히브리어를 사용한다. 그들은 축하받으며 결혼할 수 있는 모든 희망이 사라졌기 때문에 슬퍼했다.

예레미야를 '눈물의 선지자'라고 부르는 사람들은 11절과 같은 표현들을 근거로 이렇게 부른다. 처참한 고통 가운데 있는 자기 백성들, 특별히 아이들과 아기들의 모습을 본 이 예민한 선지자는 울지 않을 수 없었다. 그러나 그가 하나님의 백성들의 장래에 초점을 맞추며 여전히 낙관적인 모습을 유지했음을 우리는 잊지 말아야 한다.

곡식과 포도주가 어디 있느뇨라는 질문은 아마 "배고프다. 먹을 것이 어디 있는가?"라는 뜻의 일반적인 표현이었을 것이다. 예레미야의 언급 가운데 **어린 자녀와 젖 먹는** 아이들에 관한 묘사보다 더 슬픈 묘사를 찾을 수 없다. 그는 그들이 성읍 길거리에서 상한 자처럼 혼미하여 그 어미의 품에서 혼이 떠난다고 말한다(12절).

예레미야는 예루살렘 성민들의 상태를 묘사하기 위해 사용할 비유가 거의 바닥이 났다(13절). 그러다가 한 가지 비유를 발견한다. 그들의 파괴됨이 바다와 같이 크다. 그 이유로 그는 대답이 필요 없는 수사학적 질문을 먼저 던진다. 14절에서는 그가 좋아하는 주제들 가운데 하나인 거짓 선지자들에 대해 다시 거론한다. 예레미야는 여기서 그 땅의 대다수를 차지하는 사람들에 대해 이야기한다. 그는 과거를 지적하며 그들이 '가짜'였고 하나님께 받았다고 주장하던 환상은 거짓이었다고 선언하다.

16절과 17절은 시의 알파벳 배열 순서(구절의 첫 글자의 알파벳 순서)가 반대로 되어 있다. 그러나 강조하는 주제는 중단되지 않고 계속 이어진다. 이스라엘의 원수들은 한때 아름다운 성이 폐허가 되자 기뻐했다. 그들은 자신들이 세운 계획들이 그대로 이루어졌다고 자랑하며 이스라엘의 파멸을 자신들의 공로라고 생각한다. 그러나 예레미야는 그들의 자랑을 중단시킨다(17절). 그는 유다 백성들에게 원수의 성공은 이교도들인 그들 자신의 능력 때문이 아니라 하나님께서 그것을 명령하셨기 때문이라고 말한다.

2:18-19. 백성들을 위해 울던 선지자는 이제 그들에게 자신들의 죄악에 대해 회개의 눈물을 흘리라고 요청한다. 히브리어 성경은 애통하며 악한 길에서 돌이켜 하나님께 용서하심을 간구해야 할 필요성에 대한 진술로 가득하다. 하나님께서는 백성들이 모든 마음을 다해 자기를 부르면 들으실 것이라고 약속하셨다.

2:20-22. 이 시는 낙관적이지 않은 어조로 마무리하고 있다. 20-21절에서 백성들의 원망은 하나님께서 공평하지 않으며 불합리한 분이라는 책망, 심지어 정죄에 더 가깝다. 이 시의 마지막 절은 하나님께서 백성들에게 절기를 지키고 기도하라고 부르셨던 때를 회상한다. 절기를 지키는 것은 단순히 권고 사항만이 아닌 의무였다. 예레미야는 원수의 최근의 파괴 행위를 비교한다. 하나님께서 당신의 백성들에게 절기에 참석하라고 명하셨던 것과 마찬가지로 그 행위는 하나님의 명령으로 실행된 것이다. 이렇게 해서 이 시는 원망과 비애감어린 어조로 끝난다.

C. 하나님께서는 유다를 버리셨는가(3:1-66)

Supporting Idea	하나님께서 우리와 함께하신다는 확신만이 고통 속에서도 평화와 고요함을 소유하도록 해줄 수 있다.

학자들은 이 시를 두고 두 부류로 나뉜다. 어떤 이들은 이 시가 선지자의 개인적인 경험을 드러내고 있다고 말한다. 어떤 이들은 그것이 예루살렘을 의인화한 것이며, 선지자는 그 성을 대변하고 있다고 주장한다. 어떤 의미에서 두 주장이 모두 옳다. 예레미야의 인생은 많은 면에서 그가 사랑한 예루살렘과 평행을 이루었다. 많은 학자들은 이 문학적 명작에서 네 단계의 흐름을 발견한다. 예레미야는 자기 자신에 대한 고백으로 시작해서 예루살렘의 고난으로 이동한 후 다시 자기 자신의 고통을 토로한 후 예루살렘 성의 원수들을 심판해달라고 하나님께 간청하는 것으로 마무리한다.

이 시에서도 히브리 알파벳 순의 아크로스틱 시형이 계속 사용되고 있지만 형식에 약간의 변화가 있다. 이 장은 각 구절을 히브리 알파벳 각 글자로 시작하는 스물두 절로 이루어지지 않고 예순여섯 절로 되어 있다. 각기 세 구절씩 한 알파벳 글자로 시작하여 유사한 시적 효과를 주고 있다. 앞장에서처럼 열여섯 번째 문자와 열일곱 번째 문자의 순서가 뒤바뀌어 있다.

3:1-21. 이 소단락은 선지자 자신의 개인적 경험을 다룬다. 예레미야의 사역이 이 단락에 반영되어 있다. 연이은 재앙들은 예레미야가 그토록 사랑하던 그 성을 바벨론이 불태울 때 정점에 도달했다. 선지자는 성전이 하나님께서 원래 의도하신 모든 뜻과 정반대가 되었음을 깨달았다. 하지만 선지자는 여전히 그 성전을 사랑했고, 파괴된 성전의 모습을 보자 마음이 찢어지는 고통을 받았다.

예레미야는 2절에서 자신을 짐승처럼 이끌어 빛보다 어둠 안에서 걸어가게 하셨다고 말하고 있다. 그는 자신이 고난을 당하도록 요청을 받았던 이유가 무엇인지에 대해 혼란을 겪고 있다. 욥처럼 그는 자신이 죄가 없다고 주장한 것이 아니라 단지 자신의 잘못에 비해 지나친 고통을 당하고 있다고 주장한다. 하나님께서는 그에게 일종의 심각한 질병을 주셔서 맞서 싸울 힘도 갖지 못하도록 방치하셨다. 그는 하나님을 원망했다. 죽은 지 오랜 자 같다는 표현은 이미 운명해서 스올(Sheol, 어둡고 그림자처럼 사는 장소)에 있는 사람들의 연장일 수도 있다.

선지자의 시적 천재성은 그가 자신의 상태를 설명하기 위해 사용한 수많은 비유적 표현에서 드러나고 있다. 무기력한 죄수(7-9절), 하나님께서 붙잡아 갈기갈기 찢으신 짐승(10-11절), 화살이 몸에 관통한 사람(12-13절). 그는 백성들의 조롱의 대상이 되었다.

예레미야는 하나님을 피곤에 지친 여행자를 기만하는 주인으로 묘사한다. 그는 그분의 선지자에게 액체로 된 식물을 주셨지만 그것은 비통함과 쓰라림이었다. 그분이 선지자에게 주신 음식은 돌과 재였고, 그 때문에 그의 이가 부러졌다. 그러고나서 그는 만신창이가 된 그를 더러운 거리로 내던지신다! 하지만 인간의 극한적 상황은 하나님의 기회다. 외로움 속에서 예레미야는 자신의 과거의 경험들을 회상했다. 그러고나서 자신의 상황을 다시 평가하기 시작했다. 그러자 소망이 저 멀리 기다리고 있을 것이라는 기분이 들었다.

3:22-39. 예레미야가 가장 좌절에 빠졌던 바로 그 순간 그의 마음은 맑아지기 시작했다. 하나님께서는 결코 그를 실망시키신 적이 없으셨다. 왜 자신이 지금처럼 절망해 있어야 하겠는가? 그의 생각 속에 놀라운 기적이 일어났다. 그는 절망의 구렁텅이에서 산의 정상으로 올라섰다! 지난 세월에 모든 필요를 채워주셨던 하나님께서 이제 그를 버려두지 않으실 것이다. 선지자는 삶에 대한 새로운 의욕을 갖게 되었다. 하나님의 긍휼하심이 결코 다함이 없다는 것을 깨달았다.

히브리어 본문에서 25-27절은 좋다는 뜻을 지닌 토브(tov)라는 단어로 시작한다. 문장에 이 사실을 반영해 읽으면 더 쉽게 이해할 수 있고 그 의미를 명확히 알 수 있다. 예를 들어보자. '좋다 그 소망이 하나님께 있는 자는', '좋다 고요히 기다리는 것이', '좋다 사람이 멍에를 지는 것이.'

28-30절의 그로 하게 하라(Let him)라는 네 번의 용례는 참으로 회개하는 사람의 훌륭한 예다. 이러한 태도로 나아오는 사람들은 하나님께서 들으시고 회복해주실 것을 확신할 수 있다. 마찬가지로 34-36절의 유사한 표현의 3부작은 자신의 삶에서 이러한 모습이 변할 때까지 하나님의 음성을 들을 수 없는 회개치 않는 사람을 암시하고 있다.

37-38절에서 예레미야는 자신의 사역 기간 내내 강조했던 진리를 재확인해준다. 주께서 미리 명령하지 않으시면 어떤 일도 일어날 수 없다. 그 당시의 전형적인 신학적 입장은 모든 것이 바로 하나님께로부터 온다는 것이었다. 유대 사상은 하나님 외의 또 다른 원인을 거의 혹은 전혀 인정하지 않았다. 오늘날 우리는 좋은 일을 하나님께서 주신

것이라고 쉽게 인정할 수 있지만 아모스는 "여호와의 시키심이 아니고야 재앙이 어찌 성읍에 임하겠느냐"(암 3:6)라고 말했다.

39절은 두 가지로 해석된다. (1) 사람이 자기 죄로 벌을 받는데 왜 원망하는가? 그는 이런 일을 당해 마땅한 짓을 저질렀음을 깨달아야 한다. (2) 자신이 살아 있는데 왜 원망하는가? 하나님께서는 이 세상에서 그가 살아야 할 시간보다 더 많은 시간을 주셨다. 첫 번째 해석이 일반적으로 더 인정을 받는다.

3:40-51. 이 소단락에서 예레미야는 백성들에게 회개할 것을 호소한다. 그는 그들의 죄책의 부담을 줄여줄 경감 사유에 대해서는 전혀 호소하지 않는다. 하나님께서 용서하지 않으셨다는 것이 그에 대한 비난의 이유가 되어서는 안 된다. 예레미야는 그들의 고통이 잘못에 비해 과도하다는 뜻으로 말하지도 않았다. 이것은 분명히 하나님의 자비로 인해 용서해주시기를 바라는 부르짖음이었다. 그것은 구약에서 가장 애처로운 부르짖음 가운데 하나다.

51절에서 예레미야는 성읍의 여자들에 대해 이야기한다. 이 말에는 그의 따스한 성품이 드러나 있다. 이것은 단순히 예루살렘을 '시온의 딸'로 의인화하는 비유적 표현이 아니다(그가 이러한 비유적 표현을 종종 사용하기는 하지만). 선지자는 적의 유린으로 고통당하고 있는 여자들을 실제로 언급한 것이다. 이것은 예레미야가 예수님과 가장 유사한 모습 가운데 하나다. 두 분 다 결혼하지 않았지만 여자들에게 견디도록 강요된 고통에 대해 연민의 눈으로 바라보셨다.

3:52-66. 이 마무리 소단락에서 예레미야는 그의 인생에 하나님께서 직접 개입하여 자비를 베푸신 일들을 회상한다. 그가 말한 일들은 유다 민족에도 비유적으로 적용될 수 있다. 예레미야의 인생에 일어난 몇 가지 사건들은 이 구절에서 그의 말의 일부, 특별히 구덩이에서 부르짖었던 것에 대한 구절(53, 55절)과 연결된다. 물이 그의 머리 위로 넘친다는 비유(54절)는 수많은 구약 구절들, 특히 시편에서 많이 등장한다.

59절부터 예레미야는 자신의 원수들에 대해 비통한 심정을 표현함으로써 자신의 참된 인간됨을 드러낸다. 이것은 선량한 사람들에게도 도전이 된다. 원수들을 용서하는 것은 예수님께서 모범으로 보여주신 것이며, 주를 따르는 자들에게 주신 명령이다.

D. 죄악으로 인한 백성들의 타락(4:1-22)

Supporting Idea	자신의 위치나 역할에 상관없이 하나님의 거룩한 기준에 맞서는 것은 비참한 파멸을 자초할 것이다.

어떤 저자는 이 시를 '과거와 현재의 예루살렘' 이라고 불렀다. 이 장은 앞의 장들과는 두 가지 면에서 상당히 다르다. 첫째, 이 장은 나머지 어떤 장들보다 백성들의 비참한 상황이 그들의 죄 때문이라는 것을 더 분명하게 말하는 것 같다. 둘째, 세 부류의 지도자 그룹, 즉 선지자들, 제사장들, 관리들이 예루살렘에 심판이 임한 주된 원인이었음을 강조한다.

이 단락은 쉽고 분명하게 구분될 수 있다. 1-12절은 예루살렘의 긴 포위 공격으로 백성들에게 닥친 고통과 괴로움을 소개한다. 13-16절은 유다의 지도자들이 그들에게 일어난 비극에 책임이 있음을 지적한다. 17-20절에서 예레미야는 그 백성들의 무력함을 지적한다. 마지막 두 구절(21-22절)은 에돔에게 그들이 현재 누리는 승리가 그리 길지 않을 것이라고 말한다.

4:1-12. 우리는 선지자가 과거 예루살렘이 누리던 영광을 회상하면서 갖는 회한을 느낄 수 있다. 그는 시작할 때처럼 또다시 장례식 애가를 부른다. 하나님을 섬기며 한때 소중한 존재였던 유다 백성들이 하나님께 무가치한 존재가 되었다. 하나님께서 자기 자신을 위해 그들을 빚으셨기 때문에(사 43:21) 이것은 비극적이다.

3절은 백성들의 이전 상태와 현재 상태의 흥미로운 대조를 보여준다. 들개들은 자신들의 새끼를 잔인하게 다룬다고 한다. 이 히브리어 단어는 바다 괴물이나 바람 냄새를 맡으려고 코를 킁킁거리는 야생 나귀에게 사용된 단어와 유사하다. 이것은 또한 때로 뱀이나 심지어 악어로 언급되기도 한다. 예레미야가 말하고자 하는 요점은 이런 종류의 짐승들도 어린 새끼들을 돌본다는 것이다.

그러나 백성들은 또 다른 짐승인 타조처럼 되었다. 타조는 자신의 둥지가 발각된 것을 알면 어린 새끼를 짓밟아버리고 다른 곳에 둥지를 짓는다. 암타조는 조금도 충격을 받지 않고 자신의 새끼를 버린다. 선지자에 의하면 유다의 거민들은 타조처럼 아무 연민도 없고 잔인하게 되어버렸다.

3-5절은 버림받은 시온의 자녀들에 대해 점층적 묘사를 하고 있다. 젖을 빠는 유아들

로 시작해 예레미야는 아이들의 모습을 거론하고, 더 맛있는 음식을 구했던 어른들의 현재 모습에 대한 묘사에서 절정에 도달한다. 모든 사람이 하나같이 비참하고 모두가 기아와 싸우고 있었다.

7-8절에서 현재의 볼품없는 모습과 대조되는 비극 이전의 존귀한 자들('나실인', KJV)에 대한 시적 묘사는 슬픈 그림을 보여준다. 유다는 큰 수치를 당했다. 죄악으로 인해 유다는 얼마나 비참하게 낮아졌는가?

잔인하고 고통스러운 방법이라 해도 단숨에 죽는 것이 점차 쇠약해져 굶주림 가운데 죽어가는 것보다 더 낫다(8-9절). 부모들이 그들 자신의 살과 피를 먹는다는 것은 거의 믿어지지 않는다. 많은 학자들은 이와 같은 표현들은 문자적으로가 아니라 비유적으로 해석되어야 한다고 주장한다. 11절에서 이 묘사는 마무리되고 끝난다. 하나님께서는 범죄한 백성들에 대해 '참을 만큼 참으셨다.' 그래서 그분은 분을 내신다. 이 일이 예루살렘에 일어나리라고 아무도 믿지 않았을 것이다(12절).

4:13-16. 예레미야는 유다의 비참한 상황에 대해 책임이 있는 사람들을 한 번 더 지적한다. 그들은 악한 종교 지도자들이었다. 그는 이 부분에서 선지자들과 제사장들에게 집중하고 정치인들에 대해서는 거론하지 않는다. 이 단락에서 그는 그들의 부정한 생활에 초점을 맞춘다. 지도자들은 모범이 되는 삶을 살도록 요청을 받는다. 다른 사람들을 지도하는 책임을 맡은 사람들이 심각한 잘못을 저지를 때 그들은 그들을 따르는 사람들의 신뢰를 회복하는 데 심각한 어려움을 겪는다. 타락한 영적 지도자들을 부정한 문둥병자와 비교한 것은 구약에서 가장 적절한 비교 가운데 하나다.

4:17-20. 사람들이 절망적인 상황에 직면할 때 지푸라기라도 잡겠다는 심정을 갖는다. 유다는 예루살렘 마지막 포위 공격 때 한 가지 유일한 인간적 희망이 있었다. 통치자들과 백성들은 애굽에 필사적으로 매달렸다. 하지만 그들은 낙심하고 말았다. 그들이 마지막으로 의지할 것은 현재적 왕정의 형태로 된 다윗 왕조가 그들의 구원이 될 것이라는 소망이었다. 많은 이들은 시드기야를 여호와의 기름 부음 받은 자, 그들의 메시야로 보았다. 하지만 그는 자신의 생명도 구할 수 없었다.

4:21-22. 이 시에서 예레미야의 마지막 말은 이스라엘의 오랜 경쟁자이자 원수인 에돔에 대한 것이다. 이 두 민족 간의 적대감은 그들의 조상인 에서와 야곱에게로 거슬러 올라간다. 수세기 내내 이 두 나라는 서로 대적했고, 때로 그 강도가 극렬했다. 이 시가

쓰이던 당시에 에돔은 이스라엘에 대해 승리를 즐기고 있었다. 에돔 사람들은 멀리 서서 예루살렘이 망하는 것을 즐거워하며 지켜보았다. 예레미야는 그들에게 심판의 날이 올 것이라고 경고한다. 그것도 곧 말이다.

E. 마지막 애가와 마무리 기도(5:1-22)

Supporting Idea	고통은 우리에게 주님께 우리 죄를 용서하고 새로운 길로 우리를 인도해 달라고 간구하는 계기가 될 수 있다.

이 시는 기도지만 그 민족이 당하고 있는 고통에 대한 서술이 대부분을 차지한다. 유다에 남은 사람들이 처한 비참한 상황을 이야기한다. 이들은 조상들이 준 유산을 빼앗기고 가난과 강제 노역과 압제에 신음하는 무력한 남은 자들이었다. 이 시는 분량이 서로 차이가 나는 두 개의 소단락으로 나뉜다. 1-18절은 예루살렘의 파멸에 대해 상세하게 서술한다. 이 소 단락은 두 개의 더 작은 그림으로 구분된다. 그 백성들의 고통과 고난(1-13절) 그리고 소망의 상실(14-18절). 19-22절은 하나님께서 은총을 회복하시고 그 백성들을 다시 한 번 축복해달라고 구하는 간절한 기도를 담고 있다.

5:1-13. 예레미야는 실제적으로 백성들의 상황에 대해 새로운 내용은 거의 제공해주지 않는다. 간결하면서 딱딱 끊듯이 예루살렘의 상황을 묘사하는 방식은 그가 앞에서 말했던 내용을 부연 설명하고 있다.

5:14-18. 이 단락은 유다의 굴욕의 결과를 보여준다. 미래에 대한 모든 소망이 다 사라져버린 것 같다. 백성들이 의지했던 모든 장소들이 그들을 낙담하게 했다. 최고의 정점은 그들의 왕이 잡혀 죽임을 당한 것이었다. 우리 머리에서 면류관이 떨어졌사오니라는 표현은 아마 이 비극적 사건을 가리킬 것이다. 시드기야 개인이 아니라 다윗 왕가 전체(어떤 의미에서 기대하던 메시야)가 멸망해버렸다. 다윗 왕가가 사라진 상황에서 어떻게 이상적인 왕이 다시 다스릴 날이 오겠는가?

5:19-22. 이 시는 시작할 때와 같이 하나님께 호소하는 것으로 마무리된다. 예레미야는 소망에 대한 강한 확신을 표현하는 것으로 이 시를 시작했다. 그룹들 사이에 좌정하고 앉아 계신 하나님의 세상 거처가 폐허가 되어 있다. 그러나 그분의 참된 거처는 영구하며 영원하다. 주께서는 영원히 계시므로 백성들은 그분에게 회복시키시는 권능을

베풀어주시기를 기도한다. 이것은 그들이 회개와 믿음으로 하나님께 부르짖었음을 표현하는 이 시인의 방식이다.

예레미야는 마지막 자신의 기록 자료를 특이하게 제시하고 있다. 이 시들은 '어찌하여(슬프다)' 로 표현된 충격과 혼란의 감정을 드러내는 것으로 시작한다. 그리고 마지막에는 '어찌하여(왜)' 라는 질문으로 마감한다. 두 경우 모두 예레미야는 하나님의 주권성에 경이로움을 느끼고 있다. 우리는 선지자가 처한 딜레마의 비애와 심지어 외로움을 감지할 수 있다. 그는 하나님께서 그들을 아주 버리신 것이라는 가장 끔찍한 가능성이 아직 실제로 일어나지 않았다면 하나님께 백성들을 회복해달라고 간구한다. 하나님께서는 그들을 버리시고 다른 도구를 선택하셨는가?

이 대목에서 이 질문에 대한 어떤 대답도 제시되어 있지 않지만 우리는 후대의 선지자들을 통해 한 가지 심오한 진리를 배운다. 하나님께서는 이스라엘을 깨끗하게 하시기 위해 가혹한 징계를 가하시지 않으면 안 되지만 여전히 이스라엘을 통해 일하실 것이다. 그분은 그들이 그분 자신을 섬길 수 있도록 그릇들을 깨끗하게 하기 위해서 얼마나 징계를 해야 할지 알고 계신다. 이스라엘의 아골 골짜기가 한 번 더 이스라엘의 소망의 문이 될 것이다. 그들은 다시 광야로 가야 한다. 이번에는 바벨론이라는 광야다. 하지만 그들은 순결한 백성이 되어 돌아올 것이다. 그리고 예레미야는 하나님을 섬길 수 있도록 그들로 하여금 준비되게 해달라고 기도한다.

Main Idea 복 습	하나님에 대한 계속된 죄와 반역은 외로움과 재앙을 가져다주지만 하나님을 찾는 자에게 그분은 항상 손을 내미신다.

결론

하나님께서 회복시키시다

자신의 첫 애가에서 예레미야는 예루살렘의 수치와 굴욕과 불명예를 묘사하기 위해 과부의 비극적 이미지를 사용했다. 과부의 상황은 절망적이었다. 하지만 하나님께서는 과부의 상황에 관심을 갖고 주시하고 계신다. 과부 예루살렘은 다시 일어나고 회복될 것이다. 예루살렘 성전은 재건될 것이다. 백성들은 포로 생활을 마치고 다시 돌아올 것이다. 과부로서의 수치스러운 삶은 과거가 될 것이다.

우리와 하나님과의 관계도 마찬가지다. 우리가 우리 자신의 한계를 깨닫고 주를 소망하며 우리 죄를 고백하고 자신을 그분의 놀라운 사랑과 긍휼하심에 맡길 때 그분은 우리를 자신에게로 회복시키시고 우리의 날을 옛날처럼 새롭게 해주실 것이다. 그리고 우리 날을 옛날보다 더 풍성하게 만들어주실 것이다. 그분의 신실하심이 참으로 크시다!

▣ 진리 알기

- 하나님의 심판은 신적인 공의를 보완하는 것이라는 사실은 개인들의 삶뿐 아니라 국가에도 적용된다.
- 한 국가의 정치적이고 경제적인 고통이 영적 타락에 원인이 있을 때 옛날의 정치적 동맹을 통해서든 새로운 정치적 동맹을 통해서든 위로와 구원을 받지 못할 것이다.
- 하나님의 경륜에서는 국가적 회복과 갱신이 이루어지기 위해 반드시 국가적 회개가 있어야 한다.
- 우리 죄를 고백하고 용서와 회복을 위해 하나님을 의지한다면 아무리 비참한 위기 속에서도 하나님에 대한 소망을 경험할 수 있다.
- 주 하나님께서는 영원히 통치하신다. 그분의 보좌와 그분의 나라는 영원할 것이다.

▣ 적용하기

- 위기를 당했을 때 당신이 의지한 도움의 원천이 무엇이었는지 생각해보라. 어려울 때 가

장 유익했던 도움의 원천과 거의 유익이 없었던 도움의 원천이 무엇이었는지 살펴보라.

- 죄 때문에 징계를 당하는 두 사람을 생각해보라. 한 사람은 성숙한 태도로 징계를 대하지만 나머지 한 사람은 미성숙하게 징계에 반응한다. 이 두 사람이 당연히 받아야 할 징계에 대해 반응하는 태도의 차이점을 설명해보라.
- 어려운 상황에서 희망을 발견했던 때를 생각해보라. 당신이 소망을 잃지 않고 대처했던 유사한 상황으로 어려움을 겪고 있는 사람에게 무엇이라고 말해줄 수 있겠는가?
- 세상에서 살 수 있는 시간이 한 시간밖에 없다고 생각해보라. 당신의 가족과 몇 명의 친구들이 당신과 함께하고 있다. 당신이 세상을 떠나야 하는 그 시간에 그들에게 어떤 지혜를 전해줄 수 있겠는가?

삶의 적용

북쪽 땅에서 오는 군대

미국 역사상 남북 전쟁 때 셔먼의 해안을 향한 행군과 그 이후의 캐롤라이나 군사 작전보다 남왕국 유다와 그 수도인 예루살렘 성의 파멸과 더 흡사한 사건은 없다.

1864년 9월 2일 한 달간의 포위 끝에 애틀랜타는 셔먼의 군대에 무너졌다. 애틀랜타를 수중에 장악한 셔먼은 링컨 대통령에게 조지아의 핵심부를 거쳐 바다까지 사바나에 이르는 모든 곳을 군대를 이끌고 진격하는 계획을 제안했다. 셔먼의 군대는 그 과정에서 남부 연합군에 도움이 될 모든 것을 무차별 파괴할 것이다. 셔먼의 군대가 바다에 이르기 전에 그의 62,000명의 병사들은 약 680여 킬로미터에 이르는 적군의 영토를 지나가면서 약 100여 킬로미터에 이르는 지역을 파괴하고, 1조 원이 넘는 피해를 남겼다.

그러나 셔먼은 그것으로 만족하지 않았다. 1865년 2월 초, 그는 사바나 강을 건너 자신의 부대를 북쪽으로 돌려 캐롤라이나로 향했다. 2월 17일 연방군에서 제일 먼저 탈퇴했던 콜럼비아가 셔먼의 군대에 함락되었다. 그 도시는 곧 화염에 휩싸였다. 컬럼비아의 4분의 3이 그날 밤 파괴되었다. 거의 모든 건물이 파괴되었다. 수천 명의 가정들이 그로 인해 집을 잃었다. 셔먼 자신은 자신의 회고록에서 그와 그의 군대가 그 일을 마쳤을 때 그들은 "철저하게 콜럼비아를 파괴했다" 고 적었다.

셔먼에 의해 자행된 파괴는 예레미야가 예루살렘의 운명에 대해 탄식할 때 보았던 것과 비슷한 장면이었을 것이다. 자신이 속했던 세계가 파괴된 상황에서 "내 심령이 그것을 기억하고 낙심이 되오나" 라고 인정했다는 사실에도 불구하고 예레미야는 "내게 소망이 있습니다" 라고 선언했다(3:20-21). 이것이 어떻게 가능한가? 예레미야는 주의 놀라운 사랑과 긍휼히 여기심, 성실하심, 선하심을 발견했다(3:22-23, 25). 예레미야는 주님을 분깃과 구주로 알았다(3:24, 26).

기도

하늘에 계신 아버지, 사랑과 긍휼이 많으신 하나님이심으로 인해 감사를 드립니다. 우리의 부르짖음과 울음과 탄식에 귀 기울여주셔서 감사합니다. 당신의 계명을 따르지 않고 당신의 길을 따라 살지 않음으로 우리 스스로 자초한 재앙 속에서조차 우리에게 소망을 주셔서 감사합니다. 사랑하는 주님, 우리가 불성실할 때도 우리에게 신실하셔서 감사합니다. 당신의 성실하심이 크시나이다. 아멘.

심층 연구

A. "예루살렘이 크게 범죄함으로"(1:8)

청소년 수련회에서 할 설교의 소재를 찾고 있던 한 목사님이 중고 옷 가게를 지나가게 되었다. 그는 전시되어 있는 옷들 가운데 관심을 끄는 알림판이 있는 것을 보았다. "약간 얼룩이 져서 싸게 드립니다." 그의 창의력이 번뜩이기 시작했다. "바로 이거야! 더 이상 찾아 고민할 필요가 없어졌어!" 그는 서둘러 서재로 가서 설교를 준비하기 시작했다.

예레미야는 예루살렘을 '약간 얼룩이 진' 이상의 상태라고 보았다. 예루살렘은 죄악과 더러움으로 오염되어 있었다. 이전에 예루살렘을 존귀하게 여기던 사람들이 그들을 멸시하게 되었다. 그 누구도 다가와 그들을 위로해주지 않았다. 그들의 적은 그들의 보물을 다 가져갔다. 이교도들이 그들의 예배 성소를 침범했다. 모든 백성들이 굶주림으로 신음했다. 이보다 더 나쁜 상황이 있겠는가?

그렇다. 이 특별한 백성들에게 더욱 더 끔찍한 한 가지 사실이 있었다. 하나님께서 그분의 구속 목적에 그들을 더 이상 사용하실 수 없다는 것이었다. 죄로 인해 예루살렘과 유다의 백성들은 너무나 더러워져서 쓸 수 없게 되었다. 그분이 그들을 정결하게 해주셔야 그들은 그분이 소명하신 기능을 수행할 수 있다.

죄는 너무나 많은 부분에서 우리에게 영향을 미치기 때문에 수많은 이름을 갖고 있다. 그것은 돈을 허비하고, 육신이 부패하도록 망가뜨리고, 우리의 지성을 병들게 하고, 우리의 도덕적 본성을 시들게 하고, 우리의 의지를 약화시키고, 양심을 둔하게 하고, 마음이 완악해지도록 한다. 더 비극적인 것은 죄가 우리를 예속시킨다는 것이다. 죄에 탐닉하는 자들의 주인이 된다.

B. "기도가 상달되지 못하게 하시고"(3:44)

뛰어난 한 기독교 상담가는 "내가 학기 중에 자주 다루어야만 하는 한 가지 문제는 응답되지 않는 기도의 문제다"라고 말했다. 그는 계속해서 "이것은 깊은 열정으로 신앙적 경험을 시작했던 사람들이 자주 처하는 문제다. 하지만 신앙 생활의 어느 시점이 되면 그들의 기도 생활에 어려움이 생긴다. 그러한 사람은 '내가 처음 예수를 믿었을 때 기도에 응답하시던 하나님께서 지금은 내 기도에 응답해주시지 않는다'라고 원망한다. 그들은 '내가 기도할 때 당신은 어디에 계십니까?'라고 부르짖는다"라고 말을 이었다.

하나님께서 우리를 버리셨다고 느낄 때 이와 동일한 질문을 우리의 삶에 적용할 수 있지 않는가? 우리가 섬기는 하나님께서는 어떤 분인가? 성경은 어떤 책인가? 우리의 거룩한 책이 성공적인 기도 생활만 기록하고 다른 경험을 기록하지 않았다면 우리의 인간적 필요를 충족시키기에 부적절할 것이다.

기도란 무엇인가? 여기에 수세기 동안 살아남은 명언을 소개한다. "기도는 하나님의 반대를 이기는 것이 아니라 그분의 지고한 뜻을 붙잡는 것이다." 이 말들을 진지하게 받아들이고 성실하게 적용한다면 신앙 생활에 대한 우리의 개념이 혁명적으로 변할 수 있다. 하나님께서는 우리가 사소한 불편이라도 생기면 우리가 누르는 벨 소리에 부리나케 달려오셔야 하는 벨보이가 아니시다. 그분은 우주의 주인이시며 그분의 왕국의 주권자시고 죄의 속박에서 해방시켜주실 존재에 대한 자신들의 필요를 깨닫는 자들의 구속주시다.

C. "사람이 젊었을 때에 멍에를 메는 것이 좋으니"(3:27)

멍에는 소가 수레를 끌거나 밭을 갈 때 목에 멘 나무 막대기를 말한다. 오랫동안 그것은 봉사나 심지어 한 사람이 다른 사람의 뜻에 복종하는 예속을 가리키는 대중적 상징이었다.

나이가 들면 우리는 여러 제약이라는 멍에에 구속당한다. 청년 시절에 우리는 우리의 부모에게 의지하지 않고 자립해야 하는 멍에에 직면하게 된다. 중년의 나이에는 보통 동반자와 때로는 자녀 양육이라는 책임의 멍에를 지게 된다. 예레미야는 인생의 초반기에 '멍에의 원리'를 배울 때 생기는 유익에 대해 말했다.

젊은이들은 인격 형성기에 남은 인생의 긴 여정을 대비할 준비에 전념해야 한다는 것을 깨달아야 한다. 그렇게 하기 위해서는 훈련의 멍에가 반드시 필요하다. 내가 아는 한 대학 교수님이 즐겨 사용했던 표현이 있다. 그는 "준비를 해야 하는 시기에 젊음을 낭비하면 인생 후반에 따라잡기 위해 세 배의 대가를 치러야 한다"고 경고했다.

중년의 나이가 되면 우리는 종종 과거를 후회하며 바라보게 된다. 사람들이 우리를 보며 기대하는 발전의 기회를 빼앗겼을 수도 있고, 낙심해서 우리 영혼이 짓눌렸을 수도 있었을 것이다. 하지만 젊은 시절에 자기 훈련이라는 멍에를 지면서 배웠던 것들이나 인격은 그 어떤 것도 빼앗아가지 못한다.

교안

A. 들어가는 글

1. '과부 메리'를 읽으라.
2. 배경 설명: 남왕국과 그 수도 예루살렘이 느부갓네살이 이끄는 바벨론 군대에 함락되었다. 그 해는 주전 586년이다. 그 성과 살아남은 사람들은 비참한 상황에 처했다. 포위 공격은 심각한 문제를 낳고 있었다. 생존자들은 음식과 재물과 그들의 미래에 대해 필사적이었다. 이전의 우방국들은 아무 도움도 주지 않았다. 사실상, 이전의 우방국들은 적이 되었고 도움이 필요할 때 유다를 배신했다. 한때 열국 가운데 여왕처럼 군림하던 왕국과 성이 이제 무기력한 과부처럼 되었다. 이러한 상황에서 백성들은 하나님께 소리 높여 부르짖지만 그들의 곤궁의 책임은 그들 자신일 뿐이다.
3. 적용: 사랑하는 사람이 죽거나 심각한 손해를 입었을 때 당신은 어떻게 슬픔을 표현하는가? 어떤 이들은 자신들의 슬픔을 억압하고 '굳세게 견디어내고자' 애쓴다. 어떤 이들은 그 비극에 책임이 있다고 생각되는 모든 대상을 향해 분노한다. 울고 통곡하면서 자신을 가로막는 모든 이들에게 욕설을 퍼붓는다. 고대 이스라엘에서 마음의 깊은 슬픔은 종종 애가, 즉 정형화된 시적 표현 방식으로 표현되었다. 이 애

가들은 애곡하는 자들이 깊은 고통과 슬픔을 표현할 수 있게 해주었고 때로 소망을 표현할 수 있게 해주었다. 우리는 예루살렘 성에 대한 예레미야의 이 다섯 애가를 통해 하나님과 우리 자신에 대해 많은 것을 배울 수 있다.

B. 본문 이해

1. 고립, 황폐화, 비참함(1:1-22)
2. 백성들의 탄식과 간구(2:1-22)
3. 하나님께서는 유다를 버리셨는가(3:1-66)
4. 죄악으로 인한 백성들의 타락(4:1-22)
5. 마지막 애가와 마무리 기도(5:1-22)

C. 결론

'하나님께서 회복시키시다' 를 읽으라.

토의 질문

1. 예레미야애가에 반복적으로 나타난 주제를 듣는 것이 현대 그리스도인들에게 어떤 의미를 지니겠는가?

2. 예레미야애가 가운데 첫 네 편의 애가의 아크로스틱 구조가 독자들이 이 내용을 기억하는 데 어떤 도움이 되겠는가? 다섯 애가가 전부 이 구조를 따르지 않은 이유가 무엇이라고 생각하는가?

3. 애가가 여기에 기록된 사건들을 직접 목격한 사람에 의해 기록되었음을 입증하기 위해 어떤 증거를 제시할 수 있는가?

■ 용어 해설

1. **이방인**(alien) - 다른 나라에서 살아가는 사람. 그곳 시민은 아니지만 제한적이나마 몇 가지 특권을 행사할 수 있었다. 하나님께서는 온 땅의 주인이시기 때문에 성경 저자들은 지상의 모든 사람들을 이방인이라고 보았다.
2. **살구나무**(almond tree) - 견과가 열리는 커다란 나무. 봄철에 가장 먼저 꽃을 피우기 때문에 황망한 겨울이 지난 후 하나님께서 여전히 자연 속에 일하고 계심을 알게 해준다.
3. **자필의**(autographical) - 삼인칭(그, 그녀, 그들, 등)이 아닌 일인칭 대명사(나, 나의, 나를, 나의 것 등)를 사용하는 작문 형식.
4. **바알**(Baal) - 가나안 종교의 가장 으뜸이 되는 신으로, 작물의 풍작을 보장해주는 신으로 숭배받는다. 이 이름은 '결혼하다' 나 '통치하다' 는 뜻의 동사에서 파생한 것이다. 종교적 제의들은 성적 향락의 형태를 취했다.
5. **길르앗의 향유**(Balm of Gilead) - 예레미야 시대에 미용과 의료적인 목적으로 사용된 향기로운 냄새가 나는 끈끈한 액체. 길르앗의 이 향유는 여러 나라, 특별히 애굽과 페니키아로 수출되었다.
6. **갈그미스 전투**(battle of Carchemisch) - 주전 605년의 군사적 충돌. 이 싸움에서 바벨론은 앗수르에 승리하고 국제 정치의 패권을 쥐게 되었다.
7. **신명기**(Book of Deuteronomy) - 구약의 다섯 번째 책으로, 주로 죽음을 앞둔 모세가 이스라엘에 준 설교로 구성되어 있다. 새롭게 들어갈 땅에서 신실하게 살 것을 당부하는 내용과 시내 산에서 받은 율법의 경신된 내용이 포함되어 있다.
8. **갈대아인**(Chaldeans) - 티그리스와 유프라테스 강의 저지대 지역에 살았던 사람들로, 점차 바벨론을 장악하고 바벨론인이라는 이름을 갖게 되었다. 두 이름은 종종 서로 번갈아가며 사용되고 있다.
9. **선택받은 것**(chosen one) - 하나님께서 자기 뜻을 이루시기 위해 특별한 목적으로 사용하시려고 구별하신 사람, 물건 혹은 운동.
10. **웅덩이**(cistern) - 물을 저장하던 곳, 또한 구멍, 구덩이, 종종 우물이라고도 한다.
11. **뜰**(courtyard) - 예루살렘 궁전 내의 트인 장소 혹은 고립된 장소. 예레미야 시대에 죄수들을 억류하거나 구금하기 위한 용도로 사용되었다.

12. **언약**(covenant) - 동등한 입장이거나 동등하지 않은 입장의 양 당사자가 맺은 협정, 혹은 동맹. 각 당사자는 특정한 조건을 수락했다.

13. **구스인**(Cushite) - 예레미야 당시, 애굽 남쪽에 위치한 나라의 국민 혹은 거주민, 국경의 경계선은 여러 차례 바뀌었다. 구스라는 나라의 사람들은 아마 검은 피부색의 사람들이었을 것이고, 때로 구스는 에디오피아로 번역된다. 그러나 현재의 에디오피아라는 국가명과 완전히 동일한 나라는 아니다.

14. **영어 본문**(English text) - 성경을 기록할 때 쓴 원래 언어가 아니라 영어로 번역된 성경 복사본, 혹은 여러 다른 문서.

15. **내시**(eunuch) - 거세를 당한 사람. 그리고 고대 근동에서 특별히 신뢰할 만하다고 인정된 사람. 종종 하렘(왕의 첩들)을 관리하는 책임자일 경우가 많았다.

16. **유프라테스 강**(Euphrates River) - 서아시아에서 가장 길고 넓으며 중요한 강, 이 강 유역에 바벨론과 갈그미스를 비롯해 수많은 중요한 도시들이 위치하고 있다.

17. **믿음 없는**(faithless) - 한 사람이나 대의명분에 대해 지속적인 충성심이나 변치 않는 헌신을 보일 수 없는 것을 말하며, 특별히 하나님에 대한 유다의 관계에 적용된다.

18. **묵힌 땅**(fallow ground) - 한 번도 경작된 적이 없거나 최근 들어 경작되지 않고 놀린 땅. 예레미야는 백성들과 그들의 하나님 여호와와의 관계를 설명하기 위해 이 표현을 사용했다. 그 관계는 아예 끊어졌거나 악화되어 있었다.

19. **금식**(fast) - 하나님과 더 깊고 의미 있는 경험을 하기 위해 일정 기간 동안 음식을 입에 대지 않는 것. 종종 애통, 회개, 죄에 대한 통회와 관련이 있다.

20. **조상들**(forefathers) - 조상들, 부모들, 자신의 세대보다 앞선 가족들.

21. **이방에 대한 예언**(foreign prophecy) - 하나님께서 이스라엘과 유다 경계 밖의 나라나 민족에게 주시는 말씀으로, 직접적으로 전달되거나 다른 의사 전달 수단을 통해 전달되었다.

22. **하나님의 구속 계획**(God's redemptive program) - 세상의 모든 민족들을 죄의 예속력과 파괴력에서 건져내시고 구원하시기 위한 하나님의 계획.

23. **히브리 시**(Hebrew poetry) - 음의 운율보다는 평행법이나 생각의 반복을 주로 활용하는 히브리 작문 방식의 형태.

24. **심판**(judgment) - 하나님께서 피조물에게 진리를 증거하시는 구체적인 행동이나 지속

적인 과정으로 그분의 불변하는 법에 대한 순종이나 불순종은 보상을 받거나 대가를 치른다.

25. **레위인**(Levites) - 야곱의 셋째 아들 레위의 후손들로, 이스라엘 민족의 종교적 업무에 특별히 봉사하기 위해 하나님께서 구별하신 자들. 모든 제사장들은 레위인들이지만 모든 레위인들이 제사장은 아니었다. 다른 영역에서 섬긴 비제사장 레위인들은 국가의 예배 의식들에 관계했다.
26. **명령**(mandate) - 더 높은 권위를 가진 사람이 다른 사람에게 내리는 지시, 혹은 위임.
27. **외투**(mantle) - 능력과 개인의 책임을 상징하며 선지자들 가운데 많은 이들이 겉옷으로 입던 느슨한 옷.
28. **마르둑**(Marduk) - 벨이라고도 하는 바벨론의 수호신, 혹은 최고 신. 바벨론의 진정한 왕으로 인식되었다. 세상 통치자들은 마르둑의 아들들로 간주되었다.
29. **모세 언약**(Mosaic covenant) - 하나님께서 애굽에서 탈출한 직후 시내 산에서 이스라엘 열두 지파와 맺으신 약속과 계약. 그것은 백성들의 순종에 근거한, 성격상 조건적인 언약이었다.
30. **모세 율법**(Mosaic law) - 모세가 이스라엘 백성들에게 준 행위 규범으로 출애굽기, 레위기, 민수기, 신명기에 기록되었다.
31. **국수주의자 집단**(nationalistic group) - 자국의 이익을 다른 어떤 가치보다 상위의 개념으로 보고 추구하는 사람들의 모임.
32. **새 언약**(new covenant) - 하나님과 그분의 백성들 간에 맺은 새로운 형태의 관계. 예레미야가 예언하고 예수 그리스도 안에서 성취되었다.
33. **북왕국**(Northern Kingdom) - 다윗의 통일 왕국의 열 지파들을 가리키며 주전 931년 솔로몬이 사망하자 유다와 베냐민 지파만을 제외하고 독립된 나라를 형성했다. '유다' 라고 불린 남왕국과 대조적으로 '이스라엘' 이란 이름을 갖게 되었다(남왕국을 참고하라).
34. **비유를 이용한 메시지**(parabolic message) - 상징이나 이야기를 이용해 메시지를 전하는 설교, 담화, 신탁. 때로 '천상의 의미를 지닌 지상의 이야기' 로 불린다.
35. **페리코프**(pericopes) - 성경 학자들이 큰 단락이나 단위와 대조적 개념으로 성경의 작은 단편들을 묘사하기 위해 사용한 용어.
36. **예언자적 소명**(prophetic call) - 하나님께서 백성들에게 당신의 뜻을 선포하는 특별한

사명을 맡기기 위해 한 사람을 구별해 세우실 때 특별한 방식으로 말씀하시는 경우.

37. **태후**(queen mother) - 왕국에서 특별한 지위를 누리는 현직 왕의 모친. 보통 자기 아들이 신뢰하는 조언자의 역할을 했다.

38. **하늘의 여왕**(Queen of Heaven) - 유다와 다른 문화권의 여자들이 다산과 물질적 안정을 보장받기 위해 섬긴 여신. 아마 메소포타미아 여성들이 섬기던 여신인 이쉬타르 여신에서 발전했을 것이다.

39. **화해하다**(reconcile) - 관계가 소원해진 집단들이나 개인들을 화기애애한 관계와 교제를 통해 마음을 열고 다시 하나 되도록 하는 것.

40. **안식일 담화**(Sabbath day discourse) - 유대인의 안식일을 엄격하게 지켜야 할 필요성을 강조한 예레미야의 설교로 17장 19-27절에 기록되어 있다.

41. **서기관**(scribes) - 글 쓰는 능력을 가진 사람들로, 가장 중요한 최고의 의무는 성경을 필사하는 것이었다. 후에 그들은 율법을 해석하고 가르치는 전문가 집단이 되었다.

42. **두루마리**(scroll) - 양측 끝에 권축(roller)을 사용해 하나로 고정한 파피루스 종이들을 말하며 공개적으로 낭독하기 위한 긴 글을 기록한 것이다.

43. **선견자**(seer) - 이스라엘 초기 시대에 대부분의 선지자들을 호칭하던 명칭으로, 하나님의 뜻을 전하는 더 상위의 전달자들과는 구별되는 사람들이다. 선견자들은 주로 환상을 보고 일어날 사건들을 예언했으며 항상 비용을 요구했다.

44. **칠십인역**(Septuagint) - 히브리어 성경을 헬라어로 번역한 것 가운데 가장 오래된 역본. 신약에 인용된 대부분의 구약 구절들은 칠십인역을 사용한 것이다. 이 이름은 이 성경 번역 작업에 참가한 학자들의 전통적인 숫자인 '70'을 의미한다.

45. **흉벽**(siege works) - 병사들이 포위공격중인 성들의 성벽 주위나 위에 쌓던 단. 그들은 그곳에서 화살을 쏘고 투석기들을 날렸다.

46. **남왕국**(Southern Kingdom) - 다윗의 통일 왕국 가운데 열 지파가 반역하고 북왕국을 결성할 때 다윗 계보의 왕들에게 끝까지 충성한 두 지파. 유다와 베냐민 지파로 구성되었다(북왕국을 참고하라).

47. **성전**(temple) - 솔로몬 통치기에 건축되고 느부갓네살에게 파괴된 웅장한 예배 중심지로 특별히 희생 제사를 비롯해 종교적 제의 행위들이 이루어지던 곳이었다. 유다 민족이 바벨론 포로 생활에서 돌아온 후 소규모의 크기로 재건되었지만 헤롯 대왕이 웅장한 모

습으로 다시 지었다.

48. **신정**(theocracy) - 국민들에게 신의 인도를 받고 있고, 온전하게 통치할 위임을 받은 자들이라고 인정을 받는 지도자나 관리 집단의 통치.

49. **부정한**(unclean) - 육체적으로, 도덕적으로 혹은 의식적으로 불결하고 더럽고 지저분하다고 인식되어 하나님을 예배하기에 부적합하다고 여겨진 사람이나 물건.

50. **선지자들의 환상**(vision of your prophets) - 개인적 경험을 통해 하나님께 직접 받은 메시지. 백성들의 행실을 규정한 명령으로 전달된 특별한 계시라고 생각된다.

51. **주의 말씀**(word of the Lord) - 하나님의 개별적인 하나의 말씀이나 그분의 특정한 한 행위, 혹은 기록된 것이든 구전이든 표현된 그분의 전체 뜻.

■ 참고 도서

Ball, C. J., general editor. *The Expositor's Bible*. Grand Rapids: Wm. B Eerdmans Publishing Company, 1956.

Baughman, Harry. F. *Jeremiah for Today*. Philadelphia: Muhlenberg Press, 1947.

Birmingham, George A. *Jeremiah the Prophet*. New York: Harper & Brothers, 1939.

Bright, John. *Jeremiah*. The Anchor Bible. Garden City, N.Y.: Doubleday & Company, 1985.

Butler, Trent, general editor. *Holman Bible Dictionary*. Nashville: Holman Bible Publishers, 1991.

Case, Harold C. *The Prophet Jeremiah*. Cincinnati: Woman's Division of Christian Service, Board of Missions, Methodist Church, 1953.

Cunliffe-Jones, H. *The Book of Jeremiah*. Torch Bible Commentaries. New York: The Macmillan Company, 1961.

Davidson, A. B. *Old Testament Prophecy*. Edinburgh, Scotland: T. & T. Clark, 1903.

Davidson, Robert. *Jeremiah*. 2 vols. The Daily Study Bible, Old Testament Series, ed. John C. L. Gibson. Philadelphia: Westminster Press, 1983.

Elliott-Binns, L. E. *Jeremiah, a Prophet for a Time of War*. London: Student Christian Movement Press, 1941.

Erdman, Charles R. *The Book of Jeremiah*. Westwood, N.J.: Fleming H. Revell, 1955.

Francisco, Clyde. *Studies in Jeremiah*. Nashville: Convention Press, 1961.

Freedman, H. *Jeremiah*. Soncino Books of the Bible. A. Cohen, general editor. London: Soncino Press, 1949.

Green, J. Leo. "Jeremiah" Vol. 6. The Broadman Commentary. Nashville: Broadman Press, 1971.

Hastings, James. *The Book of Jeremiah*. The Speaker's Bible. Edinburgh and London: Morrison and Gibb, 1944.

Honeycutt, Roy. *Jeremiah: Witness Under Pressure.* Nashville: Convention Press, 1981.

Huey, F. B., Jr. *Jeremiah.* The New American Commentary. Vol. 16. Nashville: Broadman Press, 1993.

Ironside, H. A. *Lamentations and Jeremiah.* New York: Loizeaux, 1906.

Jellie, W. H. *A Homiletic Commentary on the Book of Jeremiah.* New York: Lon, Funk and Wagnalls, n.d.

Johnson, Talmage C. *The Crucifiers—Then and Now.* Nashville: Broadman Press, 1942.

Keil, C. F. *Prophecies of Jeremiah.* 2 vols. Biblical Commentary of the Old Testament. Grand Rapids: Wm. B. Eerdmans Publishing Company, 1950.

Kelly, W. *The Tender-Hearted Prophet of the Nations.* London: C. A. Hammond, 1938.

Laetsch, Theo. *Jeremiah.* Bible Commentary. St. Louis, Mo.: Concordia Publishing House, 1952.

Leslie, Elmer A. *Jeremiah.* New York and Nashville: Abingdon Press, 1954.

Maclaren, Alexander. *Isaiah and Jeremiah.* Expositions of Holy Scripture. Vol. 5. Grand Rapids: Wm. B. Eerdmans Publishing Company, 1944.

McCall, Duke K. *God's Hurry.* Nashville: Broadman Press, 1949.

McGee, J. Vernon. *Jeremiah and Lamentations.* Nashville: Thomas Nelson Publishers, 1991.

Merrill, William Pierson. "The Book of Lamentations: Exposition." In vol. 6 of The Interpreter's Bible. New York and Nashville: Abingdon Press, 1956.

Ottley, R. L. *The Hebrew Prophets.* London: Rivingtons, 1923.

Peake, A. S. *Jeremiah and Lamentations.* The Century Bible. Vol. 1. Walter F. Adeney, general editor. Edinburgh: T. C. & E. C. Jack, 1906.

Peake, A. S. *Jeremiah and Lamentations.* The Century Bible. Vol. 2. Edinburgh: T. C. & E. C. Jack, 1911.

Reid, John Calvin. *We Spoke for God.* Grand Rapids: Wm. B. Eerdmans Publishing Company, 1967

Self, Rose E. *The Work of the Prophets.* London, New York and Bombay: Longmans, Green, and Co., 1904.

Skinner, John. *Prophecy and Religion.* Cambridge and London: Cambridge University Press, 1922.

Smith, George Adam. *The Historical Geography of the Holy Land.* Fourth edtion. London: Hodder and Stoughton, 1896.

——. *Jeremiah.* The Baird Lecture for 1922. Fourth edition. Revised and enlarged. New York and London: Harper & Brothers, 1929.

Streane, A. W. *The Cambridge Bible for Schools.* J. J. S. Perowne, general editor. London: Cambridge at the University Press, 1882.

Thompson, J. A. *The Book of Jeremiah.* The New International Commentary on the Old Testament. Edward J. Young, general editor. Grand Rapids: Wm. B. Eerdmans Publishing Company, 1980.

Welch. A. C. *Jeremiah, His Time and His Work.* Oxford: Basil Blackwell, 1951.

White, K. Owen. *The Book of Jeremiah.* Shield Bible Study Series. Grand Rapids: Baker Book House, 1961.

Wood, Fred M. "A Chronological Reconstruction of the Life and Prophecies of Jeremiah." Unpublished Thesis, Southern Baptist Theological Seminary, Louisville, Kentucky, 1948.

——. *Fire in My Bones.* Nashville: Broadman Press, 1958.

Main Idea 로 푸는

예레미야·예레미야애가

1쇄 인쇄 | 2010년 12월 30일

1쇄 발행 | 2011년 1월 14일

책임 편집 | 맥스 앤더스(Max Anders)

지은이 | 프레드 M. 우드 & 로스 맥클라렌

옮긴이 | 김진선

펴낸곳 | 주)도서출판 디모데 〈파이디온 선교회 출판 사역 기관〉

등록 | 2005년 6월 16일 제319-2005-24호

주소 | 서울 강남구 개포동 1164-21

전화 | 마케팅실 02) 574-2630

팩스 | 마케팅실 02) 574-2631

홈페이지 | www.timothybook.com

값 25,000원

ISBN 978-89-388-1518-7